# 스코틀랜드 홀리데이

## 스코틀랜드 홀리데이

2023년 7월 30일 개정 1판 1쇄 펴냄

**지은이** 장인혜
**발행인** 김산환
**책임편집** 윤소영
**편집** 박해영
**디자인** 윤지영
**지도** 글터
**펴낸 곳** 꿈의지도
**인쇄** 다라니
**종이** 월드페이퍼

**주소** 경기도 파주시 경의로 1100, 604호
**전화** 070-7535-9416
**팩스** 031-947-1530
**홈페이지** blog.naver.com/mountainfire
**출판등록** 2009년 10월 12일 제82호

ISBN 979-11-6762-069-9-14980
ISBN 979-11-86581-33-9-14980(세트)

지은이와 꿈의지도 허락 없이는 어떠한 형태로도 이 책의 전부, 또는 일부를 이용할 수 없습니다.
※ 잘못된 책은 구입한 곳에서 바꿀 수 있습니다.

# SCOTLAND
# 스코틀랜드 홀리데이

장인혜 지음

꿈의지도

# 프롤로그

글래스고 기차역에 도착한 첫날. 부슬부슬 내리는 비를 맞으며 한 손으로는 지도를 보고, 다른 손으로는 무거운 캐리어를 끌면서 언덕 위 호텔로 올라가던 때가 생각난다. 제대로 된 스코틀랜드 가이드북이 없던 시절, '누군가 이런 내용을 미리 알려주었으면 참 좋았을 텐데……'라는 생각을 내내 하면서 힘겹게 호텔에 도착했으나, 아쉽게도 스코틀랜드의 첫인상은 그리 좋지 않았다.

하지만 스코틀랜드를 여행하면 할수록 첫날의 투정은 자연스럽게 잊혀지고, 스코틀랜드 고유의 매력에 빠져들었다. 과거로 시간 여행을 하는 듯, 몇 백 년의 역사를 자랑하는 도시의 건물들은 고풍스러우면서도 위용이 있었다. 스코틀랜드의 정점이라고 할 수 있는 하일랜드 대자연 한가운데에서는 '나'라는 존재가 한없이 작게 느껴졌다. 자욱한 안개와 끝이 보이지 않는 수많은 협곡에 둘러싸여 있었을 때는 인생에서 처음으로 경이라는 감정을 강하게 느낀 순간이었다.

스코틀랜드는 어느 곳을 가더라도 스코티시의 자긍심이 뚜렷이 느껴진다. 스코틀랜드는 자유를 향한 투쟁의 역사와 그들만의 고유한 문화가 멋진 나라여서 영국에 포함시켜 말하기에는 아쉬움이 많다. 스코틀랜드를 더 많은 사람들이 느끼고 여행했으면 하는 마음에서 〈스코틀랜드 홀리데이〉를 쓰기 시작했다. 직접 발로 뛰고 부딪히며 얻은 정보가 미지의 스코틀랜드를 탐험하는 사람들에게 도움이 되길 바란다.

〈스코틀랜드 홀리데이〉 원고를 마감하던 시기에 영국 자동 입국 심사 제도를 받을 수 있는 추가 7개 국가 중 한 곳으로 한국이 선정되었다. 어렵고 깐깐하다 소문난 영국 입국 심사 관련 내용은 그동안 런던, 스코틀랜드 가이드북에서 가장 중요시 했던 부분이자, 영국 여행자들이 가장 걱정했던 부분이었다. 하지만 이제 더 이상 입국 심사관 앞에서 괜히 마음 졸일 필요 없이, 당당하게 영국에 입국할 수 있다는 것에 영국 가이드북 작가로서 뿌듯하고, 기억에 오래 남을 변화다.

〈스코틀랜드 홀리데이〉에 담은 글과 사진으로는 스코틀랜드가 주는 벅찬 감동과 경이를 온전히 전달할 수 없다. 독자들이 자신만의 방법으로 스코틀랜드 여행을 온전히 즐길 때 이 책은 비로소 완성된다.

장인혜

## Special Thanks to

〈런던 홀리데이〉에 이어 〈스코틀랜드 홀리데이〉가 세상에 나올 수 있도록 믿고 맡겨주신 꿈의지도 김산환 대표님, 차원이 다른 꼼꼼함과 부드러운 분위기로 일을 진행해주셨던 유효주 편집자님께 진심으로 감사드립니다. 영국에서 마음껏 꿈을 펼치고 여행할 수 있도록 영국 생활에 많은 도움을 주신 '조이런던' 이정태 대표님께도 감사를 전합니다. 스코틀랜드 여행 친구가 되어준 혜원, Andrewsha, Bree, Maz, 시온에게도 고맙습니다. 여러분들과 함께한 덕분에 스코틀랜드에서 더없이 따뜻하고 즐거운 추억을 가득 쌓을 수 있었습니다.

언제나 힘이 되어 주시는 부모님, 먼 미국에서 응원해 주시는 시부모님과 가족들, 영국의 추억을 함께 공유할 수 있는 사랑스러운 친구들인 은별, 예슬, 이슬, 승수, 유화, 민영, 주미, 혜정 언니, 정현 언니, Eric-Gaelle, Gina에게도 감사의 마음을 전합니다.

그리고 원고를 쓰는 아내를 위해 매일매일 세상에서 가장 향기로운 커피를 직접 내려준, 사랑하는 남편 Neal 고맙습니다.

* 스코틀랜드 관광 정보와 멋진 사진을 제공해 준 스코틀랜드 관광청VisitScotland과 현지 호텔, 레스토랑 관계자 분들께도 감사합니다.
Thank you for providing Scottish tour information and great photos to VisitScotland and local hotel and restaurant officials.

# CONTENTS

006 프롤로그
012 〈스코틀랜드 홀리데이〉 100배 활용법
014 스코틀랜드 전도

## SCOTLAND BY STEP
## 여행 준비&하이라이트

### STEP 01
### Preview
스코틀랜드를 꿈꾸다
**016**

018 01 스코틀랜드 MUST SEE
024 02 스코틀랜드 MUST DO
028 03 스코틀랜드 MUST EAT
030 04 스코틀랜드 MUST BUY

### STEP 02
### Planning
스코틀랜드를 그리다
**032**

034 01 키워드로 보는 스코틀랜드
040 02 스코틀랜드 여행 만들기
044 03 스코틀랜드 알짜배기 여행 준비
048 04 스코틀랜드 추천 여행 코스
055 05 스코틀랜드 입출국 완전 정복
059 06 스코틀랜드 대중교통 이용하기
067 07 스코틀랜드 로드 트립 가이드

### STEP 03
### Enjoying
스코틀랜드를 즐기다
**072**

074 01 우뚝 솟은 스코틀랜드의 고성
076 02 무료로 즐기는 박물관&갤러리
081 03 그림 같은 스코틀랜드 자연 풍경
084 04 열정이 느껴지는 스코틀랜드 스포츠
087 05 스코틀랜드가 배경인 영화와 드라마
090 06 감성 터지는 스코틀랜드의 예쁜 마을
092 07 스코틀랜드의 숨은 전설

## STEP 04
### Eating
스코틀랜드를 맛보다
**094**

- **096** 01 스코틀랜드 레스토랑 이용 팁
- **098** 02 스코틀랜드 대표 음식 맛보기
- **102** 03 가성비와 분위기 다 잡는 스코틀랜드 실속 맛 여행
- **104** 04 스카치위스키의 깊은 풍미 속으로
- **109** 05 하루의 마무리는 역시 펍에서
- **113** 06 여행 재충전의 시간, 카페와 티 룸
- **115** 07 달콤한 시간, 스코틀랜드 디저트

## STEP 05
### Shopping
스코틀랜드를 사다
**116**

- **118** 01 스코틀랜드 쇼핑 백서
- **122** 02 스코틀랜드 여행의 감동을 남기는 기념품
- **126** 03 스코틀랜드의 자긍심, 타탄
- **128** 04 소중한 사람을 위한 위스키 선물
- **130** 05 구경하는 재미가 있는 파머스&빈티지 마켓
- **131** 06 타임머신을 타고, 스코틀랜드 서점 여행
- **132** 07 스코틀랜드 마트 쇼핑

## STEP 06
### Sleeping
스코틀랜드에서 자다
**134**

- **136** 01 스코틀랜드 숙소의 모든 것
- **139** 02 역사와 전통을 자랑하는 최고급 호텔
- **140** 03 실속 있는 중저가 체인 호텔
- **141** 04 스코틀랜드에서만 누리는 특별한 감성 숙소
- **142** 05 색다른 하룻밤을 보낼 수 있는 디자인 호텔
- **143** 06 따뜻한 정이 느껴지는 B&B
- **144** 07 내 집처럼 편안하게 셀프 케이터링
- **145** 08 여행자들을 사귈 수 있는 한인 민박&호스텔

## SCOTLAND BY AREA
## 스코틀랜드 지역별 가이드

### 01
### 에든버러
**150**

- **152** 에든버러 미리보기
- **154** 에든버러 찾아가기
- **155** 에든버러 추천 코스
- **156** 에든버러 MAP
- **162** SEE
- **194** EAT
- **209** BUY
- **220** SLEEP

### 02
### 에든버러 근교
**232**

- **234** 에든버러 근교 미리보기
- **236** 에든버러 근교 여행하기
- **237** 에든버러 근교 MAP
- **238** SEE
- **248** EAT
- **253** SLEEP

### 03
### 글래스고
**260**

- **262** 글래스고 미리보기
- **263** 글래스고 추천 코스
- **264** 글래스고 MAP
- **267** SEE
- **290** EAT
- **301** BUY
- **308** SLEEP

### 04
### 하일랜드&스카이섬
**314**

- **316** 하일랜드&스카이섬 미리보기
- **317** 하일랜드&스카이섬 추천 코스
- **318** 하일랜드&스카이섬 MAP
- **322** SEE
- **350** EAT
- **359** BUY
- **362** SLEEP

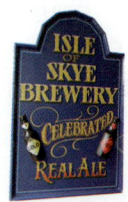

# SCOTLAND SMALL TOWNS
## 스코틀랜드 소도시 가이드

### 01 스털링 368
- 369 스털링 미리보기
- 370 스털링 추천 코스
- 371 스털링 MAP
- 372 SEE
- 377 EAT
- 379 BUY
- 381 SLEEP

### 02 퍼스 382
- 383 퍼스 미리보기
- 384 퍼스 추천 코스
- 385 퍼스 MAP
- 386 SEE
- 391 EAT
- 393 BUY
- 394 SLEEP

### 03 던디 395
- 396 던디 미리보기
- 397 던디 추천 코스
- 398 던디 MAP
- 399 SEE
- 406 EAT
- 407 BUY
- 408 SLEEP

### 04 세인트 앤드루스 409
- 410 세인트 앤드루스 미리보기
- 411 세인트 앤드루스 추천 코스
- 412 세인트 앤드루스 MAP
- 413 SEE
- 418 EAT
- 419 SLEEP

### 05 애버딘 420
- 421 애버딘 미리보기
- 422 애버딘 추천 코스
- 423 애버딘 MAP
- 424 SEE
- 433 EAT
- 434 BUY
- 435 SLEEP

### 06 인버네스 436
- 437 인버네스 미리보기
- 438 인버네스 추천 코스
- 439 인버네스 MAP
- 440 SEE
- 446 EAT
- 446 BUY
- 448 SLEEP

---

- 449 여행 준비 컨설팅
- 464 꼭 알아야 할 스코틀랜드 필수 정보
- 465 이건 꼭 읽자! 스코틀랜드 여행 주의 사항 TOP 6
- 466 여행에 필요한 기본 영국 영어 단어
- 468 인덱스

# 〈스코틀랜드 홀리데이〉 100배 활용법

스코틀랜드 여행 가이드로 〈스코틀랜드 홀리데이〉를 선택하셨군요. '굿 초이스'입니다. 스코틀랜드에서 뭘 보고, 뭘 먹고, 뭘 하고, 어디서 자야 할지 고민하지 마세요. 친절하고 꼼꼼한 베테랑 〈스코틀랜드 홀리데이〉와 함께라면 당신의 스코틀랜드 여행이 완벽해집니다.

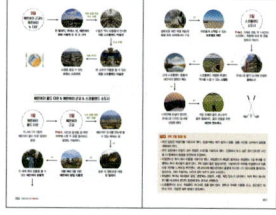

## 01 스코틀랜드를 꿈꾸다

STEP 01 》 PREVIEW 를 먼저 펼쳐보세요. 광활한 대자연을 만날 수 있는 스코틀랜드에서 꼭 봐야 할 것, 해야 할 것, 먹어야 할 것들을 안내합니다. 스코틀랜드 여행에서 놓쳐서는 안 될 핵심 요소들을 화보 사진으로 만나보세요.

## 02 여행 스타일 정하기

STEP 02 》 PLANNING 을 보면서 나의 여행 스타일을 정해보세요. 스코틀랜드 핵심 명소와 하이라이트 스폿을 둘러보는 일정부터 근교를 포함하여 알차게 여행하는 일정까지 다양한 코스를 소개합니다.

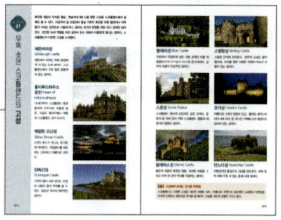

## 03 스코틀랜드를 즐기다&스코틀랜드를 맛보다

STEP 03 》 ENJOYING & STEP 04 》 EATING 을 보면서 마음에 드는 스폿에 포스트잇을 붙여보세요. 웅장한 중세 시대 고성, 무료로 즐길 수 있는 다채로운 갤러리, 그야말로 그림 같은 대자연, 위스키 마니아를 위한 위스키 양조장 투어, 스코틀랜드의 감성적인 티 룸 등을 체크하면 됩니다.

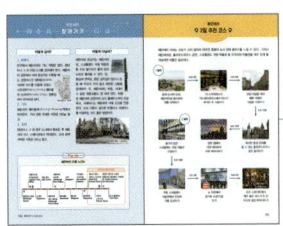

## 04
### 숙소 정하기
각 지역의 SLEEP 을 통해 숙소를 골라보세요. 실속 있는 중저가 호텔, 최고급 럭셔리 호텔, B&B 등 콘셉트와 가격대를 고려한 다양한 숙박 시설을 소개합니다.

## 05
### 지역별 일정 짜기
여행 콘셉트와 목적지를 정했다면 이제 지역별로 묶어 자세한 동선을 짭니다. 스코틀랜드 각 지역별 관광지와 레스토랑 등을 보면 이동 경로를 짜는 것이 훨씬 수월해집니다.

## 06
### D-day 미션 클리어
여행 일정까지 완성했다면 책 마지막의 여행 준비 컨설팅을 보며 혹시 놓친 것은 없는지 챙겨보세요. 여행 90일 전부터 출발 당일까지 날짜별로 챙겨야 할 것들이 리스트업 되어 있습니다.

## 07
### 홀리데이와 최고의 여행 즐기기
여행에서 돌아올 때까지 〈스코틀랜드 홀리데이〉를 내려놓아서는 안 돼요. 여행 일정이 틀어지거나 계획하지 않은 모험을 즐기고 싶다면 언제라도 〈스코틀랜드 홀리데이〉를 펼쳐야 하니까요.

## 일러두기
- 이 책에 실린 모든 정보는 2023년 6월까지 수집한 정보를 기준으로 했으며, 이후 변동될 가능성이 있습니다. 특히, 교통편의 운행 정보와 요금, 관광지의 운영시간 및 입장료, 식당의 메뉴 가격 등은 현지 사정에 따라 수시로 변동될 수 있습니다. 여행 전 홈페이지를 통해 검색하거나 현지에서 다시 한 번 확인하시길 바라며, 변경된 내용이 있다면 편집부로 연락 주시기 바랍니다. **편집부 070-7535-9416**

## 지도 찾는 법
ex ) **Data** **지도** ● 휴대지도-G
테두리가 남색인 휴대지도의 G 구역에 찾고자 하는 명소가 있습니다.

〈스코틀랜드 홀리데이〉에서 다루고 있는 주요 도시가 표시되어 있습니다.

에든버러 시내의 주요 명소, 레스토랑, 호텔 등의 위치가 표시되어 있습니다.

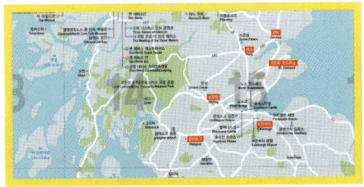
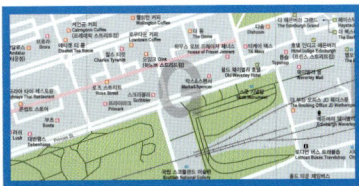

# 스코틀랜드 전도
scotland

## 북해 / North Sea

셰틀랜드 제도 / Shetland Islands

오크니 제도 / Orkney Islands

- 존 오그로츠 / John o' Groats
- 윅 / Wick
- 서소 / Thurso
- 헬름데일 / Helmsdale
- 도노크 / Dornoch
- 레어그 / Lairg
- 더네스 / Durness
- 울라풀 / Ullapool
- **인버네스 436p** / Inverness
- 드럼나드로이트 / Drumadrochit
- 네스호 / Loch Ness
- 애비모어 / Aviemore
- **애버딘 420p** / Aberdeen

루이스섬 / Isle of Lewis
해리스섬 / Harris
노스 유이스트 / North Uist
사우스 유이스트 / South Uist
아우터 헤브리디스 / Outer Hevrides

- 던베건 / Dunvegan
- 위그 / Uig
- 포트리 / Portree
- 슬리가찬 / Sligachan
- 브로드포드
- **스카이섬 314p** / Isle of Skye

50km

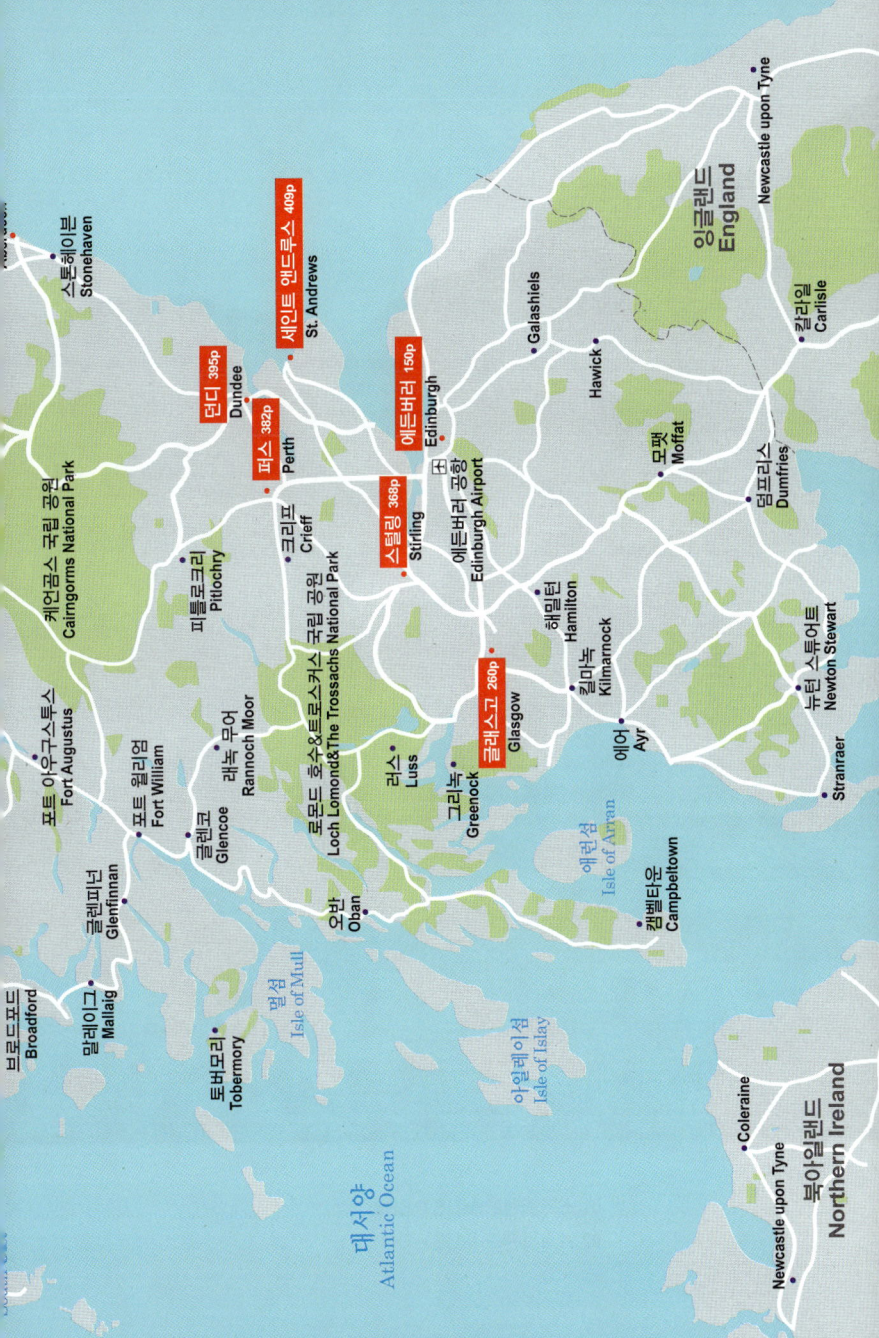

01 스코틀랜드 MUST SEE
02 스코틀랜드 MUST DO

Step 01
**Preview**

스코틀랜드를
**꿈꾸다**

03 스코틀랜드 MUST EAT
04 스코틀랜드 MUST BUY

PREVIEW 01

# 스코틀랜드 MUST SEE

세계 지도를 펴면 왼쪽 제일 끝에 위치한 작은 나라. 영국에 속해 있지만 스코틀랜드는 뚜렷한 역사와 문화를 갖고 있다. 스카치위스키, 타탄, 백파이프 외에도 무궁무진한 스코틀랜드의 매력을 살펴보자. 스코틀랜드에서 꼭 봐야 할 10곳을 소개한다.

## 1

**에든버러성** Edinburgh Castle 에든버러

바위 언덕 위에 세워진 중세 시대 요새 성. 에든버러를 대표하는 랜드마크이자, 밀리터리 타투 공연이 열리는 곳이다. ▶ 162p

## 2 홀리루드하우스 궁전 Palace of Holyroodhouse `에든버러`

영국 왕실의 스코틀랜드 공식 궁전. 화려함 뒤에 감춰진 메리 여왕의 슬픈 삶도 알아보자. ▶ **173p**

### 칼튼 힐 Calton Hill `에든버러`

에든버러 도시의 환상적인 스카이라인을 한눈에 볼 수 있는 언덕이다. 에든버러 여행 인증 숏을 찍을 수 있는 최고의 장소다. ▶ **180p**

## 4

### 켈빈그로브 미술관 및 박물관 Kelvingrove Art Gallery and Museum  `글래스고`

화려한 바로크 양식이 돋보이는 건축물. 이집트 문명 유물부터 인상파 작품까지, 수준 높은 전시를 관람할 수 있는 곳이다. ▶ **274p**

## 5

### 조지 스퀘어 George Square  `글래스고`

멋스러운 시청사 건물과 영국 역사를 빛낸 인물의 동상들이 있는 글래스고의 중심 광장이다. ▶ **267p**

## 6

**에일린 도난성** Eilean Donan Castle `하일랜드`

호수 위에 떠 있는 아름답고 신비한 고성. 하일랜드를 대표하는 랜드마크로, 3개의 호수가 만나는 한가운데 있다. ▶ 338p

**글렌코** Glencoe `하일랜드`

오랜 세월 빙하와 화산이 만들어낸 협곡. 대자연의 경이를 느껴보자. ▶ 324p

## 7

## 스카이섬 Isle of Skye 하일랜드

해안, 절벽, 폭포, 빙하 등 다양한 자연 경관이 모두 있는 섬. 하일랜드 투어의 하이라이트다. ▶ **339p**

8

### 스털링성 Stirling Castle `스털링`

스코틀랜드의 자유와 독립을 향한 열망이 느껴지는 요새 성이다. ▶ 372p

**9**

### V&A 던디 V&A Dundee `던디`

던디에 위치한 디자인 박물관. 기하학적 건축 설계로 시선을 사로잡는 던디의 새로운 랜드마크다. ▶ 399p

**10**

# PREVIEW 02
# 스코틀랜드 MUST DO

스코틀랜드는 오랜 역사와 독특한 문화를 가진 나라다. 여기에 숨 막히게 아름다운 자연마저 있어 볼거리가 매우 다양하다. 좀 더 잊지 못할 스코틀랜드 여행을 만들고 싶다면 열정 넘치는 도시의 축제와 광활한 자연에서 즐기는 각양각색 액티비티도 빼놓지 말고 즐겨보자.

## 1 에든버러 페스티벌 즐기기
8월의 에든버러는 밀리터리 타투, 에든버러 프린지 페스티벌 등으로 전 세계에서 사람들이 모여들어 축제의 도시가 된다.

## 3 아서스 싯 오르기
에든버러에서 가장 높은 곳. 아서스 싯 정상에 올라 에든버러와 주변 해안 풍경을 파노라마로 즐겨보자.

### 2 로얄 마일 둘러보기
고풍스러운 건물과 상점들이 마치 타임머신을 타고 중세 시대로 온 듯한 기분이 들게 한다. 작은 골목마다 둘러보는 재미가 있다.

### 4 해리 포터의 발자취 따라가기
J. K 롤링이 〈해리 포터〉를 처음 쓴 카페부터 호그와트행 기차가 지나던 멋스러운 고가교까지, 스코틀랜드 곳곳에서 해리 포터의 흔적을 찾아보자.

**5 전설의 괴물 네시 만나보기**
네스호 안에 산다는 전설 속의 괴물 '네시'를 만나보자. 주변의 아름다운 풍경은 보너스다.

**6 박물관 관람하기**
스코틀랜드의 역사는 물론이고 전 세계의 인류, 문화, 디자인, 과학, 의학, 자연 등 다양한 주제의 박물관을 무료로 관람할 수 있다.

**8 보고, 느끼면서 역사 배우기**
스코틀랜드에는 굳건한 투지, 저항 정신, 복잡한 정치적 사건이 얽힌 유적지가 많다. 자연스럽게 역사에 대해 관심을 갖고 배우게 된다.

### 7 하일랜드 로드 트립 해보기
광활한 하일랜드의 도로를 따라 드라이브를 즐겨보자.
단, 차선 방향이 우리와는 반대이니 운전 시 조심하고
또 조심하자.

### 9 골프의 고향에서 퍼팅 즐기기
전 세계 골퍼들의 로망, 세인트 앤드
루스에서 골프를 즐겨보자.

### 10 라이브 뮤직 즐기기
스코틀랜드에서도 감출 수 없는 흥을 라이브 공연
바에서 신나게 풀어보자.

든든한 스코틀랜드식 아침 식사
**풀 스코티시 브랙퍼스트**
*Full Scottish Breakfast*

풍부한 육즙과 부드러운 식감의
**애버딘 앵거스 비프**
*Aberdeen Angus Beef*

PREVIEW 03

# 스코틀랜드 MUST EAT

깨끗하고 풍부한 자연환경에서 나온 재료 본연의 맛을 살린 담백하고 깔끔한 스코틀랜드 음식들. 한 모금만 마셔도 깊은 울림을 주는 스카치위스키, 달콤한 디저트와 함께 즐기는 애프터눈 티도 빼놓을 수 없다.

꼭 맛봐야 할 스코틀랜드를
대표하는 전통 음식
**해기스** *Haggis*

스코틀랜드 음식에서
빼놓을 수 없는 신선한
**해산물과 연어** *Seafood & Salmon*

쫀득한 식감을 자랑하는
퍼지의 기원 **태블릿** Tablet

입안 가득 퍼지는 고소함이 일품인
디저트 **쇼트브레드** Shortbread

스코틀랜드 국민주
**스카치위스키** Scotch whisky

스코틀랜드 지역 양조장에서
맛보는 특색 있는 맥주 **에일** Ale

스코틀랜드 던디 지역의 대표 디저트
**던디 케이크와 마멀레이드 잼**
Dundee Cake&Marmalade

3단으로 올려진
디저트와 차 한 잔
**애프터눈 티** Afternoon Tea

## PREVIEW 04
# 스코틀랜드 MUST BUY

스코틀랜드 여행의 감동을 간직하고, 주변 사람들에게 스코틀랜드의 감성을 전달할 수 있는, 오직 스코틀랜드에서만 살 수 있는 기념품을 소개한다. 자세한 정보는 122p 참고.

타탄 머플러

다양한 패턴과 색감을 자랑하는
스코틀랜드 베스트 기념품
**타탄 제품** Tartan Souvenirs

양모 니트

스코틀랜드산
천연 양모로 만든
**양모 제품** Woolen Goods

스코틀랜드를 대표하는 마스코트
**네시와 하일랜드 소 인형** Nessie and Highland Cattle

애주가가 아니라도
수집 욕구를 일으키는
**위스키 미니어처** Whisky Miniatures

스코틀랜드 야생화로 만든
세상에 하나뿐인 기념품
**헤더젬스** Heathergems

골프의 고향
세인트 앤드루스에서 파는
**골프 용품들** Golf Goods

마트에서 저렴하게
구할 수 있는 달콤한
**스코틀랜드 간식들** Scottish Sweets

스코틀랜드의 유서 깊은 명문 대학교 **에든버러와 글래스고 대학교 기념품들**
The University of Edinburgh&University of Glasgow Gift

01 **키워드로 보는** 스코틀랜드
02 스코틀랜드 **여행 만들기**
03 스코틀랜드 **알짜배기 여행 준비**
04 스코틀랜드 **추천 여행 코스**

# Step 02
# Planning

스코틀랜드를
**그리다**

05 스코틀랜드 **입출국 완전 정복**
06 스코틀랜드 **대중교통 이용하기**
07 스코틀랜드 **로드 트립 가이드**

PLANNING 01

# 키워드로 보는 **스코틀랜드**

조금은 낯설고 멀게 느껴졌던 스코틀랜드지만 알고 보면 무궁무진한 매력이 있다. 여행 전 키워드로 보는 스코틀랜드의 매력.

## 1 숨 막히는 자연 경관

오랜 기간 동안 이루어진 화산 작용으로 거대한 자연을 만날 수 있다. 또한, 빙하가 녹으면서 자연 생성된 거대한 산맥과 협곡, 폭포, 호수 등을 볼 수 있는 하일랜드나 아름답고 깨끗한 바다와 희귀한 야생 동식물이 서식하는 작은 섬들도 놓칠 수 없는 즐거움이다. 경이로운 자연의 감동을 스코틀랜드에서 느껴보자.

## 2 매혹적인 고성

스코틀랜드에는 오래된 역사를 자랑하는 중세 시대 성이 많다. 언덕 위의 에든버러성, 호수 위에 떠 있는 에일린 도난성 등이 지역을 대표하는 랜드마크로 자리 잡았다. 그 화려한 모습 뒤에는 치열하고 슬픈 왕실의 역사가 담겨 있다.

## 3 타탄, 킬트 그리고 백파이프

스코틀랜드 하면 가장 먼저 떠오르는 것은 전통 의상 킬트Kilts다. 킬트는 독특한 체크 무늬인 타탄Tartan이 특징이다. 스코틀랜드 사람들은 결혼식이나 고대 하일랜드 게임 같은 중요 행사가 있을 때마다 꼭 킬트를 입는다. 유명 관광지 주변에서 킬트를 입고 백파이프Bagpipes로 전통 음악을 연주하는 남자들을 볼 수 있다.

## 4 일 년 내내 가득한 축제

에든버러가 가장 활기찬 달은 8월이다. 전 세계 군악대가 모여 공연하는 로얄 에든버러 밀리터리 타투와 다양한 문화 예술 공연을 하는 프린지 페스티벌이 열린다. 이 외에도 일 년 내내 스

코틀랜드 전역에서는 크고 작은 다양한 축제가 열린다. 자유롭고 흥겨운 축제 분위기를 만끽하자.

## 5 위스키의 성지

천혜의 자연환경, 맑고 깨끗한 물, 그리고 안개 자욱한 날씨까지 위스키의 고향이라는 칭호에 걸맞은 환경을 갖추었다. 위스키는 스코틀랜드 제1 수출품으로, 전 세계 위스키 시장에서 가장 높은 위상을 자랑한다. 스코틀랜드의 여러 양조장에서 위스키 투어를 하며 제조 과정도 보고, 시음도 해 보자.

## 6 하일랜드 소

스코틀랜드를 대표하는 동물이다. 스코틀랜드 기념품 모델로도 자주 등장한다. 하일랜드 소는 긴 뿔 사이로 얼굴을 다 덮을 만큼 긴 털을 가지고 있다. 거친 자연환경을 견디며 하일랜드와 섬에서 서식하는 야생 소인데, 콜레스테롤이 낮은 품질 좋은 고기라고 알려져 있다. 하일랜드 투어를 하다 보면, 사람보다 소와 양을 더 많이 보게 되니 실물을 볼 기회가 있을 것이다.

## 7 스코틀랜드의 국화, 엉겅퀴

스코틀랜드 여행 중 어디에나 쉽게 볼 수 있는 엉겅퀴는 스코틀랜드의 국화다. 이 엉겅퀴에는 전설이 있는데, 잠든 스코틀랜드 군인을 조용히 공격하기 위해 노르웨이 군인이 신발을 벗고 다가갔다가 엉겅퀴 가시를 밟았다. 그 고통으로 잠자던 스코틀랜드군인에게 들켜 결국 스코틀랜드가 승리했다는 것이다. 여러 꽃을 피우는 보라색 가시 엉겅퀴의 모습은 모두 연합해 강인하게 투쟁해 온 스코틀랜드의 역사와 닮았다.

## 8 스포츠의 고향

전 세계 팬들에게 사랑받는 골프와 컬링의 고향이다. 특히 세인트 앤드루스는 중세 시대부터 시작된 골프 코스가 있다. 이 골프 코스는 세계에서 가장 오래된 골프 코스로 알려져 있다. 스털링에는 1540년대에 돼지 방광으로 만든 세계에서 가장 오래된 축구공이 있다.

### Special Page

# 스코틀랜드 더 들여다보기

**여행을 더 풍성하게 해 줄 스코틀랜드 역사와 유명 인물을 소개한다.**

## 스코틀랜드 역사

### 스코틀랜드는 과연 영국일까, 아닐까?

결론부터 말하자면 스코틀랜드는 영국이다. 영국은 잉글랜드, 스코틀랜드, 웨일스, 북아일랜드 네 개의 지역으로 이루어진 섬나라다. 영국 하면 가장 먼저 떠올리는 영국 국기 유니언 잭도 잉글랜드, 스코틀랜드, 북아일랜드 각각의 국기가 합쳐진 것이다. 네 곳을 모두 통합해서 영국 혹은 UK United Kingdom라고 부르지만, 각각 다른 민족성과 역사, 고유한 문화가 있어 각 지역 사이에 미묘한 감정이 흐른다. 참고로 잉글랜드의 수도는 런던, 스코틀랜드의 수도는 에든버러다.

### 스코틀랜드 투쟁의 역사

스코틀랜드는 중세 시대의 치열한 전투, 왕실 권력을 둘러싼 복잡한 정치적 사건들, 자유를 향한 투쟁의 역사를 간직한 곳이다. 특히, 스코틀랜드와 잉글랜드 사이의 복잡미묘한 관계는 스코틀랜드 역사에서 빼놓을 수 없다. 어느 지역을 가더라도 굳건한 투지와 저항 정신이 남아 있는 유적지를 볼 수 있다. 스코틀랜드 정체성과 문화 자긍심이 높은 스코틀랜드 사람들에게 '잉글랜드 사람English'이라고 부르는 실례를 범하지 않도록 주의하자.

### 투쟁과 저항의 역사 시작

스코틀랜드 역사는 고대 선사 시대까지 거슬러 올라간다. 사냥을 하고, 밭을 경작하며 부족 집단 생활을 했던 선사 시대 마을과 돌무덤 유적지들이 아직도 하일랜드, 인버네스 주변에 많이 남아 있다.

스코틀랜드 최초의 역사는 로마인들이 스코틀랜드를 침략한 기원전 80년부터라고 기록돼 있다. 이때부터 스코틀랜드 저항의 역사가 시작되었다고 볼 수 있다. 로마인들이 스코틀랜드 남부부터 북동쪽까지 침략했지만, 스코틀랜드인들은 수십 년 동안 전투를 하며 침략을 막아 냈다. 기원전 6세기에는 아일랜드, 기원전 8~9세기부터는 바이킹의 위협에 시달렸다. 그 영향으로 스코틀랜드 셰틀랜드 제도와 오크니 제도 곳곳에는 스칸디나비아 언어와 문화가 남아 있다.

* **관련 유적지 클라바 돌무덤**

### 애증의 관계, 잉글랜드

알렉산더 3세 왕이 사망한 후 스코틀랜드는 후계자 문제를 겪었다. 불안한 틈을 타 잉글랜드 군주였던 에드워드 1세가 스코틀랜드 군주로 인정받기 위해 북쪽으로 행진했다. 에드워드 1세는 고대 스코틀랜드 왕들의 즉위식 때 사용된 스쿤성의 운명의 돌을 잉글랜드로 가져가 잉글랜드와 대영제국 대관식에 사용하기도 했다. 이 일을 계기로 양국 사이에 긴장감이 조성됐다.

1297년, 스코틀랜드 독립 전쟁에서 활약한 영웅 윌리엄 월리스가 올드 스털링 브리지에서 에드워드 1세 군대를 상대로 대승을 거뒀다. 이후, 그의 독립 정신을 이어받아 로버트 브루스 왕이 에드워드 2세의 잉글랜드 군대를 격파했다. 16세기에는 스코틀랜드의 메리 여왕이 사촌인 잉글랜드의 엘리자베스 여왕에게 보호를 요청했으나, 반역죄로 몰려 공개 참수형을 당했다. 마침내 1603년 메리 여왕의 아들 제임스 1세가 최초의 스코틀랜드-잉글랜드 공동 왕이 되었다.

* **관련 유적지 스쿤성, 올드 스털링 브리지, 배녹번 전투 여행자 센터, 홀리루드하우스 궁전**

## 재커바이트 혁명

제임스 1세가 스코틀랜드-잉글랜드 공동 왕이 되었으나, 공식적으로 의회가 합병된 때는 1707년이다. 양국의 왕위가 합쳐지기까지 무려 백 년이 걸렸다. 잉글랜드는 가톨릭 부활 정책을 펼친 제임스 2세 왕을 명예 혁명으로 왕위에서 물러나게 한 후, 개신교 성향의 딸과 사위를 공동 왕으로 즉위시키기까지 했다. 이에 반발한 스코틀랜드 사람들이 일으킨 혁명이 재커바이트 혁명이다.

그중 가장 유명한 사건이 바로 재커바이트군과 잉글랜드군 최후의 전투, 컬로든 전투다. 이 사건과 관련된 흔적을 스코틀랜드 전역에서 찾아볼 수 있다. 특히, 인버네스에 가면 가장 격렬한 전투를 벌였던 컬로든 전투지를 방문할 수 있다. 컬로든 전투는 스코틀랜드의 패배로 끝났으며, 천 명이 넘는 스코틀랜드인이 전사했다. 또한, 잉글랜드 왕은 하일랜드의 씨족 제도를 해체하고 전통 의상 타탄 착용과 게일어 사용을 금지시켰다.

* **관련 유적지 컬로든 전투지**

## 독립을 향한 열망

스코틀랜드는 18세기 후반부터 눈부신 기술로 산업 발전을 이루었다. 곳곳에 조선소, 탄광, 제철소가 들어섰다. 운하를 뚫고, 철도, 다리가 건설되면서 각종 무역 산업이 발전했다. 뿐만 아니라, 북해의 석유도 스코틀랜드 산업 발전에 기여했다. 기술 발전과 더불어 세계적인 작가들의 문학 작품을 비롯해 음악, 영화, 건축, 과학 등 다양한 분야에서 스코틀랜드의 우수성을 알리기 시작했다.

마침내, 1999년에는 스코틀랜드 독립 의회를 출범하고, 2014년에는 스코틀랜드 독립 투표를 진행했다. 45% 찬성, 55% 반대라는 안타까운 결과로 독립이 무산되긴 했지만, 아직도 스코틀랜드 사람들은 자신들의 정체성과 잉글랜드와의 애증의 역사를 잊지 않으며 살아가고 있다.

* **관련 유적지 포스교, RRS 디스커버리, 버튼트 웍스**

# 스코틀랜드 사람들

## 속 깊은 매력, 스코틀랜드 사람들

런던을 먼저 여행한 후 스코틀랜드로 이동한 여행자라면 분명한 차이를 느낄 수 있을 것이다. 눈만 마주쳐도 미소를 지어주는 런더너와 달리 스코틀랜드는 도시 분위기뿐 아니라 사람들도 어쩐지 거칠고 투박한 느낌을 자아낸다. 하지만, 여행을 하다 보면 속 깊은 스코틀랜드 사람들의 매력을 알게 된다.

## 스코틀랜드 사람들의 특징

스코틀랜드 사람들은 스코티시라는 정체성과 문화 자긍심이 높다. 아직도 결혼식과 주요 행사, 관광지 곳곳에서 전통 의상을 입은 스코틀랜드 사람들을 쉽게 볼 수 있다. 그들은 겉으로는 무뚝뚝해 보이지만 도움을 요청하면 선뜻 나서서 도와준다.

또한, 스코틀랜드는 어디든 그 지역에 얽힌 전설과 다양한 미신이 있다. 이는 신비로운 분위기가 서려 있는 오래된 도시나 광활한 자연환경, 드라이 유머와 이야기를 좋아하는 특성을 생각하면 지극히 자연스럽다. 잉글랜드 사람들이 겉으로는 미소를 짓지만 쉽게 자신의 감정을 드러내지 않는 반면, 스코틀랜드 사람들은 감정을 숨기지 않고 좀 더 직설적인 편이다. 위스키의 나라답게 술과 음악, 춤이 어우러진 파티도 좋아한다.

## 스코틀랜드 악센트

한국 사람들은 미국 영어에 익숙해 영국식 영어를 낯설어 하는데, 스코틀랜드 사람들이 구사하는 영어는 특유의 독특한 억양까지 더해져 더 알아듣기 어렵다. 스코틀랜드의 일부 지명은 게일어(켈트어)다. 또한, 스코틀랜드에서 사용하는 영어는 미국에서 사용하는 영어와 비슷한 단어도 있지만, 일부는 단어의 뜻과 표현이 전혀 다르다. 스코틀랜드 여행 전 자주 사용하는 영어 단어 및 게일어 표현을 알아두면 도움이 된다. 스코틀랜드에서 사용하는 게일어와 미국식 영어의 다른 표현은 466p 참고.

# 스코틀랜드 유명 인물

스코틀랜드 곳곳에서 볼 수 있는 동상이나 화폐 속 인물들은 스코틀랜드를 빛내고 역사의 한 페이지를 장식한 사람들이다. 스코틀랜드의 유명한 인물들은 누구이며, 어떤 사람들인지 간단하게라도 알아 두면 여행의 깊이가 달라질 것이다. 오랜 역사와 폭넓은 문화를 간직한 스코틀랜드에서 꼭 기억해야 할 인물들을 소개한다. 스코틀랜드를 이해하는데 큰 도움이 될 것이다.

### 맥베스 Macbeth
덩컨 1세를 살해하고 왕위를 차지한 11세기 스코틀랜드 왕이자, 윌리엄 셰익스피어의 작품 〈맥베스〉의 주인공으로 알려져 있다.

### 스코틀랜드 메리 여왕 Mary, Queen of Scots
3번의 결혼, 몰락한 왕권, 사촌인 엘리자베스 여왕에게 처형되어 생을 마감한 비운의 여왕이다.

### 찰스 에드워드 스튜어트 Charles Edward Stuart
잘생긴 외모로 '보니 프린스 찰리Bonnie Prince Charlie'라는 별명이 붙은, 재커바이트의 마지막 봉기를 이끈 왕자이다.

### 아서 코난 도일 Arthur Conan Doyle
에든버러에서 태어나고 에든버러 대학을 졸업한 셜록 홈즈의 아버지이다.

### 윌리엄 월리스 William Wallace
독립 전쟁의 시작 스털링 브리지 전투를 승리로 이끈 스코틀랜드 국민 영웅이다.

### 애덤 스미스 Adam Smith
보이지 않는 손, 〈국부론〉을 저술한 경제 학자이자 철학자이다.

### 월터 스콧 Walter Scott
〈마지막 음유 시인의 노래〉, 〈호수의 여인〉 등 3대 서사시로 유명한 19세기 스코틀랜드 국민 작가이자 시인이다.

### 찰스 레니 매킨토시 Charles Rennie Mackintosh
글래스고가 가장 사랑하는 인물이자, 스코틀랜드에서 가장 유명한 건축가 겸 디자이너다.

### J. K 롤링 J. K Rowling
유명한 소설 〈해리 포터〉의 작가. 〈해리 포터〉의 처음과 끝은 에든버러와 밀접한 관련이 있다고 한다.

PLANNING 02

# 스코틀랜드 **여행 만들기**

생소한 지역인 만큼 아직 여행 정보는 충분하지 않다. 하지만, 스코틀랜드를 여행하겠다는 마음만으로도 여행의 반은 완성된 것이다. 이미 스코틀랜드를 다녀온 여행자의 루트를 따라가기보다는, 나만의 여행을 만들어갈 수 있는 좋은 기회일 수 있다. 두려워하지 말고 차근차근 준비해보자.

**TIP** 스코틀랜드는 일 년 내내 온화한 기후지만, 정확히 날씨를 예측하기 어렵다. 맑다가도 갑자기 비바람이 몰아칠 수도 있다. 가벼운 후드 방수 점퍼는 필수 아이템이다.

## 스코틀랜드의 사계절

### 봄 Spring
**날씨** 평균 기온 7~13도로, 햇살이 따뜻해 야외 활동을 하기 좋다. 단, 일교차가 커서 아침저녁으로 쌀쌀하다.
**옷** 카디건, 스카프를 챙기자. 추위를 탄다면 얇은 패딩도 챙기자.
**추천 일정** 다채로운 꽃을 볼 수 있는 공원, 식물원을 둘러보자.
**축제** 3월 인버네스 뮤직 페스티벌, 글래스고 아트 페스티벌 / 4월 에든버러 국제 과학 페스티벌 / 5월 에든버러 국제 어린이 페스티벌

### 여름 Summer
**날씨** 평균 기온 15~17도로, 일 년 중 가장 따뜻하다. 또한, 새벽 4시부터 해가 뜨기 시작해 오후 11시경에 어두워질 만큼 해가 가장 긴 계절이다.
**옷** 햇볕으로부터 눈을 보호할 선글라스는 필수다. 또, 하일랜드는 여름에도 서늘한 편이다. 하일랜드에 간다면 긴 옷을 챙기자.
**추천 일정** 건조하지만 맑은 날씨에 적합한 다양한 수상 스포츠를 즐겨보자. 크루즈 여행도 추천한다.
**축제** 6월 로얄 하일랜드 쇼, 에든버러 국제 영화제 / 7월 에든버러 재즈&블루스 페스티벌 / 8월 로얄 에든버러 밀리터리 타투, 에든버러 프린지 페스티벌

### 가을 Autumn
**날씨** 평균 기온 8~14도로 선선하다. 여름과 달리 해가 빨리 지니 어두워지기 전에 움직이는 게 좋다.
**옷** 따뜻한 스웨터, 비 오는 날 진흙에도 끄떡없는 방수 신발을 챙기자.
**추천 일정** 광활한 자연이 붉은 색으로 아름답게 물드는 계절이다. 한 폭의 그림 같은 숲을 거닐면서 자연의 변화를 느껴보자.
**축제** 9월 브래마 개더링 / 10월 삼후인 파이어 페스티벌 / 11월 글래스고 위스키 페스티벌, 세인트 앤드루스 데이

### 겨울 Winter
**날씨** 평균 5도 내외의 기온이 유지된다. 오전 9시경 환해져, 오후 3시가 넘으면 어두워질 만큼 해가 가장 짧은 계절이다. 15~20일 정도 눈이 내린다. 비도 자주 내리며, 습하다. 특히, 하일랜드는 약 100일 동안 눈이 온다. 겨울에 하일랜드에 간다면 유의하자.
**옷** 패딩 점퍼, 눈이 많이 오니 모자도 챙기면 좋다.
**추천 일정** 스키, 스노보드 등 겨울 스포츠를 즐겨보자. 맑고 투명한 밤하늘 별을 보는 것도 좋다. 크리스마스 마켓과 조명으로 반짝이는 도시를 즐겨보자.
**축제** 12월 에든버러 호그머네이 / 1월 번 나이트 셀레브레이션 / 2월 글래스고 필름 페스티벌

## 스코틀랜드 여행 계획하기

### 총 여행 기간 정하기

스코틀랜드 여행 기간을 정하자. 런던을 기준으로 에든버러만 하루이틀 여행할지, 에든버러를 기준으로 스코틀랜드 각 도시를 여행할지에 따라 여행 기간이 달라진다. 여행 기간을 정한 후에는 스코틀랜드에서 어느 도시를 가야 할지 한결 선택이 쉬워진다.

### 이동 수단 정하기

스코틀랜드는 비행기, 기차, 버스 등 대중교통이 잘 되어 있어 도시 간 이동에 큰 어려움이 없다. 도시 내 주요 관광지도 대부분 도보로 이동 가능하다. 도시를 벗어나 아름다운 자연을 느끼며 여행하고 싶다면 렌터카를 빌려 로드 트립도 해 볼 만하다.

### 주변 소도시 여행 계획하기

이왕 떠난 스코틀랜드 여행이라면 소도시 여행을 가는 것도 좋다. 에든버러에 숙소를 정하고 스털링, 퍼스, 던디, 세인트 앤드루스는 당일치기로 충분히 다녀올 수 있다. 단, 글래스고와 하일랜드는 볼거리가 많아 하루 이상 머무르는 것을 추천한다.

에든버러에서 차로 편도 6시간 이상 걸리는 스카이섬은 최소 이틀은 투자하자. 눈이 탁 트이는 광활한 자연, 치열했던 역사를 짐작할 수 있게 하는 유적지 등 잉글랜드와는 다른 매력으로 새로운 경험을 선사한다.

## 스코틀랜드 도시 한눈에 보기

스코틀랜드 제1의 여행 도시는 바로 에든버러다. 하지만 에든버러만 짧게 있다 간다면 스코틀랜드의 일부만 보는 것과 같다. 광활한 자연과 아름다운 소도시를 여유 있게 둘러보면서 스코틀랜드의 진한 매력을 느껴보자. 나의 여행 취향, 체력, 동선을 고려하여 일정을 계획해보자.

### | 에든버러 Edinburgh
스코틀랜드 수도. 역사, 정치, 경제, 문화의 중심지이기도 하다. 도시 전체가 유네스코 세계문화유산으로 지정되었다.

### | 글래스고 Glasgow
예술과 디자인의 도시. 무료 박물관과 갤러리가 즐비하다. 글래스고의 대표 건축가 찰스 매킨토시의 발자취를 따라가 본다.

### | 하일랜드&스카이섬 Highlands&Isle of Skye
스코틀랜드 여행에서 놓쳐서는 안 될 곳. 거대한 산맥과 협곡, 바다가 어우러지는 웅장한 대자연 속에서 힐링한다.

### | 스털링 Stirling
자유를 갈망하던 스코틀랜드의 치열한 투쟁의 역사를 느낄 수 있는 곳이다.

### | 퍼스 Perth
중세 시대 스코틀랜드의 수도였던 도시. 왕의 대관식이 열리고, 스코틀랜드 종교 개혁이 시작된 곳이다.

### | 던디 Dundee
영국에서 첫 번째로 유네스코 디자인 도시로 선정된 곳이다. 문화 예술 도시로서의 자부심을 느낄 수 있다.

### | 세인트 앤드루스 St. Andrews
전 세계 골퍼들의 성지다. 가장 오래된 골프 코스와 스코틀랜드에서 가장 오래된 대학이 있다.

### | 애버딘 Aberdeen
견고하고 멋스러운 화강암 건물을 곳곳에서 볼 수 있는 화강암의 도시. 북해에서 나오는 석유로 풍요롭고 부유한 분위기다.

### | 인버네스 Inverness
하일랜드의 섬과 마을로 가는 관문 역할을 하는 도시. 스코틀랜드에서 가장 살기 행복한 도시 1위로 꼽혔다.

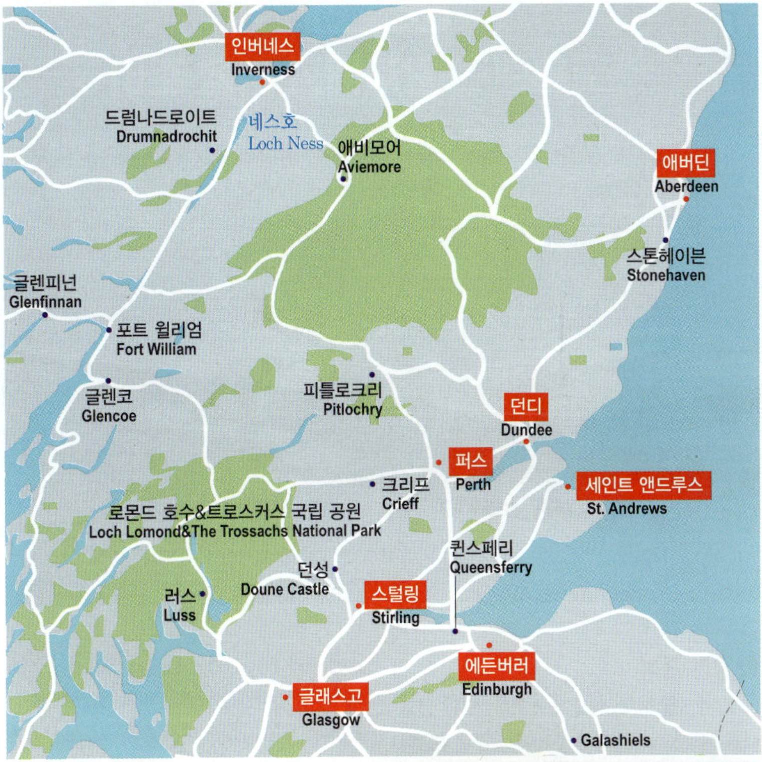

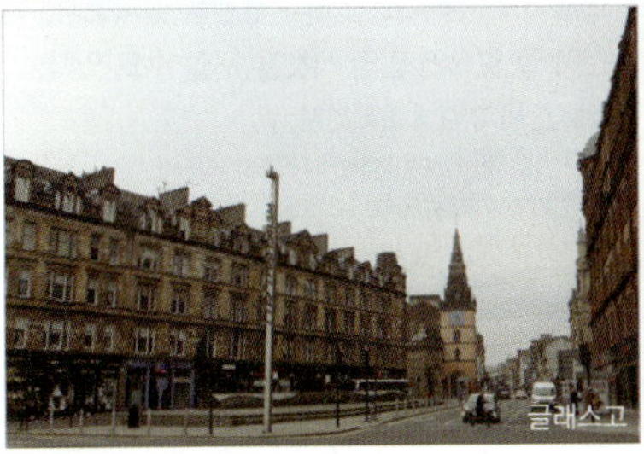

### TIP 스코틀랜드 여행 팁

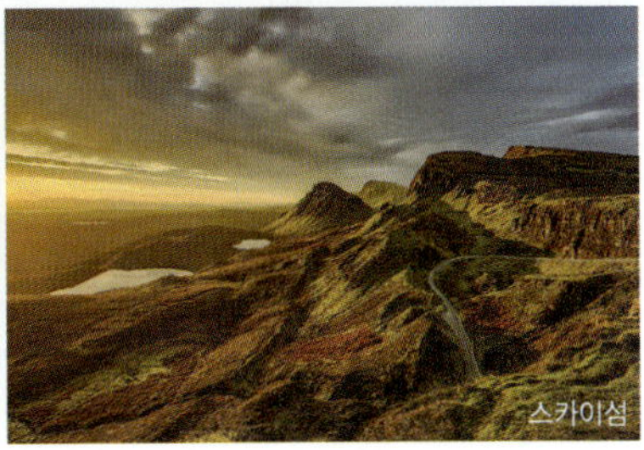

- 스코틀랜드에서 어디를 가야 할지 고민이라면 스코틀랜드 관광청에서 관광지에 수여하는 별 개수를 참고하자. 꼭 방문하길 추천하는 곳은 별 5개다. 각 관광지 홈페이지에서 별 개수를 확인할 수 있다.
- 각 도시의 여행자 센터VisitScotland iCentre를 방문하자. 무료 지도와 여행 정보를 얻을 수 있고, 도시 기념품도 판매한다. 도시별 여행자 센터 정보는 456p 참고.

## PLANNING 03

# 스코틀랜드 **알짜배기 여행 준비**

알아두면 도움이 되는 여행 팁을 읽어보면서 본격적으로 스코틀랜드 여행의 큰 그림을 그려보자. 여행자들이 가장 궁금해하는 항공권 준비부터 여행 경비, 꼭 필요한 것들, 스마트폰 사용에 대한 정보까지 알짜배기 여행 정보만 모았다.

## 항공권 준비

2023년 3월 현재, 한국과 스코틀랜드를 연결하는 직항은 없다. 보통 인천에서 영국 런던이나 유럽의 다른 도시를 거쳐 에든버러로 입국한다. 런던 여행을 함께 계획한다면, 런던에서 기차나 장거리 버스인 코치로 에든버러까지 이동하는 방법도 있다.

인천 공항에서 히드로 공항을 경유해 에든버러 공항까지 갈 수 있다. 총 이동 시간 16~18시간 소요(환승 대기 시간에 따라 총 이동 시간은 달라질 수 있다). 인천 공항에서 다른 유럽 도시를 거쳐 에든버러로 가는 항공사는 에어프랑스, KLM, 터키에어라인 등이 있다. 스코틀랜드 여행은 여름방학과 에든버러 축제가 있는 7, 8월과 크리스마스, 12월 말~1월 초가 극성수기라 항공권이 가장 비싸다. 해가 짧고 날씨가 추운 11월이 상대적으로 비수기다.

항공권 가격은 여행 날짜와 환승 대기 시간, 경로에 따라 80~200만 원까지 다양하다. 성수기에 여행한다면 항공권을 미리 예매하기를 추천한다. 또한, 항공사에서 종종 프로모션 이벤트를 하는 경우도 있으니 꾸준히 살펴보자. 기간이 잘 맞으면 할인 티켓을 구할 수도 있다.

**항공권 비교 검색 홈페이지**
스카이스캐너 www.skyscanner.co.kr
카약 www.kayak.co.kr
인터파크 항공 fly.interpark.com

## 여행 경비

스코틀랜드는 런던에 비해 물가가 저렴한 편이다. 다만, 성수기 시즌에는 항공권, 숙박료, 관광지 입장료, 교통 비용이 오를 수 있으니 감안해서 계획하자. 다행히 스코틀랜드는 박물관, 갤러리, 공원 등이 무료입장인 곳이 많다. 기차, 코치, 유료 관광지 입장은 온라인에서 티켓을 미리 예약하거나, 3~4인 그룹, 가족 티켓으로 예매 시 할인을 받을 수 있다.

스코틀랜드를 포함한 영국 여행은 미리 준비할수록 알뜰하게 여행이 가능하다. 여행 일정에 따라 소비 패턴에 따라 여행 경비는 개인별로 다르다는 점을 명심하자. 항공권과 숙박 비용이 여행 경비의 가장 큰 비중을 차지한다. 항목별 자세한 내용은 여행 정보 컨설팅 451p를 참고하자.

## 여행 경비 예시

*2023년 기준이며, 실제 여행 경비와 차이가 있을 수 있다.
**항공권** 인천-에든버러 경유 80~200만 원 사이
**숙박비** 호텔 1박 평균 100파운드~ / 호스텔 도미토리 1박 15파운드~
**대중교통 요금** 에든버러 버스 편도 티켓 1.8파운드, 데이 티켓 4.5파운드 / 에든버러 근교 기차 왕복 티켓 10파운드~(목적지와 시간에 따라 가격 다름)
**입장료** 고성, 궁전 티켓 10~20파운드 사이 / 대부분의 박물관, 갤러리는 무료
**식비** 커피 2~4파운드 / 샌드위치 등 간단한 브런치 메뉴 3~7파운드 / 점심 메뉴 7파운드~ / 저녁 메뉴 10파운드~ / 펍 맥주 한 잔 3~4파운드
**하일랜드 투어 비용** 투어 기간, 목적지에 따라 상이하다. 1일 투어 40파운드~ / 3일 120파운드~

## 환전&신용카드

여행 경비를 모두 환전해서 현금으로만 가져가는 것은 추천하지 않는다. 실수로 잃어버리거나 소매치기를 당할 위험이 있다.

최근에는 해외결제를 해도 수수료가 없거나 소액의 수수료만 지불되는 신용카드, 체크카드 종류가 많으니 현금은 필요한 만큼 최소한으로 가지고 갈 것을 추천한다. 카드를 분실하거나 정지될 경우를 대비해 사용 가능한 다른 여분의 카드도 챙기면 좋다. 혹시라도 카드를 분실한 경우에는 바로 분실신고를 해야 한다.

**분실신고 고객센터 전화번호**
비자카드 0800-89-1725
마스터카드 0800-96-4767

### TIP 스코틀랜드에서 카드 사용하기

대부분의 관광지, 백화점, 레스토랑, 마트에서는 자유롭게 카드를 사용할 수 있다. 레스토랑에서는 웨이터가 휴대용 카드 결제기를 가지고 와서 바로 계산해 준다.

해외 사용이 가능한 카드(마스터, 비자, 아메리칸 익스프레스)가 연결된 삼성페이, 애플페이도 대부분의 매장에서 사용 가능하다.

### 알뜰하게 여행하자. 신박한 트래블 카드!

환전 수수료와 해외인출 수수료 0%에 내가 원하는 시점, 원하는 환율에 외화를 충전하고 환전할 수 있다. 컨택리스 결제 기능이 가능하고 해외 가맹점 이용 수수료가 무료이니 알뜰하고 쉽고 편하게 여행하고 싶다면 트레블 카드를 챙겨보자.

---

***트래블 월렛** Travel Wallet

Visa 카드 기반. 모든 은행 계좌 연동 가능이 장점. 환전 가능한 통화가 38개 (2023년 기준)로 여러 나라 여행시 장점. 트래블 월렛 어플로 충전 및 사용기록 확인이 가능하다.

---

***트래블로그** Travelog

여행 욕구를 뿜뿜 일으키는 감각적인 카드 디자인이 매력적이다. Master카드 기반. 하나은행 계좌 연동으로 하나머니 앱으로 충전하고, 수수료 면제 금액이 확인되어 얼마나 아꼈는지 쉽게 볼 수 있다.

## 스코틀랜드의 화폐

스코틀랜드는 유로가 아니라 런던과 마찬가지로 영국 통화인 파운드 스털링£을 쓴다.  스코틀랜드 현지에서 한화를 바꿔주지 않으니 미리 한국에서 필요한 만큼 파운드로 환전해 가자. 1파운드=1,590원(2023년 3월 기준)

**펜스** 1파운드는 100펜스와 같다. pence의 약자인 p를 사용하며 '피pee'라는 단어를 쓰기도 한다. 한국의 백 원 단위라고 생각하면 쉽다.

**동전** 총 8종류(£2, £1, 50p, 20p, 10p, 5p, 2p, 1p)의 동전이 있다. 2파운드 동전은 한국 돈으로 약 3천 원의 가치가 있다.

**지폐** 총 6종류(£100, £50, £20, £10, £5, £1)의 지폐가 있다. 스코틀랜드 지폐는 정부에서 허가를 받은 3개의 은행에서 각각 발행한다. 때문에 화폐 가치가 같더라도 디자인이 다를 수 있다. 잉글랜드 지폐는 스코틀랜드에서 자유롭게 사용할 수 있지만, 잉글랜드에서는 스코틀랜드 지폐를 받아주지 않는 경우가 많다.

따라서, 스코틀랜드 여행 후 런던 여행을 갈 계획이라면 남은 스코틀랜드 지폐는 은행에서 잉글랜드 지폐로 교환 후 떠나는 것이 좋다. 스코틀랜드 1파운드 지폐는 현재 잘 통용되지 않으며, 잉글랜드에서는 아예 사용이 불가하다. 스코틀랜드 여행 후 한국으로 바로 오는 경우에도 잉글랜드 화폐로 바꿔야 한국에서 다시 한화로 환전이 가능하다.

## 스코틀랜드에서 스마트폰 사용

스코틀랜드에서도 스마트폰을 이용해서 편리하게 여행할 수 있다. 구글 맵으로 길을 찾거나, 맛집을 찾을 수 있다. 관광지 티켓을 예매하고, 한국에 있는 가족이나 친구들에게 언제든 연락할 수 있다.

## 심 카드

영국의 통신사는 쓰리Three, 보다폰Vodafone, EE, O2, 기프가프Giffgaff 등 다양하다. 각 통신사에서 일주일, 한 달 단위로 선불 충전 요금제Pay as you go를 제공한다.

심 카드 구입 시, 매장에 방문해서 직원에게 원하는 데이터 상품을 선택하고 심 카드 교체를 요청하는 방법이 제일 편하고 확실하다. 심 카드 교체 후 정상적으로 데이터 상품이 설정되었는지, 인터넷 사용이 가능한지 직원과 함께 확인하자. 마트에서 심 카드를 구입한 후 전화 ARS로 영수증에 나온 번호를 입력해 직접 데이터 상품을 설정하는 방법도 있다.

영국의 브렉시트로 인해, 영국 심 카드로 유럽과 해외 다른 지역에서 데이터나 유선 전화, 문자 등을 사용할 경우 추가 로밍 비용이 발생한다. 그러므로 해당 심 카드의 로밍 플랜을 잘 확인하여 추가 금액이 나오지 않도록 주의하자.

**쓰리 모바일 홈페이지** www.three.co.uk
**보다폰** www.vodafone.co.uk
**EE모바일** ee.co.uk

### TIP 심 카드 사용 추가 팁

- 영국 심 카드로 바꿔도 기존 휴대폰에 저장된 것들은 사라지지 않는다. 네트워크 사용자만 영국 통신사로 바뀌는 것뿐이다.
- 한국에 도착하면 기존 심 카드를 다시 사용해야 하니, 꼭 잘 보관해 두자.
- 스코틀랜드에서는 한국의 빠른 인터넷 속도와 어디서든 빵빵 터지는 무료 와이파이 존은 기대할 수 없다. 대부분의 숙소에서 무료 와이파이 서비스를 제공하지만, 일부 저렴한 호스텔은 와이파이 이용권을 구매해야 한다.
- 하일랜드 한가운데에서는 인터넷은 물론이고, 간혹 GPS도 안 될 때가 있다. 그때는 잠시 휴대폰을 잊고 멋진 자연을 만끽하자.

## 로밍 vs 영국 심 카드 vs 무료 와이파이

여행 기간과 데이터 사용 패턴에 따라 나에게 맞는 방법을 선택하자. 국내 통신사에서도 저렴한 로밍 상품이 많으니 현지 심카드와 금액을 잘 비교해 본 후 선택하면 된다. 소개한 방법 외에 포켓 와이파이도 있으니 참고하자.

|  | 로밍 | 영국 심 카드 Sim Card | 무료 와이파이 |
|---|---|---|---|
| 개념 | 한국 통신사에서 전화 및 데이터 사용 상품을 판매한다. | 기존 심 카드를 영국 통신사 심 카드로 교체 후 영국 데이터망으로 전화나 데이터를 사용한다. | 한국에서 사용하는 것과 마찬가지로, 와이파이를 검색해서 비밀번호가 걸려 있지 않은 공용 와이파이를 사용한다. |
| 예상 비용 | 데이터 1일 무제한 요금제 (SKT 9,900원 / KT 11,000원 / LG U+ 11,000원) | • 쓰리Three : 10GB 데이터, 통화, 문자 무제한 10파운드 / 50GB 데이터, 통화, 문자 무제한 15파운드<br>• 보다폰Vodafone : 21GB 데이터, 통화, 문자 무제한 10파운드 / 60GB 데이터, 통화, 문자 무제한 15파운드<br>• EE 모바일: 8GB 데이터, 통화 500분, 문자 무제한 10파운드 / 25GB 데이터, 통화, 문자 무제한 15파운드<br>*통화, 문자는 영국내 회선에만 해당 | • 무료 와이파이 존에서 사용 시 무료다.<br>• 일부 장소에서는 일정 시간 이상 사용 시 사용료를 내야 한다.<br>• 에든버러 공항은 2시간, 글래스고 공항은 1시간 동안 무료 와이파이를 사용할 수 있다. |
| 장점 | • 심 카드를 바꾸지 않아도 되므로 사용이 편리하다.<br>• 어디에서나 자유롭게 데이터를 사용할 수 있다. | • 데이터 사용 기간을 생각하면 비용이 저렴하다.<br>• 스코틀랜드를 포함한 영국 어느 곳에서나 자유롭게 데이터 사용이 가능하다.<br>• 영국 현지 전화번호를 부여받아 현지 전화가 가능하다. | 무료로 사용 가능하다. |
| 단점 | • 비용이 비싸다.<br>• 장기 여행 시 부담이 크다.<br>• 영국 내, 한국으로 전화를 하거나 문자를 보낼 경우 추가 비용이 발생한다. | • 심 카드를 구입한 후 교체해야 하는 번거로움이 있다.<br>• 한국으로 전화를 하거나 문자를 할 경우에는 추가 비용이 발생한다. | • 한국만큼 무료 와이파이 존이 많지 않다.<br>• 일부 패스트푸드점이나 카페에서 와이파이 사용 시 이메일 인증이나 회원가입을 요구한다. |
| 사용 방법 | 각 통신사 로밍 센터나 전화 혹은 각 통신사 홈페이지에서 로밍 상품을 신청한 후, 휴대폰 설정에서 영국 네트워크 사업자로 변경해 사용한다. | 각 모바일 매장에 방문해 원하는 요금제를 선택해 구매한 후 심 카드를 교체한다. | 'Free Wifi'라고 써 있는 패스트푸드점, 카페, 일부 도서관, 숙소에서 사용 가능하다. |
| 추천 대상 | 하루이틀 일정으로 영국을 짧게 여행하는 경우에 추천한다. | 3일 이상 일정으로 영국을 여행하는 경우, 어디서든 바로 메시지, SNS, 지도를 확인해야 하는 경우에 추천한다. | 아날로그 여행을 즐기고 싶은 경우, 실시간으로 구글 맵이나 인터넷 검색 없이도 여행을 다닐 수 있는 경우에 추천한다. |

# 스코틀랜드 추천 여행 코스

PLANNING 04

### PLAN 1  스코틀랜드 핵심만 2박 3일

런던을 찾는 많은 여행자들이 스코틀랜드 문화도 경험해 보고 싶어서 스코틀랜드를 함께 찾는다. 아름다운 궁전과 공원, 광활한 자연, 위스키 투어 등 스코틀랜드의 핵심을 경험할 수 있다. 일정이 바쁜 여행자에게 추천한다.

## 에든버러 올드 타운 & 하일랜드 & 에든버러 근교 & 에든버러 뉴 타운

**1일 에든버러 올드 타운**

→ 에든버러 웨이벌리역 도착 →(도보 5분)→ 월터 스콧을 기리는 곳 **스콧 기념탑** →(도보 5분)→ 아름다운 도시 공원에서 여유로운 산책을 **프린스 스트리트 가든스** →(도보 15분)→ 에든버러 시내 풍경을 감상할 수 있는 중세 도시의 요새 **에든버러성** →(도보 5분)→ 위스키의 고장에서 위스키 투어를 **더 스카치 위스키 익스피어리언스** →(도보 5분)→ 예쁜 카페와 기념품숍이 가득한 **로얄 마일&빅토리아 스트리트** →(도보 15분)→ 화려한 왕실 문화를 엿보는 **홀리루드하우스 궁전** →(도보 20분)→ 에든버러 쇼핑은 이곳에서 **프린스 스트리트**

런던과는 또 다른 풍광을 선사하는 스코틀랜드는 일정과 취향에 따라 맞춤 계획이 가능하다. 고즈넉한 고성, 광활한 대자연, 예술의 향취 가득한 박물관과 미술관 투어 등 나만의 스코틀랜드 여행을 만들어보자.

← 도보 1분 ― 영국식 저녁 식사 펍 음식을 맛보러 **로즈 스트리트** ― 도보 20분 → 에든버러를 물들이는 석양을 구경할 수 있는 **칼튼 힐**

**2일 하일랜드 1일 투어**
각 투어 회사 **픽업 포인트에서 출발**
↓ 차로 2시간

투명하고 맑은 호수가 있는 **로몬드 호수&트로서크스 국립 공원**
← 차로 1시간 ― 넓은 황야와 늪지대가 아름다운 **래녹 무어** ← 차로 30분 ― 하일랜드의 대자연 협곡이 펼쳐진 **글렌코**

↓ 차로 1시간 30분

네시 괴물이 산다는 **네스호** → 차로 30분 → 네스호 옆에 신비롭게 서 있는 중세 시대 성 **어쿼트성** → 차로 1시간 30분 → 영국에서 가장 큰 **케언곰스 국립 공원**

↓ 차로 2시간

**에든버러** 도착 ← 차로 30분 ― 세계 최초 강철 다리 **포스교**

## 3일 에든버러 근교 & 에든버러 뉴 타운

→  딘 빌리지, 아서스 싯, 에든버러 왕립 식물원 중 한 곳 선택

도보 30분 혹은 버스 10분 →

 수많은 역사 보물들이 전시된 **스코틀랜드 국립 박물관**

도보 10분 ↓

 반 고흐의 작품을 볼 수 있는 **국립 스코틀랜드 미술관**

← 차로 2시간

 쇼핑을 즐길 수 있는 **프린스 스트리트**

---

## 에든버러 올드 타운 & 에든버러 근교 & 스코틀랜드 소도시

**1일** 에든버러 올드 타운 → **2일** 에든버러 근교

PLAN 1의 1일차 에든버러 올드 타운 일정과 동일

**Point.** 시간과 동선을 잘 짜면 하루에 스팟 두 곳을 둘러보는 일정도 가능하다.

도보 30분 혹은 버스 10분 —

 에든버러 도시를 한눈에 볼 수 있는 **아서스 싯**

또는 ↓

 전 세계 희귀 동물을 볼 수 있는 **에든버러 동물원**

또는

 식물 애호가를 위한 **에든버러 왕립 식물원**

또는

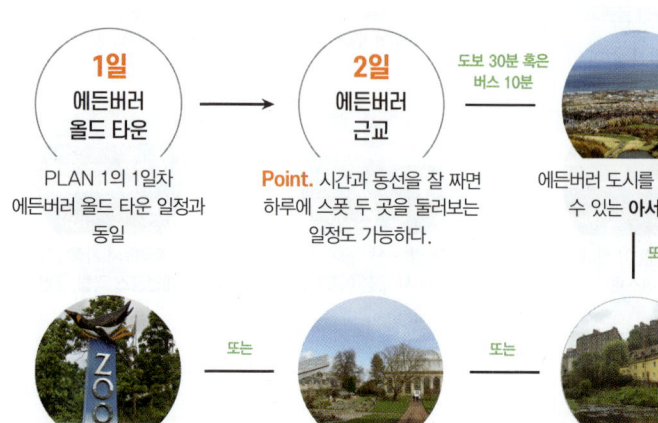 동화 속 평화로운 마을 **딘 빌리지**

평화로운 해안 마을 **리스**와 **로얄 요트 브리타니아** 구경

또는

여유롭게 산책할 수 있는 **포토벨로 해변**

**3일**
스코틀랜드 소도시

Point. 기차로 편도 약 1시간이 소요된다. 취향에 따라 한 곳을 정해서 가보자.

고대 스코틀랜드 왕들의 대관식이 열렸던 **퍼스**

또는

스코틀랜드 치열한 투쟁의 역사를 느낄 수 있는 **스털링**

또는

유네스코 음악 도시에 선정된 **글래스고**

또는

디자인에 관심이 있다면, 유네스코 디자인 도시에 선정된 **던디**

또는

가장 오래된 골프 코스부터 골프 협회까지, 골프 팬들을 위한 **세인트 앤드루스**

### TIP 2박 3일 일정 팁

- 추천 일정은 하절기를 기준으로 했다. 동절기에는 해가 짧으니 일출, 일몰 시간을 고려해서 일정을 계획해야 한다.
- 추천 일정에서 관광지 내부 관람은 1시간을 기준으로 했다. 집중해서 보고 싶은 곳이 있다면 시간을 더 할애해서 일정을 유연하게 조정하자.
- 하일랜드는 투어 회사 이용을 기준으로 했다. 하일랜드의 핵심만 둘러보는 하일랜드 1일 투어를 진행하는 투어 회사들이 많이 있다. 2박 3일의 짧은 일정이지만, 가능하다면 하루쯤 하일랜드의 아름다운 자연을 느껴보길 추천한다. 08:00시에 에든버러에서 출발해 20:00~21:00시경에 돌아오는 일정으로, 차로 이동하는 시간이 길어 하루가 꼬박 소요된다.
- 하일랜드 투어는 회사별로 일정, 방문하는 관광지, 비용, 픽업 장소가 상이하다. 여러 투어 회사와 후기를 비교해서 본인의 일정에 맞는 곳으로 선택하자.
- 스코틀랜드는 도시, 하일랜드 어디서든 걸을 일이 많다. 편하고 가벼운 신발을 신고, 중간중간 쉬면서 가자. 적절한 체력 분배가 중요하다.

## PLAN 2  스코틀랜드 정복 7박 8일

스코틀랜드의 매력을 제대로 알고 싶은 여행자에게 추천한다. 스코틀랜드를 대표하는 에든버러와 글래스고의 수준 높은 박물관 및 미술관을 관람하며 여유롭게 여행할 수 있다. 하일랜드 투어의 꽃 스카이섬까지 갈 수 있는 일정이다.

### 에든버러 & 하일랜드 & 글래스고 & 스코틀랜드 소도시

**1일 에든버러**

중세 도시의 요새 **에든버러성** → 도보 5분 → **더 스카치 위스키 익스피어리언스**에서 위스키 시음 및 투어 → 도보 5분 → **로얄 마일**을 따라 예쁜 카페와 기념품 구경 → 도보 15분 → 화려한 왕실 문화를 볼 수 있는 **홀리루드하우스 궁전** → 도보 20분 → **칼튼 힐**에서 석양 구경

**2일 에든버러**

볼거리 많은 **스코틀랜드 국립 박물관** → 도보 10분 → **국립 스코틀랜드 미술관**에서 인상파 작품 감상 → 도보 5분 → **프린스 스트리트**에서 쇼핑 타임 → 도보 5분 → 펍 문화를 즐길 수 있는 **로즈 스트리트**

PLANNING 05

# 스코틀랜드 입출국 완전 정복

취업을 위한 불법 체류와 테러 위험으로 인해 영국 입국 심사는 유럽의 다른 나라에 비해 까다로운 편이었다. 대한민국 여권 소지자 역시 엄격한 대면 인터뷰 심사를 거쳐야 했다. 하지만 영국 여행을 오는 한국 관광객이 증가하면서 드디어 자동 입국 심사로 간단하게 입국할 수 있게 됐다.

### CHECK 자동 입국 심사 제도

- 2019년 5월 20일부터 한국, 미국, 캐나다, 호주 등의 국적을 가진 승객은 자동 입국 심사 제도로 영국 입국이 간편해졌다. 이전처럼 영국 입국 신고서를 작성하거나 심사관 인터뷰를 거치지 않아도 된다. 입국장 내 위치한 전자 여권 게이트 E-passport gate 부스를 이용해 간단하게 입국할 수 있다.
- 대상자는 한국 국적의 만 18세 이상 전자 여권 소지자이다. 만 12~17세의 경우, 성인 동반 시에만 자동 입국 게이트 이용이 가능하다. 단, 12세 미만의 어린이가 있거나, 단기 교육을 위해 방문하는 승객, 사증 발급이 요구되는 목적을 가진 승객은 심사관 대면 인터뷰를 거쳐 입국 도장을 받아야 한다.

## 에든버러 공항 입국하기

스코틀랜드 제1 공항인 에든버러 공항은 1개의 터미널을 운영한다. 런던, 버밍엄 등 국내선과 더블린, 파리, 프랑크푸르트, 프라하, 암스테르담, 베니스 등을 연결하는 국제선이 있다. 런던을 거쳐 에든버러에 입국하는 경우와, 다른 유럽 도시에서 출발해 에든버러에 입국하는 경우가 있다. 경우에 따라 입국 심사와 순서가 다를 수 있다.

### 런던 히드로 공항을 거쳐 에든버러에 입국하는 경우

- 런던 히드로 공항에서 먼저 입국 심사를 받게 된다. 심사 통과 후에, 에든버러 비행기로 환승해 에든버러에 입국하게 된다.
- 런던에서 에든버러로 가는 항공권을 따로 구입했다면 히드로 공항에서 환승 시 수하물을 일단 찾았다가 다시 카운터 체크인을 해야 한다.
- 런던 히드로 공항에는 국내선, 국제선 포함 5개의 터미널이 있다. 에든버러로 환승할 때 이용해야 하는 터미널이 다를 수도 있으니 항공권과 공항 전광판에 나오는 비행 편명, 터미널 숫자를 꼼꼼히 확인하자.

### 다른 유럽 도시를 거쳐 에든버러에 입국하는 경우

다른 유럽 도시를 경유해 에든버러에 입국하는 경우에는 에든버러 공항에서 자동 출입국 심사를 통과하면 된다. 단, 주의해야 할 점은 수화물. 수화물이 에든버러로 자동으로 도착하는지, 중간에 유럽 경유 도시에서 찾은 후 다시 부쳐야 하는지 꼭 확인해야 한다.

### 공항 입국 순서

❶ 비행기가 멈추면 기내에 있던 짐을 모두 챙겨 '도착Arrival', '여권 심사Passport Control' 표시를 따라 이동한다.
❷ 입국 심사장에 들어서면 대한민국 여권 소지자는 전자 여권 게이트E-passport gate 표시를 따라간다.
❸ 차례가 되면 입국 심사관의 대면 인터뷰 없이, 여권 스캔 및 안면 인식 등 간단한 절차를 거친 후 입국 심사대를 통과한다.
❹ 화물 찾는 곳Baggage Reclaim 전광판에서 타고 온 편명을 확인 후 해당 번호로 이동한다. 본인의 짐을 찾은 후 세관Customs을 통과하여 나온다.
❺ 시내까지 이동할 교통편에 따라 해당 승강장으로 이동한다.

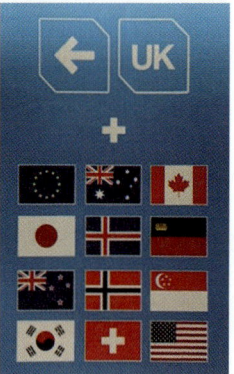

#### TIP 여행 전 반드시 체크하자

- 여권의 유효 기간을 확인하자. 대한민국 여권 소지자라면 여행 목적으로 6개월까지는 무비자로 영국 체류가 가능하다. 남아있는 유효 기간이 영국에서의 체류 기간보다 길어야 한다. 최소 6개월 이상 남아 있는 것을 권장한다.
- 한국으로 돌아가는 리턴 티켓의 날짜가 영국 입국 시점으로 6개월 이내여야 한다.
- 부모가 아이를 동반하는 경우에 입국 심사관의 재량에 따라 친부모인지 확인하는 경우가 있다. 특히 한국에서는 엄마와 아이의 성Family Name이 다른 경우가 많아 간혹 여러 질문을 하는 경우가 있는데, 이때 보여 줄 수 있는 영문 서류(주민등록등본이나 가족 관계증명서)를 준비해 가면 도움이 된다.
- 만 18세 미만의 미성년자 혼자 입국하거나 부모가 아닌 동반자와 입국 시에는 아동 매매나 취업 의심을 받을 수 있어 입국 심사가 까다로워진다. 간혹 입국을 거절하는 경우도 있으니 영문으로 된 부모의 확인 레터나 영국에 보호자가 있다는 정보 등을 준비해야 한다.

## 에든버러 공항 출국 순서

❶ 늦어도 비행 시간 3시간 전에는 공항에 도착해 항공권을 발권하고 짐을 부치자. 최근에는 온라인 체크인이나 공항의 셀프 서비스 체크인 기계를 이용해 간단히 발권할 수 있다.

❷ 출발Departure 표시를 따라 들어간 후, 보안 검색대를 지나 스크린에서 자신의 항공편과 게이트를 찾아 이동한다.

❸ 여유 있게 탑승 마감 시간 30분 전에는 게이트 앞에 도착하도록 하자.

## 에든버러 공항에서 시내로 이동하기

에든버러 공항은 시내에서 서쪽으로 약 12km 떨어져 있다. 에든버러 공항에서 시내까지 이동하는 방법은 공항버스부터 비용은 비싸지만 편하게 이동할 수 있는 택시까지 다양하다. 숙소 위치, 짐의 크기와 무게, 일행의 수, 출입국 시간, 가격 등에 따라 나에게 맞는 교통수단을 선택하자.

### 공항버스 Airlink100

여행자들이 가장 많이 이용하는 가성비 좋은 교통수단. 에어링크Airlink 100번은 공항과 프린스 스트리트, 에든버러 웨이벌리역을 오가는 가장 대표적인 공항버스다. 공항에서 시내까지 약 30분이 소요된다. 온라인으로 미리 예매하거나 버스 정류장 혹은 버스에 탑승해 기사에게 직접 티켓을 구매할 수 있다. 24시간 운행. 이른 아침, 늦은 밤 출도착 시에도 이용할 수 있다.

공항버스 티켓 오피스

**운영시간** 24시간(주간 10분마다 운행, 야간 30분마다 운행)
**요금** 편도 4.50파운드 / 왕복 7.50파운드
**홈페이지** airporttransfers.edinburghairport.com

### 트램 Tram

에든버러 공항에서 프린스 스트리트, 세인트 앤드루스 스퀘어, 요크 플레이스까지 연결한다. 편도 약 35분 소요된다. 각 트램 정류장 기계에서 티켓을 구매한 후 탑승한다.

**운영시간** 세인트 앤드루스 스퀘어에서 출발 05:32~23:32 (7~10분 간격으로 운행)
**요금** 편도 6.50파운드 / 왕복 9파운드
**홈페이지** edinburghtrams.com

### 블랙캡&미니캡&우버 Black Cab&Mini Cab&Uber

짐이 많고 이동 인원이 많은 경우, 또는 비행시간이 새벽이라 편하게 공항으로 이동하고 싶을 때 택시나 미니캡을 이용하면 좋다. 영국의 상징인 블랙캡 택시는 예약 없이 바로 편하게 탑승할 수 있지만 가격이 비싸다. 일반 승용차나 밴으로 운영하는 미니캡, 우버 서비스는 미리 애플리케이션이나 전화, 인터넷을 통해서 예약해야 한다. 공항에서 시내까지 약 25분 소요된다.

**요금** 블랙캡, 미니캡 25파운드 이상 / 우버 16~30파운드(인원, 차의 크기, 이동 거리, 짐의 개수에 따라 가격이 달라질 수 있다)
**홈페이지** 미니캡잇 www.minicabit.com
우버 www.uber.com

### 기차 Train

에든버러 공항에서 가장 가까운 기차역은 약 3km 떨어져 있는 에든버러 게이트웨이Edinburgh Gateway역이다. 이 역에서는 에든버러 시내를 거치지 않고 바로 스코틀랜드 북동쪽 도시인 퍼스, 던디, 애버딘, 인버네스로 가는 기차를 탈 수 있다. 공항에서 에든버러 게이트웨이 기차역까지는 트램으로 세 정류장 거리다.

### 렌터카 Car Hire

에든버러 공항 주차장에 위치한 카 렌탈 센터Car Rental Centre에는 다양한 렌터카 업체가 모여 있다. 대표적인 렌터카 업체로는 유롭카Europcar, 허츠Hertz, 에이비스Avis 등이 있으며, 공항에서 픽업해 다른 곳에서 반납도 가능하다. 더 자세한 내용은 067p 참고.

---

**✦✦✦ Plus Info ✦✦✦**

#### 스코틀랜드 지방 공항

가장 많은 승객이 이용하는 에든버러 공항 외에도 글래스고, 퍼스, 던디, 인버네스, 애버딘 등 스코틀랜드 주요 도시와 셰틀랜드 제도, 오크니 제도와 같은 도서 섬 지역에 지방 공항이 있다. 런던을 비롯한 영국, 아일랜드, 유럽 도시로 이동 가능하다.

**스코틀랜드 주요 도시를 오가는 항공사**
로건에어Loganair www.loganair.co.uk
이지젯easyJet www.easyjet.com
플라이비Flybe www.flybe.com
영국항공British Airways www.britishairways.com

PLANNING 06

# 스코틀랜드
# 대중교통 이용하기

스코틀랜드는 도시 내, 도시 간 대중교통 시설이 잘 되어 있는 곳이다. 아름다운 자연을 감상할 수 있는 기차부터, 가성비 최고인 코치, 도시의 핵심만 쏙쏙 알려주는 시티 투어 버스까지 매우 다양하다. 자신의 상황에 맞는 대중교통을 잘 선택해 이용하자.

### 기차 Train

기차 여행은 철도의 고향 영국에서 빼놓을 수 없는 즐거움이다. 에든버러, 글래스고 등 스코틀랜드 주요 도시는 물론이고, 하일랜드의 작은 마을까지 기차 노선이 연결되어 있다. 쾌적한 기차 내부, 정확한 이동 시간 등이 장점이다. 최고의 장점은 넓은 창문 너머 스코틀랜드의 아름다운 전경을 바라볼 수 있다는 점!

### 스코틀랜드 기차 이용 시 유의 사항

- 런던 킹스크로스King's Cross역 혹은 유스턴Euston역에서 출발해 에든버러 웨이벌리Edinburgh Waverley역까지 약 5시간 정도 소요되며, 가장 빠른 기차는 4시간 20분 정도 걸린다.
- 편도 티켓을 따로 구매하는 것보다 처음부터 왕복 티켓을 구매하는 것이 더 경제적이다.
- 온라인이나 애플리케이션으로 12주 전부터 미리 예매하거나, 오프 피크 타임Off Peak Time(평일 아침 9시 15분 이후와 주말 내내) 혹은 3, 4명이 단체로 구매하면 더 저렴하다.
- 주말에는 철도 정비 공사를 자주 하는 편이다. 스콧레일 홈페이지에서 공사 정보를 미리 확인해 보자.
- 티켓을 구매할 때 선호하는 방향과 창가, 복도 좌석을 예약할 수 있다. 따로 자리를 예약하지 않았다면 예약 표시가 없는 자리에 가서 자유롭게 앉을 수 있다.
- 여유 있게 기차역에 도착해 전광판에서 해당 기차 플랫폼을 확인하자.
- 중간중간 직원들이 다니며 티켓 검사를 진행하므로, 미리 구매한 티켓을 보여주면 된다.
- 더 넓은 공간에서 여유롭고 조용하게 여행하고자 한다면 퍼스트 클래스 등급 좌석을 선택하자. 기차 탑승 전 미리 온라인에서 구매하면 30% 할인된 금액에 이용할 수 있다. 또는, 일반 편도 티켓에서 주중에는 15파운드, 주말에는 10파운드를 추가로 지불하면 퍼스트 클래스로 업그레이드도 가능하다. 퍼스트 클래스에는 무료 스낵과 음료가 제공되며, 장시간 여행을 하는 경우 간단한 식사가 제공된다.

**영국 기차 티켓 예매 홈페이지**
스콧레일 www.scotrail.co.uk
브릿레일 www.britrail.com

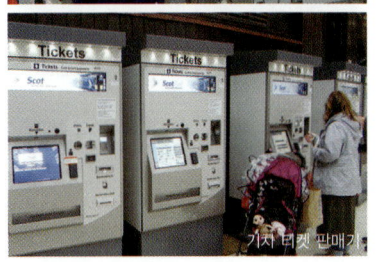
기차 티켓 판매기

## 스코틀랜드 기차 패스

여행하는 도시와 기간을 잘 고려해 나에게 맞는 패스를 구매하면, 편도 티켓을 따로따로 사는 것보다 훨씬 저렴하고 효율적으로 기차 여행을 할 수 있다. 패스마다 할당된 기간 동안 무제한으로 원하는 기차역 언제, 어디서나 자유롭게 탈 수 있다. 코치, 버스, 페리 티켓 포함 등 다양한 혜택도 있다.

## 기차 패스 유의 사항

- 기차 패스는 일반석(스탠다드 클래스), 오프 피크 타임에 한해서만 적용된다.
- 패스 보증금 10파운드는 향후 교환이나 환불 가능하다.
- 패스를 소지한 성인과 동반하는 5세 미만 유아는 무료, 5~15세 아동은 티켓 절반 가격에 여행할 수 있다.
- 패스는 스코틀랜드 기차역 창구 직원에게 직접 구입하거나, 온라인 홈페이지에서 미리 구매할 수 있다.

## 캘리도니언 슬리퍼 Caledonian Sleeper

런던 유스턴역과 에든버러, 글래스고, 인버네스, 애버딘, 포트 윌리엄 등 스코틀랜드 주요 도시를 연결하는 야간 침대 기차. 오후 10시~11시 사이에 출발해 오전 7시경 도착하는 일정으로, 숙소 비용과 여행 시간을 아낄 수 있다. 일반 좌석, 2층 침대 클래식룸, 클럽룸, 더블룸 등 좌석 등급이 다양하다. 기차 내 모든 곳에서 와이파이 이용이 가능하며, 음식과 음료를 즐길 수 있는 카페 칸도 있다. 클럽룸과 더블룸 내에는 개별 화장실과 샤워 시설, 세면대 및 카드 키, 무료 아침 식사가 제공된다. 또한, 기차역 내 라운지도 이용 가능하다.

**요금** 편도 일반 좌석 45파운드~ / 2층 침대 클래식룸 140파운드~ / 클럽룸 230파운드~
**홈페이지** www.sleeper.scot

클럽룸

## 기차 패스 종류

| 기차 패스 종류 | 이용 가능 지역 | 유효 기간 / 요금 | 혜택 |
|---|---|---|---|
| 스피릿 오브 스코틀랜드 Spirit of Scotland | 스코틀랜드의 주요 도시를 비롯해 하일랜드의 작은 마을까지, 기차 레일이 있는 곳은 모두 갈 수 있는 패스 | • 총 8일 기간 중 선택한 4일에 한해 무제한 이용 가능 / 149파운드<br>• 총 15일 기간 중 선택한 8일에 한해 무제한 이용 가능 / 189파운드 | 제휴된 코치, 버스, 페리 모두 무료 혹은 할인된 금액으로 이용 가능 |
| 센트럴 스코틀랜드 로버 Central Scotland Rover | 에든버러와 글래스고를 기준으로 근교 마을까지 갈 수 있는 패스 | 연속 3일 패스 / 55파운드 | 글래스고 지하철 무료 이용 가능 |
| 하일랜드 로버 Highland Rover | 글래스고 퀸 스트리트역에서 출발해 하일랜드까지 연결하는 패스 | 총 8일 기간 중 선택한 4일에 한해 무제한 이용 가능 / 95파운드 | 하일랜드 페리 무료 혹은 할인된 금액으로 이용 가능 |
| 스코티시 그랜드 투어 Scottish Grand Tour | 웨스트 하일랜드 라인(글래스고~말레이그) / 더 카일 레인(인버네스~카일 오브 로칼시) / 하일랜드 메인 라인(인버네스~에든버러) 코스를 이용할 수 있는 패스 | 총 8일 기간 중 선택한 4일에 한해 무제한 이용 가능 / 89파운드 | 제휴된 코치, 버스, 페리 모두 무료 혹은 할인된 금액으로 이용 가능 |

## 코치 | Coach

영국에서 시외버스, 고속버스를 부르는 명칭이다. 도시마다 버스 스테이션이 있으며, 스코틀랜드 주요 도시나 런던, 그 외 영국 도시로 이동할 때 이용하면 된다. 기차보다 저렴한 금액으로 티켓을 구매할 수 있다. 하지만, 장시간 이동해야 하고 대부분 만석이라 불편함은 감안해야 한다.

미리 온라인이나 애플리케이션으로 티켓을 구매하면 훨씬 저렴하다. 같은 노선이라도 코치 회사가 다양하니, 각 홈페이지에서 티켓 금액을 비교한 후 구입하자. 코치 회사마다 허용하는 수하물 개수가 다르다. 짐이 많은 여행자는 티켓 구매 시 미리 확인하자.

### 주요 도시 코치 스테이션 주소
**에든버러** Edinburgh Bus Station, Edinburgh EH1 3DQ
**글래스고** Buchanan Street Bus Station, Killermont St., Glasgow G2 3NW

### 코치 회사 홈페이지
스코티시 시티링크 www.citylink.co.uk
스테이지코치 www.stagecoachbus.com
메가버스 uk.megabus.com
내셔널 익스프레스 www.nationalexpress.com

## 트램&지하철 Tram&Subway

에든버러는 트램, 글래스고는 지하철 시설이 잘 되어 있다. 각 도시마다 시내에서 편리하게 이용할 수 있는 대중교통이 다르다.

**에든버러 트램** 고풍스러운 도시 한가운데를 오가는 트램은 에든버러의 또 다른 볼거리다. 2014년부터 운행되고 있다. 에든버러 시내를 지나 에든버러 공항까지 연결한다. 트램 정류장 기계에서 티켓을 구매하면 된다. 트램 탑승 후 티켓을 구매하면 10파운드 이상 지불해야 하니, 가급적 탑승 전 티켓을 구매하도록 하자. 에든버러 공항을 제외한 나머지 시내 정류장은 티켓 금액이 동일하다.

**운영시간** 세인트 앤드루스 스퀘어에서 출발 05:32~23:32(7~10분 간격으로 운행)
**요금** 성인 편도 1.80파운드, 왕복 3.40파운드 / 만 5~15세 학생은 성인 요금의 50%, 만 5세 미만 어린이는 성인 동반시 무료 / 원데이 티켓(트램&버스 무제한) 4.50파운드 / 1일 트램, 버스 무제한 패밀리 티켓(성인 2명, 만 5~15세의 3명의 아이까지) 9.50파운드
**홈페이지** edinburghtrams.com

글래스고의 코치 스테이션

스테이지코치

**TIP** 에든버러의 중심 거리인 프린스 스트리트는 트램, 버스, 자동차를 비롯해 길을 건너려는 수많은 사람들로 항상 복잡하다. 트램 라인을 건널 때면 양쪽에서 트램이 오는지 항상 확인하자.

**글래스고 지하철** 스코틀랜드의 유일한 지하철로 120년의 역사를 자랑한다. 클라이드강을 중심으로, 원 모양으로 15개의 역이 이어져 있다. 한 바퀴 도는 데 약 24분이 걸린다. 지하철 티켓 창구나 자동 기계를 사용해 편도, 왕복, 1일, 7일 티켓을 구매할 수 있다.

**운영시간** 월~토 06:30~23:40 / 일 10:00~18:12
(출근 피크 타임에는 매 4분마다, 그 외 시간대는 6~8분 간격)
**요금** 성인 편도(어느 역을 가도 동일) 1.75파운드, 왕복 3.30파운드 / 만 5~15세 학생은 성인 요금의 약 50%, 만 5세 미만 어린이는 성인 동반 시 무료 / 원데이 티켓 4.20파운드
**홈페이지** www.spt.co.uk

### 글래스고 지하철 노선도

글래스고 지하철 역 / 글래스고 지하철 티켓 판매기

### TIP 스마트카드 Smartcards
티머니 같은 교통카드로 온라인으로 등록 시 무료, 역에서 구매하면 3파운드를 지불해야 한다. 스마트카드를 소지하면 편도, 왕복, 원데이 티켓을 약 20% 할인된 금액으로 이용할 수 있으며, 7일, 1달, 1년 단위로 교통 패스 기능을 탑재해 사용할 수 있다.

## 시내버스

외국에서 시내버스를 타는 게 어렵게 느껴질 수도 있지만, 스코틀랜드는 버스 정류장마다 노선도와 버스 도착 시간표가 잘 나와 있어 부담 없이 이용할 수 있다. 주요 장소만 다니는 트램, 지하철과 달리 시내버스는 도시 구석구석을 연결한다. 짐이 많지 않다면 스코틀랜드 시내버스를 이용해 보자.

### 에든버러 시내버스 요금
에든버러 도시와 근교를 연결하는 50개가 넘는 노선이 있다.

| 대상 | 성인 | 아동<br>(만 5~15세)<br>*만 5세 미만 유아는 무료 탑승 |
|---|---|---|
| 편도 | 1.80파운드 | 0.90파운드 |
| 데이 티켓<br>(트램&버스 하루 무제한) | 4.50파운드 | 2.20파운드 |
| 패밀리 데이 티켓<br>(성인 2명 / 자녀 3명까지 트램&버스 1일 무제한) | 9.50파운드 ||

**에든버러 시내버스 홈페이지**
www.lothianbuses.com

### 글래스고 시내버스 요금
글래스고는 도시 규모가 크고 관광지가 흩어져 있어 시내버스를 이용하면 편하다.

| 대상 | 성인 | 아동<br>(만 5~15세)<br>*만 5세 미만 유아는 무료 탑승 |
|---|---|---|
| 편도 | 1.80파운드 | 1파운드 |
| 데이 티켓<br>(버스 하루 무제한) | 4.90파운드 | 1.60파운드 |
| 패밀리 데이 티켓<br>(성인 2명 / 자녀 2명까지 버스 1일 무제한) | 9파운드 ||

**글래스고 시내버스 홈페이지**
www.firstgroup.com/greater-glasgow

### TIP 스코틀랜드 시내버스 이용 시 주의사항

버스에 탑승한 후 현금을 지불하면 버스 기사님이 잔돈이 없다며 거슬러주지 않는 경우가 종종 있다. 당황하지 말자. 안전하고 신속하게 버스를 운전하는 것이 우선이라는 버스 회사의 원칙에 따른 것이다. 따라서, 시내버스 이용시 정확한 금액의 버스 요금을 현금으로 미리 준비하거나 M-tickets 어플로 미리 구매해서 이용하자.

### 나이트 버스

©Lothian Buses

에든버러와 글래스고는 자정부터 새벽까지 운행하는 나이트 버스가 있다. 밤늦게 이동해야 할 경우에도 걱정 없다. N으로 시작하는 번호가 나이트 버스다. 단, 글래스고는 주말에만 운행한다. 나이트 버스는 편도 3파운드로 일반 버스보다 비싸다.

### 시티 투어 버스

그 도시를 가장 잘 알 수 있는 방법이다. 편안하게 앉아서 관광지에 대한 설명을 들으며 도시를 즐겨보자. 에든버러, 글래스고는 물론이고 스코틀랜드 소도시도 둘러볼 수 있다. 원하는 장소에서 자유롭게 내려 구경할 수 있다. 구석구석까지 관광할 여유가 없는 관광객이나 걷기 어려운 노약자가 있는 가족 여행자에게 더욱 추천한다. 홈페이지에서 티켓을 미리 예약하거나 시티 투어 버스 정류장에 있는 직원에게 구입할 수도 있다.
**요금** 1일 이용권 성인 16파운드~(온라인 예매 시)
**홈페이지** city-sightseeing.com, edinburghtour.com

### CHECK 유용한 교통 관련 애플리케이션

**구글 맵** Google Maps
GPS로 현재 위치를 알 수 있고, 출발지와 목적지를 검색하면 최적의 루트를 찾아준다. 대중교통(지하철/버스 옵션 선택 가능)이나 도보 이동 경로도 알려준다.

**트레인라인** Trainline
스코틀랜드를 비롯해 영국 전역의 모든 기차 시간과 기차표 금액을 확인할 수 있으며, 원하는 출발지와 목적지를 검색하면 최적의 루트와 기차표 가격을 검색해 준다. 애플리케이션에서 바로 기차 티켓 예약, 결제, 모바일 티켓 구매까지 가능하다.

**트랜스포트 포 에든버러**
Transport for Edinburgh
에든버러 트램과 시내버스의 실시간 위치와 정류장 도착 시간을 확인할 수 있다. 출발지와 목적지를 검색하면 최적의 대중교통 루트를 찾아주며, 연계된 M-Tickets 애플리케이션을 다운받으면 모바일 티켓도 구매 가능하다.

**트래블라인 스코틀랜드**
Traveline Scotland
스코틀랜드 길 찾기, 실시간 도로 상황, 대중교통 정보와 티켓 요금 등 다양한 교통 정보를 보여준다.

*소개한 애플리케이션 중 일부는 영국 계정 앱스토어에 로그인할 때만 검색 및 다운로드할 수 있다. 사용 전 미리 체크하자.
*전 세계 주요 관광 도시의 정보를 수록한 시티매퍼 Citymapper 애플리케이션에는 스코틀랜드의 에든버러, 글래스고 도시가 있다.

### TIP 영국의 우편번호

내가 있는 곳의 현재 위치가 궁금할 때, 주소 뒤에 나오는 5자리 혹은 6자리 우편번호를 검색하면 쉽게 위치를 찾을 수 있다.
ex. 에든버러성 우편번호 EH1 2NG

## Special Page

# 아름다운 기차 노선 베스트 6

스코틀랜드의 기차는 단순한 이동 수단이 아니다. 창밖으로 펼쳐지는 바다, 호수, 산 등 아름다운 스코틀랜드 전망을 바라보는 것만으로 특별한 여행이 된다. 또한, 〈해리 포터〉의 호그와트행 기차의 모델인 증기 열차를 타볼 수도 있고, 세계에서 가장 오래된 강철 다리 포스교를 건너는 짜릿한 경험도 가능하다.

### 웨스트 하이랜드 라인
**West Highland Line**

스코틀랜드 서쪽 지역을 연결하는 노선이다. 특히, 〈해리 포터〉 시리즈의 호그와트행 기차의 배경이 된 재커바이트 증기 열차와 글렌피넌 고가교가 유명하다.

`연결 구간` 글래스고 퀸 스트리트역~말레이그역
`소요 시간` 편도 약 5시간

### 더 카일 라인 The Kyle Line

동해안의 인버네스에서 출발해 서해안의 카일 오브 로칼시Kyle of Lochalsh까지 연결한다. 하일랜드를 관통하는 라인으로, 아름다운 호수, 산, 숲, 전원 마을, 바다 등 다양한 자연 전망을 즐길 수 있다.

`연결 구간` 인버네스~카일 오브 로칼시
`소요 시간` 편도 약 2시간 30분

### 파 노스 라인 Far North Line

스코틀랜드의 가장 북쪽 지역을 연결한다. 동쪽 해안선을 따라 올라가면서 스코틀랜드 야생을 제대로 느낄 수 있다.

`연결 구간` 인버네스~서소, 윅   `소요 시간` 편도 약 4시간

### 포스교 Forth Bridge

빨간색 마름모꼴 모양이 인상적인 포스교는 세계 최초 강철로 만들어진 다리다. 1890년에 지어져, 유네스코 세계 문화유산으로 지정되었다. 기차를 타고 살아있는 역사를 지나가 보자.

`연결 구간` 에든버러~노스 퀸스페리
`소요 시간` 편도 약 30분

### 보더스 레일웨이 Borders Railway

에든버러에서 잉글랜드의 경계까지 연결한다. 월터 스콧의 집 애보츠포드 하우스Abbotsford House와 영화 〈다빈치 코드〉의 배경인 로슬린 채플Rosslyn Chapel 등 흥미로운 역사를 볼 수 있다.

`연결 구간` 에든버러~트위드뱅크
`소요 시간` 편도 약 1시간 내

### 스트래스페이 레일웨이 Strathspey Railway

빈티지 증기 기차를 타고 케언곰스 국립 공원의 아름다운 전망을 볼 수 있다. 기차 내에서 애프터눈 티를 비롯한 식사를 즐길 수 있다. 미리 홈페이지(**Web** www.strathspeyrailway.co.uk)에서 기차 내에서의 간단한 점심 식사, 애프터눈 티 중 원하는 것을 선택해 예약하면 된다. 가능한 날짜가 있으니 홈페이지에서 미리 확인하도록 하자.

`연결 구간` 애비모어~브룸힐
`소요 시간` 편도 약 1시간 30분

> **TIP** 기차 노선의 처음부터 끝까지 다 탈 필요는 없다. 원하는 일부 구간만 이용해도 된다. 066p의 노선도를 참고해서 기차 여행을 계획해 보자.

# 스코틀랜드 기차 노선도

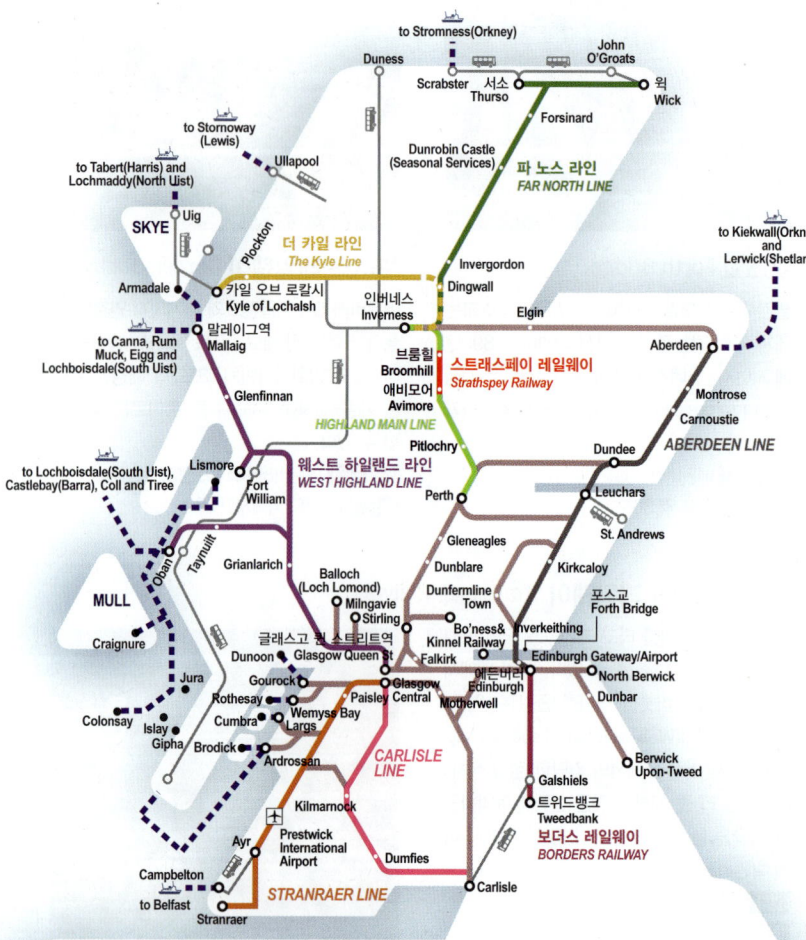

PLANNING 07

# 스코틀랜드 **로드 트립 가이드**

스코틀랜드에서 추천하는 또 다른 여행 방법은 로드 트립이다. 특히, 하일랜드와 스카이 섬을 여행한다면 렌터카를 이용한 로드 트립을 고민해보자. 분위기 있는 배경 음악과 함께 아름다운 해안선을 따라 스코틀랜드 구석구석을 다녀보자. 단, 안전을 위해 로드 트립 전 스코틀랜드 로드 트립 가이드는 꼭 읽어볼 것.

## 국제운전면허증 챙기기

자유롭게 스코틀랜드의 아름다운 드라이브 절경을 즐기기 위해서 국제운전면허증은 필수다. 여행 전 한국 경찰서나 운전면허 시험장, 인천공항 국제운전면허 발급센터에서 발급받은 국제운전면허증과 국내운전면허증을 꼭 지참해야 현지에서 렌터카를 빌릴 수 있다.

하지만, 2019년 9월부터 발급하는 영문이 기재된 새로운 국내운전면허증은 영국에서도 통용된다. 따라서, 영문 국내운전면허증이 있다면 별도로 국제운전면허증을 발급받을 필요가 없다.

## 렌터카 예약하기

여행 전 온라인으로 미리 예약하면 요금이 더 저렴하다. 렌터카 회사마다 가격과 조건이 다르니 꼼꼼히 비교해본 후 선택하자. 소형 경차부터, SUV, 고급 오픈카, 밴, 카라반 등 다양한 종류를 갖추고 있으며, 픽업 후 다른 도시에 있는 지점에서 반납해도 된다.

예약을 마치기 전 지불해야 하는 총비용을 따져보는 것도 필수다. 카드로 계산할 때, 마지막 단계에서 추가 요금이 붙을 수도 있다. 또한, 항공편 지연 때문에 픽업을 늦게 할 경우에는 수수료를 추가로 내야 할 수도 있으니 렌트 전 회사 정책을 꼼꼼히 확인해야 현지에서 당황하지 않는다. 국제운전면허증, 국내운전면허증, 여권, 귀국여행증명서 등 필요한 서류들을 확실히 챙겨야 한다.

**요금** 24시간 소형차 50파운드~ / SUV 120파운드~ (업체, 시기, 차종에 따라 가격 상이)

> **TIP 추천 렌터카 업체**
>
> 허츠Hertz www.hertz.co.uk
> 유롭카Europcar www.europcar.co.uk
> 에이비스Avis www.avis.co.uk
> 엔터프라이즈Enterprise www.enterprise.co.uk

## 렌터카 인수하기

렌터카 업체들은 주로 공항, 기차역 주변에 있다. 간혹 렌터카 업체에서 예약한 자동차가 아닌 다른 차량을 제공하는 경우가 있다. 이 경우에는 원래 예약한 차량의 급에 해당하는 대체 차량을 추가 금액 없이 제공받아야 한다.

차를 몰고 떠나기 전에 충분한 시간을 두고 차의 상태를 확인해보자. 나중에 문제가 발생했을 때를 대비해 차량 인수/반납 시 타이어의 상태, 긁힌 자국, 연료 상태 등의 사진을 찍어두자. 고장이나 응급상황 발생 시 연락할 전화번호도 미리 알아두면 좋다.

**경찰, 구급차, 소방서 긴급 전화번호** 999

## 로드 트립 즐기기
### 여유롭게 일정과 루트를 계획하자

에든버러, 글래스고는 도시가 복잡하고 주차할 곳도 부족하다. 도시 내에서는 도보나 대중교통으로도 충분히 이동할 수 있다. 굳이 도시 내에서 렌터카로 이동하기보다는 도시 간 이동이나 아름다운 드라이브 코스를 즐길 때 렌터카를 이용하는 것을 추천한다.

드라이브 일정을 계획할 때에는 일정을 복잡하게 짜지 말자. 하일랜드 지역은 구불구불한 산길이 많아 계획보다 시간이 더 오래 걸릴 수도 있고, 운전하느라 지쳐서 오히려 주변의 좋은 풍경을 놓치게 된다. 꼭 가고 싶은 도시나 장소 몇 군데만 정해서 보자.

### 귀중품은 보이지 않는 곳에 보관하자

면허증, 국제운전면허증, 보험 서류, 신분증 등 중요 서류와 핸드폰 충전기, 소량의 비상금 등은 차를 탈 때 항상 소지하자. 스코틀랜드가 다른 유럽 국가에 비해서는 치안이 좋은 편이지만, 고가의 카메라나 전자 제품, 가방을 차 실내에 두고 떠나지 말자.

귀중품이 있으면 보이지 않는 트렁크에 넣어두고 차 문을 확실히 잠그자. 대부분의 주유소는 셀프 서비스로 24시간 이용할 수 있다. 다만, 외곽 지역에는 주유소가 자주 없으니 주유소를 지날 때 미리 연료를 채워 두고, 간단한 간식을 차에 구비해두자.

## 로드 트립 시 유의 사항

- 제한 속도 Speed Limit의 기준은 마일Mile이다. 길 곳곳에 둥근 빨간 사인의 숫자가 현재 운전하는 도로의 제한 속도를 알려준다. 일반적으로 고속도로는 70mph(112km/h), 도심 내에서는 2~30mph(48km/h 이하)이다. 과속 카메라가 여기저기서 지켜보고 있으니 항상 규정 속도를 지키자.

- 항상 명심하자. 한국과는 모두 반대 방향이다. 도로 왼쪽 방향으로 달리며, 운전석은 오른쪽에 있다. 원형 로터리인 라운드어바웃 Roundabout에서도 왼쪽 방향으로 진입한다.

- 음주 운전과 운전 중 손으로 전화를 받는 행위에 엄격하다. 부득이하게 전화를 받아야 할 때는 스피커폰이나 핸즈프리를 사용하자.

- 무조건 보행자 우선이다. 횡단보도에 보행자가 보이면 차는 항상 우선 정지해야 한다.

- 안전벨트는 전 좌석 필수다. 12세 미만 혹은 키 135cm 미만 어린이가 동승했다면 카시트에 앉혀야 한다. 대부분의 렌터카 업체에서 대여 가능하다.

- 도로 옆 라인이 노란색 두 줄인 경우에는 절대 주정차해서는 안 된다. 노란색 한 줄인 경우에는 표지판에 명시된 시간대 외에 잠깐 정차는 가능하다.

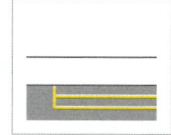 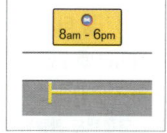

- 시골 지역에는 무료 주차장도 종종 있지만, 도시에서는 주차 기준이 엄격하다. 주차장을 뜻하는 P사인에 쓰여진 주차 가능 요일과 시간 등을 확인 후 주차해야 한다. 일부 주차장은 단시간 무료 주차가 가능하더라도 근처 주차 기계에서 티켓을 받아야 하는 경우도 있다. 주차장 옆에 있는 주차 기계에서 비용을 지불한 후, 티켓이 잘 보이도록 차량 운전석 앞에 놓자. 간혹 동전을 삽입하는 주차 미터기가 세워진 곳도 있다.

### 주차 안내판

**예시 1** 월~토요일 오전 8시~오후 7시 사이에는 20분 무료 주차 가능. 주차했던 같은 자리에 40분 내 다시 주차는 불가능. 표지판에 명시된 그 외 요일과 시간에 주차할 때는 무료다.

**예시 2** 주차 티켓 기계를 알려주는 표지판. 여기서 주차 비용을 지불하고 티켓을 발급받아 차량 운전석 앞에 놓아야 한다.

- 고속도로에서 앞 차량을 추월할 때는 오른쪽 차선을 이용하자. 한국처럼 양쪽 방향에서 추월하는 것은 매너가 아니다. 추월이 끝나면 원래 차선으로 돌아와야 한다.

- 겨울철에는 눈이 오거나 블랙아이스가 도로에 있어 위험할 수 있으니 운전 전 날씨를 꼭 확인하자.

### Special Page

# 스코틀랜드의 아름다운 길

렌터카를 타고 스코틀랜드의 자연을 가장 가까이서 느껴보자. 굽이굽이 이어진 산맥을 따라, 반짝이는 호수를 따라, 시원한 바람을 가르며 달리는 느낌은 특별한 경험을 선사한다. 빼어난 절경을 자랑하는 스코틀랜드의 드라이브 코스를 소개한다.

**스코틀랜드 관광청 로드 트립 정보 홈페이지**
**홈페이지** www.visitscotland.com/see-do/tours/driving-road-trips/routes/planner

*** Plus Info ***

### 그 외 드라이브 코스

① 앵거스 코스탈 루트Angus Coastal Route 68마일(109km) ② 보더스 히스토릭 루트Borders Historic Route 89마일(143km) ③ 클라이드 시 로크 트레일Clyde Sea Lochs Trail 65마일(104km) ④ 클라이드 밸리 투어리스트 루트Clyde Valley Tourist Route 38마일(61km) ⑤ 디사이드 투어리스트 루트Deeside Tourist Route 108마일(174km) ⑥ 파이프 코스탈 루트Fife Coastal Route 77마일(124km) ⑦ 포스 밸리 투어리스트 루트Forth Valley Tourist Route 43마일(69km) ⑧ 갤러웨이 투어리스트 루트Galloway Tourist Route 92마일(148km) ⑨ 하일랜드 투어리스트 루트Highland Tourist Route 116마일(187km) ⑩ 머리 퍼스 루트Moray Firth Route 80마일(128km) ⑪ 노스 앤 웨스트 하일랜드North and West Highlands 158마일(254km) ⑫ 퍼서셔 투어리스트 루트Perthshire Tourist Route 43마일(69km)

### 노스 코스트 500 North Coast 500

스코틀랜드를 대표하는 드라이브 코스. 인버네스에서 출발해 스코틀랜드 북쪽 해안 전체를 한 바퀴 돌아 다시 인버네스로 오는 루트다. 아름다운 스코틀랜드 해안선과 산 능선, 숲, 모든 것을 볼 수 있다.

거리 500마일(805km)　소요 일정 약 5~7일
홈페이지 www.northcoast500.com

### 스노우 로드 Snow Roads

블레어고우리Blairgowrie에서 출발해 케언곰스 국립 공원 한가운데를 지나 그랜타운온스페이Grantown-on-Spey까지 이어지는 A93, A939번 국도다. 영국에서 가장 높은 도로라는 별명이 있을 정도로 잘 보존된 야생 자연과 눈 덮인 산봉우리 등 특별한 풍경을 자랑한다. 밸모럴성, 브래마성, 스키 센터 등을 지난다.

거리 90마일(144km)　소요 일정 약 1~2일
홈페이지 www.snowroads.com

### 사우스 웨스트 코스탈 300 South West Coastal 300

스코틀랜드 남서쪽에 위치한 덤프리스&갤러웨이Dumfries& Galloway와 에어셔 남쪽South Ayrshire 지역을 크게 한 바퀴 도는 코스다. 눈부신 모래가 반짝이는 해안가와 등대, 절벽, 아기자기한 작은 마을 등을 볼 수 있다.

거리 300마일(482km)　소요 일정 약 3~4일

### 노스 이스트 250 North East 250

스코틀랜드 북동쪽 애버딘셔Aberdeenshire 지역을 한 바퀴 도는 루트. 케언곰스 국립 공원, 해안, 전원 풍경이 조화롭게 이루어진 코스다. 아름다운 해안 마을 피넌Pennan도 놓치지 말자.

거리 250마일(402km)　소요 일정 2~3일
홈페이지 www.northeast250.com

### 아가일 코스탈 루트 The Argyll Coastal Route

로몬드 호수Loch Lomond가 있는 타벳Tarbet 마을부터 시작해 서쪽 해안선을 따라 포트 윌리엄까지 올라가는 코스다. 아가일 해안의 아름다운 노을을 볼 수 있고, 신선한 해산물을 맛볼 수 있다.

거리 129마일(208km)　소요 일정 1~2일

01 우뚝 솟은 스코틀랜드의 **고성**
02 무료로 즐기는 **박물관&갤러리**
03 그림 같은 스코틀랜드 **자연 풍경**
04 열정이 느껴지는 스코틀랜드 **스포츠**

# Step 03
## Enjoying

스코틀랜드를
**즐기다**

05 스코틀랜드가 배경인 **영화와 드라마**
06 감성 터지는 스코틀랜드의 **예쁜 마을**
07 스코틀랜드의 **숨은 전설**

ENJOYING 01

## 우뚝 솟은 스코틀랜드의 고성

뾰족한 첨탑과 두꺼운 돌담, 옛날이야기에 나올 법한 고성을 스코틀랜드에서 실제로 볼 수 있다. 지금까지 잘 보존되어 왕실 가족의 휴양을 위한 별장이나 귀족들이 지내는 궁전으로 사용되거나, 일부는 과거의 번영을 뒤로 하고 성곽만 남아 있다. 강인한 요새 역할을 하던 성부터 호수 위에서 아름답게 빛나는 성까지. 스코틀랜드의 다양한 고성을 소개한다.

### 에든버러성
#### Edinburgh Castle
에든버러 바위산 위에 웅장하게 서 있는 요새 성. 스코틀랜드에서 가장 많은 방문객이 찾는 성이다. **에든버러, 162p**

### 홀리루드하우스 궁전
#### Palace of Holyroodhouse
16세기부터 스코틀랜드 왕과 왕비의 거주지이자 엘리자베스 여왕의 스코틀랜드 공식 숙소로 사용되었던 곳이다.
**에든버러, 173p**

### 에일린 도난성
#### Eilean Donan Castle
세 개의 호수가 만나는 한가운데 위치해 있다. 하일랜드를 대표하는 신비하고 아름다운 성이다. **하일랜드, 338p**

### 던베건성
#### Dunvegan Castle
기적의 힘이 서려 있다는 요정의 깃발과 물개 무리를 볼 수 있다. 800년 역사를 가진 매력적인 성이다. **스카이섬, 343p**

### 블레어성 Blair Castle
유럽에서 유일하게 남은 사병 군대 애솔 하일랜더스Atholl Highlanders의 본거지. 순백의 외관이 인상적인 성이다. **하일랜드, 336p**

### 스털링성 Stirling Castle
스털링 언덕에 위치한다. 전략적 요새로 활약했으며, 자유를 향한 치열한 전쟁의 역사가 깃들어 있는 성이다. **스털링, 372p**

### 스쿤성 Scone Palace
스코틀랜드 왕국의 상징과도 같은 곳이다. 운명의 돌 위에 앉아 역대 스코틀랜드 왕들의 대관식이 열렸던 성이다. **퍼스, 386p**

### 코더성 Cawdor Castle
아름다운 세 개의 정원이 있고, 윌리엄 셰익스피어의 4대 비극 중 하나인 〈맥베스〉의 배경으로 알려져 있는 성이다. **인버네스, 445p**

### 글래미스성 Glamis Castle
붉은색 외관과 뾰족한 첨탑, 화려한 보물들, 천 년의 역사를 자랑하는 성이다. **던디, 405p**

### 던노타성 Dunnottar Castle
비현실적인 풍경에 압도된다. 바위 절벽 위에 서 있는 중세 시대 성이다. **애버딘, 432p**

---

**TIP 고성에서 보내는 근사한 하룻밤**

스코틀랜드는 오래된 고성을 개조한 호텔도 있다. 아름다운 자연으로 둘러싸인 고성에서 하룻밤을 보내며 조용하고 평화로운 휴식을 즐겨보자. 고성을 개조한 호텔은 257p 참고.

## ENJOYING 02
# 무료로 즐기는 **박물관&갤러리**

### 스코틀랜드 국립 박물관
#### National Museum of Scotland

스코틀랜드 역사를 비롯해 자연, 예술, 디자인, 패션, 문화, 세계 역사, 과학까지, 인류 문명을 총망라한 박물관이다.
**에든버러, 185p**

### 국립 스코틀랜드 미술관
#### Scottish National Gallery

르네상스 시대부터 인상파까지의 예술 작품을 주로 전시한다. 라파엘, 드가, 반 고흐의 작품을 볼 수 있다.
**에든버러, 184p**

### 켈빈그로브 미술관 및 박물관
#### Kelvingrove Art Gallery and Museum

붉은 사암으로 지어져 특히 외관이 웅장하다. 이집트 문명부터 살바도르 달리의 작품까지 광범위한 작품을 전시하고 있다. **글래스고, 274p**

### 리버사이드 박물관
#### Riverside Museum

'유럽 올해의 박물관'으로 선정되었다. 건물 디자인이 독특하고, 수많은 교통수단과 변천사를 볼 수 있는 교통 박물관이다. **글래스고, 280p**

### 퍼스 박물관&아트 갤러리
#### Perth Museum&Art Gallery

퍼스 도시의 역사와 스코틀랜드 작가들의 예술 작품을 전시하고 있다. 아름다운 유리 돔 건물이 특징이다.
**퍼스, 388p**

스코틀랜드 어느 도시를 가도 그곳의 역사와 문화를 보여주는 박물관이나 갤러리가 있다. 자연, 지질학, 교통, 기술, 예술, 역사 등 다양한 주제의 박물관이 즐비하다. 만지고 체험할 수 있는 곳들이 많으니 취향에 따라 즐겨보자.

### V&A 던디 V&A Dundee

스코틀랜드 해안 절벽에 영감을 받은 건축물이다. 스코틀랜드 디자인 역사를 보여주는 던디의 랜드마크다.

**던디, 399p**

### 맥마누스 던디 아트 갤러리&박물관
The McManus Dundee's Art Gallery&Museum

높은 첨탑과 곡선 계단이 인상적이다. 던디라는 도시의 역사와 던디 사람들의 삶을 보여주는 박물관이다.

**던디, 400p**

### 애버딘 해양 박물관
Aberdeen Maritime Museum

선박, 잠수정, 석유 플랜트 모형까지, 애버딘의 화려한 해양 산업의 변천사를 보여주는 해양 유물 박물관이다.

**애버딘, 424p**

### 인버네스 박물관&아트 갤러리
Inverness Museum&Art Gallery

고대 하일랜드의 생성부터 현대 하일랜드까지, 하일랜드의 역사를 한눈에 볼 수 있다. 하일랜드의 자연, 전통 문화유산, 지역 예술가들의 작품도 전시하고 있다.

**인버네스, 441p**

> **TIP 스코틀랜드 박물관&갤러리 방문 팁**
> - 크리스마스, 신년 기간에는 휴관이다(정확한 날짜는 박물관마다 상이하니, 방문 전 홈페이지에서 날짜를 확인하자).
> - 박물관은 무료입장이지만, 관람에 만족했다면 작은 성의로 기부금을 낼 수 있다.
> - 상설전, 특별전의 경우 입장 티켓을 구입한 후 둘러볼 수 있다.
> - 기념품숍을 꼭 들러보자. 박물관과 갤러리의 대표 유물과 작품이 담긴 기념품이 있다.

**Special Page**

# 패스&투어로 알뜰살뜰 여행하기

스코틀랜드 대부분의 주요 박물관과 갤러리는 무료입장이지만, 일부 박물관 및 갤러리와 유적 관광지는 유료 입장이다. 따로 입장료를 지불하는 것보다 패스를 이용하면 할인을 받을 수 있다.

### CHECK 똑소리나게 패스 이용하기
- 먼저 가고 싶은 관광지를 선정한 후, 자신의 일정에 어떤 패스가 가장 할인을 많이 받을 수 있는지 체크해보자.
- 현장 매표소에서 예매하는 것보다 미리 홈페이지에서 티켓을 구매하면 10~20% 할인을 받을 수 있다.
- 가족 단위 여행객이라면 가족 입장권을 구매하는 것이 더 저렴하다.
- 대부분의 관광지에서 만 5세 미만은 무료, 만 5~15세는 아동 요금, 60세 이상은 할인이 적용된다. 대학생이라면 국제학생증을 보여주면 학생 할인이 가능하다(관광지마다 다를 수 있다). 관광지에 입장하거나 혹은 티켓 교환 시 신분증ID Card를 요청받을 수 있으므로 나이를 증명하는 여권이나 국제학생증을 챙겨 가자.

## 추천 패스

### 히스토릭 스코틀랜드 익스플로러 패스
**Historic Scotland Explorer Pass**

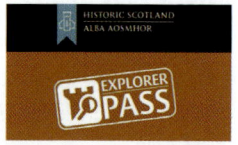

역사 환경 스코틀랜드 단체Historic Environment Scotland에서 관리하는 77곳의 유적지를 선택한 기간 동안 자유롭게 볼 수 있다. 겨울에는 40곳만 방문 가능하다. 스코틀랜드의 역사와 유산을 보여주는 성, 궁전, 수도원, 선사 시대 유적지를 볼 수 있는 '역사 스코틀랜드 탐험가 패스'이다. 하루에 여러 곳을 방문할 수도 있다. 단, 한 장소당 한 번만 이용 가능하다. 오디오 투어도 할인된다.

**홈페이지** www.historicenvironment.scot

### 이용 가능한 관광지
에든버러성, 스털링성, 포트 조지, 글래스고 대성당 등 다수 사용 가능

### 가격(하절기 기준)

| 대상 | 7일 연속 패스 |
|---|---|
| 성인 | 44파운드 |
| 학생, 65세 이상 | 35파운드 |
| 아동(7~15세) | 26파운드 |
| 가족(성인 2명, 7~15세 사이의 아동 3명까지) | 88파운드 |

**패스 사용하는 법**

❶ 홈페이지(**Web** www.historicenvironment.scot)에서 '장소 방문Visit a Place'–'익스플로러 패스 Explorer Passes'–'패스 구매하기Buy your Explorer Pass'를 클릭한 후 인원수를 선택한다.
❷ 첫 번째 방문 날짜와 필요한 패스 수, 이름 등을 기입한 후 결제한다.
❸ 패스 바코드가 기입된 확인 이메일을 인쇄하여 관광지에 방문해 티켓을 보여주고 입장한다.

## 로얄 에든버러 티켓 Royal Edinburgh Ticket

에든버러의 왕실과 관련된 3곳의 관광지를 48시간 내에 방문할 수 있는 패스다. 에든버러 도시를 둘러보며 자유롭게 내리고 탈 수 있는 버스 투어까지 이용 가능하다. 로얄 에든버러 티켓 소지자라면 아래 관광지에 입장할 때 길게 줄을 서지 않고도 패스트 트랙 라인으로 입장이 가능하다. 티켓 유효 기간은 첫 관광지 사용 시작 시점부터 48시간이다.
**홈페이지** edinburghtour.com

**이용 가능한 관광지**
에든버러성, 홀리루드하우스 궁전, 로얄 요트 브리타니아, 버스 투어
**가격** 성인 63파운드 / 60세 이상 58파운드 / 아동(5~15세) 34파운드 / 5세 미만 무료

**패스 사용하는 법**

❶ 홈페이지(**Web** edinburghtour.com)에서 '티켓Ticket'–'로얄 에든버러 티켓 구매하기Buy your Royal Edinburgh Ticket'를 클릭한 후 성인, 아동 인원을 선택해 장바구니에 담는다.
❷ 이름, 주소, 이메일 및 결제 정보를 기입한 후 구매한다.
❸ 버스 투어 티켓 사무실(**Add** Edinburgh Bus Tours, Waverley Bridge, Edinburgh EH1 1BQ)에 방문해 이메일로 온 바우처를 보여주고 티켓을 받는다.
❹ 티켓이 적용되는 관광지에 방문해 티켓을 보여주고 입장한다.

# 2 FOR 1

일부 유료 관광지에 한해 1명 가격에 2명이 입장 가능한 바우처이다. 2 for 1 티켓은 따로 구매할 필요는 없고, 아래 홈페이지에서 미리 출력한 바우처와 함께 내셔널 레일 로고가 있는 당일 기차 티켓을 제휴 관광지 매표소에 제시하면 입장료 할인을 받을 수 있다.
**홈페이지** www.daysoutguide.co.uk

**이용 가능한 관광지**
폴록 하우스, 더 테너먼트 하우스, RRS 디스커버리, 버든트 웍스
* 이용 가능한 관광지는 변경될 수 있으므로 미리 홈페이지에서 확인해야 한다.

**패스 사용하는 법**

❶ 2 For 1 홈페이지에서 원하는 관광지를 선택하고 인원, 날짜 등을 기입한 후, 바우처를 출력한다(1 바우처에 2명까지 가능하다).
❷ 기차 티켓과 출력한 바우처를 함께 매표소에 제시하고 할인을 받는다.

> **TIP** 기차표가 없다면 바우처 할인을 받을 수 있는 기차 노선 내에서 가까운 구간의 기차 티켓을 구매해 보자. 일부 관광지에서는 2 FOR 1 할인 혜택 적용 기간이 바뀔 수 있으니, 미리 홈페이지에서 확인하자.

## 테마 투어

볼 것도 많고 갈 곳도 많은 스코틀랜드. 웅장한 고성의 역사부터 도시 곳곳에 숨어 있는 전설, 〈해리 포터〉, 〈아웃랜더〉 등 문학 작품이나 드라마 테마 투어, 위스키 양조장 투어, 스코틀랜드 섬 크루즈, 하일랜드 투어 등 다양한 투어를 즐길 수 있다. 짧은 코스는 1시간부터 긴 코스는 일주일이 넘는 기간까지 일정 선택의 폭이 넓다. 스코틀랜드 여행의 핵심, 하일랜드 투어에 대한 자세한 내용은 지역편 320p 참고.

**요금** 에든버러 해리 포터 워킹 투어 16파운드~ / 위스키 가이드 투어 21파운드~ **홈페이지** www.getyourguide.com

> **TIP** 투어 신청하는 법
> ❶ 위 투어 홈페이지 검색창에서 'Scotland' 혹은 원하는 도시 이름과 기간을 선택하고 검색한다.
> ❷ 원하는 투어를 선택한 후 이름, 이메일, 연락처, 결제 정보를 기입하고 예약한다.
> ❸ 이메일 바우처를 출력하거나 모바일로 준비한다.
> ❹ 투어마다 지정된 미팅 포인트에 예약한 날짜와 시간에 맞게 도착하여 가이드를 만난다.

*각 지역에 있는 스코틀랜드 여행자 센터에 가면 투어 정보를 얻을 수 있고 예약도 할 수 있다.

( ENJOYING 03 )

# 그림 같은 스코틀랜드 **자연 풍경**

에든버러, 글래스고 등 도시만 둘러보기에는 아쉽다. 짧게라도 꼭 하루 정도 도시에서 벗어나 스코틀랜드의 광활한 자연을 경험해 볼 것을 추천한다. 스코틀랜드에는 두 곳의 국립 공원과 유네스코 세계 지질 공원, 유네스코 생물권, 자연 보호 구역이 있다. 사진보다 수천 배 멋진 장면을 직접 눈으로 감상해 보자.

## 1 로몬드 호수&트로서크스 국립 공원 Loch Lomond& The Trossachs National Park

스코틀랜드의 유명한 두 도시 에든버러와 글래스고에서 가까운 국립 공원이다. 22개의 투명하고 맑은 호수와 숲이 우거진 산, 계곡을 만날 수 있다. **322p**

## 2 글렌코 Glencoe

화산 작용으로 만들어진 지형에, 오랜 세월 빙하가 녹아 흐르며 깎아 낸 U자 협곡이 있다. 이국적인 절경을 볼 수 있다. **324p**

## 3 킬트 락, 밀트 폭포 Kilt Rock, Mealt Falls

55m 높이의 거대한 현무암 기둥 해안 절벽을 따라 떨어지는 폭포다. 바다를 향해 수직으로 떨어지는 폭포가 장관이다. **342p**

## 4 밤하늘의 별과 오로라 Stars in the night sky and Aurora

미세먼지와 빛 공해 없이 밤하늘에서 선명하게 빛나는 별들을 보자. 겨울밤에는 스코틀랜드 북쪽 섬 셰틀랜드 제도, 오크니 제도, 스카이섬에서 오로라를 만날 수도 있다.

## **5** 케언곰스 국립 공원 Cairngorms National Park

영국에서 가장 큰 규모의 국립 공원이다. 사계절 다른 매력의 아름다운 자연을 즐길 수 있는 다양한 아웃도어 스포츠로 유명하다. **333p**

## **6** 네이스트 포인트 등대 Neist Point Lighthouse

절벽에 서 있는 하얀 등대다. 일몰 때는 등대 뒤로 황금빛으로 물든 하늘과 바다를 볼 수 있다. **344p**

## **7** 세인트 앤드루스 웨스트 샌즈
## St. Andrews West Sands

멋진 바다와 푸른 골프장 사이에 위치한 3km 길이의 모래 해변이다. 천천히 산책하며 여유를 즐기기 좋다. **415p**

> **TIP** 스코틀랜드의 자연 즐기기
>
> - 일정이 짧다면 당일치기로 하일랜드를 볼 수 있는 데이 투어 업체를 이용하자.
> - 일정이 여유 있다면 스카이섬을 포함한 3일 투어나 자동차 로드 트립을 계획해 보자.
> - 스코틀랜드의 자연을 보려면 높은 지대와 산으로 가야 한다. 가볍고 얇은 후드 패딩과 방수가 되는 편한 신발을 챙기자.

# 열정이 느껴지는 스코틀랜드 **스포츠**

스코틀랜드는 온화한 해양성 기후 덕분에 다양한 스포츠 경기가 발전할 수 있었다. 골프와 컬링의 탄생지이기도 하다. 다양한 스포츠 경기장, 박물관을 보고 다채로운 아웃도어 스포츠도 체험할 수 있다. 스코틀랜드에서 스트레스를 제대로 날려보자.

### 골프

세인트 앤드루스는 골프가 탄생한 곳이라고 알려져 있다. 세계에서 가장 오래된 골프 코스 세인트 앤드루스 올드 코스와 골프 박물관, 왕립 골프 협회까지 골프에 대한 모든 것을 볼 수 있다. 골프 팬이라면 필수 코스.

### 컬링

동계 올림픽에서 엄청난 인기를 누린 컬링. 컬링의 시초는 중세 시대까지 거슬러 올라간다. 16세기 초 스코틀랜드 던블레인의 작은 호수 얼음 위에서 돌로 경기를 펼쳤다는 기록이 남아 있다.

### 럭비

영국이라고 하면 축구 이미지가 강하기 때문에 잘 모르는 사실이지만, 스코틀랜드 모든 주요 도시에는 스코틀랜드 럭비 유니온SRU 리그에서 경쟁하는 지역 럭비 팀이 있을 정도로 럭비에 대한 사랑이 대단하다.

### 축구

영국에서 축구를 빼놓고 스포츠를 논할 수 없다. 스코틀랜드 컵은 세계에서 가장 오래된 축구 트로피이며, 1867년 시작된 퀸스 파크 FC는 잉글랜드 다음으로 가장 오래된 축구 클럽이다.

## 아웃도어 스포츠

천혜의 자연환경을 놀이터 삼아 다양한 야외 스포츠를 즐겨보자. 하이킹, 자전거, 낚시, 카약, 서핑, 승마, 스키 등, 사계절 내내 즐길 수 있는 다양한 아웃도어 스포츠 덕분에 지루할 틈이 없다. 각 계절별 스포츠를 체크해 색다른 여행을 즐기자.

## 하일랜드 게임

수백 년 동안 이어지고 있는 스코틀랜드 전통 행사다. 여름에 스코틀랜드 전역의 야외에서 해머 던지기, 줄다리기 등 다양한 게임과 춤, 음악, 음식, 퍼레이드를 즐긴다. 자세한 일정과 장소는 아래 홈페이지 참고.
**스코티시 하일랜드 게임 협회** www.shga.co.uk

### ★★★ Plus Info ★★★

**추천 장소**

**스코틀랜드 축구 박물관**
유럽 최초의 축구 박물관이다. 스코틀랜드 축구 역사를 보여주는 유니폼, 축구화, 트로피와 스코틀랜드 축구 선수들의 명예의 전당이 있다. **글래스고, 283p**

**스털링 스미스 아트 갤러리 앤 박물관**
스털링의 역사와 예술 작품을 전시한 갤러리지만, 세계에서 가장 오래된 중세 시대 축구공과 컬링 스톤도 볼 수 있다. **스털링, 375p**

**세인트 앤드루스 링크**
세계에서 가장 오래된 골프 코스인 '올드 코스'는 디 오픈 챔피언십이 시작된 곳이자 전 세계 골퍼들의 꿈의 그라운드다.
**세인트 앤드루스, 417p**

**영국 골프 박물관**
초창기 디 오픈 챔피언십 메달과 우승컵을 비롯해 다양한 골프 유산을 전시하고 있는 박물관이다. 골프 팬이라면 한 번쯤 둘러볼 만하다. **세인트 앤드루스, 416p**

**Special Page**

# 올드펌 더비 투어

스코틀랜드 대 잉글랜드 경기는 양측 선수들 모두 승리를 위해 모든 것을 쏟아붓는 전쟁을 연상시킬 정도로 격렬하다. 그리고 스코틀랜드 내에도 주목받는 경기가 있다. 스코틀랜드 프리미어 리그 양대 산맥 셀틱 FC와 레인저스 FC의 맞대결, 올드펌 더비다.

### 올드펌 더비 투어란?

셀틱 FC와 레인저스 FC 두 팀 다 글래스고가 연고지이며, 1800년대 후반에 설립되어 오래된 역사를 자랑하는 명문 클럽으로 충실한 팬덤을 보유하고 있다. 긴 세월 동안 가톨릭을 믿는 셀틱 팬들과 개신교를 믿는 레인저스 팬들의 종교 갈등으로까지 번져 수많은 폭행 사고가 발생하기도 했다. 깊은 갈등을 보여주듯 두 팀의 홈구장은 글래스고 도심 기준 각각 동쪽과 서쪽에 위치해 있다.

> **TIP 가이드 투어**
> - 가이드 투어는 약 60~90분 동안 진행되며, 클럽의 역사와 트로피를 보여주는 전시실, 프레스룸, 탈의실, 경기장 등을 둘러본다.
> - 투어는 홈페이지에서 미리 예약하길 추천한다. 경기가 있는 날은 투어 시간이 변경되거나 취소될 가능성이 있으니 미리 확인하자.

### 셀틱 FC와 레인저스 FC 홈구장

### 셀틱 파크 Celtic Park

셀틱 파크는 셀틱 FCCeltic FC의 홈구장이다. 1892년 공식 개장했다. 현재의 셀틱 파크는 1998년에 리노베이션을 거친 모습이다. 약 6만 명 수용 가능하며, 스코틀랜드에서 가장 큰 규모를 자랑한다. 경기장 투어와 식사나 브루어리 투어를 함께 제공하는 세트 상품도 있다.

**가는 법** 글래스고 센트럴역에서 기차를 타고 달마노크Dalmarnock역에서 하차 후 도보 약 15분 / 혹은 드루리 스트리트Drury Street 정류장에서 2번 버스를 타고 세인트 미카엘스 레인St. Michaels Lane 정류장에서 하차 후 도보 약 5분 **주소** Celtic Park, Glasgow G40 3RE **경기장 투어** 주중 11:00, 13:30 / 경기 없는 주말 11:00, 11:30, 12:30, 13:11, 14:00, 14:30 **투어 요금** 17파운드 **홈페이지** www.celticfc.net

### 아이브록스 경기장 Ibrox Stadium

레인저스 FCRangers FC는 셀틱 FC와 함께 스코틀랜드 축구의 양대 산맥이었으나, 2012년 파산 위기와 4부 리그로 강등되는 위기를 거쳤다. 그러나 4년 만에 3번의 우승을 거쳐 화려하게 1부 리그에 복귀했다. 레인저스 FC의 홈구장인 아이브록스 경기장은 약 5만 명의 인원을 수용할 수 있으며, 스코틀랜드에서 3번째로 큰 경기장이다.

**가는 법** 지하철을 타고 아이브록스SPTIbrox SPT역에서 하차 후 도보 약 10분 **주소** 150 Edmiston Dr., Glasgow G51 2XD **경기장 투어** 매일 10:30 11:30, 12:30, 13:30, 14:30(경기 날은 투어 없음, 요일마다 투어 시간 상이하니 미리 홈페이지에서 확인 필요) **투어 요금** 15파운드 **홈페이지** rangers.co.uk

ENJOYING 05

# 스코틀랜드가 배경인 **영화와 드라마**

비현실적인 자연환경과 치열한 역사에 매료된 수많은 영화 감독들이 스코틀랜드를 배경으로 영화와 드라마를 제작했다. 〈아웃랜더〉, 〈해리 포터〉, 〈어벤저스 : 인피니트 워〉, 〈007 스카이폴〉 등 영화와 드라마에 담긴 스코틀랜드의 매력을 찾아보자.

## 해리 포터 Harry Potter

스코틀랜드는 영화 〈해리 포터〉의 배경으로 등장할 뿐만 아니라, 원작자 J. K 롤링이 원작 소설의 처음과 끝을 집필한 곳이다. 스코틀랜드의 도시 에든버러에서 영감을 받았다고 한 만큼, 팬이라면 성지 순례 장소 1순위다.

### 글렌피넌 고가교 Glenfinnan Viaduct

호그와트행 급행 열차가 지나는 아름다운 곡선형의 고가 다리는 실제로 있는 다리다. 포트 윌리엄에 가면 재커바이트 증기 열차를 타고 멋진 경치를 감상하며 글렌피넌 고가교를 달려볼 수 있다. **327p**

### 스틸 폭포, 글렌 네비스 Steall Falls, Glen Nevis

스코틀랜드에서 두 번째로 높은 폭포로, 총 길이가 120m다. 벤 네비스 산맥 북쪽 끝에 위치해 있다. 〈해리 포터와 불의 잔〉과 〈해리 포터와 혼혈 왕자〉에서 퀴디치 경기장 뒤의 배경으로 등장한다. **326p**

## 다빈치 코드 The Da Vinci Code

세계적인 명성을 얻은 댄 브라운의 소설을 바탕으로 제작한 영화다. 루브르 박물관 내부의 살인 사건으로 시작해, 레오나르도 다빈치의 작품들 속에 숨겨진 충격적인 종교적 비밀을 풀어간다.

### 로슬린 성당 Rosslyn Chapel

주인공 로버트 랭던 교수(톰 행크스)가 단서를 찾기 위해 찾아온 성당이다. 1446년에 지어졌으며, 고딕 양식이 돋보인다. 에든버러에서 남쪽 방향으로 약 11km 떨어진 마을 로슬린에 있다.

## 아웃랜더 Outlander

2차 세계대전 당시에 간호사로 활약하던 여주인공이 18세기의 스코틀랜드로 타임슬립하게 되면서 스코틀랜드 청년과의 로맨스를 그린 미국 드라마 시리즈이다. 아름다운 스코틀랜드 풍경을 원 없이 볼 수 있다. 스코틀랜드 전역에 30곳이 넘는 촬영 장소가 있다.

### 래녹 무어 Rannoch Moor, 클라바 돌무덤 Clava Cairns

주인공 클레어(카트리나 발피)가 시간 여행을 하게 되는 중요한 장소인 크레이 나 둔Craigh na Dun 돌무덤이 등장한 장면의 배경은 바로 장엄하게 펼쳐진 황야와 늪지대인 래녹 무어다. 높이 서 있는 돌기둥은 헤브리디스 제도와 인버네스 주변의 선사 시대 클라바 돌무덤이 있는 인버네스에서 촬영했다. **323, 444p**

### 던성 Doune Castle

드라마 속에 등장하는 레오크성Castle Leoch의 실제 있는 장소로, 스털링 외곽에 위치한 중세 시대 고성이다. 아쉽게도 현재는 성의 많은 부분이 손실되었지만, 드라마 속 장면을 떠올리며 화려했던 역사 속의 연회 장면을 상상해 보자. 〈왕좌의 게임〉에도 등장한다. **377p**

## 007 스카이폴 Skyfall

런던, 상하이, 이스탄불, 일본 그리고 스코틀랜드를 배경으로 테러리스트에 맞서는 영국 비밀정보부 소속 요원을 주인공으로 한 007 시리즈 50주년 기념 영화이다. 매력적인 중저음 보이스의 아델 Adele이 부른 주제곡이 절묘하게 잘 어울려 몽환적인 분위기를 만들어 낸다.

### 글렌코 Glencoe

주인공 제임스 본드(다니엘 크레이그)와 정보부 수장 M(주디 덴치)이 클래식 본드 카를 타고 어린 시절 머물던 저택 스카이폴로 가는 길에 등장한다. **324p**

### 에일린 도난성 Eilean Donan Castle

〈007 스카이폴〉에는 등장하지 않지만, 1999년에 개봉한 〈007 언리미티드〉에서 MI6 스코틀랜드 본부로 등장한다. 세 개의 호수가 만나는 지점에 서 있는 성이다. **338p**

## 브레이브하트 Braveheart

스코틀랜드 영웅 윌리엄 월리스의 용기 있는 삶과 비극적 사랑을 다룬 영화다. 영화배우 멜 깁슨이 제작, 감독 및 주연을 맡고 아카데미 5개 부문을 수상했다.

### 글렌 네비스 Glen Nevis

스코틀랜드의 국민 영웅 윌리엄 월리스가 자라고 머룬과 사랑에 빠진 영화 속 마을은 글렌 네비스에 지어졌다. 세트는 남아 있지 않지만, Braveheart Car Park라는 이름으로 유지되고 있다.

### 국립 월리스 기념탑
### National Wallace Monument

영화 속에는 등장하지 않지만 윌리엄 월리스의 실제 삶을 보여주는 기념탑이다. 67m 높이의 탑에서 스털링의 멋진 전망을 내려다볼 수 있다. **374p**

 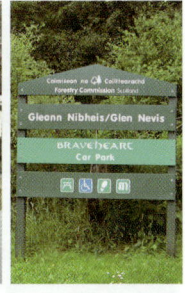 

## 어벤저스 : 인피니티 워, 어벤저스 : 엔드게임
## Avengers : Infinity War, Avengers : Endgame

두말이 필요 없는 마블 슈퍼 히어로 영화. 우주와 지구를 오가는 대규모 전투 장면을 담기 위해 애틀랜타, 뉴욕 그리고 에든버러를 오가며 촬영했다.

### 에든버러 Edinburgh

에든버러의 고풍스러운 도시를 배경으로 전투가 벌어진다. 로얄 마일, 에든버러 웨이벌리 기차역, 세인트 자일스 대성당을 중심으로 촬영했다. **150p**

### 세인트 앱스 St. Abbs

〈어벤저스 : 엔드게임〉에서 '뉴 아스가르드New Asgard'로 등장한 작은 항구 마을이다. 어벤저스에 등장해서 유명세를 탄 이후 실제 마을 이름을 뉴 아스가르드로 변경했다.

ENJOYING 06

# 감성 터지는 스코틀랜드의 **예쁜 마을**

스코틀랜드에는 이국적인 느낌이 가득한 작고 예쁜 마을이 많다. 지도는 잠시 두고 아무 걱정 없이 아름다운 풍경과 색색의 집들을 둘러보자. 마을에 있는 작은 기념품숍을 들르거나, 카페에 앉아 차 한 잔을 마시는 것도 추억이 된다.

### 멀섬의 토버모리
Tobermory, Isle of Mull

멀섬에 위치한 해안가 마을 토버모리. 해안선을 따라 늘어선 색색의 예쁜 건물들이 그림엽서를 연상시킨다. **348p**

### 스톤헤이븐 Stonehaven

깨끗한 바다와 작은 항구, 해변가 산책까지 즐길 수 있는 평화로운 마을이다. 애버딘에 있는 던노타성과 함께 방문하길 추천한다. **432p**

### 포트 아우구스투스 Fort Augustus

네스호를 품고 있어 일 년 내내 관광객이 많다. 특히, 마을을 가로지르는 독특한 계단식 운하가 멋지다. **328p**

### 포트리 Portree

스카이섬의 중심이 되는 마을로 언덕 위에서 바다와 주변의 알록달록한 건물들을 내려다보면 풍경이 매우 아름답다. **340p**

### 러스 Luss
로몬드 호수를 배경으로 예쁜 꽃과 작은 정원으로 꾸며진 집들을 구경할 수 있다. **322p**

### 풋디 Footdee
애버딘 해안가 끝에 위치한 작고 오래된 어촌으로, 소박하지만 아기자기한 매력이 있다. **429p**

### 리스 Leith
14세기부터 번영한 항구 마을. 바닷가를 따라 작은 배와 요트가 멋스럽게 정박해 있다. 로얄 요트 브리타니아를 보고 신선한 해산물로 만든 시푸드 요리를 맛보자. **244p**

### 딘 빌리지 Dean Village
빅토리아 시대 건물들과 마을을 가로지르며 흐르는 시냇물이 평화롭고 이국적인 분위기를 만들어 낸다. 아기자기한 마을을 걷다 보면 중세 시대로 온 듯한 기분이 든다. **240p**

### 피틀로크리 Pitlochry
하일랜드를 오가는 관문 역할을 하는 마을. 기념품숍, 양조장 등 작지만 없는 게 없는 알찬 마을이다. 기차역, 버스 정류장, 숙박 시설 등 여행자를 위한 편의 시설도 잘 갖추고 있다. 즐길 거리도 다양하니, 하일랜드를 오가는 길에 잠시 들러보자. **337p**

> **TIP** 날이 밝을 때는 화사한 건물들과 주변 풍경을 제대로 즐길 수 있다. 마을에는 주민들이 실제로 살고 있으니 조용히, 매너 있게 마을을 둘러보자.

## ENJOYING 07
# 스코틀랜드의 숨은 전설

무심코 지나치기 쉽겠지만, 보기에 평범하고 작은 돌의자나 돌다리, 평화롭고 아름다운 호수 등에도 특별한 의미와 전설이 얽혀 있다. 이야기를 좋아하는 스코틀랜드 사람들의 성향과 안개가 자욱한 날씨, 신비하고 광활한 대자연, 긴 역사 때문인지 스코틀랜드에는 신화와 전설이 가득하다.

## 스코틀랜드에서 가장 유명한 신비의 괴물, 네스 Ness

푸른색 피부에 긴 목을 가진 공룡과 닮은 괴생명체, 네시가 호수 바닥에서 올라와 사람들을 공격했다는 전설은 매우 유명하다. 20세기 초 호수에 떠 있는 괴물이 찍힌 사진이 전 세계로 퍼지면서 주목을 받았다. 네시의 존재는 아직도 증명되지 않았지만, 네시의 흔적을 보기 위해 전 세계 사람들이 네스호를 찾는다. **329p**

## 디 올드 맨 오브 스토르
The Old Man of Storr

이 지역에 살았던 한 거인이 죽어서 땅에 묻힐 때 그의 엄지손가락이 땅 위로 올라왔다는 전설이 있다. 55m 높이의 하늘로 솟은 첨탑 모양의 바위 암석이 마치 노인의 옆모습을 닮아 '올드 맨'이라는 별명이 붙었다. **341p**

## 슬리가찬 올드 브리지
Sligachan Old Bridge

스코틀랜드의 가장 위대한 여전사 스카사하의 딸이 전투에 나간 어머니를 걱정하며 슬리가찬 강에서 울었다. 그 모습을 본 요정들은 강물에서 얼굴을 씻으라고 알려 주었다. 이후 딸이 허브와 견과류를 모아 불에 태워 연기를 불었고, 전투에 지친 두 전사는 무기를 내려놓고 식사를 하면서 자연스럽게 화해를 했다는 이야기가 전해진다. 다리 밑 강물에 7초 동안 얼굴을 담그면 영원한 아름다움을 얻을 수 있다는 전설도 내려온다. **345p**

## 던베건성의 페어리 플래그
Fairy Flag, Dunvegan Castle

기원후 4세기경 실크로 제작된 이 깃발은 요정의 여왕이 맥레오드 가문에 주었다고 알려져 있다. 신비한 힘이 깃든 깃발로, 전투 중에 이 깃발을 펼치면 맥레오드 가문이 언제나 승리를 거뒀다고 한다. **343p**

## 운명의 돌 The Stone of Destiny

작고 평범해 보이는 돌의자지만, 구약 성서에서 야곱이 베고 잔 돌로 여겨진다. 또한, 여러 전설을 통해 운명을 바꾸는 힘이 있다고 하는 돌로 알려져 있다. 고대 스코틀랜드 왕들이 대관식에서 사용해 스코틀랜드 왕국의 상징이 되었다. **386p**

## 페어리 풀 Fairy Pools

크리스털처럼 영롱하고 반짝이는 파란색 물줄기가 이어진 작은 계곡으로, 계곡 뒤에 쿨린산이 있다. 그 웅장한 자태가 더해져 비현실적인 풍경을 자아내는 곳이다. 요정들의 연못이라는 전설이 얽혀 있다. **345p**

01 스코틀랜드 **레스토랑 이용 팁**
02 스코틀랜드 **대표 음식 맛보기**
03 **가성비와 분위기 다 잡는** 스코틀랜드 실속 맛 여행
04 **스카치위스키**의 깊은 풍미 속으로

# Step 04
# Eating

스코틀랜드를 **맛보다**

05 하루의 마무리는 역시 **펍에서**
06 여행 재충전의 시간, **카페와 티 룸**
07 달콤한 시간, 스코틀랜드 **디저트**

**EATING 01**

# 스코틀랜드 레스토랑 이용 팁

스코틀랜드 사람들의 자국 음식에 대한 자부심은 대단하다. 풍부한 자연환경에서 채취한 재료 본연의 맛을 살려 조리하는 스코틀랜드 전통 음식을 맛보자.

## CHECK 레스토랑 이용 시 팁과 에티켓

- 일반적으로 레스토랑의 점심시간은 12:00~14:30, 저녁 시간은 18:30~20:00다.
- 스코틀랜드 외곽 지역의 레스토랑은 겨울에는 운영시간을 단축하거나, 아예 오픈하지 않는 경우도 있다. 미리 홈페이지를 확인하자.
- 경치가 좋거나 유명 레스토랑의 경우 몇 달 전부터 예약 마감이 되는 경우가 있으니 미리 온라인이나 전화로 예약을 하자.
- 고급 레스토랑인 경우 드레스 코드가 있다. 운동화나 슬리퍼, 티셔츠 차림으로는 입장이 제한될 수 있으니 스마트 캐주얼 스타일로 분위기를 즐기자.
- 영국에서는 나이프로 음식을 찍어먹거나 소리를 내며 국수나 수프를 먹는 것은 매너가 아니다. 또한, 웨이터를 부를 때는 손을 흔드는 것보다 웨이터와 눈이 마주쳤을 때 부르는 것이 더 매너 있는 행동이다.

## 알뜰하게 레스토랑 이용하기

### 런치 세트 메뉴와 요일별 할인을 이용하자
대부분의 레스토랑에서 평일 런치 세트 메뉴를 제공한다. 보통 메인 요리+음료로 구성되는데, 디저트나 애피타이저를 포함하기도 한다. 단품 요리를 주문할 때보다 더 저렴하다. 요일마다 특정 메뉴를 할인하는 레스토랑도 있다.

### 메뉴판 미리보기
레스토랑 입구에 있는 메뉴판을 보고 메뉴와 가격을 확인하고 가자. 그러면 레스토랑에 들어가 당황할 일이 없다.

### 서비스 요금과 팁 Service Charge and Tip
고급 레스토랑의 경우, 총금액의 12.5%의 서비스 요금이 별도로 붙는 경우가 많다. 식사를 마친 후 영수증을 받고 놀랄 수 있으니 메뉴판에서 서비스 요금과 세금이 별도 부과인지 메뉴 가격에 포함인지 확인하자.

### 수돗물 Tap Water
스코틀랜드 사람들은 자칭 '월드 베스트 스코티시 워터'라고 할 정도로 스코틀랜드 수돗물을 신뢰하며 식수로도 마신다. 레스토랑에서 "탭 워터 플리즈Tap Water Please"라고 말하면서 수돗물을 요청하면 무료로 물을 마실 수 있다.

## 음식 주문하기

### 일반 레스토랑
직원 안내에 따라 자리에 앉은 후, 메뉴판에서 원하는 메뉴를 고르면 된다. 식사가 끝난 뒤 직원에게 계산서를 요청하면 직원이 자리로 가져다 준다. 그 자리에서 현금이나 카드로 바로 결제하면 된다.

### 테이크 어웨이 Take Away
주문한 음식을 포장해서 가져가는 것을 테이크 어웨이라고 한다. 즉석에서 조리하는 핫 푸드의 경우에는 주문 후 기다리면 음식이 나온다. 계산할 때 직원이 "잇 히어Eat Here(매장에서 드시고 가시나요?)" 혹은 "테이크 어웨이Take Away(포장해서 가져가실 건가요?)"라고 물어보면 상황에 맞게 대답하면 된다.

## Special Page

# 언제든 부담 없이, 가격 착한 테이크 어웨이

어딜 가도 변함 없는 맛과 서비스를 유지하는 체인 브랜드. 우리에게 익숙한 스타벅스, 맥도날드처럼 영국의 분위기를 담은 체인 카페 4곳을 소개한다. 커피, 차, 간단한 스낵, 샌드위치, 빵, 케이크 등을 부담 없이 즐길 수 있는 곳으로, 도심이나 쇼핑센터에서 쉽게 만날 수 있다.

### 코스타 커피 Costa Coffee

'미국에 맥도날드가 있다면 영국에는 코스타 커피가 있다'고 할 정도로 영국 전역에서 가장 대중적인 커피 브랜드다. 맛과 품질은 보통이지만, 커피 양이 제법 많은 편이다. 커피와 곁들여 먹을 수 있는 간단한 디저트도 판매한다.
홈페이지 www.costa.co.uk

### 프레타 망제 Pret a Manger

프랑스어로 '먹을 준비가 된Ready to Eat'이라는 뜻이다. 샌드위치, 바게트, 수프, 빵, 초밥, 샐러드, 케이크를 매일 만들어 판매한다. 신선한 고품질의 재료를 사용해 다른 체인 브랜드보단 가격이 살짝 비싼 편이다.
홈페이지 www.pret.com

### 그렉스 Greggs

든든하게 배를 채울 수 있는 메뉴가 많아 한 끼 식사를 해결하기도 좋은 곳이다. 따뜻하게 데워 먹는 소시지롤과 패스티Pasty가 강력 추천 메뉴. 다른 브랜드에 비해 가격도 저렴한 편이라 가성비가 좋다. 단, 다른 체인 브랜드 매장에 비해 눈에 잘 띄지 않는다.
홈페이지 www.greggs.co.uk

### 카페 네로 Caffè Nero

런던에 본사를 둔 유러피안 스타일의 커피 체인 브랜드로, 앤티크한 분위기에서 진한 이탈리아식 커피 본연의 맛을 즐길 수 있다. 스낵 메뉴보다 커피에 좀 더 중점을 둔 곳이다. 커피 애호가라면 한 번쯤 들러 맛보는 것도 나쁘지 않을 것이다.
홈페이지 caffenero.com/uk

## Special Page

# 여행 중에도 배달 음식은 못 참지!

집에서 배달 주문하던 그 편리함 그대로! 여행지에서도 편하고 쉽게 음식 배달 서비스를 이용해 보자. 긴 여행 후에 편하게 숙소에서 쉬면서 음식을 먹고 싶거나 대부분의 식당이 문을 닫은 늦은 밤에 배가 고프다면 역시 배달 어플이 최고이다. 외국에서 어플을 사용하는 것에 두려워할 필요는 전혀 없다. 예상도착시간, 리뷰, 최소 주문금액, 할인 쿠폰 등 우리에게 익숙한 배달 시스템과 동일하다.

 에든버러, 글래스고처럼 큰 도시라면 배달 어플을 쉽게 이용할 수 있으나 스코틀랜드 소도시나 하일랜드 지역에서는 이용이 어려울 수 있다.

### 1. 호텔의 경우 배달 주문은 어떻게 해야 할까?
호텔 숙박의 경우 로비에서 픽업해야 하며, 묵고 있는 숙소나 호텔마다 배달 음식 규정이 다를 수 있으니 음식 배달을 주문하기 전에 미리 규정을 확인해 보자.

### 2. 라이더에게 따로(추가) 팁을 드려야 할까?
미국과 달리 스코틀랜드에서는 팁을 반드시 내야하는 강제성이 없지만, 서비스에 만족했거나 궂은 날씨에 배달 서비스를 이용했다면 라이더에게 소정의 팁을 드릴 수 있다.

### 3. 배달비는 어느 정도일까?
식당마다 금액이 다르며, 대략 2~5파운드 사이다.

## 스코틀랜드 배달 어플

### • 딜리버루 DELIVEROO
어플이 시작된 지 10년이나 된 만큼 선택할 수 있는 식당의 폭이 넓다. 첫 구매 쿠폰, 주중 할인 쿠폰 등 다양한 할인 쿠폰을 이용할 수 있다.

### • 우버 이츠 UBER EATS
내가 있는 곳으로 편하게 차를 호출할 수 있는 우버Uber의 음식 배달 서비스이다. 라이더가 주문 픽업을 하고 도착 예정 시간까지 확인할 수 있다.

### • 투굿투고 TOOGOODTOGO
배달 어플은 아니지만 환경을 살리고 저렴한 가격에 음식을 먹을 수 있는 어플이다. 각 식당 마감 시간에 남은 음식들을 정가보다 훨씬 저렴하게 판매하며 해당 식당에 방문하여 포장으로 받을 수 있다.

EATING 02

# 스코틀랜드 대표 음식 맛보기

스코틀랜드의 식재료는 최고급 품질로 유명하다. 재료 본연의 맛을 살린 신선하고 담백하며 깔끔한 맛의 스코틀랜드 대표 전통 음식들을 맛보자.

## 신선한 해산물과 연어 Seafood&Salmon

스코틀랜드 연안에서 잡히는 신선한 해산물은 스코틀랜드 음식에서 빼놓을 수 없는 주재료. 새우, 조개, 굴, 홍합 등 다양한 해산물을 쉽게 접할 수 있다. 특히, 탁월한 맛과 완벽한 질감의 스코틀랜드 연어는 전 세계에서 인정받는 최고급 품질을 자랑한다.

### 피시 앤 칩스
**Fish and Chips**

튀긴 흰살 생선과 두툼한 감자튀김인 칩스를 함께 먹는 요리로, 영국 전역에서 쉽게 볼 수 있다. 해안가 주변에 있는 식당에서 맛보기를 추천한다. 생선의 겉은 바삭하고 살은 신선하고 촉촉한, 제대로 된 피시 앤 칩스를 부담 없는 가격에 판매한다.

### 블랙 푸딩
**Black Pudding**

돼지 피와 오트밀 또는 보리를 넣어 만든 소시지다. 선명한 검은색을 띠어 블랙 푸딩이라 부른다. 한국 순대와 비슷하다. 풀 스코티시 브랙퍼스트에 포함되거나 따로 구워 먹는다. 스코틀랜드 레스토랑이나 일반 마트에서 볼 수 있다.

### 풀 스코티시 브랙퍼스트
### Full Scottish Breakfast

베이컨, 소시지, 수란, 베이크드 빈, 버섯, 토마토, 토스트로 구성된 잉글리시 브랙퍼스트에 블랙 푸딩, 감자 스콘, 해기스가 추가된 것이 풀 스코티시 브랙퍼스트다. 접시 한가득 담겨 있는 아침 식사와 따뜻한 차 한 잔이면 하루가 든든하다. 스코틀랜드 주요 호텔, B&B에서 기본적인 아침 식사로 제공되며, 레스토랑, 카페에서도 쉽게 맛볼 수 있다.

### 해기스 Haggis

스코틀랜드 대표 전통 음식이다. 양, 송아지의 내장과 양파를 잘게 다지고 오트밀, 향신료를 넣어 만든 소를 양의 위에 채운 뒤 찐다. 14세기경, 사냥 후 금방 상해서 먹지 못하는 동물들의 내장을 빨리 먹기 위해서 만들어진 음식이라는 설이 있다. 호불호가 갈리는 맛이니 스코틀랜드 전통 음식을 먹어보겠다는 가벼운 마음으로 즐겨보자. 주로 순무, 감자와 함께 먹는다.

### 애버딘 앵거스 비프
### Aberdeen Angus Beef

드넓은 초원에서 자유롭게 뛰어놀며 자란 소고기는 영국에서 꼭 맛봐야 할 메뉴. 특히, 애버딘 지역에서 자란 앵거스 스테이크는 육즙이 많고 부드러운 식감을 자랑한다.

### 뱅어스 앤 매시
### Bangers and Mash

뱅어스는 소시지, 매시는 삶은 감자를 으깬 요리이다. 고소한 감자와 깊은 풍미를 내는 소시지, 부드러운 그레이비소스가 잘 어울린다.

# 스코틀랜드 전통 음식을 즐길 수 있는 레스토랑

## 웨지우드 더 레스토랑
### Wedgwood the Restaurant

스코틀랜드의 신선한 해산물과 허브를 재료로 한 스코틀랜드 요리를 선보인다. 계절에 따라 바뀌는 시즌널 메뉴와 디저트가 있다. **에든버러, 194p**

## 스트러베이긴 Stravaigin

레스토랑 디자인 어워드, 스코티시 시슬 어워드, 올해의 와인 어워드 등을 받은 글래스고의 유명 레스토랑. 스코티시 립아이, 칠면조 요리 등이 있다.
**글래스고, 291p**

## 크랩샤크 CrabShakk

신선한 홍합, 굴, 농어 등 다양한 해산물을 맛볼 수 있는 레스토랑이다. 해물 파스타, 생굴, 홈메이드 디저트 등을 즐겨보자.
**글래스고, 292p**

## 더 스테이블스 레스토랑&그릴
### The Stables Restaurant&Grill, Fort William

스코틀랜드 지역 식재료로 요리한 스코티시 프라임 앵거스 소고기 스테이크, 양고기, 해산물 맛집이자 세련된 펍. **포트 윌리엄, 351p**

## 투 팻 레이디스 앳 더 버터리
### Two Fat Ladies at The Buttery

내부는 스테인드글라스 등으로 고급스러운 분위기다. 훈제 오리, 연어 샐러드, 블랙 푸딩과 삼겹살, 브라운 새우 등의 메인 요리와 솔티드 캐러멜 브라우니 디저트 등을 맛볼 수 있다. **글래스고, 291p**

## 더 위 레스토랑 The Wee Restaurant

화려한 미슐랭 스타에 빛나는 레스토랑이다. 스코틀랜드의 신선하고 좋은 품질의 재료로 만드는 코스 요리를 즐겨보자. **에든버러, 252p**

## 밀러&카터 Miller&Carter

농장에서 식탁까지 모든 과정을 책임지고 완벽한 스테이크를 제공하는 영국 레스토랑 브랜드이다. 30일 동안 숙성된 스테이크의 육즙과 풍미를 느껴보자. 에든버러와 애버딘에도 지점이 있다. **글래스고, 294p**

## 크랜녹 시푸드 레스토랑 Crannog Seafood Restaurant

아름다운 호수 풍경과 함께 스코틀랜드 현지 신선한 해산물과 채소로 만든 해산물 요리를 먹을 수 있는 곳! **포트 윌리엄, 350p**

### EATING 03
# 가성비와 분위기 다 잡는
# 스코틀랜드 실속 맛 여행

## *가성비 맛집*

### 오잉크 Oink
통돼지 한 마리를 아낌 없이 넣었다. 스코틀랜드 버거 맛집으로 빵 안에 잘게 찢은 고기를 넣어 먹는다.
**에든버러, 201p**

### 브로스 베이글 Bross Bagels
크림치즈, 햄, 훈제 연어, 터키 등 다양한 재료를 사용해 만든 10가지가 넘는 베이글 메뉴가 있다. **에든버러, 249p**

### 코스모 월드 뷔페 레스토랑
### COSMO World Buffet Restaurant
아시안 스타일 뷔페다. 초밥, 롤, 딤섬, 커리를 비롯해 스테이크, 피자, 파스타, 치킨 등 전 세계 다양한 음식을 마음껏 즐길 수 있다.
**에든버러, 196p**

매끼 식사 비용이 살짝 부담될 때 찾으면 좋은 가성비 맛집을 추천한다. 맛은 물론이고 가격도 괜찮다. 여행 중 한 번쯤 들르면 좋을 근사한 레스토랑도 소개한다. 고급스러운 분위기, 최고의 전망을 자랑하는 레스토랑에서 스코틀랜드 여행의 추억을 쌓아보자.

## *전망 좋은 고급 레스토랑*

### 더 돔 The Dome

대리석 바, 샹들리에, 야자수 등 인테리어가 고급스럽다. 더 돔의 시그니처인 웅장하고 화려한 돔 아래에서 우아하게 한 끼 식사를 즐겨보자.

**에든버러, 194p**

### 시그닛 도서관 콜로네이드
Colonnades at the Signet Library

200년 된 도서관을 레스토랑으로 개조했다. 멋스러운 돌기둥 장식과 오래된 책들에 둘러싸여 식사와 차를 즐길 수 있다. **에든버러, 202p**

### 윈도우 레스토랑 Windows Restaurant

레스토랑의 통유리창으로 글래스고의 전경이 보인다. 이곳에서 식사를 한다면 야외 테라스석을 추천한다. 야외 테라스석에서는 환상적인 스카이라인을 보면서 근사한 식사를 즐길 수 있다.
**글래스고, 290p**

EATING 04

# 스카치위스키의 깊은 풍미 속으로

## 세계에서 가장 큰 위스키 생산국, 스코틀랜드

게일어로 '생명의 물'을 뜻하며, 15세기에 맥아를 증류시켜 술을 만들었다는 기록이 위스키의 시초라고 알려져 있다. 스코틀랜드에서 구하기 어려웠던 포도를 대신해 천혜의 환경에서 좋은 품질의 맥아를 사용한 위스키를 만들고, 또한 위스키 증류 방법을 개발하기 시작했다.

맑고 깨끗한 물, 비옥한 토양, 맥아를 건조시키는 이탄, 차갑고 습한 공기 등 스코틀랜드의 자연은 위스키 만들기에 최적화된 환경을 자랑한다. 여기에 더해 증류소에서 깐깐하고 전통적인 공정을 거쳐 오크통에서 최소 3년의 숙성 기간을 거쳐 완벽한 스카치위스키를 생산한다.

### 위스키의 종류

위스키는 원재료와 제조 방법에 따라 크게 세 종류로 나뉜다.

**그레인 위스키** Grain Whisky
발아되지 않은 보리나 옥수수, 밀과 같은 다른 곡물을 맥아와 혼합해서 만드는 위스키로 풍미와 향이 가볍다.

**몰트 위스키(싱글 몰트)**
Malt Whisky(Single Malt)
한 증류소에서 다른 혼합물 첨가 없이 100% 맥아와 물, 효모만 증류해 만드는 위스키다. 지역별로 다른 토질과 물이 위스키 맛과 향에 많은 영향을 미친다.

**블렌디드 위스키** Blended Whisky
다양한 싱글 몰트 위스키 원액과 그레인 위스키 원액을 혼합하는 복잡한 과정을 거친다. 독특한 맛과 향이 특징이다.

### TIP 위스키 제대로 시음하기

- 오랜 시간과 복잡한 과정을 거쳐야 맛볼 수 있는 위스키. 각각 다른 맛, 향 등 특징을 느낄 틈도 없이 원샷하거나, 다른 술과 섞어서 마신다면 그보다 더 속상한 일이 없다. 천천히, 제대로, 깊은 풍미를 음미해 보자.
- 작고 투명한 위스키 유리잔이 실내 온도와 동일한 온도인지, 잔 안에 남아있는 물은 없는지 확인한 후 마시자.
- 위스키 시음 전에 좋은 상태의 물 한 모금으로 입을 살짝 적시면 좋다.
- 위스키는 숙성된 기간과 오크통의 상태에 따라 다양한 색을 낸다. 맑은 황금색부터 어두운 색까지 영롱한 위스키 빛깔을 눈으로 먼저 마셔보자.
- 시음 전에 잔을 살짝 돌려 잔 내부를 코팅해 보자. 이때, 잔 안에 있는 위스키가 빠른 속도로 많은 양이 움직이면 풍미가 가볍고 숙성이 오래되지 않은 위스키고, 적은 양이 천천히 움직이면 바디감이 풍부하고 숙성이 오래된 위스키일 가능성이 높다.
- 잔에 코를 대고 특유의 위스키 향을 맡아보자. 꽃, 과일, 스모키, 바다 등 다양한 그림을 그려볼 수 있을 것이다.
- 위스키를 조금 마신 후 바로 삼키지 말고, 머금고 입안에 퍼지는 풍미를 느껴보자.

## 위스키 생산 과정

### ❶ 보리 맥아 틔우기 Malting
보리 알갱이를 물에 담가 싹을 틔운 후, 가마에서 이탄 혹은 석탄으로 구워 건조시킨다. 연기가 맥아에 배어 위스키의 스모키한 향과 풍미를 낸다.

### ❷ 당화 Mashing
분쇄한 맥아 가루와 뜨거운 물을 당화조Mash Tun에 넣으면 당분이 생겨 걸쭉한 맥아 즙을 추출한다. 총 3번을 반복해 위스키의 기초가 되는 당분을 충분히 추출한다. 끝나고 남은 찌꺼기는 영양가 있는 가축 사료로 사용된다.

### ❸ 발효 Fermentation
추출된 맥아 즙을 워시 백Wash Back이라는 커다란 나무통에 담은 뒤, 효모를 첨가하고 여러 시간 저어주면 화학적 변화를 일으킨다. 이 과정에서 약 8% 알코올인 워시Wash가 생성된다.

### ❹ 증류 Distillation
큰 구리 증류기를 사용해 워시를 끓여 알코올을 증발시켰다가 다시 응축하는 과정. 2번 정도 반복한다. 끓는 점이 낮은 알코올이 물보다 먼저 증발하게 되는데, 이때 발생한 기체를 모아서 냉각해 알코올 농도가 높은 액체를 얻는다.

### ❺ 숙성 Maturation
증류 과정을 거친 액체를 오크통에 넣은 후 최소 3년의 숙성 기간을 거친다. 이 과정을 거쳐야 스카치위스키라고 부를 수 있다. 오크통에서의 숙성은 위스키의 풍미에 가장 큰 영향을 미치는 요소이므로 숙성 환경과 오크통의 상태는 깐깐하게 관리된다.

---

*** Plus Info ***

#### 위스키의 달 Whisky Month

스코틀랜드에서 5월은 위스키의 달이다. 전국 증류소와 도심 곳곳에서 위스키와 관련된 다양한 행사가 펼쳐진다. 위스키 마스터 클래스, 희귀 위스키 시음, 음악, 스포츠와 함께하는 위스키 등 다양한 축제가 펼쳐진다.

**Special Page**

# 스카치위스키의 풍미를 더욱 가까이, 증류소 투어

### 스카치 위스키를 생산하는 지역 5

스코틀랜드 전역에는 120곳이 넘는 위스키 증류소가 있다. 위스키 생산지는 크게 5개의 지역으로 나눌 수 있고, 각 지역에서 제조하는 위스키는 저마다 독특한 풍미를 자랑한다. 지역별로 조금씩 시음해 보며 본인의 취향에 맞는 위스키를 찾아보자.

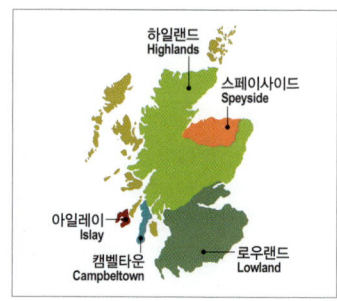

### 캠벨타운 Campbeltown

풍부한 목초지, 이탄 습지, 탄광, 보리 재배 지역이 전부 있어 '세계의 위스키 수도'라는 위상을 얻었다. 현재는 3곳의 위스키 증류소만 남아 자존심을 지키고 있다. 바다 향과 스모키한 풍미가 나는 위스키를 제조한다.

### 로우랜드 Lowlands

보리가 이상적으로 자랄 수 있는 온화한 기후에 농지와 산지가 조화롭게 펼쳐져 있는 지역이다. 가볍고 달콤하며, 부드러운 풍미의 위스키를 제조한다.

### 하일랜드 Highlands

하일랜드의 화산 바위를 타고 흐르는 청정한 물로 제조되는 위스키를 맛보자. 북쪽은 풀바디감의 위스키를, 남쪽은 가벼운 과일 향과 드라이한 풍미의 위스키를 제조한다.

### 아일레이 Islay

스코틀랜드 서쪽 이너 헤브리디스 제도에 속한 섬으로, 오래전부터 위스키를 제조했다. 오랜 숙성 기간을 거쳐 자극적이고 강렬한 풍미가 특징이다.

### 스페이사이드 Speyside

스페이강에서 공급되는 풍부한 물, 아름다운 산지 지역이라는 환경에서 위스키를 제조한다. 과일 향이 나고 달다. 특히, 스페이사이드에는 스코틀랜드 증류소의 절반이 있는 만큼 저마다 공법을 가진 증류소가 많다. 위스키 증류소 투어를 하기 좋다.

## 스코틀랜드 대표 위스키 브랜드 증류소 투어

스코틀랜드의 위스키 증류소는 대부분 교외에 있어 대중교통으로는 가기 어렵다. 렌터카나 위스키 증류소 투어(데이 투어)를 이용해 갈 수 있다. 각 증류소마다 주변 자연이 아름다울 뿐만 아니라, 위스키 제조에 고유한 전통 방식을 자랑하는 곳이니 스코틀랜드 여행 시 빼놓지 말고 들러보자.

### 글렌피딕 증류소 Glenfiddich Distillery

글렌피딕은 '사슴이 있는 계곡'이라는 뜻이다. 로고 속 사슴이 우리에게도 익숙하고 유명한 프리미엄 위스키 브랜드다. 1886년에 시작해 100년이 넘는 전통을 가진 증류소인데, 이런 유서 깊은 증류소에서 투어를 통해 글렌피딕 위스키의 역사와 생산 과정을 볼 수 있다. 글렌피딕 증류소 투어는 1시간 30분 동안 증류소 소개 동영상 시청 후 위스키 생산 시설을 둘러보고 글렌피딕 위스키 시음을 한다.

글렌피딕 솔레라 투어는 2시간 30분으로, 더 많은 위스키 종류를 시음해 볼 수 있고, 다양한 위스키 샘플로 자신만의 위스키를 직접 제조해 보는 투어다.

홈페이지에서 예약 날짜와 가능한 시간대를 확인한 후 예약해야 하고, 투어 시작 10분 전까지 도착해야 한다. 다양한 글렌피딕 기념품을 살 수 있는 기념품숍도 있다.

글렌피딕

**지도** ● 휴대지도-11 **가는 법** 인버네스에서 차로 약 1시간 20분 / 애버딘에서 차로 약 1시간 20분 소요
**주소** Dufftown Banffshire AB55 4DH **전화** 013-4082-0373 **운영시간** 기념품샵(매일 10:30~17:00) / 글렌피딕 증류소 투어 수~일 09:30~15:30(1일 9회 진행) / 글렌피딕 솔레라 투어 목,토 14:00~ (18세 이상 가능) **요금** 글렌피딕 증류소 투어 20파운드 / 글렌피딕 솔레라 투어 60파운드
**홈페이지** www.glenfiddich.com

### 글렌킨치 증류소 Glenkinchie Distillery

글렌킨치(Glenkinchie는 1837년에 설립된 위스키 브랜드다. 풍부한 스모키 향과 진한 풍미의 위스키를 제조한다. 미리 예약, 결제하면 에든버러에서 셔틀버스를 이용할 수도 있다. 셔틀버스는 증류소로 직접 전화하거나 이메일로 예약할 수 있다.

가장 기본적인 글렌킨치 투어는 증류소 전시관을 관람한 후, 위스키 생산 과정을 둘러보고 마지막으로 싱글 몰트를 시음한다(약 1시간 30분 소요). 더 다양한 종류의 싱글 몰트를 시음하고 싶다면 플레이버&캐스크 익스피어리언스 투어를 신청하자(약 2시간 소요).

글렌킨치

**지도** ● 휴대지도-15 **가는 법** 에든버러에서 차로 약 40분 / 증류소에서 운영하는 셔틀버스 이용(에든버러에서 출발) **주소** Pencaitland, Tranent EH34 5ET **전화** 018-7534-2012 **운영시간** 증류소 및 기념품숍 하절기(5~9월) 매일 10:00~18:00 / 동절기(10~4월) 10:00~17:00, 글렌킨치 투어 11:00, 13:00, 15:00, 15:30 / 플레이버&캐스크 익스피어리언스 투어 10:00, 12:00 **요금** 글렌킨치 투어 19파운드 / 플레이버&캐스크 익스피어리언스 투어 45파운드 **홈페이지** malts.com

## 싱글톤 증류소 The Singleton Distillery

1897년 설립된 브랜드 싱글톤 오브 글렌 오드The Singleton of Glen Ord의 증류소다. 부드럽고 풍부한 바디감에 깔끔한 마무리가 특징인 위스키를 제조한다. 증류소는 인버네스 시내에서 약 25km 떨어진 곳에 위치해 있다.

위스키 제조 과정을 본 후, 위스키 시음을 할 수 있는 싱글톤 증류소 투어(약 1시간 15분 소요), 5가지 싱글톤 위스키 시음과 카나페를 포함한 싱글톤 페어링 익스피어런스 투어(약 1시간 소요) 등 다양한 투어가 있다.

싱글톤

**지도** ● 휴대지도-10 **가는 법** 인버네스에서 차로 약 25분
**주소** Muir of Ord IV6 7UJ **전화** 014-6387-2004
**운영시간** 싱글톤 증류소 투어 매일 10:30~15:30 / 싱글톤 페어링 익스피어런스 투어 화·금·토 11:45
**요금** 싱글톤 증류소 투어 20파운드 / 싱글톤 페어링 익스피어런스 투어 60파운드
**홈페이지** www.malts.com

### ★★★ Plus Info ★★★

**하일랜드 투어 시 꼭 들러보면 좋을 위스키 증류소**

#### 탈리스커 증류소 Talisker Distillery

1830년에 세워진 스카이섬에서 가장 오래된 싱글 몰트 증류소다. 거칠고 스모키한 바디감의 위스키를 제조한다. 증류 기계, 위스키를 숙성시키는 오크통 등을 직접 볼 수 있으며, 다른 위스키 투어와 마찬가지로 위스키 생산 과정을 둘러보고 위스키도 시음할 수 있는 다양한 투어가 있다. 투어 소요 시간, 시음할 수 있는 위스키에 따라 다르다. 취향에 따라, 사전에 미리 알아보고 예약하자. 순백의 건물이 주변의 아름다운 호수 경관과 잘 어우러진다. 자세한 내용은 358p 참고.

탈리스커

### TIP 위스키 투어 팁

- 스코틀랜드 교외 지역에 위치한 증류소에 가기 어렵다면 에든버러에 있는 더 스카치위스키 익스피어리언스에서 위스키 제작 과정과 증류소 가상 투어, 위스키 시음을 경험해 볼 수 있다. 자세한 내용은 177p 참고.
- 더 많은 스코틀랜드 증류소 정보를 원한다면 홈페이지(**Web** malts.com)를 참고하자.
- 증류소 투어 입장에 나이 제한이 있을 수 있다. 아이가 있는 가족 여행객이라면 증류소마다 투어 입장 허용 나이가 상이하니 미리 해당 홈페이지에서 확인하고 가는 것이 좋다.

**위스키 증류소 데이 투어 업체**
래비스 www.rabbies.com
고 스코틀랜드 투어스 www.goscotlandtours.com

EATING 05

# 하루의 마무리는 역시 **펍에서**

가볍게 한 잔 하면서 긴 여행의 하루를 마무리할 수도 있고, 스코틀랜드 사람들의 일상을 가까이에서 접해 볼 수도 있는 곳이 바로 펍Pub이다. 신선한 에일 맥주, 그리고 양도 많고 맛도 좋은 펍 음식을 저렴하게 즐겨보자.

### CHECK 스코틀랜드 펍 즐기는 방법

- 스코틀랜드에는 지역마다 특색을 가진 크고 작은 브루어리가 많다. 맥주 제조 과정을 보고 시음도 해 볼 수 있다.
- 일반 펍에는 따로 웨이터가 없다. 바에 가서 직원에게 원하는 술이나 음식을 주문한 후 돈을 지불해야 한다. 맥주는 직접 바에서 받아오면 되고 음식은 직원이 자리로 가져다준다.
- 생맥주를 주문할 때 기준이 되는 컵은 파인트568ml, 하프 파인트280ml이다.
- 위스키, 에일 맥주 외에도 핌스Pimm's, 사이다, 베일리스Baileys 등 다양한 술 종류가 있으니 취향에 따라 즐겨보자.
- 술을 마시지 못하더라도 펍 문화를 즐길 수 있다. 커피, 탄산음료, 차, 주스 등의 다른 음료도 판매한다.
- 영국에서 합법적으로 술을 마시거나 살 수 있는 나이는 만 18세 이상이다.
- 날씨가 좋은 날에는 펍 야외 테이블에 앉아 따뜻한 햇살 아래에서 펍 분위기에 흠뻑 빠져보자.
- 축구, 크리켓, 테니스 등 주요 경기가 있는 날 펍에 가보자. 펍에 설치된 대형 스크린을 보며 신나게 응원하는 영국 사람들의 열정을 제대로 느낄 수 있다.
- 대부분의 펍에서 요일별로 게임, 퀴즈, 즉석 노래 공연 등 다양한 이벤트가 열린다. 당구, 다트와 같은 간단한 게임을 할 수 있는 곳도 있다.

## 펍에서 어떤 술을 마실까

스코틀랜드에 왔으니 스카치위스키는 기본! 스코틀랜드 펍에서는 깊은 풀바디감이 느껴지는 영국 에일 맥주 외에도 다양한 술을 맛볼 수 있다. 흥겨운 펍 분위기 속에서 취향에 따라 즐길 수 있는 다양한 술 종류를 알아보자.

### 진저 비어 Ginger Beer
우리에게도 이제 제법 익숙한 술이자 탄산음료이다. 알콜 버전과 무알콜 버전이 있다. 마시다 보면 달달하면서도 중독성 있는 생강 맛의 매력에 빠지게 된다.

### 핌스 Pimm's
영국의 대중적인 칵테일로 레모네이드, 민트, 여러 과일을 넣어 마신다. 특히 여름에 자주 찾게 되는 술이다.

### 사이다 Cider
우리에게 익숙한 사이다와는 다른 사이다이다. 사과나 배로 만든 가벼운 알코올로 달달한 향과 특유의 청량함이 매력이다. 여자들이 좋아하는 바로 그 맛!

### 베일리스 Baileys
아일랜드 위스키와 크림을 섞은 아일랜드 술로 부드럽고 달콤한 깊은 맛의 진득한 술이다. 바닐라 아이스크림에 베일리스를 조금 섞어 먹으면 그 맛도 일품이다.

## 없는 게 없는 펍 음식

스코틀랜드 여행에서 어느 레스토랑을 가야 할지 고민이라면 사람들이 북적이는 펍에 가보자. 다양한 음식이 적힌 메뉴판으로도 알 수 있듯이 없는 게 없을 정도로 선택의 폭이 넓다. 해기스, 피시 앤 칩스, 재킷 포테이토 등과 099p에서 소개한 다양한 메뉴들을 스코틀랜드의 펍에서 쉽게 맛볼 수 있다. 어설픈 고급 레스토랑에 갈 바엔 음식 가격도 합리적이고, 맛도 보통 이상인 펍 음식을 추천한다.

## 어떤 펍을 갈까

동네에서 유명한 맛집이 있는가 하면, 어느 지역이라도 같은 맛이 보장되는 프랜차이즈 맛집도 있다. 영국도 마찬가지. 오랜 세월 동네 사람들이 즐겨 찾는 지역 펍이 있는가 하면, 영국 전역에 많은 지점을 보유한 대형 체인 펍도 있다. 동네에서 소문난 펍을 찾아가도 좋고, 모험이 꺼려진다면 언제 가더라도 안정적인 음식 맛과 서비스를 제공하는 체인 펍도 좋다. 취향에 맞게 선택해 보자.

## 영국을 대표하는 체인 펍 브랜드

펍 간판에는 따로 체인 펍 브랜드 이름이 적혀져 있지 않다.

### ❶ JD 웨더스푼 JD Wetherspoon

영국에 900곳이 넘는 지점을 보유한 영국 최대 체인 펍. 넓은 규모, 합리적인 음식 가격이 특징이다. 요일별로 치킨, 스테이크, 커리 등의 메뉴와 음료를 함께 세트 할인하는 클럽 이벤트도 있어 부담 없는 가격으로 이용할 수 있다.

홈페이지 www.jdwetherspoon.com

### ❷ 스톤게이트 펍 컴퍼니 Stonegate Pub Company

영국 전역에 약 700곳의 펍을 운영하는 체인 펍이다. 정통 펍을 비롯해 다양한 테마와 형태의 펍, 바, 레스토랑 브랜드를 보유하고 있다.

홈페이지 www.stonegategroup.co.uk

> **TIP** 각 체인 펍 홈페이지에서 주변에 위치한 펍 정보를 알 수 있다.

## 펍 더 알아보기

펍Pub은 '대중 술집'을 뜻하는 퍼블릭 하우스 Public House에서 유래되었다. 그 이름에서 알 수 있듯이 마을 사람들이 함께 모여 술도 마시고 담소를 나누던 문화가 지금까지도 이어진다. 펍 외관에는 해당 펍 이름과 고유의 분위기를 한눈에 볼 수 있는 그림 간판이 걸려 있다. 영국의 유명한 인물이나 동물 이름, 지역 특색을 따서 지은 펍 이름과 그림 간판을 구경하는 재미가 있다.

### ··· Plus Info ···

**스코틀랜드에서 가장 오래된 펍**
**더 쉽 헤이드 인 The Sheep Heid Inn**

에든버러에 있는 더 쉽 헤이드 인The Sheep Heid Inn은 1360년부터 시작된 긴 역사를 자랑한다.

가는 법 에든버러 웨이벌리역에서 버스로 약 30분
주소 43-45 The Causeway, Edinburgh EH15 3QA 전화 0131-661-7974
운영시간 월~토 12:00~23:00, 일 12:00~22:30
홈페이지 www.thesheepheidedinburgh.co.uk

# 스코틀랜드 지역별 추천 펍

## 더 코난 도일 The Conan Doyle

코난 도일과 그의 작품인 〈셜록 홈즈〉와 관련된 사진, 설명, 자료들로 가득한 펍이다. 에일 맥주와 해기스, 훈제 스코티시 연어 등 스코틀랜드 전통 음식을 맛볼 수 있다. **에든버러, 206p**

## 더 팟 스틸 The Pot Still

올해의 위스키 바, 올해의 펍 상을 받았으며, 글래스고의 베스트 위스키 바로 손꼽힌다. 스카치위스키를 비롯해 전 세계 700종류가 넘는 위스키가 있다. **글래스고, 298p**

## 테넌트 캘리도니언 브루어리
## Tennent Caledonian Brewery

550년 역사의 스코틀랜드 대표 맥주 회사다. 맥주 역사와 문화를 보여주는 수집품들과, 맥주 생산 과정을 볼 수 있는 투어를 운영한다. 신선한 테넌트 맥주 시음까지 즐길 수 있다.
**글래스고, 299p**

## 드라이게이트 브루잉 Drygate Brewing Co.

상자 공장을 개조해 만든 소규모 브루어리 겸 펍, 레스토랑이다. 맥주 라벨의 독특한 일러스트가 시선을 사로잡는다. 다양한 밴드 공연과 체험 프로그램이 있다. **글래스고, 299p**

## 더 아일 오브 스카이 브루잉
## The Isle of Skye Brewing Co. Ltd.

스카이섬 최초의 맥주 브루어리 겸 펍이다. 신선한 맥주와 브랜드 로고가 찍힌 다양한 기념품을 판매한다. **스카이섬, 357p**

## 더 크리테리온 The Criterion

1874년에 시작한 작은 펍으로, 날씨가 좋은 날에는 야외 벤치에 앉아 맥주나 음식을 즐길 수 있다. 이곳의 시그니처 메뉴인 크라이 파이도 맛보자. **세인트 앤드루스, 418p**

**Special Page**

# 추천 라이브 뮤직바

스코틀랜드에는 흥 많은 스코틀랜드 사람들이 즐기는 라이브 뮤직바가 많다. 지역 예술가부터 세계적으로 유명한 아티스트까지, 다양한 장르의 음악 공연을 라이브로 즐길 수 있다.

### 샌디 벨즈 Sandy Bell's

1920년부터 로컬 연주자들이 자주 모이면서 자연스럽게 라이브 음악 공연이 펼쳐졌다. 매일 저녁 에든버러 전통 음악, 포크 음악을 연주하는 현지 느낌 물씬 나는 펍이다.
**에든버러, 206p**

### 더 재즈 바 The Jazz Bar

에든버러를 대표하는 재즈 바. 전 세계 유명 재즈 연주가들의 연주가 펼쳐진다. 재즈 외에도 어쿠스틱, 블루스, 펑크, 소울, 일렉트릭 등 다양한 장르의 음악 공연이 열린다.
**에든버러, 207p**

### 더 버터플라이 앤 더 피그
### The butterfly and the pig

빈티지 스타일의 레스토랑 겸 라이브 뮤직바다. 아늑하고 편안한 분위기에서 라이브 공연을 감상할 수 있다. 다양한 펍 메뉴와 술도 즐길 수 있다. **글래스고, 300p**

### 킹 투츠 와 와 헛 King Tut's Wah Wah Hut

베스트 영국 라이브 바로 손꼽히는 록 뮤직바이다. 로큰롤, 인디 록 장르 공연을 주로 한다. 콜드플레이, 오아시스, 더 버브, 라디오헤드 등 유명 밴드가 공연을 한 곳으로도 유명하다.
**글래스고, 300p**

### 니키탐스 바 앤 보시
### Nicky-Tams Bar and Bothy

300년 넘는 역사를 자랑한다. 현지 양조장에서 생산한 신선한 에일 맥주와 스코틀랜드 전통 음식, 그리고 라이브 공연까지 즐길 수 있는 스털링을 대표하는 펍이다. **스털링, 379p**

EATING 06

# 여행 재충전의 시간, **카페와 티 룸**

바쁜 여행 일정에서 빼놓을 수 없는 즐거움이 현지의 카페에 앉아 여유롭게 마시는 커피나 차 한 잔이다. 분위기 있는 에든버러 카페를 찾아 체력도 보충하고 스코틀랜드에서의 여유도 즐겨보자. 영국 특유의 빈티지한 분위기의 우아한 티 룸도 스코틀랜드 여행에서 꼭 해 봐야 할 것 중 하나다.

### CHECK 더욱 맛있게 커피&티를 즐기는 팁

- 애프터눈 티Afternoon Tea는 오후에 마시는 차와 가벼운 식사를 말한다. 보통 3단 트레이에 샌드위치, 스콘, 컵케이크가 차와 함께 나온다.
- 차와 함께 스콘에 클로티드 크림, 딸기잼을 올려서 먹는 것을 크림 티 세트Cream Tea Set라고 한다. 부담 없는 가격에 영국 차 문화를 경험해 볼 수 있다.
- 플랫 화이트Flat White를 마셔보자. 투 샷 에스프레소에 우유를 적게 넣은 커피로, 에스프레소보다는 연하고 라테보다는 진한 맛이다. 얇은 우유 거품이 있어 진하고 부드러운 향과 맛이 특징이다.

## 클라린다스 티 룸
### Clarinda's Tearoom
마치 영국 할머니 집을 방문한 기분이 드는 아늑하고 빈티지한 티 룸이다. 저렴한 가격에 영국 차 문화의 기본을 경험해 볼 수 있는 크림 티 세트가 추천 메뉴다. **에든버러, 203p**

## 카페 W Café W
프린스 스트리트에 위치한 워터스톤스 서점 2층에 있는 작은 카페다. 에든버러성의 멋진 뷰를 보며 독서와 커피를 즐길 수 있는 보물 같은 곳이다. 여행 중 여유를 느끼고 싶을 때, 잠시 쉬고 싶을 때 들르면 좋다. **에든버러, 215p**

## 더 윌로우 티 룸 The Willow Tea Rooms
글래스고를 대표하는 건축가 매킨토시가 100년 전 디자인한 티 룸 그대로를 볼 수 있는 카페. 매킨토시의 독특한 서체가 적힌 간판부터 스테인드글라스, 가구 등 그의 천재성을 떠올리면서 애프터눈 티를 즐길 수 있다. **글래스고, 296p**

## 헤티스 티 룸 Hettie's Tearoom
스코틀랜드 베이킹 어워드, 베스트 티 룸 상을 받은 곳이다. 〈이상한 나라의 앨리스〉에 등장하는 티 룸을 연상시키는 밝고 예쁜 분위기다. 차 종류도 무려 32가지로 차 애호가라면 필수 코스다. **피틀로크리, 354p**

---

### ••• Plus Info •••
#### 커피 위크와 커피 페스티벌
매년 4월 말에서 5월 초 일주일 동안 영국 전역에서 영국 커피 위크가, 10월 초에는 에든버러 커피 페스티벌이 열린다. 다양한 커피 관련 이벤트가 열리고 수준급의 바리스타가 내려주는 커피를 시음할 수 있으니 커피 러버라면 챙겨 보자.

## 달콤한 시간, 스코틀랜드 **디저트**

여행 도중 입이 심심할 때, 오후에 차나 커피와 함께 즐기기 좋은 스코틀랜드 디저트를 소개한다. 수수한 매력의 스코틀랜드 사람들처럼, 화려하진 않지만 한 번 맛보면 깊은 맛에 중독될 것이다.

### 쇼트브레드 Shortbread

스코틀랜드를 대표하는 디저트이자 인기 있는 기념품이다. 밀가루, 버터, 설탕을 섞은 반죽을 오븐에서 구운 쿠키다. 색도 모양도 특별할 것 없지만, 특유의 푸석푸석한 질감에서 배어 나오는 고소함에 중독된다.

### 태블릿 Tablet

설탕, 버터, 우유를 넣고 만든 디저트로, 퍼지의 기원이라고 알려져 있다. 설탕 농도가 진해서 단맛이 아주 강하다. 스코틀랜드에서만 맛볼 수 있는 위스키를 첨가한 태블릿을 추천한다.

### 던디 케이크 Dundee Cake

던디의 대표 디저트. 아몬드와 과일을 주재료로 한 케이크다. 부드럽고 달콤한 맛을 즐길 수 있다.

### 마멀레이드 Marmalade

18세기 던디에서 처음 만들어졌다고 한다. 오렌지나 감귤 등 과일의 껍질과 과육을 설탕과 함께 조린 잼이다.

### 크라나칸 Cranachan

신선한 라즈베리, 휘핑크림, 꿀, 구운 귀리를 유리컵 안에 층층이 넣어 먹는 스코틀랜드 디저트다. 위스키와 함께 먹는다.

### 스콘 Scone

영국 전역에서 사랑받는 전통 빵으로 담백한 맛이 특징이다. 오후에 클로티드 크림과 잼을 같이 올리고 따뜻한 홍차 한 잔을 곁들여 마시는 게 제대로 스콘을 즐기는 방법이다.

01 스코틀랜드 쇼핑 백서
02 스코틀랜드 여행의 감동을 남기는 **기념품**
03 스코틀랜드의 자긍심, **타탄**
04 소중한 사람을 위한 **위스키** 선물

# Step 05
# Shopping

스코틀랜드를 **사다**

05 구경하는 재미가 있는 **파머스&빈티지 마켓**
06 타임머신을 타고, 스코틀랜드 **서점 여행**
07 스코틀랜드 **마트 쇼핑**

## 스코틀랜드 **쇼핑 백서**

스코틀랜드에는 여행자의 시선을 사로잡는 아이템이 가득하다. 좀 더 알뜰하고 똑똑하게 쇼핑을 할 수 있는 팁과 영국 대표 브랜드부터 알아보자.

### 스코틀랜드 쇼핑 팁

#### 교환과 환불
구매한 물건이 마음에 들지 않거나, 하자가 있는 경우 택이 손상되지 않은 제품과 구매 당시 영수증을 가지고 매장에 가면 교환이나 환불이 가능하다. 브랜드마다, 매장마다 교환, 환불 제도가 다르다. 보통 14~30일 내에 가져가야 한다. 물건을 사기 전 미리 교환, 환불 제도를 확인하고 신중하게 구매하자.

#### 운영시간
스코틀랜드의 상점과 쇼핑센터는 일반적으로 월~토 10:00~18:00, 일 12:00~18:00까지 운영한다. 겨울에는 운영시간이 단축될 수도 있다. 영국에서 공휴일은 뱅크 홀리데이 Bank Holiday라고 부르며, 관공서나 은행은 문을 닫지만 관광지에 위치한 대부분의 상점은 문을 연다. 하지만 크리스마스와 신년 당일에는 대부분 문을 닫으니 명심하자.

> **TIP** 영국을 방문한 여행자가 영국에서 구매한 제품에 물품세VAT를 환급 받을 수 있던 택스 프리 Tax Free 제도가 있었으나, 2021년부터 세금 환급 제도가 폐지되었다.

#### 박싱 데이
크리스마스 다음날인 12월 26일을 박싱 데이 Boxing Day라고 한다. 미국의 블랙 프라이데이와 같은 개념인데, 영국 전역의 백화점부터 작은 매장까지 70~90% 세일을 진행한다. 세일 제품도 다양하고, 할인율도 가장 높다. 연초에는 박싱 데이~1월 중순까지, 여름에는 6~7월에 세일을 진행한다.

### 영국 대표 브랜드

#### 바버 Barbour
클래식하면서도 빈티지한 느낌이 멋스러운 재킷 브랜드. 스타일링하기 좋고 실용성도 갖춰 인기가 많다.

#### 버버리 Burberry
두 말이 필요 없는 영국 대표 명품 브랜드다. 특유의 체크무늬가 스코틀랜드와 잘 어울린다.

#### 조말론 Jo Malone
런던에서 시작해 여성들에게 꾸준한 사랑을 받고 있는 워너비 럭셔리 향수 브랜드다. 에든버러, 글래스고에도 매장이 있으니 들러서 자신만의 향을 찾아보자.

#### 닥터마틴 Dr. Martens
숙련된 신발 장인들의 손을 거쳐 견고하게 만들어진 가죽 워커가 주력 아이템이다. 전 세계 젊은이들에게 인기 많은 신발 브랜드다.

**Special Page**

# 스코틀랜드 쇼핑은 여기서!

쇼핑은 스코틀랜드 여행에서 빼놓을 수 없는 또 다른 즐거움이다. 스코틀랜드에는 특색 있는 디자인 소품부터 한국보다 저렴한 가격에 득템할 수 있는 의류 브랜드가 가득하다. 또한, 오랜 역사를 자랑해 구경하는 것만으로도 재미있다.

## 스코틀랜드 주요 쇼핑 거리

작은 기념품 가게부터 큰 백화점까지 쇼핑에 대한 모든 것이 다 모여 있다. 에든버러 쇼핑 거리가 오래된 역사만큼이나 고풍스럽고 멋스러운 분위기를 자랑한다면, 글래스고 쇼핑 거리는 스코틀랜드에서 가장 쇼핑하기 편하고 현대적인 느낌으로, 대형 쇼핑센터와 백화점이 즐비하다. 각기 다른 매력의 스코틀랜드 주요 쇼핑 거리를 소개한다.

### 프린스 스트리트 Princes Street

에든버러에서 가장 번화한 쇼핑 거리이자 에든버러의 중심이다. 에든버러 웨이벌리역에서부터 약 1.6km 길이로 이어지는 거리에 유명 백화점과 브랜드숍, 기념품들이 있다. 길 건너편으로는 프린스 스트리트 가든스와 언덕 위의 멋스러운 에든버러성이 보인다. **에든버러, 216p**

### 로얄 마일 Royal Mile

에든버러성에서 홀리루드하우스 궁전까지, 약 1.6km 길이의 오래된 길이다. 옛 에든버러 시내의 중심이었다. 자갈길을 따라 스코틀랜드 타탄 제품을 판매하는 숍, 위스키숍, 기념품숍이 이어져 있다. **에든버러, 175p**

## 빅토리아 스트리트
### Victoria Street

〈해리 포터〉의 마법 상점 다이애건 앨리의 모델로 알려진 작은 언덕길. 형형색색의 상점들이 모여 있다. 오래된 서점, 기념품숍, 위스키숍, 식료품점, 펍, 햄버거 전문점 오잉크 등 현실판 다이애건 앨리에서 쇼핑을 즐겨보자. **에든버러, 191p**

## 뷰캐넌 스트리트
### Buchanan Street

글래스고 여행과 쇼핑의 중심이 되는 길. 대형 쇼핑몰, 브랜드숍, 카페, 레스토랑이 모여 있다. 글래스고에서 일정 사이에 시간이 뜨거나, 필요한 것이 있을 때는 이곳으로 가면 된다. **글래스고, 304p**

## 아가일 스트리트
### Argyle Street

글래스고 센트럴역과 아가일 스트리트 기차역 사이에 있는 쇼핑 거리. 유동 인구가 많아 항상 활기찬 분위기를 느낄 수 있다. 데번햄, 하우스 오브 프레이저 두 개의 백화점이 있다. **글래스고, 304p**

## 소키홀 스트리트
### Sauchiehall Street

뷰캐넌 스트리트나 아가일 스트리트와 비교하면 화려하진 않지만, 테스코, 세인스버리 등 대형 슈퍼마켓이 있어 편리하게 이용할 수 있다. 프라이마크, 티케이맥스 등 저렴한 의류 브랜드숍과 스코틀랜드 기념품숍도 있다. **글래스고, 304p**

## 150년 역사의 고풍스러운 스코틀랜드 백화점

스코틀랜드에는 19세기 중반에 세워진 백화점이 많다. 특히, 에든버러와 글래스고에는 화려하고 고풍스러운 외관에 최신식 시설을 갖춘 내부가 조화를 이루는 백화점, 쇼핑몰이 많다.

### 존 루이스&파트너스
John Lewis&Partners

영국 왕실에도 생활용품을 납품하고 있을 정도로 품질이 좋다. 가격도 합리적이고 양질의 서비스를 제공해 영국인들이 즐겨 찾는 백화점이다. **에든버러, 209p**

### 하비 니콜스 Harvey Nichols

에든버러 버스 스테이션 바로 옆에 위치해 있는 고급 백화점이다. 에든버러 전경을 바라보며 식사를 즐길 수 있는 레스토랑과 초콜릿 라운지, 푸드 마켓이 있다. **에든버러, 210p**

### 티케이 맥스 TK Maxx

디자이너, 브랜드 제품을 80~90% 세일 가격에 살 수 있는 아웃렛 매장이다. 잘 살펴보면 보물 같은 아이템을 득템할 수 있다.
**에든버러, 210p**

### 프린스 스퀘어 쇼핑센터
Princes Square Shopping Centre

빅토리아 시대 건물을 사용 중인 쇼핑센터로 공작새를 연상시키는 화려한 외관과 유리 천장이 멋스럽다. 쇼핑센터 내에 레스토랑, 카페가 있다. **글래스고, 302p**

### 하우스 오브 프레이저
House of Fraser

1849년 글래스고에 처음 세워진 이래 현재는 영국 전역에 55개가 넘는 지점을 보유한 체인 백화점이다. 영국 중저가 브랜드가 다수 입점해 있어 구경하기 좋다. **글래스고, 303p**

### 유니언 스퀘어 쇼핑센터
Union Square Shopping Centre

애버딘에서 가장 큰 쇼핑센터로 애버딘 기차역, 코치 스테이션과 연결되어 있어 애버딘을 오가며 들르기 좋다.
**애버딘, 434p**

**TIP** 일요일에는 대부분의 백화점이 다소 늦게 오픈한다. 보통 운영시간은 11:00~18:00 사이다.

# 스코틀랜드 여행의 감동을 남기는 **기념품**

### 타탄 제품 Tartan Souvenirs

스코틀랜드를 대표하는 기념품. 냉장고 자석, 열쇠고리, 엽서, 앞치마, 지갑, 넥타이, 머그 컵까지 수많은 타탄 제품이 있다. 그중에서 가장 인기 있는 아이템은 부드러운 타탄 머플러. 문양, 소재, 색깔이 다채롭다. 직접 촉감을 만져 보면서 나에게 가장 잘 어울리는 것으로 골라보자.

£ 캐시미어 타탄 머플러 45파운드, 타탄 위빙 밀 앤 익스피어리언스(211p)에서 판매

### 네시 기념품 Nessie Souvenirs

네스 호수 안에 산다는 전설 속 괴물. 네시의 존재가 실제든, 아니든 스코틀랜드를 대표하는 마스코트임에는 논란의 여지가 없다. 아직도 전 세계인의 관심을 받는 괴물 네시를 귀여운 캐릭터 인형으로 추억해 보자.

£ 네시 자석 2파운드~, 네스 호수 센터&전시관 기념품숍(330p)에서 판매

### 퍼지 Fudge

스코틀랜드의 달달한 맛을 그대로 가져가고 싶다면 퍼지를 추천한다. 크림, 버터, 천연 향료를 섞어 만든 스코틀랜드 전통 디저트로 진득한 단맛이 특징이다. 다양한 맛이 있다.

£ 퍼지 10개 1세트 16파운드, 더 퍼지 하우스 오브 에든버러(215p)에서 판매

행복하고 즐거웠던 스코틀랜드 여행의 감동을 영원히 간직할 수 있는 기념품도 빼놓을 수 없다. 스코틀랜드 분위기를 고스란히 느낄 수 있는 타탄 제품부터, 오직 스코틀랜드에서만 맛볼 수 있는 오리지널 쇼트브레드까지 다양한 스코틀랜드 기념품을 소개한다.

### 에든버러, 글래스고 대학교 기념품
#### The University of Edinburgh, University of Glasgow Gift

스코틀랜드에서 오랜 역사와 전통을 자랑하는 두 명문 대학교를 방문한다면, 로고가 새겨진 다양한 제품 하나쯤 구입하는 것도 여행을 추억하는 방법이다.

£ 후드 티셔츠 30파운드~, 북마크 2.50파운드~, 에든버러 대학교 기프트숍(218p), 글래스고 대학교 기프트숍(277p)에서 판매

### 쇼트브레드 Shortbread

스코틀랜드에서 가장 인기 있는 디저트다. 지인, 가족을 위한 기념품으로도 손색이 없다. 스코틀랜드 분위기를 물씬 풍기는 예쁜 케이스만으로도 충분히 소장가치가 있다.

£ 쇼트브레드 3.99파운드~, 에든버러 기프트숍에서 판매

### 하일랜드 소 기념품 Highland Cattle

특유의 우스꽝스러운 외모에 처음에는 웃음이 나지만 계속 보다 보면 묘한 매력이 있는 하일랜드 소 기념품도 좋다. 하일랜드 소 인형, 엽서, 컵 받침 등 다양한 제품이 있으니 가벼운 맘으로 하나쯤 구매해 보자.

£ 인형 5파운드~, 에든버러 기프트숍에서 판매

### 양모 제품 Woolen Goods

하일랜드의 천연 양모로 만든 다양한 제품도 있다. 새하얗고 포근한 감촉이 보고만 있어도 기분이 좋아진다. 방석, 카펫 등 다양한 아이템이 있는데 양모 니트가 가장 인기가 좋다.

£ 양모 니트 60파운드, 스카이스킨스(361p)에서 판매

### 하일랜드 풍경을 담은 기념품
#### Highland Landscape Souvenir

하일랜드의 장엄하고 멋진 풍경을 눈으로만 담기 아쉽다면, 자연과 고성이 그려진 엽서, 사진, 그림 제품 등을 통해 오랫동안 여행의 기억을 남겨 보자.

£ 엽서 2파운드~, 사진 75파운드, 캐스 워터스 갤러리&기프트 던베건(360p)에서 판매

**Special Page**

# 특색 있는 스코틀랜드 기념품

아름다운 스코틀랜드 자연에 영감을 받은 디자이너 브랜드 제품들, 천연 재료를 사용한 수공예 작품, 스코틀랜드산 유기농 재료로 만든 식료품까지 오직 스코틀랜드에서만 구입할 수 있는 다양한 아이템이 있다. 대부분 도시 외곽이나 작은 마을에 위치한 작은 상점들에서 구입할 수 있다. 흔하지 않은 기념품을 찾는다면 주목해 보자.

## 더 레드 도어 갤러리 The Red Door Gallery

재능있는 스코틀랜드 아티스트의 열정과 개성을 느낄 수 있는 작품들이 가득하다. 기발하고 재치있는 현대 미술 작품을 합리적인 가격으로 구매해 보자. **에든버러, 219p**

## 헤더젬스 Heathergems

스코틀랜드 야생화인 헤더 가지를 채취해 염색하고 압축하는 등 여러 수작업 과정을 거쳐 영롱한 보석으로 가공한다. 자연의 선명한 색과 사람의 손기술이 합해져 탄생한 세상에서 하나뿐인 기념품이다. **하일랜드, 359p**

## 아일 오브 스카이 소프 컴퍼니
### Isle of Skye Soap Company

인공 색소를 사용하지 않고 증류수에서 추출한 에센셜 오일을 사용해 만든 친환경 비누를 판매한다. 문을 열고 들어서면 상점을 채운 다양한 아로마 향에 긴장이 풀어지고 기분이 좋아진다. **스카이섬, 359p**

### 캐스 워터스 갤러리&기프트 던베건 Cath Waters Gallery & Gifts Dunvegan

스카이섬의 자연을 담은 사진과 기념품을 판매하는 작은 갤러리다. 스카이섬의 시원한 해변, 거칠게 몰아치는 역동적인 파도 등을 담은 작품들이 가득하다. **스카이섬, 360p**

### 스카이스킨스 Skyeskyns

전통 방식을 고수해 양가죽, 양모 제품을 만드는 작은 무두질 공장이다. 스코틀랜드에서 유일하게 남아 있다. 제품 제작 과정을 둘러보고, 부드러운 양모 제품도 살 수 있다.
**스카이섬, 361p**

### 더 치저리 The Cheesery

스코틀랜드에서 직접 생산한 치즈와 다양한 치즈 관련 용품을 판매하는 곳이다. 스코틀랜드 탑 20 로컬 푸드숍, 던디 리테일 어워드 상을 받았다. **던디, 407p**

### 올드 코스숍, 세인트 앤드루스 링크 Old Course Shop, St. Andrews Links

세인트 앤드루스 링크 고유의 타탄 무늬가 새겨진 다양한 골프 용품을 판매한다. 골프 의류, 골프 액세서리 등 골프와 관련된 기념품을 파는 곳이다. 골프의 고향에서 판매해 남다른 의미가 있다. **세인트 앤드루스, 417p**

## SHOPPING 03
# 스코틀랜드의 자긍심, **타탄**

스코틀랜드를 상징하는 타탄은 다양한 색깔의 천 위에 수평과 수직으로 교차하는 줄무늬가 그려진 직물이다. 하일랜드 각 씨족 가문의 상징 문양으로, 과거에 하일랜드 남자들은 자신의 가문을 상징하는 타탄을 입고 전투에 나섰다. 재커바이트의 패배로 약 백 년 동안 타탄 착용이 금지되었지만 현재는 화려하게 부활하여 결혼식이나 주요 행사에서 타탄을 입는다. 킬트는 이 타탄 천을 허리에 두르는 치마 같은 의상을 말한다.

### CHECK 타탄 제품 구매 팁

- 디자인과 색깔이 다양해서 뭘 골라야 할지 모르겠다면, 색감과 줄무늬 모양이 고급스럽고 유행을 타지 않는 디자인으로 고르자. 또한, 좋은 소재의 제품을 사면 오랫동안 입을 수 있다.
- 가방, 숄, 모자, 셔츠 등 다양한 타탄 제품이 있다. 그중에서 머플러나 스카프가 가장 활용도가 높고 선물용으로도 좋다. 가격은 캐시미어가 울보다 훨씬 비싸지만, 직접 만져보면 촉감의 차이를 분명 느낄 수 있다. 이왕 산다면 캐시미어를 추천한다.
- 에든버러를 비롯해 스코틀랜드 도시 곳곳에는 타탄 제품을 판매하고 수공예 제작 과정을 보여주는 타탄 매장이 많다. 일부 매장에서는 타탄 의상을 입고 사진을 찍거나 대여도 할 수 있다. 다양한 타탄 문양 중에서 마음에 드는 문양을 골라보자.

## 스코틀랜드 타탄 제품을 볼 수 있는 매장

### 타탄 위빙 밀 앤 익스피어리언스
Tartan Weaving Mill and Experience

에든버러에서 가장 큰 규모의 타탄숍이다. 타탄 제작 과정도 볼 수 있다. **에든버러, 211p**

### 고든 니콜슨 킬트 하이어
Gordon Nicolson Kilt Hire

킬트 의상을 판매하는 킬트 전문 숍이다. 대여나 나에게 맞는 맞춤 킬트 제작도 가능하다. **에든버러, 212p**

### 하일랜드 하우스 오브 프레이저
Highland House of Fraser

킬트의 역사를 보여주는 전시가 있다. 장인의 손에서 만들어지는 킬트 제작 과정도 볼 수 있다. **인버네스, 447p**

## 타탄 종류

각 가문의 고유 문양뿐 아니라, 현대적으로 변형되거나 추가된 타탄 디자인이 수천 가지 있다. 유명한 타탄 문양을 소개한다.

### 로얄 스튜어트 타탄
Royal Stewart Tartan

엘리자베스 2세 여왕의 개인 타탄이자 스튜어트 왕실의 타탄으로 알려져 있다. 영국에서 가장 유명한 타탄 문양이다.

### 블랙 워치 타탄 Black Watch Tartan

가장 오래된 하일랜드 연대 블랙 워치의 타탄 문양이다.

### 다이애나 왕세자비 타탄
Diana Princess of Wales Tartan

다이애나 왕세자비를 추모하고 기념하기 위해 제작된 타탄 문양이다. 부드러운 색조를 사용한 것이 특징이다.

### 맥레오드 타탄 MacLeod Tartan

하일랜드 던베건성의 주인 맥레오드 가문의 타탄 문양이다.

## 소중한 사람을 위한 **위스키 선물**

스카치위스키의 고향 스코틀랜드에서 위스키 한 병을 구입해 보자. 그러나 해외 여행 주류 면세 기준이 한 병이니 잘 골라야 한다. 브랜드, 숙성 연도, 종류가 워낙 다양해 위스키를 고르는 방법이 막막하더라도 좌절하지 말자. 미리 알아두면 좋을 괜찮은 위스키 고르는 방법을 소개한다.

### 스카치위스키 고르는 방법

- 스카치위스키는 생산지에 따라 각각의 독특한 풍미와 향이 있다. 코끝이 찡할 만큼 강한 스모키 향부터 부드럽게 음미할 수 있는 과일향, 꽃 향까지 다양하다. 생산지별 특징을 보고 취향에 맞는 스카치위스키를 골라보자.
- 유명한 브랜드나 베스트셀러에 연연하지 말자. 사람마다 취향과 입맛은 다 다르다. 익숙하고 유명한 브랜드라고 해서 내 취향에 맞지 않는 제품을 굳이 살 필요는 없다.
- 위스키 라벨을 잘 읽어보자. 생산지와 숙성 기간, 위스키 타입, 풍미에 대한 간단한 설명이 잘 적혀 있다.
- 위스키의 숙성 기간이 오래될수록 더 부드럽고 풍미가 깊어지는 것은 일반적인 사실이다. 하지만, 위스키의 풍미가 숙성 기간에 완전히 비례하지는 않는다. 같은 숙성 기간이라도 풍미가 다르고, 브랜드 제품마다 값도 천차만별이다.
- 잘 모르겠다면 직원의 도움을 받아보자. "위스키에 대해 아무것도 몰라요"라고 말하는 것보다 선호하는 취향과 사고자 하는 위스키의 가격대를 알려주자. 수많은 위스키 중에서 좀 더 본인에게 맞는 제품을 골라줄 것이다. 또한, 시음이 가능한 곳이라면 조금씩 마셔보고 나에게 맞는 위스키를 찾아보자.

### 위스키 라벨 읽는 법

위스키에 대한 정보를 담고 있는 라벨은 위스키를 고를 때 매우 중요하다.

❶ 브랜드 이름
❷ 위스키 카테고리
예) 싱글 몰트, 싱글 그레인, 블렌디드 위스키 등
❸ 증류소 이름
❹ 알콜 농도
❺ 양
❻ 숙성 기간(블렌디드 위스키의 경우 가장 어린 몰트의 기간으로 표기)
❼ 오크 통 정보
❽ 허가증 표시(한정판Limited 혹은 특별판 Special Edition이 있을 경우 따로 표기)
❾ 증류된 곳 지역 예) 캠벨타운, 하일랜드 등

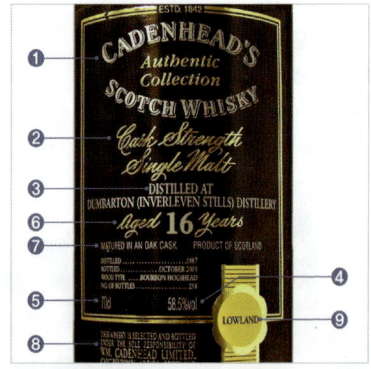

## 스카치위스키를 살 수 있는 곳

### 로얄 마일 위스키 Royal Mile Whiskies

위스키 프린지를 주최하고, 위스키 리테일러 어워드에서 수상한 위스키 전문 매장이다. 작은 규모의 매장이지만 내부로 들어서면 바닥부터 천장까지 위스키 병으로 채워진 벽에 압도된다. 스코티시 싱글 몰트 위스키를 주로 판매하고, 아메리칸 위스키, 진, 수제 맥주, 한정판 위스키 등 다양한 종류의 주류가 있다. **에든버러, 214p**

### 케이든헤즈 위스키숍 Cadenhead's Whisky Shop

스코틀랜드에서 가장 오래된 위스키 브랜드다. 숍 직원에게 원하는 술의 종류, 생산지, 연도, 취향을 이야기하면 맞춤으로 추천해 준다. 매장 내 나무 캐스크에 담긴 위스키를 원하는 양만큼 병에 담아 구매할 수도 있다. **에든버러, 214p**

### 더 스카치위스키 익스피어리언스 The Scotch Whisky Experience

위스키를 만드는 과정을 볼 수 있고, 가상 투어도 할 수 있는 곳이다. 투어를 하지 않더라도 기념품 숍은 자유롭게 들어가서 구경도 하고 구매도 할 수 있다. 400종류가 넘는 다양한 싱글 몰트, 블렌디드 스카치위스키를 비롯해 위스키 잔, 미니 위스키 병을 판매한다. **에든버러, 177p**

> **CHECK 위스키 구매 팁**
> - 위스키 병의 크기가 크고 이동 중 파손 우려가 있다면 작은 미니어처 병으로 구매해 보자.
> - 해외 여행 주류 면세 기준은 2병(2L), 총 $800 이하다(2023년 기준).
> - 원칙적으로 100ml 이상의 액체는 기내 반입이 금지지만, 면세점에서 구입한 위스키는 기내 소지가 가능하다.

SHOPPING 05

# 구경하는 재미가 있는 **파머스&빈티지 마켓**

현지인의 생활을 생생하게 보고 싶을 땐 마켓에 가보자. 스코틀랜드에는 현지 사람들의 정과 삶을 느낄 수 있는 다양한 파머스 마켓, 빈티지 마켓이 있다. 손수 재배한 유기농 채소와 과일, 수공예품, 앤티크 제품 등 다양한 아이템을 구경할 수 있다.

**TIP** 파머스 마켓, 빈티지 마켓은 열리는 날짜가 정해져 있으니 미리 확인하고 가도록 하자.

## 에든버러 파머스 마켓&그라스마켓 마켓
### Edinburgh Farmers' Market&Grassmarket Market

에든버러성을 배경으로 매주 토요일마다 열리는 마켓이다. 파머스 마켓은 신선하고 건강한 식재료와 간식 거리를 주로 판매하는 식료품 시장이고, 그라스마켓 마켓은 오래된 수집품, 앤티크 제품, 액세서리 등을 파는 벼룩시장이다. **에든버러, 208p**
운영시간 에든버러 파머스 마켓 매주 토요일 09:00~14:00 /
그라스마켓 마켓 매주 토요일 10:00~17:00

에든버러 파머스 마켓

그라스마켓 마켓

## 바라스 마켓 Barras Market

주말에만 열리는 벼룩시장이다. 주로 앤티크 제품을 판매하며, LP판, 책, 장난감 등 각종 오래된 골동품 등도 쉽게 볼 수 있어 레트로 감성을 느낄 수 있다. **글래스고, 307p**
운영시간 매주 토·일요일 10:00~16:00

## 스털링 파머스 마켓 Stirling's Farmers' Market

올해의 파머스 마켓 상을 받은 스털링의 대표 파머스 마켓. 지역 농부와 상인들이 만든 유기농 치즈, 잼, 식재료 등을 판매한다. 다양한 길거리 음식도 맛볼 수 있다. **스털링, 380p**
운영시간 매월 둘째, 넷째 주 토요일 10:00~16:00

## 퍼스 파머스 마켓 Perth Farmers' Market

퍼스 지역에서 생산된 물건들을 직접 판매한다. 고기, 해산물, 과일, 꿀, 오일, 음료, 꽃, 홈베이킹 빵, 치즈, 초콜릿, 퍼지, 수제 비누 등 다양한 종류의 아이템을 둘러보는 재미가 있다.
**퍼스, 393p**
운영시간 매달 첫째 주 토요일 09:00~14:00

(SHOPPING 06)

# 타임머신을 타고, 스코틀랜드 **서점 여행**

서점은 그 나라의 문화, 역사, 사람들의 관심사를 볼 수 있는 곳이다. 영어가 빼곡히 적힌 책이 부담스럽다면 여행, 요리, 베이킹, 가드닝 등 일러스트가 주를 이루는 예쁜 디자인의 책들도 있다. 도시 기념품도 많아 시간 가는 줄 모르고 둘러보게 된다. 스코틀랜드에는 고풍스러운 도시의 분위기와 잘 어울리는 빈티지 중고 서점부터 공상 과학 전문 서점까지 다양한 서점이 있다.

### 워터스톤스
### Waterstones

영국의 대표적인 서점 브랜드다. 에든버러 매장의 특징인 고풍스러운 나무 계단을 오르면 에든버러성의 멋진 뷰를 볼 수 있다. **에든버러, 215p**

### 뮤지엄 콘텍스트
### Museum Context

〈해리 포터〉를 주제로 한 다양한 기념품과 책, 엽서 등을 판매한다. 〈해리 포터〉의 팬이라면 필수 방문 코스다.

**에든버러, 193p**

### 암체어 북스
### Armchair Books

빈티지 감성을 제대로 느낄 수 있는 중고 책방이다. 잘 발견하면 유명한 원서를 저렴한 가격에 살 수 있다.

**에든버러, 215p**

### 포비든 플래닛 인터내셔널
### Forbidden Planet International

공상 과학, 슈퍼 히어로 장르와 관련된 책과 DVD, 피규어 등 다양한 수집품을 판매한다. 미국의 유명 슈퍼 히어로 장르 〈마블〉 시리즈부터 영화 〈스타워즈〉 제품도 구경할 수 있다.
**글래스고, 305p**

### 리키스 서점 Leakey's Bookshop

오래된 교회를 개조한 스코틀랜드에서 가장 큰 규모의 중고 서점이다. 각종 희귀 고서와 중고 서적, 오래된 지도들이 있다. 보물찾기를 하는 기분으로 구석구석 둘러보자. 서점 내에 편한 의자도 있어 책을 읽으며 여유를 느끼기 좋은 곳이다. **인버네스, 446p**

# 스코틀랜드 마트 쇼핑

스코틀랜드는 채소, 과일, 고기 등 식재료가 저렴한 편이다. 요리가 가능한 숙소에 머문다면 주변 마트에서 재료를 직접 사서 식사를 해결하면 식비를 아낄 수 있다. 전자레인지나 오븐에 데우기만 하면 되는 간편식이나, 샐러드, 초밥, 샌드위치 등도 있다. 마트에서 갓 구워진 빵에 커피 한 잔이면 가성비 훌륭한 아침 식사가 된다.

## 스코틀랜드 마트 브랜드

**테스코 Tesco, 세인스버리 Sainsbury**
가장 대중적인 마트 브랜드. 스코틀랜드 어느 도시에 가든 쉽게 찾을 수 있다. 아이템 가격도 저렴한 편이며, 마트에서 직접 조리한 간단한 음식을 부담 없는 가격에 판매한다.

테스코

세인스버리

**막스&스펜서 Marks&Spencer**
줄여서 M&S라고도 부른다. 깔끔한 패키지 디자인의 자체 브랜드를 갖고 있다. 공정 무역 제품이 주를 이뤄 가격은 좀 비싼 편이지만 품질이 좋다.

막스 앤 스펜서

**부츠 Boots**
의약품을 비롯해 건강 보조 식품, 뷰티 제품, 음료, 스낵, 안경, 세면용품 등 생필품을 파는 드러그스토어다. 여행 중 필요한 게 있을 때 가장 편리하게 이용할 수 있다.

부츠

**원 파운드 숍 1 Pound Shop**
일명 영국의 다이소라고 할 수 있다. 1파운드 내외의 저렴한 가격으로 세면용품, 문구류 등 생필품과 간단한 스낵을 살 수 있다. 비싼 영국 물가를 감안하면 여행자에겐 빛과 같은 곳.

원 파운드 숍

**코-오퍼레이티브 푸드 Co-operative Food**
한국의 농협처럼 450만 명이 넘는 회원을 보유한 소비자 협동 조합이다. 다양한 분야의 사업을 하고 있다. 스코틀랜드 전역에 슈퍼마켓이 있다.

코-오퍼레이티브 푸드

> **TIP** 각 브랜드마다 자신들의 이름을 건 다양한 자체 브랜드 제품들이 있다. 종류도 다양하고 가격도 비싸지 않아서 사 볼 만하다.

# 스코틀랜드 마트의 달콤한 간식 구경하기

### 캐드버리 다이어리 밀크
Cadbury Diary Milk

영국에서 가장 많이 팔리는 초콜릿이다. 우유가 듬뿍 들어가서 달콤하고 부드럽다. 캐러멜, 과일, 오레오가 들어간 제품도 있다.

### 몰티저스 Maltesers

작고 동그란 모양의 초콜릿. 영국 국민 간식이다. 안에 크런치가 들어 있다. 달달한 초콜릿과 쫀득한 식감이 매력인 마성의 과자다.

### 터녹스 티 케이크
Tunnock's Teacake

초콜릿 안에 비스킷과 부드러운 마시멜로가 가득 찬 간식이다. 차나 커피와 함께 먹으면 더욱 부드럽다.

### 워커스 Walkers

영국에서는 바삭한 감자칩을 크립스Crips라고 부른다. 워커스 Walkers는 가장 유명한 감자칩 브랜드로 치즈, 솔트&비네거, 로스트 치킨 등 다양한 맛이 있다.

### 젤리 베이비스 Jelly Babies

영국에선 하리보가 아닌 젤리 베이비스를 맛보자. 입안에 넣으면 과일 맛과 향이 가득 나는 부드러운 느낌의 젤리다.

### 터녹스 캐러멜 웨이퍼 Tunnock's Caramel Wafer

100년이 넘는 역사를 가진 제과 기업 터녹스Tunnock's의 시그니처 제품이다. 초콜릿 안에 웨이퍼와 캐러멜이 층층이 쌓여 깊이 있는 달콤함을 선사한다.

01 스코틀랜드 숙소의 모든 것
02 역사와 전통을 자랑하는 최고급 호텔
03 실속 있는 중저가 체인 호텔
04 스코틀랜드에서만 누리는 특별한 감성 숙소

# Step 06
# Sleeping

## 스코틀랜드에서 **자다**

05 색다른 하룻밤을 보낼 수 있는 **디자인 호텔**
06 따뜻한 정이 느껴지는 **B&B**
07 내 집처럼 편안하게 **셀프 케이터링**
08 여행자들을 사귈 수 있는 **한인 민박&호스텔**

## SLEEPING 01
# 스코틀랜드 숙소의 모든 것

### 스코틀랜드 숙소 유형

#### 최고급 호텔
친절한 서비스, 럭셔리한 시설, 아름다운 정원은 물론이고 오랜 역사와 전통을 자랑하는 5성급 호텔들. 정상급 셰프가 만든 고급스러운 코스 요리를 비롯해 화려한 애프터눈 티 세트, 스파, 수영장, 라운지, 골프, 정원 투어까지 모든 것을 한 곳에서 즐길 수 있다. 고풍스러운 스코틀랜드 도시 전경을 바라보거나 숲 한가운데에서 자연을 느끼며 여유롭게 호캉스를 즐기고 싶다면, 하루쯤 근사한 최고급 호텔에서 지내보자.

#### 디자인 호텔
비슷한 스타일의 호텔이 지루하다면 독특한 콘셉트와 감각을 자랑하는 디자인 호텔에서 묵어보자. 스코틀랜드 분위기가 물씬 나는 타탄 무늬로 꾸며진 곳부터 시선을 사로잡는 화려한 미술품이 전시된 갤러리 호텔까지, 다양한 매력을 가진 호텔들이 있으니 취향대로 선택해 보자. 색다른 여행의 추억을 만들 수 있다.

#### 체인 호텔
스코틀랜드 전역에 있어 찾기 쉽고, 합리적인 숙박 비용으로 부담 없이 이용할 수 있다. 큰 규모, 다양한 편의 시설, 쾌적하고 깔끔한 룸 컨디션, 넓은 식당과 라운지까지 없는 게 없다. 무엇보다도 다른 사람들과 방을 셰어할 필요 없이 편안하게 개인 프라이버시를 지킬 수 있는 것이 장점이다.

#### 캠핑&카라반
멋진 스코틀랜드의 자연을 즐기기에 더없이 좋은 캠핑과 카라반. 하일랜드에는 수도, 샤워실, 화장실, 카페 시설을 갖춘 캠핑장이 많고, 안락하고 편안한 시설을 갖춘 글램핑장도 있다. 텐트는 개인 제품을 가져가는 것이 일반적이고, 카라반은 캠핑장에서 대여해 주는 곳이 많다. 날씨가 양호하고 렌터카 여행자라면 한 번쯤 도전해 볼 만하다. 밤사이 떨어지는 기온에 대비해 따뜻한 외투나 침낭은 꼭 챙기자.

#### B&B
베드 앤 브렉퍼스트Bed and Breakfast의 약자로, B&B 혹은 게스트 하우스라고 부른다. 스코틀랜드 가정집도 체험하고 든든한 스코틀랜드식 아침 식사도 먹을 수 있다. 관광지만 둘러보는 여행에서 더 깊이 들어가서 스코틀랜드 현지 사람들의 일상을 보고 싶다면 B&B에서 묵어보자.

스코틀랜드에는 다양한 매력을 가진 숙소가 많다. 오랜 전통과 아름다운 정원을 갖춘 호텔부터, 스코틀랜드의 대자연을 즐길 수 있는 캠핑형 숙소까지 있다. 예산이나 취향에 따라 나에게 맞는 숙소를 선택하자.

### 셀프 케이터링

여행지에서도 내 집처럼 편안함을 누리고 싶은 여행객에게 추천한다. 집 한 채를 빌릴 수 있는 숙소로, 작은 크기의 원룸부터 큰 건물 한 채까지 인원에 따라 다양하게 선택할 수 있다. 주방 시설이 갖춰져 있어 음식 조리가 가능해 외식 비용을 절약하고, 프라이버시도 지킬 수 있다. 그룹 여행자들에게 더욱 좋다.

### 한인 민박

스코틀랜드의 작은 한국. 운영하는 주인도 한국인이고 대부분의 투숙객들도 한국 여행자들이다. 가정집 내에 침대를 놓아 민박으로 사용하며, 패밀리룸, 2인실, 도미토리 등 다양한 객실이 있다. 다른 한국 여행자들과 한국어로 여행 정보를 공유하면서 친구를 사귈 수 있고, 무엇보다도 그리운 한식을 먹을 수 있다는 것이 큰 장점이다.

### 호스텔

한 방을 여러 명이 함께 쓰는 도미토리 형태의 숙소. 적으면 3~4명, 많으면 16명 이상까지 방을 셰어한다. 공용 부엌에서 음식을 해 먹을 수도 있고, 추가 금액을 지불하면 수건 및 드라이기 대여, 세탁, 아침 식사 제공도 가능하다. 가장 저렴한 가격으로 하룻밤을 보낼 수 있다. 여러 나라에서 온 배낭여행자와 사귈 수 있는 것도 장점이다. 프라이버시는 포기해야 하지만, 부담 없는 가격에 묵을 수 있어 개인 여행자들이 선호한다.

#### 호텔 예약 홈페이지
부킹닷컴 www.booking.com
트리바고 www.trivago.co.kr
익스피디아 www.expedia.co.kr
호텔스컴바인 www.hotelscombined.co.kr

#### 호스텔 예약 홈페이지
호스텔월드 www.hostelworld.com
호스텔닷컴 www.hostels.com

#### B&B 예약 홈페이지
에어비앤비 www.airbnb.co.kr
트립어드바이저 www.tripadvisor.co.kr

---

*** Plus Info ***

#### 에어비앤비 airbnb

호텔이나 호스텔 등 전문 숙박 시설이 아닌 현지인의 생활 공간에서 지내보고 싶다면 에어비앤비를 예약하자. 전 세계 숙박 공유 홈페이지인 에어비앤비를 이용하면 된다.

이용 방법은 다음과 같다. 집의 손님방 또는 집 전체를 사용할 수 있다. 원하는 날짜와 인원, 가격 등 조건을 선택한 후 검색한다. 전문 숙박 업자가 아니기 때문에 찾아가는 방법, 체크인 시간 등을 집주인과 메시지로 주고받아야 한다.

보통 영어로 의사소통을 해야 하지만, 기본적인 단어나 간단한 문장으로도 충분하니 두려워 말자. 집주인에 따라 다르지만, 간단한 아침 식사나 여행 정보를 제공하기도 한다.

**CHECK** 스코틀랜드 숙소 고르기 팁

- 스코틀랜드 숙소를 찾고 예약하는 가장 편하고 빠른 방법은 인터넷이다. 숙박 비교 예약 홈페이지를 이용해 검색하면 내가 찾는 가격대, 시설, 위치 등 조건에 맞춰 추천해 준다. 일부 호텔이나 B&B, 호스텔의 경우 해당 숙소의 공식 홈페이지로 접속해 예약해야 한다. 연박으로 예약하면 할인해 주는 경우도 있으니 비교해서 좋은 조건으로 예약하도록 하자. 예약 전에 조식이 포함되어 있는지, 숙박 비용 결제를 어떻게 진행하는지, 카드 결제 시 추가 수수료가 부과되는지, 숙박 전 무료 취소가 가능한지 혹은 환불 불가인지 등 유의 사항을 꼼꼼하게 읽은 후 진행하자.

- 에든버러 페스티벌 등 각종 축제와 방학 기간이 겹쳐 가장 도시가 복잡해지는 8월에 여행을 간다면 숙소를 일찍 예약해야 한다. 여름 성수기와 크리스마스 기간은 1년 중 스코틀랜드 숙박 요금이 가장 비싼 기간이다. 그 외 시즌에는 할인을 하기도 하니 가고 싶은 숙소가 있다면 홈페이지를 주시하자.

- 스코틀랜드에는 100년 이상의 전통을 가진 숙소들이 많다. 법적으로 건물 리모델링이 복잡하고 엄격해서 시설이 노후하거나 엘리베이터가 없는 경우가 있다. 짐이 많다면 호텔 데스크에 요청해서 직원의 도움을 받도록 하자.

- 유럽 숙소의 난방은 한국과 다르다. 바닥에서 열을 가하는 방식이 아니라 라디에이터나 히터로 실내의 온도를 올리는 방식이다. 한겨울에는 숙소 안에서도 추울 수 있으니 카디건이나 내의 등 보온을 할 수 있는 옷을 챙겨 가자.

- 에든버러, 글래스고, 스털링의 일부 지역은 언덕 지대에 자갈길이라 숙소를 찾기가 쉽지 않다. 짐이 많거나 캐리어가 무거운 여행자라면 숙소의 위치를 잘 고려해야 한다. 기차역 주변의 찾기 쉬운 숙소를 예약하거나, 택시로 이동하는 것을 추천한다.

- 스코틀랜드 숙박 시설의 홈페이지나 건물 입구에는 스코틀랜드 관광청이 매긴 별이 포함된 파란색 간판이 있다. 친절함, 청결, 서비스 품질, 편안함, 음식을 기준으로 최저 1성부터 최고 5성까지 등급이 있으니 숙소를 고를 때 참고하자.

- 스코틀랜드의 숙박 시설은 베드버그(빈대)를 심각하게 걱정해야 할 정도는 아니다. 단, 관리가 잘 안 되는 일부 게스트 하우스나 호스텔, 저가 호텔의 경우 간혹 나타나기도 한다. 베드버그 전용 스프레이나 라벤더 오일을 침대와 주변에 뿌리면 도움이 된다.

인터콘티넨털 에든버러 더 조지

SLEEPING 02

# 역사와 전통을 자랑하는 **최고급 호텔**

호텔의 최고급 시설을 누리고 근사한 서비스를 받으며 럭셔리한 여행을 즐기고 싶다면 스코틀랜드에서 그 로망을 이루자. 몇 백 년의 역사를 자랑하는 건물과 아름다운 정원, 화려한 부대시설과 서비스를 갖추고 빅토리아 여왕을 비롯한 유명 정치인, 연예인이 다녀간 유서 깊은 호텔이 즐비하다. 1박에 최소 150파운드가 넘는 초호화 호텔을 소개한다.

## 밸모럴 호텔 The Balmoral

에든버러에서 가장 유명한 5성급 호텔. 고풍스러운 외관과 멋스러운 시계탑은 도시의 랜드마크다. J. K 롤링이 〈해리포터 : 죽음의 성물〉을 집필했다고 알려진 롤링 스위트룸이 있다. **에든버러, 192p**

## 인터콘티넨털 에든버러 더 조지 InterContinental Edinburgh the George

1775년에 지어진 역사적인 건물을 개조한 호텔이다. 올해의 스코틀랜드 호텔 상을 수상했다. **에든버러, 221p**

## 프레스턴필드 하우스 Prestonfield House

바로크 양식의 호텔이다. 에든버러 시내 풍광을 한눈에 담을 수 있는 아서스 싯과 넓은 정원, 골프 클럽에 둘러싸여 있다. 호화로운 앤티크 장식품과 미술품, 대리석 장식이 왕실 궁전에 초대된 듯한 느낌을 준다. **에든버러, 254p**

## 킴튼 블라이스우드 스퀘어 Kimpton Blythswood Square

글래스고를 대표하는 럭셔리 호텔로 우아하고 고급스러운 분위기다. 특히, 펜트하우스는 프라이빗 엘리베이터, 루프톱 정원 등 호화로운 시설을 자랑한다. **글래스고, 308p**

## 인버로키 캐슬 호텔 Inverlochy Castle Hotel

벤 네비스산과 호수가 보이는 5성급 호텔이다. 빅토리아 여왕이 일주일 동안 투숙한 후 아름답고 로맨틱한 장소로 꼽으며 찬사를 보냈다. **하일랜드, 362p**

## SLEEPING 03
# 실속 있는 중저가 체인 호텔

합리적인 가격대, 모던하고 깨끗한 시설, 편리한 서비스까지 갖추었다. 스코틀랜드 주요 도시마다 지점이 있고, 가격은 1박에 50~130파운드다.

### 이비스 Ibis

에든버러, 글래스고, 애버딘에 총 10개의 지점이 있다. 객실의 형태와 가격에 따라 컴포트, 스타일, 버짓 3등급으로 나뉜다. 버짓 브랜드가 가장 저렴하다. **에든버러, 224p**
홈페이지 www.ibis.com

### 주리스 인 Jurys Inn

에든버러, 글래스고, 인버네스, 애버딘에 있는 3성급 체인 호텔이다. 무난하고 객실 수가 많은 것이 장점이다. **에든버러, 225p**
홈페이지 www.jurysinns.com

### 시티즌엠 citizenM

네덜란드 체인 호텔로 스코틀랜드에는 글래스고에만 지점이 있다. 객실 크기는 작은 편이지만 시설이 알차다. **글래스고, 309p**
홈페이지 www.citizenm.com

### 프리미어 인 Premier Inn

영국의 중저가 체인 호텔 브랜드 중 가장 크다. 스코틀랜드 전역에 지점이 있다. **글래스고, 311p**

### 트래블롯지 Travelodge

영국에서 두 번째로 큰 중저가 체인 호텔 브랜드다. 스코틀랜드 전 지역에 총 45곳의 지점이 있다. 요금이 저렴하며, 가격 대비 시설이 깔끔하다. **애버딘, 435p**
홈페이지 www.travelodge.co.uk

> **TIP** 중저가 체인 호텔의 경우 조식은 기본 숙박 비용에 포함되어 있지 않다. 추가 비용을 지불해야 하는 경우가 있으니 예약 시 꼼꼼하게 확인하자.

SLEEPING 04

# 스코틀랜드에서만 누리는 특별한 **감성 숙소**

스코틀랜드에는 특별한 감성을 느낄 수 있는 다양한 숙소가 있다. 여행의 또 다른 추억을 선사할 독특한 숙소를 소개한다.

### 더 글래스하우스, 오토그래프 컬렉션
The Glasshouse, Autograph Collection

고딕 스타일의 오래된 교회 건물 외관과 현대적인 유리 소재의 조화가 독특하다. 객실과 루프톱 가든에서 에든버러 시내를 볼 수 있다. **에든버러, 223p**

### 댈하우지 캐슬 호텔 Dalhousie Castle Hotel

700년의 역사를 가진 고성으로 스코틀랜드 패턴으로 화려하게 꾸민 고급 호텔이다. 투숙객들이 참여할 수 있는 매 사냥, 궁술 프로그램을 진행한다. **에든버러, 257p**

### 칼로우리 캐슬 Carlowrie Castle

화려한 빅토리아 시대 성의 외관과는 다르게 내부는 현대적인 감각이 돋보인다. **에든버러, 258p**

### 글렌브리틀 캠프사이트&카페
Glenbrittle Campsite&Café

뒤로는 웅장한 쿨린 산맥이, 앞으로는 평화로운 브리틀 호수가 있다. No.1 캠핑장 상을 받았다. **스카이섬, 365p**

### 샐류테이션 호텔 Salutation Hotel

1600년대 초에 세워진 건물을 사용한다. 찰스 에드워드 스튜어트가 재커바이트 반란을 계획한 곳으로도 알려져 있다. **퍼스, 394p**

### 올드 코스 호텔 Old Course Hotel

세인트 앤드루스 마을 입구에 위치한 호텔이다. 호텔 내 세인트 앤드루스 링크 골프 코스가 있고, 객실에서는 세인트 앤드루스 웨스트 샌즈가 보인다. **세인트 앤드루스, 419p**

## SLEEPING 05
# 색다른 하룻밤을 보낼 수 있는 **디자인 호텔**

색다른 분위기에서 하룻밤을 보내고 싶다면 독특한 콘셉트로 승부하는 디자인 호텔을 추천한다.
숙박 요금은 호텔별로 천차만별이지만, 1박에 100파운드부터 시작한다.

### 타이거릴리 Tigerlily
스팽글 타일, 기하학 무늬 벽지 등 에든버러에서 가장 트렌디한 부티크 호텔이다.
**에든버러, 223p**

### 24 로얄 테라스 호텔
24 Royal Terrace Hotel
작은 아트 갤러리를 연상시킨다. 곳곳에서 현대 미술 작품을 볼 수 있다. **에든버러, 253p**

### 넘버 11 브래서리&부티크 호텔
No11 Brasserie&Boutique Hotel
조지안 시대 건물을 사용한다. 화려한 조각 장식의 벽과 천장, 크리스털 샹들리에 등 분위기가 우아하다. **에든버러, 253p**

### 더 위처리 바이 더 캐슬
The Witchery by the Castle
총 9개의 스위트룸이 있으며, 방마다 콘셉트가 다르다. 전 세계 7대 불가사의 호텔로 선정된 만큼 독특한 경험을 할 수 있다. **에든버러, 222p**

### 킴튼 살럿 스퀘어
Kimpton Charlotte Square
조지안 시대 건물을 호텔로 사용한다. 호텔 내 정원 콘셉트의 레스토랑이 자랑이다.
**에든버러, 221p**

## SLEEPING 06
# 따뜻한 정이 느껴지는 **B&B**

대부분의 B&B는 관광지보다는 일반 주택가에 위치해 있어 스코틀랜드 사람들의 일상을 가까이서 볼 수 있다. 시즌에 따라, B&B에 따라 차이가 있지만 보통 1박 평균 50파운드부터다(2인실 기준).

### 23 메이필드 23 Mayfield

고급스러움이 묻어나는 3층짜리 저택 B&B다. 유명 호텔 경력의 셰프가 만들어 주는 화려한 아침 식사가 자랑이다. **에든버러, 256p**

### 15글래스고 15Glasgow

부티크 스타일 B&B다. 객실마다 콘셉트가 다르고, 프라이빗 정원에서 산책도 즐길 수 있다. **글래스고, 312p**

### 캐슬 뷰 게스트 하우스 인버네스
Castle View Guest House Inverness

19세기 빅토리안 스타일의 저택으로, 편안하고 아늑한 분위기다. 창밖으로 인버네스의 대표 명소 인버네스성이 보인다. **인버네스, 448p**

### 알라모 게스트 하우스
Alamo Guest House

스코틀랜드 타탄 무늬의 소파가 고급스러움을 물씬 풍기는 B&B다. 객실 내에 여행의 피로를 풀어줄 욕조가 있다. **글래스고, 312p**

### 94DR

스코틀랜드 관광청에서 상을 받은 곳으로, 객실 창으로 보이는 아서스 싯 뷰가 멋지다. 유리 온실 스타일의 다이닝룸에서 매일 신선한 아침 식사를 즐길 수 있다. **에든버러, 255p**

## SLEEPING 07
# 내 집처럼 편안하게 **셀프 케이터링**

내 집처럼 편안하게 지낼 수 있는 독립된 숙소다. 친구, 가족 단위 여행자에게 추천한다.

### 올드 타운 체임버스 Old Town Chambers

에든버러 웨이벌리역과 에든버러성 모두 도보 5~10분 거리에 위치해 있는 접근성 좋은 숙소다. 원룸 구조의 싱글 스튜디오룸부터, 6명까지 숙박 가능한 펜트하우스까지 다양한 타입의 객실이 있다. 거실, 주방, 침실, 발코니까지 마음껏 이용할 수 있다. **에든버러, 226p**

### 디 에든버러 그랜드 The Edinburgh Grand

고급스러운 럭셔리 아파트먼트형 숙소. 대형 소파와 벽걸이 TV, 벽난로, 초대형 테이블, 명품 어메니티, 보스 오디오 시스템을 갖추고 있다. 펜트하우스를 예약하면 루프톱 테라스에서 에든버러의 멋진 전망을 즐길 수 있다. **에든버러, 226p**

### 에덴 로크 Eden Locke

깔끔한 파스텔 톤의 북유럽 분위기가 물씬 나는 숙소다. 주방 겸 거실과 침실, 욕실로 구성되어 있다. 숙소에서 주최하는 다양한 문화, 건강, 음악 프로그램을 통해 각국의 여행자들과 함께 어울릴 수 있다. **에든버러, 227p**

### 더 파빌리온 앳 램스 하우스
### The Pavilion at Lamb's House

17세기 건물을 복원한 3층 규모의 저택 한 채를 전부 숙소로 사용한다. 리스에 위치해 있다. 침실, 화장실, 주방, 다이닝룸, 벽난로가 있는 리빙룸으로 구성되어 있다. 테라스, 작은 정원도 있다. 최대 9명까지 숙박 가능하다. **에든버러, 254p**

### 프리미어 스위트 플러스 글래스고 바스 스트리트 PREMIER SUITES PLUS Glasgow Bath Street

최근에 오픈했다. 모던한 디자인과 깔끔한 시설을 자랑한다. 직접 요리를 할 수 있는 다양한 조리 시설과 식기세척기를 구비한 주방이 있어 편리하다. **글래스고, 311p**

## SLEEPING 08

# 여행자들을 사귈 수 있는 **한인 민박&호스텔**

한인 민박은 한국인 여행자들이 모여 여행 정보를 교류하고, 편안하게 한국어로 픽업 서비스와 투어 서비스를 이용할 수 있다. 무엇보다 하루에 적어도 한 끼는 한식으로 먹을 수 있다는 장점이 있다. 단, 에든버러를 제외하고 타 도시에는 한인 민박이 거의 없다. 도미토리 기준 1박 35파운드~. 호스텔은 숙박 요금이 가장 저렴해 1인 배낭여행자들이 이용하기 좋지만, 개인 프라이버시 보호가 어렵다. 대신 숙소에서 진행하는 다양한 이벤트에서 세계 여행자들과 사귈 수 있는 기회는 장점이다. 도미토리 기준 1박 15파운드~.

## 에든버러 한인 민박

### 페스티벌 민박

에든버러 남쪽에 위치해 있다. 저녁에는 제육볶음, 불고기 등 한식을 즐길 수 있다. 추가 금액을 지불하면 공항, 기차역 픽업 서비스를 제공하며, 하일랜드 투어, 에든버러 가이드, 스카이섬 투어 등도 한국어로 진행한다. 편하게 투어를 즐기고 싶다면 신청하자. **에든버러, 259p**

### 애비 레인 Abbey Lane

칼튼 힐 뒤에 위치해 있다. 모든 객실 창밖으로 포토벨로 해변과 홀리루드 파크가 보여 눈을 뜨면 멋진 전망을 감상할 수 있다. 아침, 저녁 식사 모두 한식으로 제공한다. 숙소에서 식사를 해결할 수 있어 식비를 절약하고, 든든하게 여행할 수 있다. **에든버러, 259p**

# 호스텔

### 캐슬 락 호스텔
Castle Rock Hostel

에든버러성 아래에 위치한 규모 있는 호스텔이다. 창밖으로 에든버러 대표 명소 에든버러성을 볼 수 있어 유명해졌다. 라운지에서 포켓볼, LP 음악 및 영화 감상을 비롯해 그랜드 피아노와 기타 연주를 할 수 있다.
**에든버러, 228p**

### 킥 애스 호스텔, 버짓 백패커스
Kick Ass Hostel, Budget Backpackers

당나귀가 선글라스를 끼고 익살스럽게 웃고 있는 간판이 걸려 있다. 밝은 색감이 눈에 띄는 독특한 디자인으로, 젊은 감성을 느낄 수 있는 호스텔이다. 천장이 높고 방 크기가 넓은 편이며, 시설도 깔끔하다. 영화 상영, 게임, 퀴즈 등 다양한 이벤트가 열린다. **에든버러, 228p**

### 유로 호스텔 글래스고
Euro Hostel Glasgow

글래스고 센트럴역과 지하철역에서 도보 3분 거리고, 클라이드 강변에 위치해 있는 큰 규모의 호스텔이다. 글래스고 시내 어디든 이동이 쉽다. 공용 주방, 세탁실, 라운지 등의 시설을 갖췄다. **글래스고, 313p**

### 포트리 인디펜던트 호스텔
Portree Independent Hostel

과거에 우체국이었던 건물을 개조한 호스텔. 알록달록한 밝은 색으로 꾸몄다. 해안가를 바라보는 언덕에 위치해 있어 바다 뷰를 즐길 수 있다. **스카이섬, 364p**

## 스털링 유스호스텔
### Stirling Youth Hostel

약 200년 역사의 교회 건물을 개조한 유스호스텔이다. 돔 모양의 입구와 주변에 있는 아름다운 정원이 인상적인 숙소다. 넓은 공용 주방, 다이닝룸, 세탁실, 자전거 보관소, 라운지, 회의실 등의 시설을 갖췄다. **스털링, 381p**

©Stirling Youth Hostel

### CHECK 스코틀랜드 한인 민박&호스텔 유의 사항

- 한인 민박에서는 보안상의 문제로 주소를 알려주지 않는 경우가 많다. 예약 시 민박 주인에게 영국 입국 심사서에 사용할 주소를 반드시 물어보자.
- 호스텔은 기본적으로 남성/여성 전용, 남녀 혼성 도미토리 객실을 운영한다. 간혹 1인실이나 2인실, 패밀리룸이 있는 호스텔도 있다. 호텔보다 저렴하게 프라이빗한 객실을 이용할 수도 있으니 잘 찾아보자.
- 여러 사람들과 공유하는 도미토리를 이용한다면 개인 소지품이나 귀중품 보관에 유의하자. 대부분의 호스텔에는 개인 라커가 있으니, 라커에 보관하면 좋다.
- 스코틀랜드 호스텔은 크게 호스텔링 스코틀랜드Hostelling Scotland 단체가 운영하는 공식 유스호스텔과 일반 사설 호스텔로 나뉜다. 공식 유스호스텔은 연회원비를 낸 멤버십 가입자들이 이용할 수 있다.
- 회원이 아니더라도 당일 멤버십 개념으로 숙박 비용에 추가로 1박 3파운드를 더 내면 공식 유스호스텔에 숙박할 수 있다. 일반 사설 호스텔도 시설 좋고 저렴한 곳이 많으니 숙박 비용, 일정, 시설, 위치 등을 고려해 나에게 맞는 호스텔을 선택하자.

### TIP 호스텔링 스코틀랜드Hostelling Scotland 멤버십

호스텔링 스코틀랜드는 스코틀랜드 전역에 60곳이 넘는 유스호스텔을 운영하는 비영리 자선 단체다. 호스텔링 스코틀랜드 멤버십을 발급받으면 추가 비용 없이 지정된 공식 유스호스텔에서 머물 수 있고 단체와 협력된 관광지와 업체(렌터카, 아웃도어 용품 등)에서 10~20% 할인도 받을 수 있다. 스코틀랜드에서 장기 숙박을 할 경우 멤버십을 추천한다. 멤버십은 공식 유스 호스텔에 직접 방문해서 발급받거나(여권 필요), 홈페이지에서 1년 이상 멤버십을 신청하여 이메일로 디지털 형식으로 발급받는 것을 추천한다. 국제우편으로 카드를 발급받으려면 4.5파운드의 추가 요금이 부과된다.

#### 멤버십 종류와 비용
- 1일 3파운드(1일 멤버십은 해당일 숙박만 가능하다. 부가적인 멤버십 혜택은 적용되지 않음)
- 1년 나이 상관없이 20파운드

#### 호스텔링 스코틀랜드 홈페이지
홈페이지에서 스코틀랜드 전역에 있는 공식 유스호스텔 정보와 숙박 예약, 멤버십 신청 등을 할 수 있다.
홈페이지 www.hostellingscotland.org.uk

# Scotland
# By Area

스코틀랜드
**지역별 가이드**

01 에든버러
02 에든버러 근교

03 글래스고
04 하일랜드&스카이섬

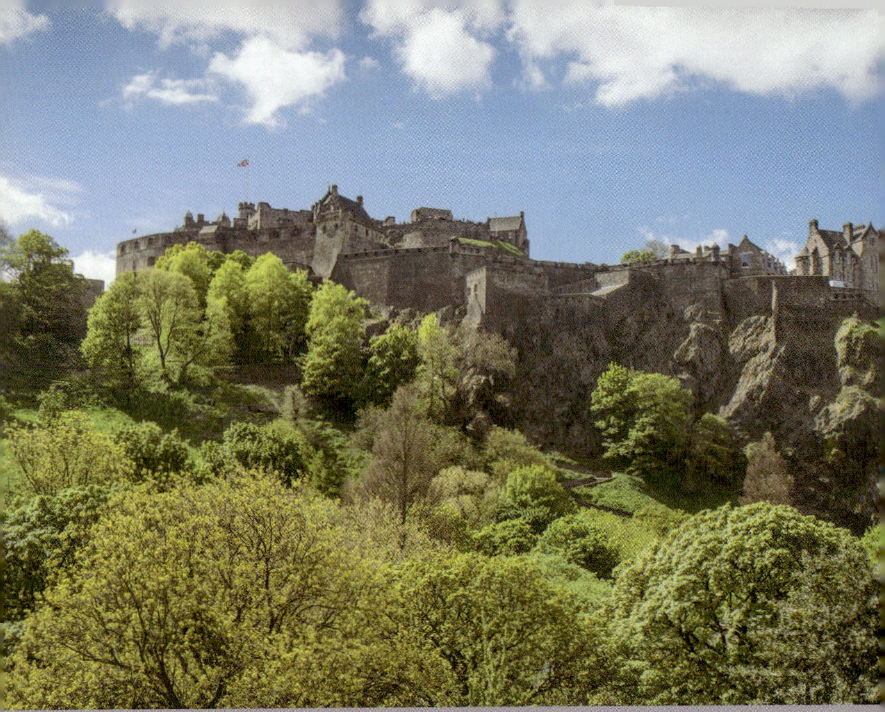

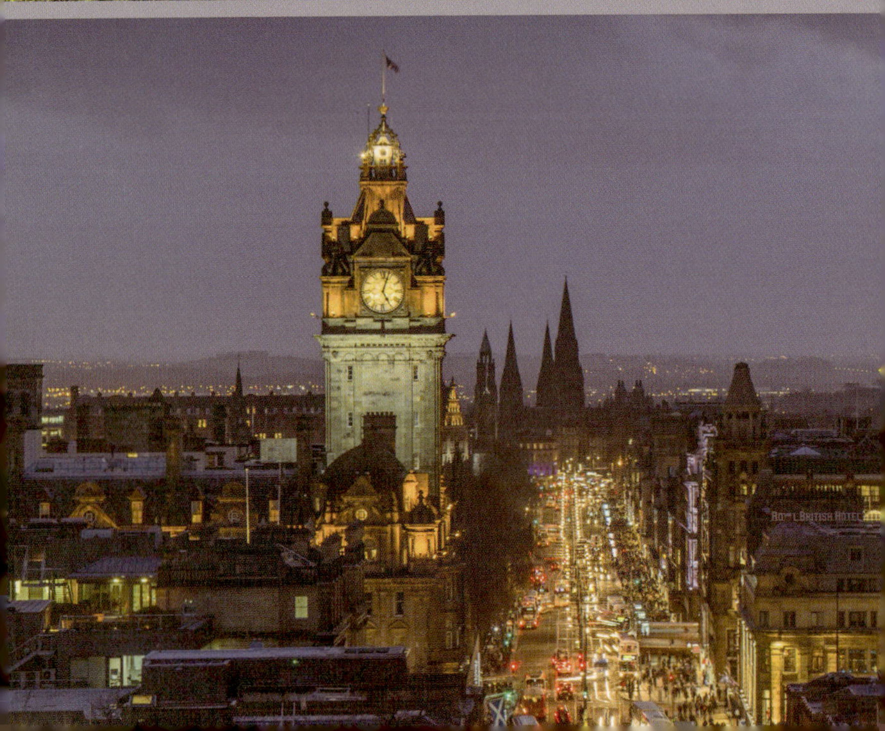

Scotland By Area

# 01

# 에든버러
## Edinburgh

스코틀랜드 여행에서 절대 빼놓을 수 없는 도시 에든버러. 스코틀랜드의 수도이자 역사, 관광, 문화 제1의 도시로 유네스코 세계 문화유산으로 지정되었다. 일 년 내내 다양한 행사로 활기차고 역동적인 분위기를 느낄 수 있다. 화산 작용으로 생긴 독특한 자연 지형의 에든버러를 만나보자.

## 에든버러
# 미리보기

스코틀랜드 분위기를 짧고 굵게 느낄 수 있는 도시가 에든버러다. 스코틀랜드 전통 의상을 입은 연주자의 백파이프 소리를 듣다 보면 같은 영국이지만 런던과는 다른 스코틀랜드 문화를 느낄 수 있다. 옛것을 보존하고 전통을 소중히 지켜가는 도시 에든버러를 여행하다 보면, 마치 타임머신을 타고 번영한 중세 도시 한가운데에 와 있는 듯한 기분이 든다.

**SEE**

도시 전체가 유네스코 세계 문화유산으로 지정될 만큼 많은 유적지와 관광지가 있다. 에든버러성, 칼튼 힐에 오르면 아름다운 에든버러의 스카이라인을 한눈에 담을 수 있다. 〈해리 포터〉 팬이라면 로얄 마일을 따라 걸으며 구경하는 것도 좋다.

**EAT**

스코틀랜드에서 빼놓을 수 없는 위스키와 전통 음식 해기스Haggis를 맛보자. 로즈 스트리트에 모여 있는 펍 어디서든 쉽게 맛볼 수 있다. 스코틀랜드의 신선한 해산물과 식재료를 사용한 코스 요리를 선보이는 고급 레스토랑도 있다.

**BUY**

로얄 마일에 있는 기념품숍에서 부드러운 캐시미어 타탄 스카프, 수집 욕구를 부르는 미니 스카치 위스키 병, 해리 포터 기념품 등 스코틀랜드 인증 기념품을 사자. 백화점에서 영국풍 디자인 소품을 구매하는 것도 여행을 추억하는 방법이다.

**SLEEP**

고풍스러운 외관과 모던한 내부가 조화를 이루는 숙소부터 편리하고 합리적인 체인 호텔, 현지인의 생활을 볼 수 있는 B&B 등 다양한 숙소가 밀집해 있다. 에든버러에서 숙소를 예약할 때 가장 중요한 점은 위치. 올드 타운과 뉴 타운은 특성, 장단점이 분명하다. 잘 고려해서 정해보자. 자세한 사항은 230p 참고.

**TIP** 에든버러는 언덕이 많은 지형이니, 언덕 위에 있는 에든버러성부터 시작해 언덕 아래 있는 홀리루드하우스 궁전으로 내려오는 일정으로 계획하면 체력적으로 부담이 적다.

# # 충성스러운 개 보비 이야기

스코틀랜드 국립 박물관 건물 옆길에는 작은 동상이 있다. 이 동상의 주인공은 바로 그 유명한 보비Bobby다. 스카이 테리어 종인 보비는 야간 경비를 서는 에든버러 경찰 존 그레이가 기르던 개였다. 보비는 주인이 죽어 그레이프라이어스 교회 앞마당 공동묘지|Greyfriars Kirkyard에 묻히자 무려 14년 동안 주인 무덤 옆을 지켰다. 보비는 1872년 1월 14일에 죽었으며, 주인 무덤 가까이 묻혔다. 이 충성스러운 개 이야기에 감명을 받은 한 자선 사업가가 보비를 기억하기 위해 보비 동상을 음수대로 만들었다. 보비 이야기는 후에 소설과 영화로도 제작되었다.

보비 동상의 코는 많이 닳아 반질반질하다. 보비의 코를 만지면 행운이 온다는 미신이 있어 너무 많은 사람들이 만졌기 때문이다. 2013년 보비의 코를 새로 고쳤지만 이틀 만에 다시 원상복귀되었을 정도라고 한다. 지금은 스코틀랜드 정부가 보비의 코를 만지는 행동을 금하고 있다. 보비 동상 옆에는 보비가 묻힌 그레이프라이어스 교회와 묘지, 보비의 이름을 딴 바 Greyfriars Bobby's Bar도 있다.

**Data 주소** Greyfriars Bobby, Candlemaker Row, Edinburgh EH1 2QE

보비의 이름을 딴 바

보비 동상

# 에든버러 찾아가기

## 어떻게 갈까?

### 1. 비행기
한국에서 에든버러로 가는 직항은 없다. 런던이나 그 외 유럽 도시를 경유해야 한다. 에든버러 공항에서 시내 중심가로 이동할 때는 공항버스인 에어링크Airlink 100번 버스를 이용해 프린스 스트리트Princes Street나 웨이벌리 브리지Waverley Bridge 정류장에서 하차하면 된다.

에어링크 티켓

### 2. 기차
에든버러 웨이벌리Edinburgh Waverley역에서 하차한다. 기차 관련 자세한 사항은 059p 참고.

### 3. 코치
런던이나 그 외 영국 도시에서 탑승한 후 에든버러 버스 스테이션에서 하차한다. 코치 관련 자세한 사항은 061p 참고.

## 어떻게 다닐까?

에든버러 중심가는 에든버러 성, 스코틀랜드 국립 박물관 등 주요 볼거리가 몰려 있어 도보로 둘러볼 수 있다. 단, 돌길과 언덕길, 좁은 골목길이 많으니 걸을 때 무리가 가지 않고 편안한 신발을 준비하자. 또, 에든버러는 트램, 시내버스 같은 대중교통도 잘 되어 있다. 트램은 에든버러 공항부터 요크 플레이스까지 연결하고, 시내버스는 에든버러 시내 곳곳을 연결한다. 도보 이동이 싫다면 트램이나 시내버스를 이용하는 것도 좋은 방법이다.

에든버러 시내버스

### Plus Info
**에든버러 트램 노선도**

| 정류장 (상) | 정류장 (하) |
|---|---|
| 잉글리스턴 파크&라이드 Ingliston Park &Ride | 에든버러 공항 Edinburgh Airport |
| | 고가번 Gogarburn |
| 가일 센터 Gyle Centre | |
| | 에든버러 파크 센트럴 Edinburgh Park Central |
| 에든버러 파크역 Edinburgh Park Station | |
| | 뱅크헤드 Bankhead |
| 소턴 Saughton | |
| | 볼그린 Balgreen |
| 머리필드 스타디움 Murrayfield Stadium | |
| | 헤이마켓 Haymarket |
| 웨스트 엔드- 프린스 스트리트 West End-Princes Street | |
| | 프린스 스트리트 Princes Street |
| 세인트 앤드루 스퀘어 (에든버러 웨이벌리 기차역) St. Andrew Square (for Waverley) | |
| | 요크 플레이스 York Place |

에든버러 중심 시가지: 웨스트 엔드-프린스 스트리트 ~ 세인트 앤드루 스퀘어

# 에든버러
## 📍 2일 추천 코스 📍

에든버러 시내는 규모가 크지 않아서 하루면 충분히 도시 전체 분위기를 느낄 수 있다. 그러나 에든버러성, 홀리루드하우스 궁전, 스코틀랜드 국립 박물관 등 유적지와 박물관을 여유 있게 둘러보려면 이틀은 필요하다.

**1일차**

중세 도시의 요새, 에든버러성 둘러보며 여행 시작하기

→ 도보 5분 →

더 스카치위스키 익스피어리언스에서 위스키 투어한 후 시음하기

→ 도보 5분 →

로얄 마일을 따라 예쁜 카페와 기념품 구경하기

↓ 도보 15분

화려한 왕실 문화를 볼 수 있는 홀리루드하우스 궁전 둘러보기

← 도보 20분 ←

칼튼 힐에서 석양 바라보며 하루 마무리하기

**2일차**

볼거리 많은 스코틀랜드 국립 박물관 구경하기

↓ 도보 10분

국립 스코틀랜드 미술관에서 인상파 작품 감상하기

→ 도보 5분 →

뉴 타운에서 즐거운 쇼핑 타임 갖기

→ 도보 5분 →

로즈 스트리트에서 맥주 혹은 위스키 한 잔 마시며 일정 마무리하기

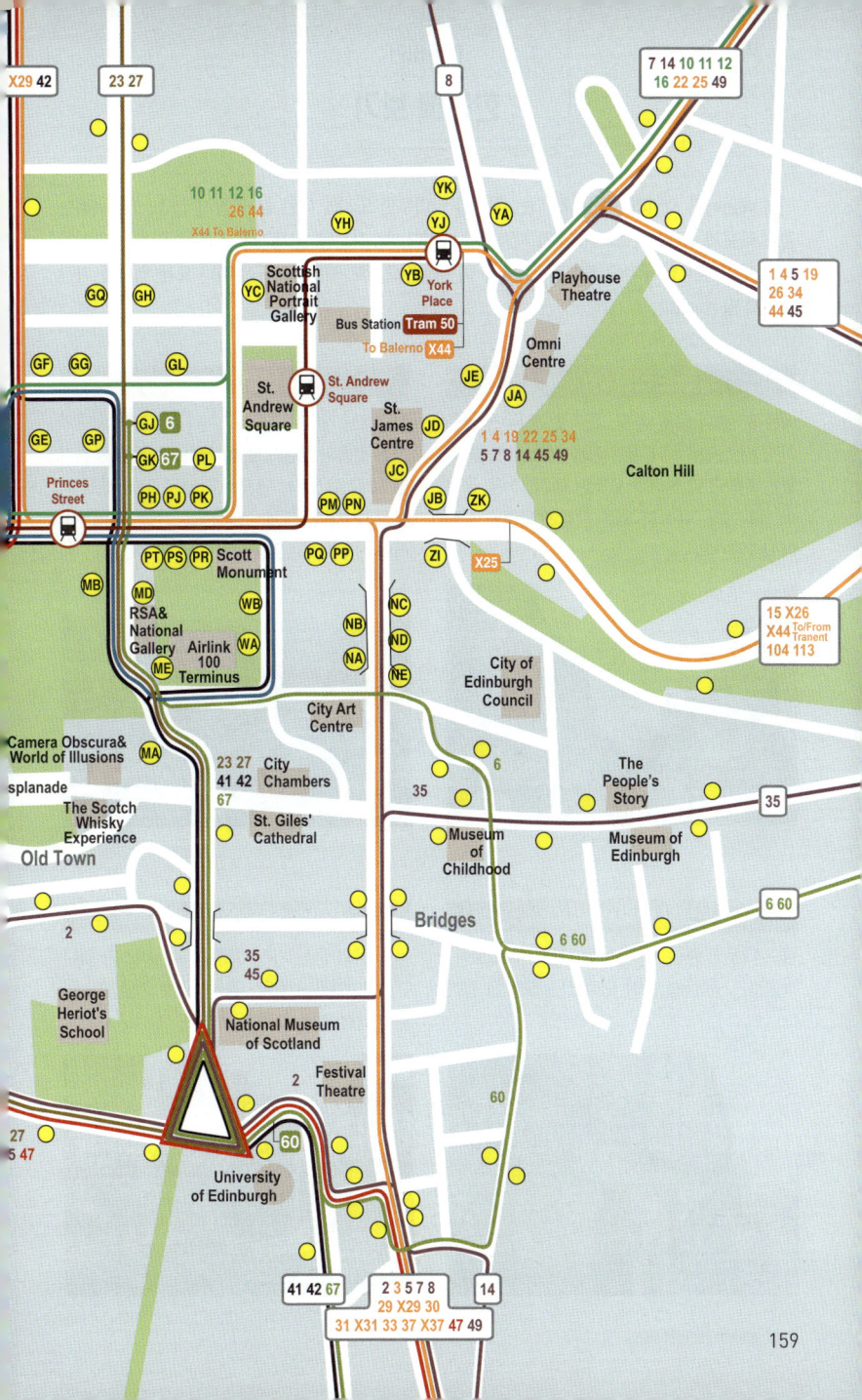

## 에든버러
# 한눈에 보기

미리 에든버러 지역과 포인트가 되는 위치를 알아두면 도시에 대한 감을 잡기 쉽다. 에든버러는 올드 타운과 뉴 타운, 크게 2개의 지역으로 나뉜다. 뉴 타운은 18세기에 조성된 곳이다. 명칭은 뉴 타운이지만 18세기에 조성된 곳이니, 이 사실만으로도 에든버러가 얼마나 오랜 역사를 가진 곳인지 알 수 있다.

### 올드 타운 Old Town

에든버러성과 로얄 마일, 홀리루드하우스 궁전이 있다. 중세 시대 분위기를 제대로 느낄 수 있는 지역으로 언덕과 오래된 돌길, 작은 골목이 특징이다. 유적지 혹은 관광과 관련된 상점이 대부분이다.

### 뉴 타운 New Town

18세기에 세워진 계획도시다. 조지안 시대의 석조 건물이 특징으로 상대적으로 젊은 분위기를 느낄 수 있다. 평평하고 넓은 길에 버스 정류장, 기차역, 트램, 쇼핑센터, 은행 등 에든버러의 현대적이고 일상적인 면을 볼 수 있다.

### 로얄 마일 Royal Mile

올드 타운의 중심 거리. 호텔, 카페, 레스토랑, 박물관, 기념품숍 등이 모여 있는 오래된 길이다.

### 프린스 스트리트 Princes Street

뉴 타운의 중심 거리. 트램과 시내버스가 다니고, 웨이벌리 기차역, 공원, 스콧 기념탑이 있는 번화한 넓은 도로다.

# 에든버러 제대로 즐기는 여행 꿀팁!

지피지기면 백전백승이라고 했다. 미리 준비하면 여행 중에 예상치 못한 일이 일어나도 빠르게 대처할 수 있다. 에든버러 여행 전에 꼭 알아 두어야 할 것은 무엇이 있을까? 여행에서 가장 중요한 요소인 날씨는 041p를 참고하자. 그 외에 에든버러를 제대로 즐기는 방법에 대해 알아본다.

### 1 8월의 에든버러

8월은 에든버러가 가장 활기찬 때이자 가장 정신 없는 시기이기도 하다. 전 세계에서 여행자와 공연자가 몰려들기 때문에 에든버러 숙소는 몇 달 전부터 예약이 다 찬다. 간혹 남아 있더라도 가격이 아주 비싸다. 관광지나 레스토랑도 마찬가지. 미리 예약하거나 티켓을 구매하길 추천한다.

### 2 믿을 건 튼튼한 두 다리뿐!

평지가 많은 런던과 달리 에든버러는 언덕과 계단의 향연이다. 특히, 에든버러성과 홀리루드하우스 궁전을 잇는 로얄 마일과 이 거리와 연결된 작은 골목들은 모두 언덕과 계단으로 이루어져 있다. 그러므로 발이 편한 운동화와 가벼운 옷차림이 필수다.

### 3 올드 타운의 좁은 골목길을 따라서

올드 타운에서는 클로즈Close, 코트Court라고 불리는 좁은 마당이나 골목길을 구경하는 재미가 있다. 우연치 않게 숨겨져 있는 예쁜 정원이나 카페를 만날 수도 있다. 시간과 체력의 여유가 된다면 좁은 골목을 따라 올드 타운을 제대로 즐겨보자.

### 4 빼놓을 수 없는 에든버러 전망

여행 일정이 빠듯하더라도 에든버러 도시 전망은 꼭 보자. 에든버러성, 스콧 기념탑, 스코틀랜드 국립 박물관, 카메라 옵스큐라&환상의 세계 등에서 에든버러의 아름다운 스카이라인을 볼 수 있다. 특히 칼튼 힐은 낮과 밤 다른 매력을 지닌 에든버러를 기억하기 가장 좋은 장소다.

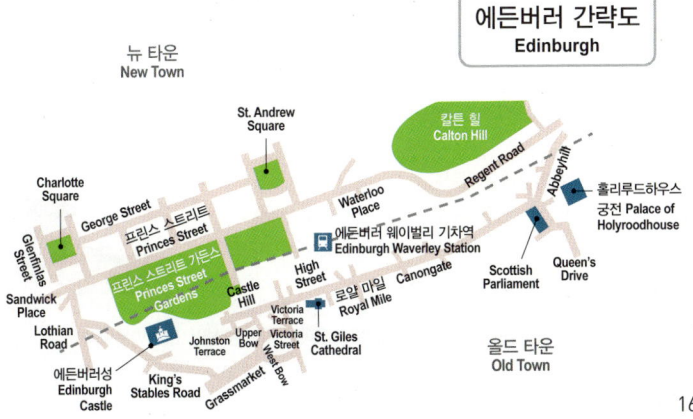

에든버러 간략도 Edinburgh

# SEE

**바위 언덕 위에 우뚝 선 스코틀랜드의 굳건한 역사**
## 에든버러성 Edinburgh Castle

에든버러성 입장권

바위 언덕 위에 굳건히 서 있는 에든버러성은 에든버러의 상징이다. 에든버러 여행자라면 도착한 날부터 떠나는 날까지 수없이 보게 될 웅장한 성이다. 그러나 동화 속의 예쁘고 화려한 성이 아니다. 에든버러성은 도시 방어의 목적으로 지어져 군사적인 요새 역할을 했다. 강하면서 거친 스코틀랜드의 전쟁 역사를 가장 잘 보여주는 곳이다.

에든버러성은 화산 분출로 생긴 130m 높이의 바위 언덕에 자리했다. 이 성이 역사에 처음 등장한 것은 기원후 6세기로, 당시 에든버러성이 군사적으로 중요한 위치에 있어 출전하는 군인들이 이곳에서 만찬을 즐겼다는 기록이 웨일스 서사시에 나온다. 긴 역사만큼 잦은 공격을 당해 수차례 잉글랜드에 점령당하기도 했다. 그레이트 홀에 전시된 많은 갑옷과 방패, 도끼들, 스코틀랜드 국립 전쟁 박물관, 죄수의 감옥, 중세 시대 가장 큰 대포인 몬스 메그, 매일 낮 1시에 진행되는 대포를 쏘는 행사 등이 에든버러성에 스민 전쟁의 역사를 말해 준다. 에든버러 성곽을 거닐며 바라보는 에든버러 도시 풍경은 잊지 못할 장관이다. 에든버러성 입구에서는 밀리터리 타투를 비롯해 각종 행사가 열린다.

**Data** **지도** 휴대지도-K, 156p-E **가는 법** 에든버러 웨이벌리역에서 도보 약 15분 **주소** Castlehill, Edinburgh EH1 2NG **운영시간** 하절기(4~9월) 09:30~18:00 / 동절기(10~3월) 09:30~17:00 **요금** 성인 22파운드(온라인 예매 시 19.50 파운드, 성수기에는 온라인으로 미리 예약하는 것을 추천), 셀프 오디오 투어(한국어 가능)는 성인 3.50파운드 **전화** 0131-225-9846 **홈페이지** www.edinburghcastle.scot

> **TIP** **에든버러성 이렇게 관광하자**
> - 성 내부는 큰 편이 아니라서 2~3시간이면 충분히 둘러본다.
> - 매일 낮 1시에는 대포 발포 행사가 열린다(매주 일요일, 크리스마스, 굿 프라이데이는 제외).
> - 입장료에 가이드 투어 비용이 포함되어 있다. 원한다면 매표소 직원에게 그날의 가이드 투어 일정을 문의하자. 셀프 오디오 투어는 성인 3.50파운드다.

대포 발포 행사

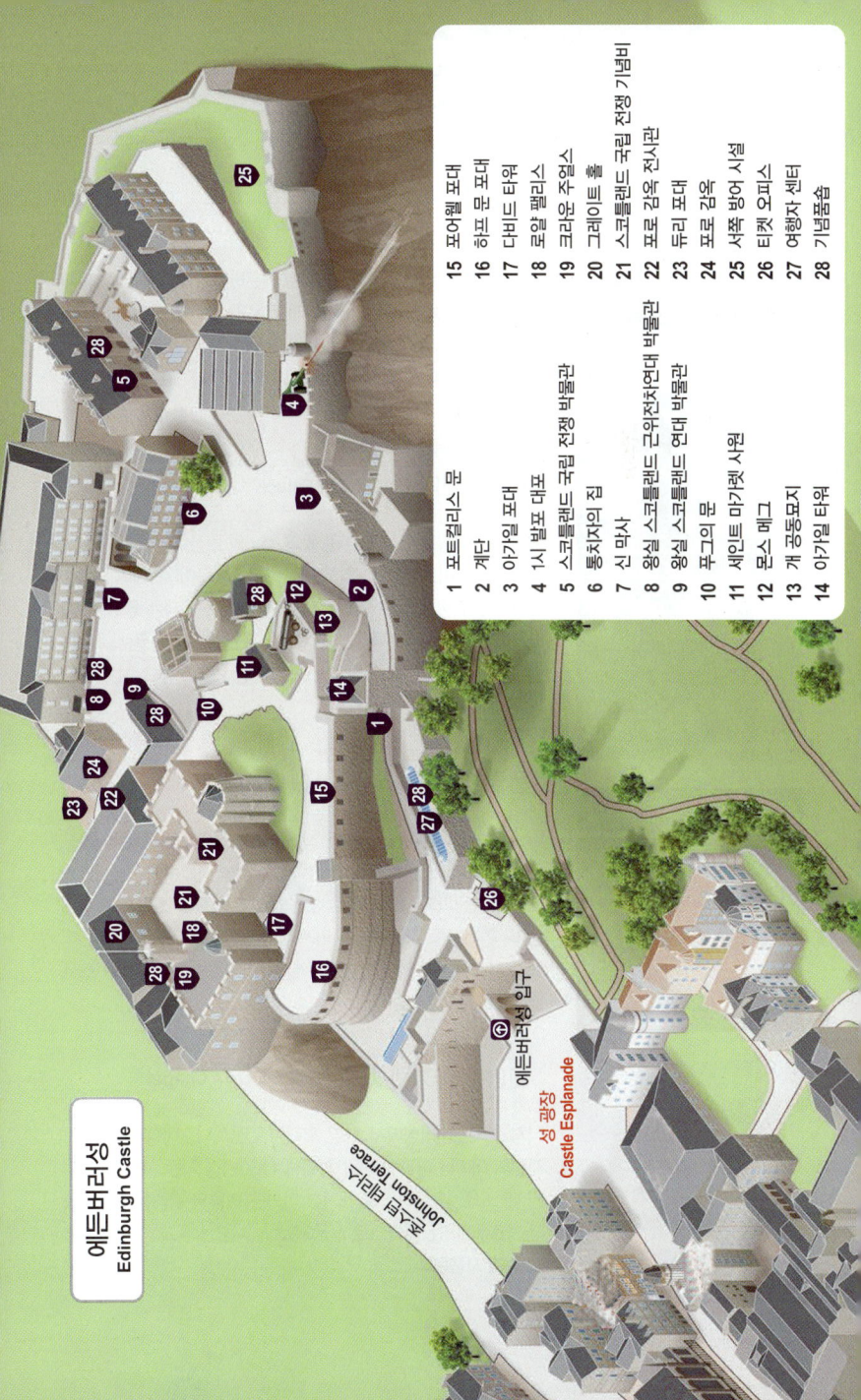

# 에든버러성 둘러보기

### 그레이트 홀 The Great Hall

1511년 제임스 4세에 의해 건립된 에든버러성의 중심이다. 목재로 지은 웅장하고 높은 천장 아래 갑옷과 무기들이 전시되어 있다. 16세기 스코틀랜드에서 쓰인 전투용 도끼 로커버Lochaber axe도 있다. 이 도끼는 길고 네모난 모양의 날 끄트머리에 걸쇠 모양의 고리가 있는 것이 특징이다.

### 로얄 팰리스 The Royal Palace

화려한 장식품과 곳곳에 걸린 왕과 왕비의 초상화를 통해 다사다난했던 스튜어트 왕가의 역사를 볼 수 있는 곳이다. 메리 여왕이 제임스 6세 왕을 낳은 곳이기도 하다. 제임스 6세는 돌이 갓 지나자마자 스코틀랜드 왕이 되었고, 스코틀랜드와 잉글랜드의 통일을 추진해 영국 국기 유니언 잭을 만든 스코틀랜드 최초의 왕이 된다.

### 운명의 돌 The Stone of Destiny

약 66cm 크기의 작고 평범한 돌로 만든 의자지만 운명을 바꾸는 힘이 있다고 믿어진다. 이 강력한 상징성으로 수백 년 동안 스코틀랜드 왕가의 대관식마다 사용되었다. 1296년 에드워드 1세는 이 돌의자를 잉글랜드로 가져가 잉글랜드와 대영제국 대관식에서 사용하기도 했다. 1996년에 영국 정부는 운명의 돌을 스코틀랜드로 반환했다.

### 세인트 마가렛 사원 St. Margaret's Chapel

작지만 에든버러성에서 가장 오래된 건물이다. 데이비드 1세가 자신의 어머니 마가렛 여왕을 위해 1130년경 지은 사원이다. 사원 내 스테인드글라스에 새겨진 마가렛 여왕의 모습을 볼 수 있다. 16세기에는 화약고로 사용되었다. 지금은 종교 행사와 결혼식 등에 사용된다.

### 크라운 주얼스 Crown Jewels

로얄 팰리스에 보관된 왕가의 왕관, 홀, 보석을 보관하고 있는 곳이다. 홀은 1494년 제임스 4세가, 왕관은 1543년 메리 여왕이 처음 사용했다. 1707년 잉글랜드와 스코틀랜드 사이에 조약이 체결된 후 궤에 보관되어 있던 것을 1818년 소설가 월터 스콧이 발견했다. 전쟁 무기로 가득한 에든버러성에서 유일하게 왕가의 화려한 모습을 볼 수 있는 곳이다. 크라운 주얼스는 사진 촬영이 금지된 구역이니 유의하자.

크라운 주얼스 포스터 사진

### 포로 감옥 Prisons of War

낮에도 음산하고 어두운 분위기를 띄는 포로 감옥. 돌로 벽을 쌓아 재현했다. 감옥 안에 들어가면 프랑스, 미국, 스페인, 네덜란드 등 많은 국적의 포로들이 고난을 겪었던 삶이 느껴진다. 포로 중에는 1805년 트라팔가르 해전에서 잡힌 5살짜리 소년도 있었다고 한다.

### 몬스 메그 Mons Meg

3.2km 거리까지 150kg의 포탄을 발사할 수 있었던 몬스 메그. 중세 시대 가장 큰 대포 중 하나로 당시 군사 기술의 최첨단을 보여준다. 부르고뉴 공작의 명령으로 만들어져 1454년 스코틀랜드 왕 제임스 2세가 선물로 받았다.

### 스코틀랜드 국립 전쟁 박물관
### Scottish National War Museum

1945년 이래 세계 대전에서 희생된 군인들의 죽음을 기리기 위해 만들어진 기념관이다. 스코틀랜드의 저명한 아티스트들이 용기, 평화, 정의를 주제로 공예품과 조각, 스테인드글라스 작품을 전시해 놓았다. 매년 운영시간이 다르니 방문 계획이 있다면 미리 체크하자.

Special Page

# 에든버러 축제들

**에든버러의 자랑스러운 군악대 공연**
## 로얄 에든버러 밀리터리 타투 Royal Edinburgh Military Tattoo

스코틀랜드는 물론 전 세계를 통틀어 가장 크고 화려한 문화 페스티벌이다. 8월에 에든버러를 간다면 이 공연을 꼭 보길 추천한다. 에든버러 여행의 절반이라고 할 수 있는 밀리터리 타투에 대해 속속들이 알아보자.

### 공연의 기원
'타투'라는 단어의 유래는 몇 가지 설이 있다. 17세기 네덜란드의 구어인 맥주 서빙을 중단하고 병영으로 돌아오라고 지시하는 신호로, 드러머나 트럼펫 연주자가 울리는 'Doe Den Tap Toe(직역하면 수도꼭지를 잠그다)'라는 문장에서 유래되었다는 설이 있다. 또 다른 하나는 사모아어로 '치다', '타격'이라는 뜻의 타투에서 유래되었다는 설이 있다.

로얄 에든버러 밀리터리 타투는 1950년에 시작됐다. 매년 22만 명의 관람객이 이 멋진 행사를 즐긴다. 공연은 영국 방송 BBC를 통해 40여 개국에 송출되어, 약 100만 명이 시청한다고 한다. 또한, 찰스 왕세자, 윌리엄 왕세손 등 영국의 로얄 패밀리가 참석하는 권위 있는 행사이기도 하다.

### 개최 시기
매년 8월 한 달간 에든버러 프린지 페스티벌, 인터내셔널 페스티벌 기간에 열린다. 축제 기간에는 일요일을 제외하고 매일 공연이 열린다. 월~금요일은 21:30에, 토요일은 하루 두 번(18:15, 21:30) 열린다. 공연 시간은 약 100분이다.

### 개최 장소
에든버러성 앞 광장에서 열린다. 에든버러성 입구를 바라보고 양옆, 마주보는 곳에 계단식 좌석이 설치된다.

> **TIP** 공연 입장 시 입구에서 가방 검사를 진행한다. 입장 인파가 많으니 공연 시간 전에 충분히 여유를 두고 입장하자.

### 공연 엿보기

전 세계에서 가장 화려한 군대 열병식이자 문화 공연이다. 스코틀랜드의 전통 음악 공연은 물론, 다양한 나라 군악대의 연주와 공연이 주를 이룬다. 에든버러 성을 배경으로 화려한 조명 쇼가 펼쳐지고, 그 앞으로 스코틀랜드 전통 의상을 입은 수많은 연주자들이 백파이프와 드럼을 연주하며 행진한다. 그 모습을 보고 있노라면 마치 중세 시대 스코틀랜드로 타임머신을 타고 와 있는 듯한 느낌이 든다.

프랑스, 핀란드, 미국, 일본, 인도 등 세계 48개 나라의 군악대와 공연단, 오케스트라도 참가해 다양한 문화 공연을 펼친다. 스코틀랜드 전통과 각국의 문화가 조화를 이루는 의미 있는 공연들이다. 2013년에는 한국 군악대도 참가해 한국의 아름다운 전통 춤과 전통 음악을 선보여 찬사를 받았다. 공연 끝에는 모든 공연자가 나와 함께 무대를 채우고 에든버러 도시를 배경으로 화려한 불꽃놀이도 펼쳐진다. 1950년에 시작된 로얄 에든버러 밀리터리 타투는 지금까지 단 한 번도 공연이 취소된 적이 없다. 매년 다른 주제로 다양한 나라의 공연단으로 공연이 구성되어 진행된다.

---

**TIP 로얄 에든버러 밀리터리 타투 티켓 예매하기**

티켓 가격은 장당 35~400파운드로, 구역에 따라 다르다. 워낙 매진이 빨리 되는 공연이다 보니 무조건 일찍 예매해야 원하는 좌석에서 볼 수 있다. 티켓은 주로 그 전해 12월쯤 공식 홈페이지에서 판매한다.

#### 홈페이지 예매 방법

❶ 에든버러 밀리터리 타투 공식 홈페이지(www.edintattoo.co.uk)에 접속한다.

❷ 홈페이지에서 회원가입(Sign up)을 한 후, 티켓 구매(Buy tickets) 버튼을 누른다.

❸ 캘린더에서 원하는 날짜와 시간을 선택한다.

❹ 원하는 좌석을 선택한다. 3D 가상맵으로 선택한 좌석의 뷰를 볼 수 있다.

* 티켓 수령은 이메일 모바일 티켓(타투 틱스 앱 Tattoo Tix app)을 받거나 집에서 우편으로 수령하는 방법이 있다. 시간이 오래 걸리고 분실 우려가 있는 우편보다는 모바일 티켓을 추천한다.

### 신나고 즐거운 에든버러 대표 예술 축제
# 에든버러 프린지 페스티벌 Edinburgh Fringe Festival

8월은 에든버러 여행의 꽃이라고 할 만큼 로얄 에든버러 밀리터리 타투 외에도 다양한 행사가 열린다. 그중에서 우리에게도 잘 알려진 에든버러 프린지 페스티벌은 에든버러 대표 예술 축제다. 전 세계에서 온 5만 3천여 명의 공연자들이 에든버러 전역의 300곳이 넘는 장소에서 3,000회가 넘는 공연을 펼친다. 이 축제는 매년 8월에 3주 동안 열리며, 예술 및 문화 공연으로는 세계에서 가장 큰 페스티벌 규모를 자랑한다.

### 축제의 기원
에든버러 프린지 페스티벌의 역사는 1947년으로 거슬러 올라간다. 에든버러 국제 페스티벌에 초대받지 못한 8개의 극장 그룹이 '주변', '비주류'라는 뜻의 프린지Fringe라는 단어를 써서 프린지 오브 더 페스티벌Fringe of the Festival을 만들고 독자적으로 공연하면서 시작되었다. 이후 해마다 점점 더 많은 공연자들이 프린지에 참가했으며, 1958년 프린지 페스티벌 단체Edinburgh Festival Fringe Society가 창설되었다. 한국 공연단으로는 1999년 난타가 처음으로 프린지 페스티벌에 참여해 성공을 거뒀다. 그 후 JUMP, SNAP 등 다양한 한국 예술가들이 참여하고 있다.

### 공연 종류
프린지 페스티벌에는 길거리 공연, 예술 전시, 스탠드 업 코미디, 춤, 라이브 뮤직, 서커스, 아이들을 위한 공연, 뮤지컬, 오페라 등 다양한 형태의 공연이 열린다. 전 세계의 예술가가 에든버러를 방문해 다채로운 공연을 선보이니 취향에 맞는 공연을 선택하면 된다.

### 관람 방법
에든버러 프린지 페스티벌 공식 홈페이지에서 공연 일정을 확인한 후 온라인으로 미리 예매하길 권한다. 일부 공연은 인기가 많아서 티켓 경쟁이 치열하다. 꼭 보고 싶은 아티스트의 공연이라면 예매를 서두르자. 적어도 3~6개월 전에 온라인 티켓 판매가 시작된다.
혹시 사전에 공연 예약을 못했더라도 걱정하지 말자. 에든버러 시내 프린지 박스 오피스에서 남은 공연의 티켓을 구할 수도 있다. 또, 에든버러 길거리 어디를 가더라도 삼삼오오 모여서 즐길 수 있는 무료 공연이 많이 열리니 참고하자. 8월에 에든버러를 여행한다면 신나고 흥겨운 축제 분위기를 도시 전체에서 느낄 수 있을 것이다.

---

★★★ **Plus Info** ★★★

### 프린지 기념품숍, 프린지 박스 오피스

프린지 페스티벌 공연 티켓을 살 수 있다. 페스티벌 안내 책자, 관련 기념품 등도 이곳에서 구매하자.

**Data** **주소** 180 High St., Edinburgh EH1 1QS **운영시간** 월~금 10:00~18:00

**프린지 페스티벌 공식 홈페이지** www.edfringe.com
**프린지 페스티벌 티켓 예매 홈페이지** tickets.edfringe.com

# 달력으로 보는 에든버러 축제

에든버러에서 열리는 다양한 행사들을 한눈에 살펴보자. 에든버러 축제 정보는 에든버러 축제 홈페이지(Web www.edinburghfestivalcity.com)에서 확인할 수 있다.

### 4월 에든버러 국제 과학 페스티벌
### Edinburgh International Science Festival

매년 4월 2주간 열리는 유럽에서 가장 큰 규모의 과학 축제다. 우주, 공룡, 인체의 신비 등 다양한 주제로 창의적이고 혁신적인 전시, 공연, 영상 상영, 워크숍이 펼쳐진다. 성인 및 아이들이 있는 가족도 함께 과학을 체험하고 느낄 수 있다.

**Data** 홈페이지 sciencefestival.co.uk

### 5월 에든버러 국제 어린이 페스티벌
### Edinburgh International Children's Festival

매년 5월 말에서 6월 초까지 9일 동안 열리는 어린이들을 위한 축제다. 축제가 시작되는 주말에 스코틀랜드 국립 박물관에서 무료 공연 및 행사가 열린다. 스코틀랜드 어린이들의 창의성과 교육을 위한 축제로, 어린이들이 직접 참여해 즐길 수 있는 연극, 댄스, 인형극, 전시 등이 열린다.

**Data** 홈페이지 imaginate.org.uk

### 6월 에든버러 국제 영화제
### Edinburgh International Film Festival

매년 6월 2주간 열리는 영화 축제로 줄여서 EIFF라고도 불린다. 1947년 창설된 이후 세계에서 가장 오랫동안 열린 비경쟁 국제 영화제다. 장편 영화, 단편 영화, 다큐멘터리 작품들을 상영 및 시상하고 영화제 레드 카펫을 걷는 유명 영화배우들도 만날 수 있다.

**Data** 홈페이지 edfilmfest.org.uk

### 7월 에든버러 재즈&블루스 페스티벌
### Edinburgh Jazz&Blues Festival

전 세계에서 실력 있는 재즈, 블루스 연주자들이 모여 삼바, 스윙, 부기우기, 소울 등 다양한 재즈&블루스 공연을 10일간 펼친다. 공식 홈페이지에서 날짜별 공연 정보는 물론, 무료로 즐길 수 있는 공연도 알 수 있다.

**Data** 홈페이지 edinburghjazzfestival.com

### 8월 에든버러 아트 페스티벌 Edinburgh Art Festival

세계적으로 유명한 예술가와 영국 작가들의 전시 작품을 볼 수 있는 축제다. 에든버러의 주요 미술관, 박물관, 시내 야외 전시 등 약 40여 개 장소에서 동시에 진행된다. 전시 대부분은 무료로 관람 가능하며, 직접 참여해 볼 수 있는 다양한 예술 관련 프로그램, 워크숍도 열린다.

**Data** 홈페이지 edinburghartfestival.com

### 8월 에든버러 국제 페스티벌 Edinburgh International Festival

에든버러 프린지 페스티벌이 자유롭고 역동적인 분위기의 축제라면, 에든버러 국제 페스티벌은 세계 정상급의 클래식, 오페라, 연극 예술가들이 참가해 펼치는 축제다. 2차 세계대전 이후 침체된 사회 분위기를 일으키고, 유럽 문화 생활을 풍부하게 하기 위한 목적으로 1947년에 시작되었다.

**Data** 홈페이지 eif.co.uk

### 8월 에든버러 국제 도서전 Edinburgh International Book Festival

매년 8월 3주간 에든버러 샬럿 광장과 조지 스트리트에서 열리는 축제. 900개 이상의 크고 작은 문학 예술 프로그램이 열리며, 매년 20만 명 이상이 방문한다. 에든버러 국제 도서전의 가장 큰 특징은 노벨상 및 부커상 수상자를 포함해 전 세계 1,000여 명의 작가들과 독자들이 모여 서로의 의견을 공유하며 토론할 수 있다는 것. 출판 트렌드를 볼 수 있으며, 출판사에서도 꼭 참가하는 축제다.

**Data** 홈페이지 edbookfest.co.uk

### 12월 에든버러 호그머네이 Edinburgh's Hogmanay

매년 마지막 날부터 새해 첫날까지 3일간 진행되는 특별한 새해맞이 축제다. 겨울에 에든버러를 여행한다면 에든버러 호그머네이를 체크해 보자. 전 세계에서 모인 수만 명이 손에 횃불을 들고 에든버러 거리를 따라 행진한다. 겨울밤을 수놓는 화려한 불꽃놀이까지 즐길 수 있는 특별한 축제로, 죽기 전에 꼭 봐야 할 100가지 축제에도 선정되었다. 횃불을 붙이는 토치는 행사 당일 구매도 가능하지만 금방 매진되니 홈페이지에서 미리 예약하길 추천한다. 다양한 거리 콘서트도 함께 열린다.

**Data** 홈페이지 edinburghshogmanay.com

# 홀리루드하우스 궁전과 비운의 메리 여왕 **메리 스튜어트** Mary Stuart, Queen of Scots

파란만장한 삶을 살다 간 메리 여왕은 스코틀랜드 역사에서 빼놓을 수 없는 존재다. 메리는 1542년 스코틀랜드인 제임스 5세와 프랑스인 어머니 메리 기스 사이에서 무남독녀로 태어났다. 그러나 태어난 지 6일 만에 아버지가 세상을 떠나고, 다섯 살 어린 나이에 프랑스로 보내졌다. 그 후 그녀는 어머니 가문의 보호 아래 유복한 유년 시절을 보냈다. 메리는 프랑스와 스코틀랜드 왕가의 정치적인 이해에 따라 정략결혼을 했다. 그러나 결혼한 지 얼마 되지 않아 남편이 죽어 18세 이른 나이로 과부가 됐다.

메리가 스코틀랜드로 돌아왔을 때 스코틀랜드 공식 종교는 가톨릭에서 개신교로 개혁되었다. 메리는 사촌 헨리 스튜어트Henry Stuart와 홀리루드하우스 궁전에서 재혼했다. 두 사람 사이에서 아들이 태어났는데, 이 아이가 훗날 스코틀랜드, 잉글랜드, 아일랜드 공동 왕이 된 제임스 1세다. 그러나 행복은 잠시였다. 제임스가 태어난 지 8개월 후 남편 헨리 스튜어트는 집 정원에서 암살 당했다.

그 후 메리는 제임스 헵번James Hepburn과 세 번째 결혼을 한다. 하지만 그는 두 번째 남편 헨리 스튜어트의 암살을 계획했다고 추정되는 인물이었다. 메리는 제임스 헵번이 무죄 선고를 받은 다음 달 그와 결혼식을 올렸지만 세상은 두 사람을 차갑게 대했다. 이들의 결혼은 가톨릭의 관점에서는 불법이고, 개신교의 입장

에서도 전 남편을 살해한 남자와 결혼한 것을 충격으로 받아들였다. 결국 주변 귀족들이 반란을 일으켜 메리 정권이 무너졌다. 메리의 남편 제임스 헵번은 덴마크에 유배되었다가 죽음을 맞이한다. 메리 역시 왕권을 한 살 된 아들에게 물려준 후 로치성에 갇혔다.

그 후 메리는 왕권을 되찾으려 노력했지만 번번이 실패했다. 메리는 사촌인 잉글랜드의 엘리자베스 여왕에게 보호를 받으려 했다. 그러나 엘리자베스 여왕은 메리의 요청을 자신의 왕권에 대한 도전과 위협으로 받아들였다. 오히려 스코틀랜드를 호시탐탐 노리고 있던 엘리자베스 여왕은 메리를 18년 반 동안 감옥에 가두었다. 결국 메리는 엘리자베스 여왕을 암살하려 했다는 죄명으로 1587년 공개 참수형을 당했다.

고난의 삶을 살다간 메리의 명예는 아들 제임스에 의해 다시 회복되었다. 제임스는 어머니 메리의 한을 풀어주듯 런던 웨스트민스터 사원으로 메리의 무덤을 옮겨왔다. 그곳에 엘리자베스 여왕의 무덤보다 더 웅장하고 장엄한 대리석으로 메리의 무덤을 만들었다.

화려함 뒤에 숨겨진 메리 여왕의 슬픈 이야기
# 홀리루드하우스 궁전 Palace of Holyroodhouse

에든버러성에서 로얄 마일을 따라 올드 타운을 가로질러 20분쯤 가면 길 끝에 장엄한 홀리루드하우스 궁전이 나온다. 이 궁전은 16세기부터 스코틀랜드 왕과 왕비의 거주지였으며, 주요 행사가 열리는 장소이기도 하다. 엘리자베스 여왕이 생전에 매년 여름이면 일주일간 머물렀을 만큼 왕실의 사랑을 받던 곳이다. 궁전은 왕실 가족이 머물지 않을 때는 대중에게 개방한다.

홀리루드하우스 궁전에서는 스테이트 아파트먼트와 메리 여왕의 방, 궁전에서 가장 오래된 홀리루드 수도원 등 화려한 스코틀랜드 왕실 생활을 엿볼 수 있다. 특히, 화려한 역사의 이면에 비운의 삶을 살다간 메리 여왕의 슬픈 이야기가 서려 있는 장소라는 점에서 의미가 있다. 고급스러운 왕실 기념품과 홀리루드하우스 궁전의 역사를 담은 책을 판매하는 기념품숍도 볼거리다.

왕실 관련 기념품

**Data** ● 지도 ● 휴대지도-J, 157p-D
**가는 법** 에든버러 웨이벌리역에서 도보 약 15분
**주소** Canongate, Edinburgh EH8 8DX
**운영시간** 하절기(4~10월) 09:30~18:00 / 동절기(11~3월) 09:30~16:30
**요금** 성인 19.50파운드(온라인 예매시 18파운드)
**전화** 0303-123-7306 **홈페이지** www.rct.uk/visit/palace-of-holyroodhouse

> **TIP** 알면 좋은 홀리루드하우스 궁전 이야기
>
> 버킹엄 궁전과 마찬가지로 홀리루드하우스 궁전 깃대에 로얄 스탠다드 Royal Standard라고 불리는 왕실 깃발이 펄럭이면 왕이 있다는 뜻이다. 궁전 정원은 하절기에는 4~10월, 크리스마스가 있는 12월에는 매일 개방한다. 동절기인 11월, 1~3월에는 주말에만 개방한다.

# 홀리루드하우스 궁전 둘러보기

## 스테이트 아파트먼트
### State Apartments

왕가가 사용했던 화려함의 끝을 볼 수 있는 공간. 석고 조각으로 장식된 높은 바로크식 천장과 프랑스식 태피스트리 기법(여러 가지 색실로 그림을 짜 넣은 직물)으로 만든 그림이 특징이다.

## 메리 여왕의 방
### Mary, Queen of Scots Chambers

스코틀랜드 역사에서 가장 유명했던 군주 메리 여왕이 지냈던 곳. 왕실 소장품 중에서 가장 훌륭한 보물 중 하나인 단리 보석 Darnley Jewel이 전시되어 있다.

## 홀리루드 수도원 Holyrood Abbey

1128년 데이비드 1세 통치기에 지어진 수도원. 당시 가장 큰 수도원 중 하나였다. 왕실의 주거지 겸 교회로 사용되다가 18세기경 파괴되어 지붕이 없는 모습으로 남아 있다.

## 퀸즈 갤러리 The Queen's Gallery

희귀한 그림, 가구, 장식품 등 왕실 작품 컬렉션을 볼 수 있는 곳이다. 현재는 공사로 2024년까지 임시 휴관 중이다. 입장권은 8.50파운드로 추가 비용을 지불해야 한다.

## 궁전 정원 Palace Gardens

아서스 싯Arthur's Seat 언덕을 배경으로 초록의 싱그러움을 느낄 수 있는 궁전 정원. 매년 여름 엘리자베스 여왕이 가든 파티를 열었던 곳이기도 하다.

## 그레이트 갤러리 Great Gallery

궁전에서 가장 큰 방으로 메리 여왕을 비롯해 95명의 스코틀랜드 왕의 초상화가 걸려 있다.

홀리루드 수도원

**TIP** 홀리루드하우스 궁전 내부는 사진 촬영이 금지되어 있다. 모르고 사진을 촬영하는 일이 없도록 주의하자.

## Special Page

# 에든버러 주요 관광지가 모여 있는 로얄 마일

로얄 마일은 에든버러성에서 홀리루드하우스 궁전까지 약 1.6km에 이르는 오래된 길을 말한다. 옛 에든버러 타운의 중심으로 호텔, 카페, 레스토랑, 박물관, 기념품숍 등 에든버러의 주요 시설이 모여 있다. 에든버러의 오랜 역사를 보여주는 로얄 마일의 돌길을 걸으며 번영했던 옛 에든버러의 정취를 느껴보자.

**Data** 지도 ● 휴대지도-M, 157p-G
**가는 법** 에든버러 웨이벌리역에서 도보 약 5분
**주소** The Royal Mile, Edinburgh
**홈페이지** www.royal-mile.com

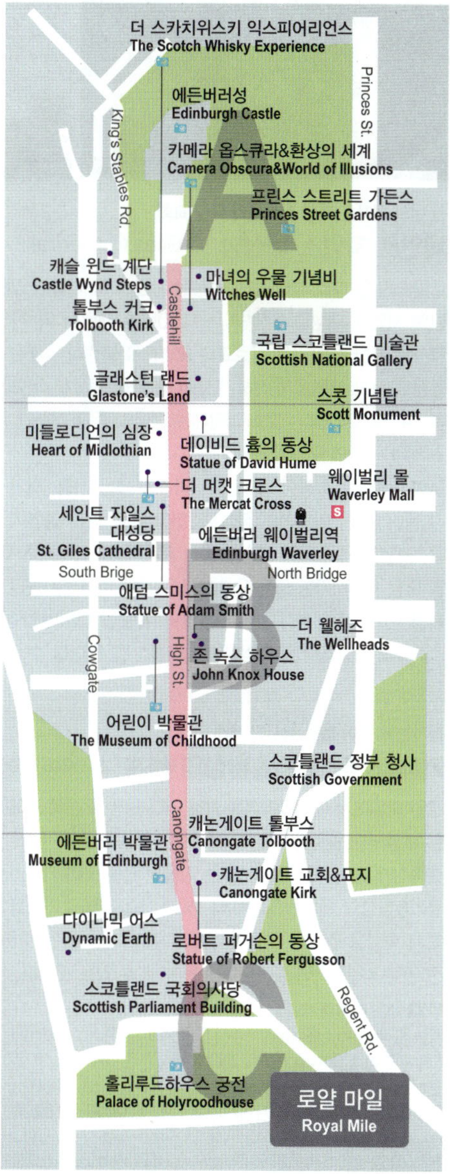

- 더 스카치위스키 익스피어리언스 The Scotch Whisky Experience
- 에든버러성 Edinburgh Castle
- 카메라 옵스큐라&환상의 세계 Camera Obscura&World of Illusions
- 프린스 스트리트 가든스 Princes Street Gardens
- 캐슬 윈드 계단 Castle Wynd Steps
- 마녀의 우물 기념비 Witches Well
- 톨부스 커크 Tolbooth Kirk
- 국립 스코틀랜드 미술관 Scottish National Gallery
- 글래스턴 랜드 Glastone's Land
- 스콧 기념탑 Scott Monument
- 미들로디언의 심장 Heart of Midlothian
- 데이비드 흄의 동상 Statue of David Hume
- 더 머캣 크로스 The Mercat Cross
- 웨이벌리 몰 Waverley Mall
- 세인트 자일스 대성당 St. Giles Cathedral
- 에든버러 웨이벌리역 Edinburgh Waverley
- South Brige — North Bridge
- 애덤 스미스의 동상 Statue of Adam Smith
- 더 웰헤즈 The Wellheads
- 존 녹스 하우스 John Knox House
- 어린이 박물관 The Museum of Childhood
- 스코틀랜드 정부 청사 Scottish Government
- 에든버러 박물관 Museum of Edinburgh
- 캐논게이트 톨부스 Canongate Tolbooth
- 캐논게이트 교회&묘지 Canongate Kirk
- 다이나믹 어스 Dynamic Earth
- 로버트 퍼거슨의 동상 Statue of Robert Fergusson
- 스코틀랜드 국회의사당 Scottish Parliament Building
- 홀리루드하우스 궁전 Palace of Holyroodhouse

**로얄 마일 Royal Mile**

**천 년의 역사를 가진 장로교의 요람 교회**
## 세인트 자일스 대성당 St. Giles Cathedral

로얄 마일을 따라 걷다 보면 웅장한 왕관 모양 첨탑이 있는 세인트 자일스 대성당과 만난다. 1120년에 세워져 약 천 년의 역사를 가진 이 성당은 장로교의 요람으로 불린다. 특히, 스코틀랜드 종교 개혁을 추진하던 교회 중 가장 중요한 역할을 한 것으로 알려져 있다. 교회 마당에는 영국의 종교 개혁가 존 녹스John Knox의 무덤이 있다.

교회 내부에는 화려한 스테인드글라스와 높은 천장, 리거 오르간 등이 있다. 여름에는 점심시간마다 무료 음악 공연이 열린다. 자세한 음악 공연 일정은 공식 홈페이지에서 확인하자. 매일 오전 10시 30분 또는 오후 2시 30분에 약 45분 동안 무료 워킹 투어가 진행된다. 가이드를 따라 곳곳을 다니며 대성당의 시작부터 종교개혁 등 다양한 역사 이야기를 들어볼 수 있다.

**Data** 지도 ● 휴대지도-M, 156p-F
가는 법 에든버러 웨이벌리역에서 도보 약 5분
주소 High St., Edinburgh EH1 1RE
운영시간 월~금 10:00~18:00, 토 09:00~17:00, 일 13:00~17:00
요금 무료(셀프 오디오 투어 5.5파운드)
전화 0131-226-0674
홈페이지 www.stgilescathedral.org.uk

**불가능한 것이 없는 착시의 세계**
## 카메라 옵스큐라&환상의 세계 Camera Obscura&World of Illusions

로얄 마일에서 에든버러성을 향해 가다 보면 오른쪽 벽에 이상한 모양의 거울들이 보인다. 실제보다 뚱뚱하게 보이기도 하고 홀쭉하게 보이기도 하는 재밌는 거울이 있는 곳이 카메라 옵스큐라&환상의 세계 박물관이다. 빛과 거울, 첨단 기술을 통해 착시 현상을 일으켜 웃음이 나오게 한다. 아이들은 물론이고 전 연령의 관람객이 즐거운 시간을 보낼 수 있는 곳이다.

**Data** 지도 ● 휴대지도-L, 156p-F
가는 법 에든버러 웨이벌리역에서 도보 약 10분 주소 Castlehill, The Royal Mile, Edinburgh EH1 2ND 운영시간 춘추기(4~6·9·10월) 일~금 09:30~20:00, 토 09:30~21:00 / 하절기(7·8월) 09:00~22:00 / 동절기(11~3월) 월~목 09:30~19:00, 금·일 09:30~20:00, 토 09:30~21:00 요금 성인 20.95파운드(온라인 예매 시 19.95파운드)
전화 0131-226-3709 홈페이지 www.camera-obscura.co.uk

**위스키의 고향, 스코틀랜드 위스키 투어**
## 더 스카치위스키 익스피어리언스 The Scotch Whisky Experience

위스키의 고향 스코틀랜드에는 유명한 위스키 공장을 다니며 직접 보고, 위스키 시음도 할 수 있는 위스키 투어가 많이 있다. 하지만 공장으로 위스키 투어를 가려면 시간과 노력을 투자해야 한다. 여력이 안 된다면 에든버러 시내에 있는 더 스카치위스키 익스피어리언스를 들러보자. 에든버러성 앞에 위치한 이곳은 위스키의 제작 과정, 산지별 위스키의 맛과 향, 다양한 위스키 브랜드 컬렉션을 짧은 시간 내에 경험하고 맛볼 수 있다.

투어에 참가하면 위스키를 담는 커다란 오크통 열차에 탄 채로 위스키의 제작 과정을 화면으로 보고 설명도 들을 수 있다. 그다음 직접 향을 맡으며 스코틀랜드 지역별 위스키의 특징을 알아간다. 투어 마지막에는 입이 다물어지지 않을 정도의 화려한 위스키 컬렉션을 보게 된다. 세계에서 가장 큰 스카치위스키 컬렉션으로 유명하다. 이곳에는 희귀한 위스키 4,000병이 전시되어 있다.

**Data** **지도** ● 휴대지도-L, 156p-F **가는 법** 에든버러 웨이벌리역에서 도보 약 10분
**주소** 354 Castlehill, The Royal Mile, Edinburgh EH1 2NE
**운영시간** 1~3・9~12월 10:00~17:00 / 4월 10:00~18:00 / 5・6월 10:00~20:00 / 7월 10:00~20:20 / 8월 월~금 10:00~17:00, 토・일 10:00~17:40 **요금** 골드 투어 성인 34파운드(70~90분 소요), 실버 투어 21파운드(50분 소요) **전화** 0131-220-0441 **홈페이지** www.scotchwhiskyexperience.co.uk

> **TIP** **위스키 투어 자세히 알아보기**
>
> 위스키 투어는 1시간 동안 둘러보고 위스키 한 잔을 시음할 수 있는 실버 투어, 더 많은 종류의 위스키를 시음할 수 있는 골드 투어, 요리와 함께 위스키를 즐길 수 있는 테이스트 오브 스코틀랜드 투어 등 다양한 프로그램이 있다.
> 또, 스코틀랜드에서 흔치 않은 한국어 오디오 가이드와 터치 스크린 장치가 있다. 투어는 시간당 입장이 제한되기 때문에 미리 온라인으로 예약하기를 추천한다. 위스키를 시음한 크리스털 유리잔은 선물로 가져갈 수 있다. 기념품숍에는 400개가 넘는 다양한 싱글 몰트, 블렌디드 스카치위스키, 위스키 잔, 미니 위스키 병 등을 판매해 기념품으로 구입하기 좋다.

## 로얄 마일 더 둘러보기

### 데이비드 흄의 동상
Statue of David Hume

에든버러 태생의 철학자 데이비드 흄을 기리는 동상이다. 〈인간 본성에 관한 논고〉를 비롯해 다양한 분야의 저서를 남긴 데이비드 흄은 영국에서 가장 위대한 철학자 중 한 명으로 불리며, 에든버러 대학교를 졸업했다. 동상은 실제 인물의 1.5배 크기에 달하며, 청동으로 제작되었다.

### 로버트 퍼거슨의 동상
Statue of Robert Fergusson

에든버러 출신의 스코틀랜드 시인 로버트 퍼거슨의 동상이다. 24살의 이른 나이로 생을 마감한 그는 짧은 생애에도 불구하고 여러 시인들에게 영향을 미쳤다. 18세기 동시대 작가들로부터 많은 찬사를 받았으며, 스코틀랜드를 대표하는 작가 로버트 번스에게 영감을 준 시인으로 잘 알려져 있다.

### 미들로디언의 심장 Heart of Midlothian

돌길 한가운데 새겨져 있는 하트 문양. 미들로디언은 스코틀랜드의 옛 주를 말하며, 하트 모양이 있는 자리를 스코틀랜드의 중심으로 여겼다. 지금은 없어진 올드 톨부스 감옥Old Tolbooth Prison이 근처에 있었으며, 수많은 사람들이 이 하트 문양 위에 설치된 교수대에 매달려 처형당했다.

### 글래스턴 랜드 Gladstone's Land

17세기 에든버러의 부유한 상인이었던 토마스 글래스턴 가족이 살았던 화려한 주택이다.

**Data 가는 법** 에든버러 웨이벌리역에서 도보 약 10분 **주소** 477B Lawnmarket, The Royal Mile, Edinburgh EH1 2NT **전화** 013-1226-5856 **운영시간** 셀프 투어 10:00~14:30, 가이드 투어 15:00, 16:00 **요금** 셀프·가이드 투어 동일, 성인 10파운드 **홈페이지** www.nts.org.uk

### 마녀의 우물 기념비
#### Witches Well

마녀사냥으로 희생당한 여인들의 기념비. 16세기 에든버러에서는 300명이 넘는 여성들을 마녀로 몰아 갖은 고문을 가한 후 기둥에 묶어 화형시켰다. 이 기념비는 당시 희생당한 여인들을 기리기 위해 만들었다.

### 캐논게이트 톨부스
#### Canongate Tolbooth

1591년에 지어진 건축물로, 당시에는 통행료, 각종 공적 회비를 받는 곳이자, 협의회, 감옥으로도 사용된 곳이다. 현재는 에든버러 시민 역사 박물관으로 사용 중이다. 캐논게이트 톨부스 근처도 볼거리가 있으니 구경해 보자.

### 톨부스 커크 Tolbooth Kirk

1844에 지어진 교회 회당이다. 고딕 양식으로 지어졌다. 특히, 톨부스 커크 상단부에 해당하는 8각형 모양의 뾰족한 첨탑이 인상적이다. 첨탑의 높이는 무려 74m로, 에든버러에서 가장 높은 건축물로 알려져 있다. 현재는 레스토랑, 카페로 이용되고 있다.

### 더 웰헤즈 The Wellheads

에든버러의 역사적인 우물. 1820년까지 에든버러 올드 타운 사람들의 유일한 물 공급원이었던 우물이다. 또한, 에든버러 사람들의 만남의 장소이자 각종 소문의 발생지였다.

### 더 머캣 크로스
#### The Mercat Cross

왕실에서 선언문이나 공식 사안을 발표하던 장소. 더 머캣 크로스 탑 옆 바닥에 8각형 모양은 원래 탑이 있던 곳을 가리킨다.

### 애덤 스미스의 동상
#### Statue of Adam Smith

스코틀랜드의 철학자 애덤 스미스의 동상이다. 그는 〈보이지 않는 손〉, 〈국부론〉을 저술했으며 경제학의 아버지로 불린다.

**에든버러 배경의 인생사진은 바로 이곳에서**

# 칼튼 힐 Calton Hill

칼튼 힐을 가지 않고서는 에든버러를 다녀왔다고 할 수 없다. 칼튼 힐은 에든버러에서 열리는 다양한 행사의 중심이 되는 곳이다. 아서스 싯에서 바라보는 에든버러가 웅장하고 광활하다면, 칼튼 힐에서는 더욱 가깝고 생생하게 에든버러를 느낄 수 있다. 칼튼 힐 언덕에 올라 해 지는 노을을 배경으로 에든버러 시내를 바라보는 것만으로도 가슴이 벅차오른다.

칼튼 힐의 고도는 103m. 계단과 언덕을 따라 어렵지 않게 정상에 오를 수 있다. 칼튼 힐에 오르면 에든버러가 왜 유네스코 세계 문화유산으로 선정되었는지 바로 알 수 있다. 그만큼 풍광이 멋지다. 칼튼 힐 뒤편에는 공원이 있다. 날씨가 좋을 때는 잔디밭에 누워 에든버러 바다 조망을 보면서 피크닉을 즐기기 좋다. 좋은 자리에서 인생사진을 건지고 싶다면 해가 지기 전에 미리 가서 자리를 선점하자. 부지런한 여행자라면 일출을 보는 것도 추천!

**Data** 지도 ● 휴대지도-D, 157p-C
가는 법 에든버러 웨이벌리역에서 도보 약 10분 주소 32 Greenside Rd., Edinburgh EH1 3AJ 요금 무료

# 칼튼 힐을 더 풍부하게 즐기는 방법, 칼튼 힐 기념물

칼튼 힐에는 에든버러 풍경을 볼 수 있는 것 말고도 흥미로운 게 있다. 바로 스코틀랜드 역사를 기념하는 상징적인 건축물과 천문대다. 미완성의 거대한 아크로폴리스를 연상시키는 국립 기념물과 여러 건축물의 숨은 이야기에 귀 기울이면서 칼튼 힐 기념물 Calton Hill Monument을 둘러보자.

### 1 국립 기념물
#### National Monument

나폴레옹 전쟁에서 희생된 스코틀랜드 군인과 선원을 기리는 국립 기념물.

### 2 듀갈 스튜어트 기념탑
#### Dugald Stewart Monument

스코틀랜드 철학자 듀갈 스튜어트를 기념해 1831년에 지어진 건축물이다.

### 3 플레이페어 기념탑
#### Playfair Monument

에든버러와 칼튼 힐의 많은 건물과 기념비를 건축한 존 플레이페어를 기리는 탑.

### 4 넬슨 제독 기념비
#### Nelson Monument

넬슨 제독을 기념하는 건축물로, 높이는 32m에 이른다. 탑 위에는 시간을 표시하는 큰 공이 있는데 서서히 오르다가 오후 1시에 떨어진다.

### 5 올드 천문대 건물
#### Old Observatory House

에든버러 뉴 타운의 기획자인 건축가 제임스 크레이그가 1776년 지은 인상깊은 건축물로, 보조 천문학자들의 숙소로 사용되었다.

### 6 시티 천문대
#### City Observatory

그리스 신전을 모티브로 한 에든버러 시티 천문관. 1896년까지 주요 천문대로 사용되었지만 현재 천문대는 블랙포드로 이전했다.

## Special Page

# 에든버러 베스트 포토 스폿 5

에든버러 인증 숏 제대로 찍는 포토 스폿 5곳을 소개한다.

### 1 프린스 스트리트 가든스
**Princes Street Gardens**

언덕 위의 에든버러성을 올려다보고 찍으면 에든버러성이 더욱 웅장하고 장엄해 보인다.

**Data** **가는 법** 에든버러 웨이벌리역에서 도보 약 3분
**주소** Princes St., Edinburgh EH2 2HG

### 2 칼튼 힐 Calton Hill

에든버러를 대표하는 공식 포토 스폿. 해 질 때 더욱 멋있다.

**Data** **가는 법** 에든버러 웨이벌리역에서 도보 약 10분
**주소** 32 Greenside Rd., Edinburgh EH1 3AJ

### 3 스코틀랜드 국립 박물관 옥상 발코니
**National Museum of Scotland**

에든버러성과 스콧 기념탑, 올드 타운을 한눈에 담을 수 있다.

**Data** **가는 법** 에든버러 웨이벌리역에서 도보 약 10분
**주소** Chambers St., Edinburgh EH1 1JF

### 4 아서스 싯 Arthur's Seat

에든버러와 포스만까지 한 번에 담을 수 있는 스폿이다.

**Data** **가는 법** 에든버러 웨이벌리역에서 도보 20~30분, 언덕 위까지 오르는 데 왕복 2~3시간
**주소** Queen's Drive, Edinburgh EH8 8HG

### 5 빼놓을 수 없는 에든버러 야경 명소

낮의 에든버러도 아름답지만, 밤의 에든버러는 더욱 화려한 조명으로 빛난다. 뷰가 좋은 레스토랑, 칼튼 힐 등에서 에든버러의 야경을 보자.

하늘 높이 우뚝 서 있는 에든버러 문학의 자존심
## 스콧 기념탑 Scott Monument

에든버러 웨이벌리 기차역을 나서면 프린스 스트리트 중심에 하늘 높이 우뚝 솟은 고딕 양식의 높은 탑이 보인다. 스콧 기념탑이다. 스콧 기념탑은 스코틀랜드 에든버러 출신의 작가 월터 스콧을 기리기 위한 기념비로 1846년 완성되었다. 작가를 기리는 기념비로는 세계에서 두 번째로 크다. 탑 아래 있는 기념 대리석 동상의 무게는 무려 30톤이 넘는다. 탑은 6년에 걸쳐 완성되었다.

탑 1층의 기념 박물관에는 월터 스콧의 생애와 작품, 기념비가 건축된 역사 등을 볼 수 있다. 탑 계단을 따라 올라가면 에든버러 시내 전경을 둘러볼 수 있다. 이 탑을 배경으로 백파이프를 불고 있는 연주가도 종종 만날 수 있다.

**Data** 지도 ● 휴대지도-G, 156p-F
가는 법 에든버러 웨이벌리역에서 도보 약 1분
주소 Princes Street Gardens, Edinburgh EH2 2EJ
운영시간 가이드 투어 매일 10:00~15:30 점심시간(12:30~13:45) 제외 요금 투어 성인 8파운드
전화 0131-529-4068
홈페이지 edinburghmuseums.org.uk/venue/scott-monument

일 년 내내 아름다운 공원
## 프린스 스트리트 가든스 Princes Street Gardens

에든버러에서 어떻게 프린스 스트리트 가든스를 빼놓고 이야기할 수 있을까. 이 공원은 길 어디를 가더라도 꼭 만나게 되는 에든버러 중심에 있어, 에든버러 뉴 타운과 올드 타운을 잇는 역할을 한다. 1820년에 개장했으며 에든버러에서 가장 아름다운 공원으로 꼽힌다. 봄과 여름에는 형형색색의 꽃이 공원을 수놓고, 겨울에는 크리스마스 마켓과 아이스링크, 관람차 등 재미있는 놀이기구가 들어선다. 프린스 스트리트 가든스에서 로스 분수대와 에든버러성을 배경으로 인증 숏을 찍어보자.

**Data** 지도 ● 휴대지도-L, 156p-E 가는 법 에든버러 웨이벌리역에서 도보 약 5분
주소 Princes St., Edinburgh EH2 2HG 운영시간 07:00~22:00 요금 무료

**유명한 인상파 화가들의 작품이 전시된**
# 국립 스코틀랜드 미술관 Scottish National Gallery

스콧 기념탑과 프린스 스트리트 가든스 사이에 있다. 1859년 처음 대중에 개방한 역사 깊은 미술관으로 고풍스러운 외관이 인상적이다. 초기 르네상스 시대부터 19세기 말 후기 인상파 화가들의 작품을 전시하고 있다. 라파엘, 드가, 고흐 같은 화가들의 작품도 볼 수 있다.

미술관은 크게 3층인데, 그라운드층과 1층에는 한국인들에게도 익숙한 렘브란트, 루벤스, 반 고흐, 모네 같은 유명한 작가의 작품들이 전시되어 있다. 2층에는 라파엘로를 비롯한 이탈리아, 벨기에, 네덜란드 작가들의 작품이, 그라운드층에는 스코틀랜드 작가 작품을 볼 수 있다. 관람료가 무료인데다 미술관 규모도 적당하다. 또, 에든버러 중심에 있어 잠깐 들러서 예술 감성을 충전하기 좋다. 미술관 내부에 아름다운 공원을 볼 수 있는 카페&레스토랑이 있다. 기념품숍에서는 다양한 예술가들의 작품을 기념품으로 판매한다.

**Data** 지도 ● 휴대지도-G, 156p-F **가는 법** 에든버러 웨이벌리역에서 도보 약 5분
**주소** The Mound, Edinburgh EH2 2EL **운영시간** 매일 10:00~17:00 **요금** 무료
**전화** 0131-624-6200 **홈페이지** www.nationalgalleries.org

이렇게 멋지고 재미있는
# 스코틀랜드 국립 박물관 National Museum of Scotland

박물관은 지루하다고 생각하는 사람들도 꼭 가보기를 추천하는 곳. 1985년에 세워진 스코틀랜드 국립 박물관은 스코틀랜드 역사를 비롯한 자연사와 인류 문명까지 한눈에 볼 수 있는 곳이다. 동물과 자연의 경이로움, 예술, 디자인, 패션, 문화, 역사, 과학까지 주제가 다양하다.

박물관 전시는 크게 스코틀랜드, 세계 문화, 자연, 예술과 디자인, 과학 기술 다섯 가지 섹션으로 나뉜다. '자연관'은 동물, 바다 생물, 공룡의 모형을 관람할 수 있어 아이들뿐 아니라 어른들도 좋아한다. 또, 우주의 무수한 별들과 태양계를 직접 가늠해 볼 수 있다. '과학 기술관'에서는 산업 혁명이 발생한 나라답게 증기 기관차부터 대형 로켓까지 영국 과학 기술의 발전 과정을 느끼고 체험할 수 있다. 체세포를 이식해 얻은 최초의 포유동물 복제 양 돌리의 박제도 만날 수 있다.

7층의 옥상 발코니는 스코틀랜드 국립 박물관의 빼놓을 수 없는 숨은 명소이니 꼭 들러보자. 이곳에서는 아서스 싯, 에든버러성, 칼튼 힐 등 에든버러의 명소를 가까이서 볼 수 있다. 박물관 입구에 있는 그랜드 갤러리Grand Gallery는 전 층이 발코니 형태로 되어 있다. 천장 유리창을 통해 햇빛이 들어와 자연 채광으로 내부를 비춰 매우 아름답다.

**Data** 지도 ● 휴대지도-M, 156p-J 가는 법 에든버러 웨이벌리역에서 도보 약 10분
주소 Chambers St., Edinburgh EH1 1JF 운영시간 10:00~17:00 요금 무료
전화 0300-123-6789 홈페이지 www.nms.ac.uk

# 스코틀랜드 국립 박물관 구역 안내

| **발견** Discoveries | **자연 세계** Natural World | **세계 문화** World Cultures |
|---|---|---|
| 스코틀랜드의 위대한 업적 발견 | 우주와 자연 세계의 다양성 탐험 | 예술, 음악, 공연으로 표현하는 삶 |

| **예술, 디자인, 패션** Art, Design and Fashion | **과학과 기술** Science and Technology | **스코틀랜드** Scotland |
|---|---|---|
| 화려한 창작 예술을 펼치는 디자인, 패션 | 세계를 변화시킨 창의적인 과학 기술 | 스코틀랜드의 역사와 사람들의 삶 |

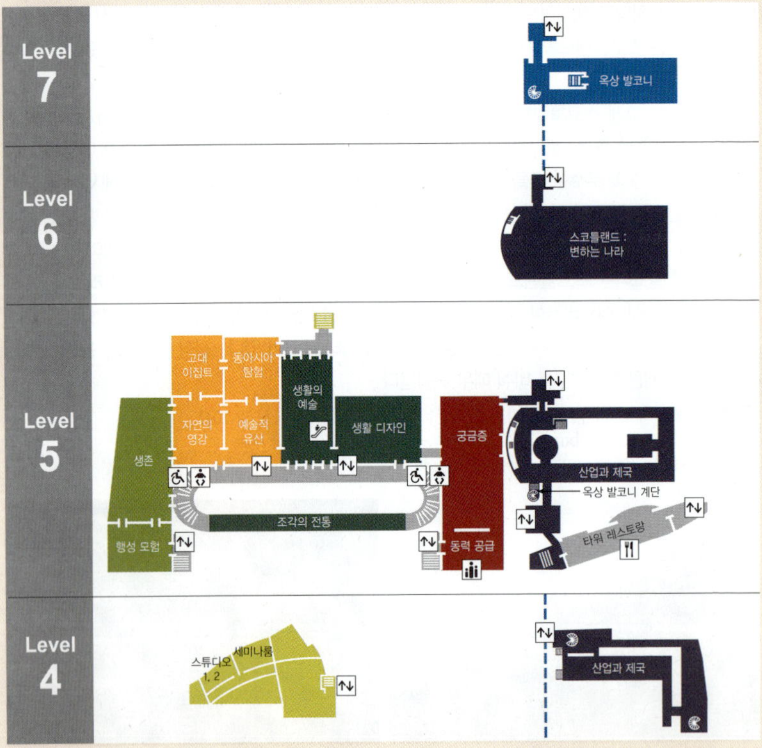

### Level 7
- 옥상 발코니

### Level 6
- 스코틀랜드: 변하는 나라

### Level 5
- 고대 이집트
- 동아시아 탐험
- 생활의 예술
- 자연의 영감
- 예술적 유산
- 생활 디자인
- 궁금증
- 생존
- 산업과 제국
- 옥상 발코니 계단
- 조각의 전통
- 동력 공급
- 타워 레스토랑
- 행성 모험

### Level 4
- 세미나룸
- 스튜디오 1, 2
- 산업과 제국

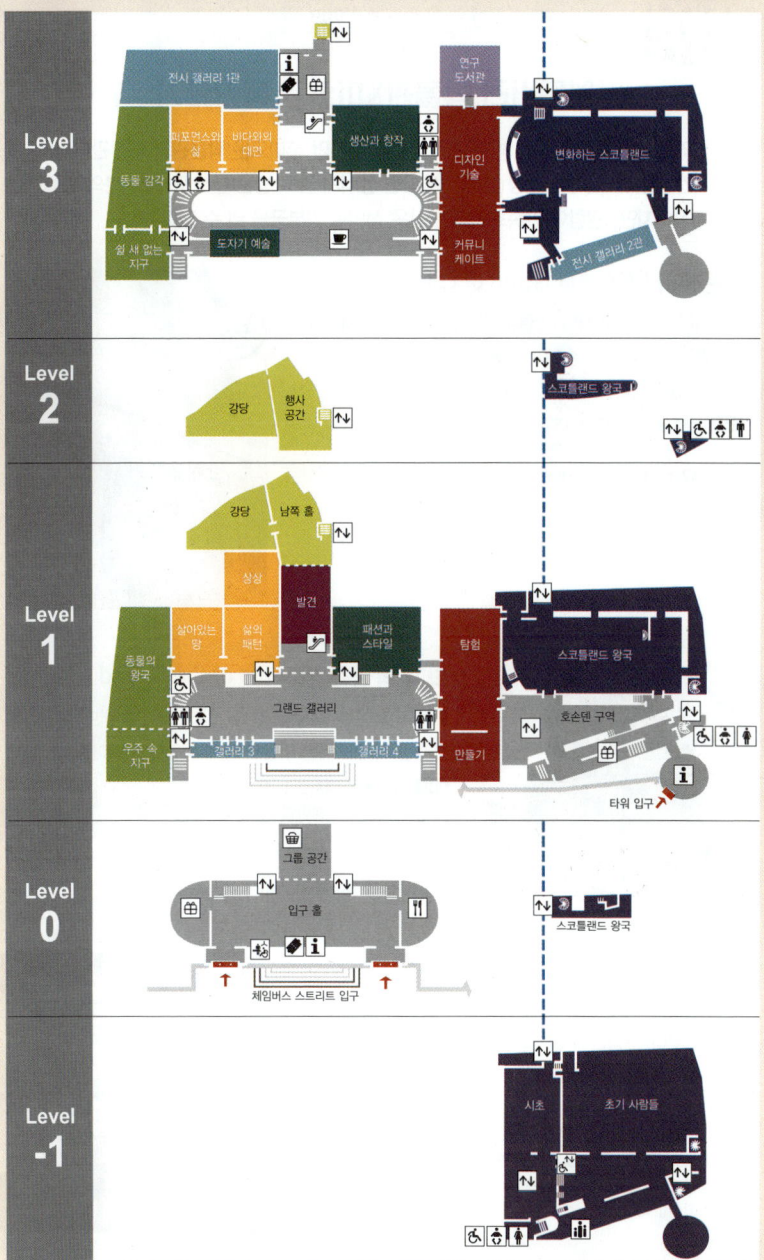

**Special Page**

# 에든버러 박물관&미술관 둘러보기

에든버러는 스코틀랜드 국립 박물관을 비롯해 작지만 흥미로운 박물관과 미술관이 많이 있다. 시간 여유가 있거나 관심 분야가 있다면 놓치지 말고 방문해 보자. 대부분의 박물관은 무료입장이지만, 관람이 만족스럽다면 작은 성의로 기부금을 낼 수 있다.

## 에든버러 박물관 Museum of Edinburgh

에든버러 도시의 역사와 관련된 다양한 유물을 전시한다. 스코틀랜드 장인들의 손에서 탄생한 공예품도 볼 수 있다. 로얄 마일에 있다.

**Data** 지도 ● 휴대지도-I, 157p-H
가는 법 에든버러 웨이벌리역에서 도보 약 10분
주소 142, Canongate, Edinburgh EH8 8DD
전화 0131-529-4143 운영시간 10:00~17:00 요금 무료
홈페이지 www.edinburghmuseums.org.uk/venue/museum-edinburgh

## 화폐 박물관 Museum of the Mound

화폐 디자인과 역사를 알 수 있다. 스코틀랜드에서 가장 오래된 지폐와 백만 파운드 지폐 등이 전시되어 있다.

**Data** 지도 ● 휴대지도-L, 156p-F
가는 법 에든버러 웨이벌리역에서 도보 약 5분
주소 The Mound, Edinburgh EH1 1YZ 전화 0131-243-5464
운영시간 화~금 10:00~17:00, 월·토 13:00~17:00 휴무 일요일
요금 무료 홈페이지 museumonthemound.com

## 서전스 홀 박물관 Surgeons' Hall Museums

영국의 역사적인 의료, 병리학 관련 수집품을 전시한다. 1699년부터 수집한 수술 도구와 인체 장기를 비롯해 수술, 의료 분야의 역사적인 발전을 한눈에 볼 수 있다.

**Data** 지도 ● 휴대지도-M, 157p-K
가는 법 에든버러 웨이벌리역에서 도보 약 10분
주소 Nicolson St., Edinburgh EH8 9DW 전화 0131-527-1711
운영시간 10:00~17:00 요금 성인 9파운드
홈페이지 museum.rcsed.ac.uk

### 어린이 박물관 The Museum of Childhood

옛 향수를 불러일으키는 오래된 장난감과 인형, 책, 골동품이 전시되어 있는 작은 박물관. 이곳에서 가장 오래된 장난감은 앤 여왕의 나무 인형으로, 1740년대에 만들어졌다.

**Data** 지도 ● 휴대지도-M, 157p-G 가는 법 에든버러 웨이벌리역에서 도보 약 5분 주소 42 High St., Edinburgh EH1 1TG 전화 0131-529-4142 운영시간 10:00~17:00 요금 무료 홈페이지 www.edinburghmuseums.org.uk/venue/museum-childhood

### 작가 박물관 The Writers' Museum

스코틀랜드 문학사의 3대 거장 로버트 번스Robert Burns, 월터 스콧Walter Scott, 로버스 루이스 스티븐슨Robert Louis Stevenson의 삶을 기리는 박물관이다. 〈해리 포터〉 시리즈를 집필한 J.K 롤링의 전시도 있다. 희귀본과 작가들의 개인 소장품, 인쇄기 등을 볼 수 있다.

**Data** 지도 ● 휴대지도-L, 156p-F 가는 법 에든버러 웨이벌리역에서 도보 약 8분 주소 Lawnmarket, Lady Stair's Close, Edinburgh EH1 2PA 전화 0131-529-4901 운영시간 10:00~17:00 요금 무료 홈페이지 www.edinburghmuseums.org.uk/venue/writers-museum

### 스코틀랜드 국립 초상화 미술관 Scottish National Portrait Gallery

스코틀랜드 역사에서 빼놓을 수 없는 인물들의 초상화가 전시된 곳이다. 초상화만 전시하는 미술관으로는 세계에서 처음으로 개관했다.

**Data** 지도 ● 휴대지도-B, 156p-B 가는 법 에든버러 웨이벌리역에서 도보 약 8분 주소 1 Queen St., Edinburgh EH2 1JD 전화 0131-624-6200 운영시간 10:00~17:00 요금 무료 홈페이지 www.nationalgalleries.org/visit/scottish-national-portrait-gallery

### 시티 아트 센터 City Art Centre

17세기부터 현재까지 스코틀랜드 예술가들의 그림, 사진, 조각 등 4,500점이 넘는 작품을 모아 전시해 놓은 곳. 에든버러 웨이벌리역 주변에 위치해 있고 시티 아트 센터 그라운드층에는 카페가 있어 역 주변에서 간단히 시간을 보내기도 좋다.

**Data** 지도 ● 휴대지도-H, 156p-F 가는 법 에든버러 웨이벌리역에서 도보 약 2분 주소 2 Market St., Edinburgh EH1 1DE 전화 0131-529-3993 운영시간 10:00~17:00 요금 무료 홈페이지 www.edinburghmuseums.org.uk/venue/city-art-centre

**Special Page**

# 에든버러에서 즐기는 해리 포터 성지 순례

〈해리 포터〉의 작가 J.K 롤링은 이혼 후 4개월 된 아기와 함께 1990년대 초반 여동생이 살고 있던 에든버러에 와서 지냈다. 보조금으로 생계를 어렵게 꾸려나가던 가난한 무명작가는 작은 카페에서 〈해리 포터〉 소설을 쓰기 시작했다. 〈해리 포터〉 시리즈는 출간되자마자 폭발적인 인기를 끌었고, 영화로도 대단한 성공을 거뒀다. 에든버러에서 〈해리 포터〉 소설의 배경과 등장인물에 영감을 준 장소들을 실제로 찾아가 보자.

〈해리 포터〉를 쓰던
## 엘리펀트 하우스 카페 The Elephant House Cafe

코끼리 간판 외에는 특별한 것이 없어 보이는 평범하고 소박한 카페 앞에 수많은 사람들이 몰려와 사진을 찍는 이유는? 이곳이 바로 J.K 롤링이 〈해리 포터〉 소설을 쓴 역사적인 카페이기 때문이다. 싱글맘으로 생계가 어려웠던 J.K 롤링이 창밖으로 보이는 에든버러성을 바라보다 〈해리 포터〉의 영감을 받았다는 이야기가 전해진다.

해리 포터 낙서로 가득한 화장실도 이 카페의 또 다른 숨은 명소. 좋은 자리는 너무 많은 관광객이 치열한 경쟁을 벌여 자리를 차지하기가 하늘에 별 따기다. 엘리펀트 하우스 카페라는 이름답게 곳곳에 코끼리 테마의 테이블, 그림, 사진 등이 있다. 커피, 차, 케이크, 간단한 음식도 판다. 아쉽게도 건물 화재로 인해 현재 내부 공사중이어서 관람이 불가능하다(2023년 현재).

**Data** 지도 ● 휴대지도-M, 156p-J
가는 법 에든버러 웨이벌리역에서 도보 약 10분 주소 21 George IV Bridge, Edinburgh EH1 1EN
운영시간 08:00~22:00 가격 커피 2파운드~, 수프 4.50파운드~ 전화 0131-220-5355

**호그와트 학교에 영감을 준**
## 조지 헤리엇 학교 George Heriot's School

엘리펀트 하우스 카페와 가까운 곳에 있는 웅장하고 멋스러운 르네상스 양식의 학교. 해리 포터가 마법을 배우는 호그와트 학교에 영감을 준 조지 헤리엇 학교. 1628년 스코틀랜드 왕실 금 세공인이자 자선가였던 조지 헤리엇George Heriot의 기부로 병원과 학교가 설립되었다.

조지 헤리엇 학교는 마치 견고한 성처럼 보인다. 특히, 건물 모서리에 있는 고딕 스타일의 탑 모양이 인상적이다. 호그와트 학교처럼 조지 헤리엇 학교도 기숙사 시스템으로 운영된다. 아쉽게도 일반인에게는 학교 내부를 개방하지 않는다. 다만 에든버러 페스티벌을 주최할 때도 있어 내부를 살짝 엿볼 수 있다. 조지 4세 브리지George IV Bridge 위나 그레이프라이어스 공동묘지Greyfriars Kirkyard에서도 학교를 볼 수 있다.

**Data** 지도 ● 휴대지도-Q, 156p-J **가는 법** 에든버러 웨이벌리역에서 도보 약 15분
**주소** Lauriston Pl., Edinburgh EH3 9EQ **전화** 0131-229-7263 **홈페이지** www.george-heriots.com

**〈해리 포터〉등장인물의 이름을 볼 수 있는**
## 그레이프라이어스 공동묘지 Greyfriars Kirkyard

에든버러의 개 보비가 묻혀 있는 곳으로 유명한 그레이프라이어스 교회 마당 묘지이지만, 〈해리 포터〉팬에게는 〈해리 포터〉등장인물의 숨은 이름 찾기 장소다. 최고의 악당 볼드모트의 이름 톰 마볼로 리들Tom Marvolo Riddle은 이 공동묘지에 묻힌 실제 인물 톰 리델Tom Riddell에게서 영감을 얻었다고 한다. 이 외에도 맥고나걸 교수McGonagall의 이름은 스코틀랜드 최악의 시인 중 하나로 알려진 윌리엄 맥고나걸William McGonagall의 이름에서 따왔다. 앨래스터 무디Alastor Moody의 이름도 이곳에서 탄생했다.

**Data** 지도 ● 휴대지도-L, 156p-J **가는 법** 에든버러 웨이벌리역에서 도보 약 12분
**주소** 26A Candlemaker Row, Edinburgh EH1 2QE **운영시간** 묘지 매일 24시간 **전화** 0131-664-4314
**홈페이지** www.greyfriarskirk.com

**현실판 다이애건 앨리가 내 눈앞에!**
## 빅토리아 스트리트 Victoria Street

마법사와 마녀들이 각종 마법 도구를 사는 번화한 상점들이 있는 골목길 다이애건 앨리는 빅토리아 스트리트에서 영감을 받았다고 한다. 구불구불한 자갈 언덕길을 따라 양옆으로 형형색색의 상점들이 모여 있다. 오래된 서점, 기념품숍, 위스키 상점, 식료품점, 펍 등이 있는 현실판 다이애건 앨리에서 쇼핑을 즐겨보자.

**Data** 지도 ● 휴대지도-L, 156p-F
**가는 법** 에든버러 웨이벌리역에서 도보 약 10분 **주소** Victoria St., Edinburgh EH1 2HE

〈해리 포터〉 방에서 잊지 못할 하룻밤을 보낼 수 있는
## 캐논게이트 럭셔리 아파트먼트 Canongate Luxury Apartment

〈해리 포터〉의 열성팬인 주인이 직접 꾸민 상상 속 해리 포터의 집. 침실과 거실은 그리핀도르 타워와 기숙사에서 영감을 받고, 또 다른 침실은 호그와트행 열차 칸을 모티브로 했다. 그리핀도르의 상징인 빨강&금색 커튼, 호그와트 벽에 걸려 있던 초상화 사진을 볼 수 있다. 현관문은 9과 3/4 승강장을 연상시킨다. 집 곳곳에 숨어 있는 디테일을 하나하나 구경하는 재미가 쏠쏠하다. J.K 롤링이 실제 사용했던 거울과 테이블도 있다. 〈해리 포터〉와 관련된 컵과 접시로 가득한 주방도 또 하나의 볼거리. 최소 2박부터 예약을 받는다.

**Data** 지도 ● 휴대지도-I, 157p-G **가는 법** 에든버러 웨이벌리역에서 도보 약 5분 **주소** 265/5 Canongate, Edinburgh EH8 8BQ **운영시간** 체크인 15:00, 체크아웃 11:00 **요금** 1일 150파운드 이상(최소 2박 이상 예약) **전화** 0755-311-5708 **홈페이지** www.canongateluxuryapartment.co.uk

〈해리 포터〉 굿즈 쇼핑은 여기서
## 더 보이 위저드 The Boy Wizard

빅토리아 스트리트에 있는 또 다른 마법 세계. 2018년 오픈한 새로운 마법 상점으로 개구리 초콜릿을 비롯한 〈해리 포터〉와 관련된 기념품을 판매한다.

**Data** 지도 ● 휴대지도-L, 156p-F **가는 법** 에든버러 웨이벌리역에서 도보 약 10분 **주소** 1 Victoria St., Edinburgh EH1 2HE **운영시간** 월~토 10:00~18:30, 일 10:00~17:00 **전화** 0131-225-8233 **가격** 그리핀도르 스냅백 17.99파운드, 해리 포터 여권 지갑 18.99파운드 **홈페이지** www.facebook.com/theboywizarduk

### J.K 롤링이 〈해리 포터〉의 마지막 책을 집필했던
## 밸모럴 호텔 The Balmoral

억만장자가 된 J.K 롤링이 〈해리 포터〉 시리즈의 마지막 편 〈해리 포터와 죽음의 성물〉을 집필했던 호텔이다. J.K 롤링이 소설을 썼던 552번 객실은 롤링 스위트Rowling Suite로 이름이 바뀌었다. 이 방에는 롤링이 〈해리 포터와 죽음의 성물〉을 집필한 책상과 롤링의 사인이 서명된 그리스 신 헤르메스 흉상이 있다. 방문에 걸린 놋쇠로 만든 해그우드 부엉이로 노크도 할 수 있다. 하룻밤 숙박료가 1,000파운드가 넘어 '해리 포터 성지 순례'의 럭셔리 끝판왕이라 할 수 있다.

**Data** 지도 ● 휴대지도-H, 156p-B **가는 법** 에든버러 웨이벌리역에서 도보 약 2분 **주소** 1 Princes St., Edinburgh EH2 2EQ **전화** 0131-556-2414 **홈페이지** www.roccofortehotels.com

**에든버러 도시를 빛낸 상을 받은**
## 롤링 핸드 프린트 Rowling's Hand Print

2008년 에든버러는 도시 이미지에 공을 세운 사람에게 수여하는 더 에든버러 어워드The Edinburgh Award를 J.K 롤링에게 수여했다. 이 상 수상자는 에든버러 의회 건물City Chambers 앞에 핸드 프린트를 남긴다. 반짝이는 금색의 J.K 롤링 핸드 프린트 위에 손을 대고 사진을 찍는 팬들을 볼 수 있다.

**Data 에든버러 의회**
**지도** ● 휴대지도-M, 156p-F **가는 법** 에든버러 웨이벌리역에서 도보 약 5분
**주소** 253 High St., Edinburgh EH1 1YJ **운영시간** 월~목 08:30~17:00, 금 08:30~15:40 **휴무** 토 · 일요일
**요금** 무료 **전화** 0131-200-2000 **홈페이지** www.edinburgh.gov.uk

**Data 지도** ● 휴대지도-M, 156p-J
**가는 법** 에든버러 웨이벌리역에서 도보 약 10분
**주소** Greyfriars Bobby, Candlemaker Row, Edinburgh EH1 2QQ **운영시간** 하절기(4~8월) 12:00, 16:00 / 동절기(9~3월) 14:00 **요금** 무료 **홈페이지** www.pottertrail.com

**가이드의 설명과 함께 즐기는 〈해리 포터〉 워킹 투어**
## 더 포터 트레일 The Potter Trail

마법 지팡이를 들고 〈해리 포터〉의 장소를 둘러보며 설명도 들을 수 있는 워킹 투어. 에든버러 곳곳에 숨겨진 이야기와 역사를 들을 수 있다. 워킹 투어는 무료지만, 투어 후에 망토를 입고 열정적으로 설명한 가이드에게 소정의 팁으로 감사를 표하자. 예약은 홈페이지에서 하고, 투어 시작 5~10분 전에 모임 장소로 가면 된다. 투어는 그레이프라이어스 보비 동상에서 시작해 빅토리아 테라스에서 끝난다. 소요 시간은 70~90분. 7세 이상부터 참여 가능하다.

**나도 해리 포터가 되어볼까?**
## 뮤지엄 콘텍스트 Museum Context

〈해리 포터〉 팬이라면 심장이 두근대는 곳이다. 〈해리 포터〉를 주제로 한 다양한 기념품, 머플러, 마법사 봉, 엽서, 장식품, 책 등을 판매한다. 재능 있는 에든버러 예술가들의 독특하고 상상력 풍부한 제품들도 있으니 꼭 들러보자.

**Data 지도** ● 휴대지도-L, 156p-F
**가는 법** 에든버러 웨이벌리역에서 도보 약 10분 **주소** 40 Victoria St., Edinburgh EH1 2JW **운영시간** 10:00~20:00 **전화** 0131-226-5882 **가격** 머그 컵 10파운드, 호그와트 수첩 30파운드, 호그와트 토트백 20파운드 **홈페이지** museumcontext.com

화려한 돔 아래에서 즐기는 우아한 식사
## 더 돔 The Dome

에든버러에서 우아한 분위기를 즐기며 제대로 된 식사를 꿈꾼다면 더 돔으로 가자. 레스토랑 이름에서 알 수 있듯이 웅장하고 화려한 돔이 자랑이다. 돔 아래에 대리석 바와 샹들리에가 있고, 곳곳에 야자수가 있다. 1996년 문을 열어 에든버러를 대표하는 고급 레스토랑으로 자리를 잡았다. 더 돔에서는 스코틀랜드 현지 재료를 사용한 정통 스코티시 음식을 맛볼 수 있다. 조지안 티 룸에서 즐기는 스코티시 블렌딩 애프터눈 티 세트도 빼놓을 수 없다.

**Data 지도** ● 휴대지도-G
**가는 법** 에든버러 웨이벌리역에서 도보 약 10분
**주소** 14 George St., Edinburgh EH2 2PF
**전화** 0131-624-8624
**운영시간** 10:00~00:00
**가격** 립아이 스테이크 30파운드, 스코티쉬 대구 필레 22파운드, 에프터눈 티 세트 29.50파운드
**홈페이지** www.thedome edinburgh.com

스코틀랜드의 신선한 식재료로 만드는 스코티시 메뉴
## 웨지우드 더 레스토랑 Wedgwood the Restaurant

레스토랑 소유주이자 헤드 셰프 폴 웨지우드의 이름을 딴 레스토랑이다. 로얄 마일에 위치해 있다. 스코틀랜드에서 나는 신선한 해산물과 허브를 사용해 프랑스 코스 요리와 스코티시 메뉴를 제공한다. 손님들이 최대한 여유 있고 편안하게 식사를 즐길 수 있도록 하는 것이 웨지우드의 콘셉트다.
해기스와 블랙 푸딩 등 스코틀랜드 전통 음식은 물론이고, 계절에 따라 바뀌는 다양한 식재료를 이용한 시즈널 메뉴와 스티키 토피 푸딩, 캐러멜 밀크 무스와 같은 영국 전통 디저트도 맛볼 수 있다.

**Data 지도** ● 휴대지도-I
**가는 법** 에든버러 웨이벌리역에서 도보 약 5분
**주소** The Royal Mile, 267 Canongate, Edinburgh EH8 8BQ
**전화** 0131-558-8737
**운영시간** 런치 12:00~13:45 / 디너 17:00~21:00, 월요일 휴무, 화요일은 디너만 오픈
**가격** 런치 2코스 25파운드 / 디너 메인 사슴 고기 32.50 파운드
**홈페이지** www.wedgwoodtherestaurant.co.uk

©Fazenda Rodizio Bar & Grill

**하이퀄리티 브라질 고기를 무제한으로!**
## 파젠다 로디지오 바&그릴 에든버러 Fazenda Rodizio Bar & Grill Edinburgh

고급스러운 샹들리에와 와인잔, 대리석 인테리어가 멋스러운 하이퀄리티 브라질리언 레스토랑이다. 닭고기, 양고기, 돼지고기, 소고기 등 모든 고기 메뉴를 꼬치에 구워 테이블로 서빙해 준다. 육즙이 가득해 풍미가 좋고 부드러운 브라질 소고기가 특히 인기 메뉴다. 브라질 남부 광활한 목초지에서 자유롭게 자란 100년 전통의 가우초 정통 바비큐 고기를 맛볼 수 있다.

테이블에 있는 양면 카드를 사용하여 고기를 원하는 속도와 최상의 상태로 조절해 즐길 수 있도록 되어 있다. 초록색을 보여 주면 새로운 고기를 달라는 의미이고, 빨간색을 보여 주면 잠시 쉬어간다는 의미다. 레어부터 웰던까지 원하는 고기 굽기를 요청할 수 있으니 원하는 부위를 골라 취향껏 즐기면 된다. 최고 품질의 아르헨티나, 브라질 핫 사이드 디쉬가 서빙되며, 마켓 테이블에는 유럽식 치즈와 신선한 샐러드, 해산물 등이 제공된다. 스코티쉬 위스키와 스코틀랜드 각 지역별 위스키를 모티브로 한 칵테일도 이곳의 자랑! 에든버러에 가면 꼭 한번 들러보자.

**Data** 지도 ● 휴대지도-F
**가는 법** 에든버러 웨이벌리역에서 도보 약 14분 **주소** 102 George St, Edinburgh EH2 3DF
**전화** 0131-215-1234 **운영시간** 런치 12:00~15:00, 디너 16:30~21:00 **가격** 런치 33.90파운드, 디너 48.90파운드 **홈페이지** fazenda.co.uk

런던에서 상륙한 핫한 인도 음식점
### 디슘 Dishoom

런던에서 가장 핫한 인도 음식점으로 유명세를 탄 디슘이 드디어 에든버러에도 상륙했다. 에든버러 웨이벌리역에서 프린스 스트리트를 건너면 바로 갈 수 있는 위치에 있어 좋다. 레스토랑 바로 앞에는 세인트 앤드루 공원이 있다.

빈티지하면서도 깔끔한 인도 카페 분위기의 인테리어가 특징인 곳으로, 인도 정통 커리의 깊은 맛을 느낄 수 있다. 케밥, 새우 마살라, 치킨 칠리, 로티 등 다양한 메뉴가 있다. 그중 식감이 부드럽고 약간 매콤한 치킨 티카가 대표 메뉴다. 08:00~11:45분까지(주말은 09:00~) 이용 가능한 조식 메뉴도 있어 특별한 아침 식사를 즐길 수 있다.

**Data** 지도 ● 휴대지도-G
가는 법 에든버러 웨이벌리역에서 도보 약 5분
주소 3A St. Andrew Square, Edinburgh EH2 2BD
전화 0131-2026-406
운영시간 월~수, 일 08:00~23:00, 목~토 08:00~24:00
가격 치킨 티카 11.90파운드, 케밥 11.90파운드
홈페이지 www.dishoom.com/edinburgh

합리적인 가격에 배부르게 먹을 수 있는
### 코스모 월드 뷔페 레스토랑 COSMO World Buffet Restaurant

영국 전역에 지점이 있는 아시안 뷔페. 초밥, 롤, 딤섬, 스테이크, 피자, 파스타, 치킨까지 전 세계의 다양한 메뉴를 마음껏 즐길 수 있다. 트립어드바이저 '엑셀런스'를 3년 연속 받은 인증된 맛집이다. 맛이 아주 훌륭하지는 않지만 물가 비싼 영국에서 15파운드 정도의 가격으로 점심을 배부르게 먹을 수 있는 것만으로도 행복하다. 저녁이나 주말에는 웨이팅이 많으니 예약을 하거나 서둘러 가자.

**Data** 지도 ● 휴대지도-C 가는 법 에든버러 웨이벌리역에서 도보 약 10분 주소 Omni Centre, Greenside Pl., Edinburgh EH1 3AA 전화 0131-557-0808 운영시간 런치 월~금 12:00~15:30, 토 12:00~15:30 / 디너 월~목 16:30~21:30, 금 16:30~22:00, 토 16:30~22:30, 일 12:30~21:30 가격 런치 월~토 15.99파운드 / 디너 월~목 19.99파운드, 금~일 20.99파운드 홈페이지 www.cosmo-restaurants.co.uk

**현지인에게 인기 있는 타이 레스토랑**
## 팅 타이 카라반 Ting Thai Caravan

모던하고 젊은 감각으로 꾸며진 레스토랑. 에든버러 대학교 앞에 있어 젊은 학생들이 주로 찾는 태국 레스토랑이다. 간단하게 한 끼 해결하고 싶을 때, 여행 중에 뜨끈한 국수 한 그릇을 먹고 싶을 때 저렴하게 이용할 수 있다.
한국인 입맛에도 잘 맞는 쌀국수가 대표 메뉴다. 소고기, 치킨, 해산물 중에서 선택할 수 있다. 똠얌꿍, 커리, 샐러드, 두부 등 다른 메뉴도 있다. 12:00~18:00까지는 선 업Sun Up 타임, 18:00~마감 시간까지는 선 다운Sun Down 타임으로 같은 메뉴가 약 2파운드 정도 가격 차이가 난다.

**Data 지도** ● 휴대지도-R
**가는 법** 에든버러 웨이벌리역에서 도보 약 15분
**주소** 8-9 Teviot Pl., Edinburgh EH1 2QZ
**전화** 0131-225-9801
**운영시간** 일~목 12:00~22:00 금·토 12:00~23:00
**가격** 선 업 타임 팟타이 7.8 파운드, 똠얌꿍 6파운드
**홈페이지** www.tingthai-caravan.com

**통유리 너머 에든버러성이 보이는**
## 차오프라야 타이 레스토랑
**Chaophraya Thai Restaurant**

레스토랑 천장과 사방이 통유리로 되어 있는 루프톱 식당이다. 에든버러성과 도시의 스카이라인 뷰를 즐기며 식사할 수 있다. 태국을 느낄 수 있는 세련된 인테리어와 아름다운 전망을 즐길 수 있다는 점을 생각해보면 음식 가격도 나름 합리적이다.
조식, 런치, 디너 식사 메뉴와 칵테일, 와인, 맥주 등 메뉴 선택도 다양하다. 태국 요리를 직접 배워보는 쿠킹 클래스와 칵테일 마스터 클래스도 진행한다. 홈페이지에서 신청 가능하다.

**Data 지도** ● 휴대지도-F
**가는 법** 에든버러 웨이벌리역에서 도보 약 15분
**주소** 4th Floor, 33 Castle St., Edinburgh EH2 3DN
**전화** 0131-226-7614
**운영시간** 매일 12:00~22:00
**가격** 새우 똠얌꿍 10파운드, 치킨 팟타이 14파운드
**홈페이지** chaophraya.co.uk/Edinburgh

제대로 된 이탈리아 남부 요리
# 로칸다 데 구스티 Locanda de Gusti

에든버러에서 제대로 된 이탈리아 남부 지방 요리를 먹을 수 있다니! 나폴리에서 자란 셰프가 해주는 이탈리아 정통 파스타, 가정식, 그리고 티라미수를 먹어보자. 매일 아침 시장에서 주인이 직접 고른 신선한 생선과 해물, 고기를 사용해 메뉴가 다양하다. 건강을 고려해 파스타와 디저트는 글루텐 프리로 만든다.
주인 부부의 따뜻하고 정감 넘치는 분위기와 식당 곳곳에 있는 화려한 색감의 가구들이 잘 어우러졌다. 마치 지중해의 한 가정집에서 식사를 하는 듯한 느낌이 든다. 워낙 인기가 많고 작은 식당이니 꼭 예약하기를 추천한다. 에든버러 웨이벌리역에서 기차로 한 정거장 떨어져 있는 헤이마켓역 주변에 위치해 있다.

**Data** 지도 ● 휴대지도-K 지도 밖
가는 법 에든버러 웨이벌리역에서 기차를 타고 헤이마켓Haymarket역에서 하차 후 도보 약 5분
주소 102 Dalry Rd., Edinburgh EH11 2DW
전화 0131-346-8800
운영시간 월~목 17:30~22:00
금·토 12:30~22:00
휴무 일요일
가격 랍스타 링귀니 파스타 30.95파운드, 아포가토 6.95파운드
홈페이지 www.locandadegusti.com

취향대로 골라먹는 타파스
# 카페 안달루스 Cafe Andaluz

에든버러, 글래스고, 애버딘 등 스코틀랜드 주요 도시에 지점이 있는 스페인 타파스 레스토랑이다. 에든버러에는 올드 타운, 뉴 타운 2곳에 지점이 있다. 2층으로 된 레스토랑은 스페인 남부 안달루시아 지방 분위기로 인테리어를 했다. 취향에 맞춰 여러 개의 타파스와 파에야를 주문해 일행과 함께 먹으면 좋다.

**Data** 올드 타운점
지도 ● 휴대지도-M 가는 법 에든버러 웨이벌리역에서 도보 약 10분
주소 10-11 George IV Bridge, Old Town, Edinburgh EH1 1EE
전화 0131-226-1002 운영시간 11:30~22:30
가격 깔라마리 7파운드, 감바스 7.9파운드, 파에야 28.95파운드
홈페이지 www.cafeandaluz.com

**Data** 뉴 타운점
지도 ● 휴대지도-F 가는 법 에든버러 웨이벌리역에서 도보 약 10분
주소 77B George St., Edinburgh EH2 3EE
전화 0131-220-9980 운영시간 10:30~22:00
가격 깔라마리 7파운드, 감바스 7.9파운드, 파에야 28.95파운드
홈페이지 www.cafeandaluz.com

### 현지인들이 사랑하는 한국 식당
# 킴스 미니 밀 Kims Mini Meals

에든버러 대학교 근처에 위치한 한국 식당이다. 미슐랭 가이드북, 트립어드바이저, 옐프Yelp에 소개되어 현지인들에게 더 유명한 곳이다. 눈에 띄는 파란색 간판을 달고 있어 찾기 쉽다. 한류와 한국 음식에 대한 관심이 높아져 식사 시간에는 식당 앞에 대기줄이 서니 참고하자.

정갈하게 담긴 반찬 플레이팅이 눈을 사로잡는다. 집에서 직접 담근 장으로 만든 김치찌개, 된장찌개를 비롯해 잡채, 김밥, 떡볶이 등 다양한 한국 음식을 맛볼 수 있다. 밥은 무료로 한 번 더 리필 가능하다. 주변에 아서스 싯, 스코틀랜드 국립 박물관이 있어 식사 후 둘러보기 좋다.

**Data** 지도 ● 휴대지도-S
**가는 법** 에든버러 웨이벌리역에서 도보 약 15분
**주소** 5 Buccleuch St., Edinburgh EH8 9JN
**전화** 0131-629-7951
**운영시간** 월~토 17:30~21:00 런치 목·금 12:00~14:30
**휴무** 일요일
**가격** 찌개, 불고기, 라면 각 11.50파운드(런치)
**홈페이지** www.facebook.com/mrkimsfamily

### 한국에서 먹는 그 맛 그대로
# 코리안 비비큐 Korean BBQ

여행 중 집밥이 그리울 때 든든하게 한 끼 식사를 할 수 있는 곳. 한국 음식 본래의 맛을 그대로 현지인과 한국인에게 전하기 위해 노력하고 있다. 파전, 만두, 튀김, 샐러드, 찌개, 탕, 전골, 우동 등 메뉴가 다양하다. 불판에 직접 구워 먹는 삼겹살, 불고기, 닭갈비, BBQ 세트 메뉴도 있다. 에든버러에 타빗 스트리트점, 샐리스버리 플레이스점이 있다. 두 곳 다 에든버러 웨이벌리역에서 도보로 약 25분 정도 소요되며, 버스로 이동하는 방법도 있다.

**Data** 타빗 스트리트점
**지도** ● 휴대지도-P 지도 밖 **가는 법** 프린스 스트리트 정류장에서 10 or 11 or 16번 버스를 타고 홈 스트리트 Home Street 정류장에서 하차. 총 15분 소요 **주소** 3 Tarvit St., Edinburgh EH3 9LB **전화** 0131-229-6789 **운영시간** 평일 월~금 12:00~15:00, 17:00~22:30, 토·일 17:00~22:30 **가격** 삼겹살 12.90파운드, 돼지불고기 13.60파운드(반찬 추가는 2파운드) **홈페이지** daochef.com/korean-bbq

**Data** 샐리스버리 플레이스점
**지도** ● 휴대지도-S 지도 밖 **가는 법** 노스 브리지 정류장에서 7 or 31 or 37번 버스를 타고 샐리스버리 플레이스Salisbury Place 정류장에서 하차. 총 20분 소요 **주소** 6-8 Salisbury Pl., Edinburgh EH9 1SH **전화** 0131-241-6658 **운영시간** 평일 월~금 12:00~15:00, 17:00~22:30, 토·일 17:00~22:30 **가격** 삼겹살 12.90파운드, 돼지불고기 13.60파운드(반찬 추가는 2파운드) **홈페이지** daochef.com/korean-bbq

에든버러에서 찾은 짬뽕 맛집
## 옹기 Ong Gie

아무리 맛있는 서양 음식도 연달아 먹으면 느끼하다. 뭔가 맵고, 칼칼하고, 시원한 국물이 생각날 때 옹기로 가자. 다른 한식당처럼 찌개, 고기 등 다양한 한식 메뉴가 있다. 그러나 이곳의 인기 메뉴는 짬뽕이다. 해물이 들어간 시원하고 칼칼한 육수에 쫄깃한 면발이 여행의 피로를 날려준다. 12:00~14:30분 사이에는 가격대가 저렴한 런치 스페셜 메뉴를 먹을 수 있다. 에든버러 올드 타운에서 도보로 약 20분 정도 걸린다.

**Data 지도** ● 휴대지도-P 지도 밖
**가는 법** 프린스 스트리트 정류장에서 10 or 11 or 16번 버스를 타고 브레드 스트리트Bread Street 정류장 하차 후 도보 약 5분
**주소** 22A Brougham Pl., Edinburgh EH3 9JU
**전화** 0131-229-0869
**운영시간** 월, 목~일 12:00~14:30, 17:00~21:30
**휴무** 화·수요일
**가격** 짬뽕 12.50파운드, 돌솥 비빔밥 12.80파운드
**홈페이지** www.onggiedinburgh.com

줄 서서 먹는 브라질 스타일 길거리 간식
## 투피니킴 브라질 크레이프 Tupiniquim Brasil Crepes

저렴하고 맛있는 먹거리가 많은 에든버러 대학 앞에 있다. 한 끼 식사로 충분한 브라질 스타일 크레이프를 판다. 든든한 세이보리 팬케이크와 달콤한 간식으로 먹을 수 있는 스위트 팬케이크 크게 2종류다. 글루텐 프리라 건강에도 좋다. 만드는 과정을 바로 앞에서 지켜보는 재미도 있다. 직접 짜주는 신선한 과일주스, 커피도 있다. 때때로 라이브 콘서트도 열린다.

**Data 지도** ● 휴대지도-R
**가는 법** 에든버러 웨이벌리역에서 도보 약 15분
**주소** The Green Police Box, Lauriston Pl., Edinburgh EH1 9AU **전화** 0790-888-6184
**운영시간** 화~금 12:00~18:00, 토 12:00~19:00, 일 12:00~17:00 **휴무** 월요일
**가격** 스테이크 크레이프 7.90파운드, 누텔라 크레이프 3파운드 **홈페이지** tupiniquim.co.uk

**통돼지 한 마리가 딱**
# 오잉크 Oink

에든버러를 여행하다 보면 검은 배경에 핫핑크 돼지 모양으로 가게 이름을 형상화한 간판을 한 번은 보게 된다. 에든버러에서 가장 번화한 빅토리아 스트리트, 로얄 마일, 뉴 타운 3곳에 지점이 있는 오잉크 버거. 오잉크 창업주는 시골에서 돼지와 양을 직접 기르던 농장주다. 그는 신선한 재료를 사용한 음식을 도시에서 간편하게 팔 수 있는 아이디어를 생각했다. 그래서 시작한 것이 스코틀랜드 전통 음식 핫 로스트 롤인데, 저렴하면서 간편하게 먹을 수 있어 인기를 끌었다. 지금은 에든버러에서 유명한 버거 브랜드숍이 되었다.

오잉크의 가장 큰 특징은 가게 유리창 안에 돼지 한 마리가 통째로 구워져 있다는 것이다. 약한 불에서 오래오래 구운 이 고기는 살이 손으로 뜯어질 정도로 부드럽다. 이 살코기를 잘게 찢어 패티로 넣어준다. 버거를 주문할 때는 우선 사이즈를 선택한 후 빵 타입을 고른다. 그다음 빵에 넣을 토핑과 소스를 순서대로 고르면 된다. 토핑은 스코틀랜드 전통 음식 해기스Haggis도 선택 가능하다. 가게 내부는 그리 넓은 편이 아니다. 날씨가 좋다면 포장해서 공원에 앉아 먹는 것도 좋다. 가격도 저렴한 편이다.

**Data 빅토리아 스트리트점**
**지도** ● 휴대지도-L **가는 법** 에든버러 웨이벌리역에서 도보 약 10분
**주소** 34 Victoria St., Grassmarket, Edinburgh EH1 2JW **전화** 0777-196-8233
**운영시간** 매일 11:00~17:00
**가격** 오잉크 사이즈 버거 5.95파운드, 그런터 사이즈 버거 7.70파운드 **홈페이지** www.oinkhogroast.co.uk

**Data 캐논게이트점**
**지도** ● 휴대지도-J **가는 법** 에든버러 웨이벌리역에서 도보 약 10분
**주소** 82 Canongate, Edinburgh EH8 8BZ **전화** 0758-463-7416
**운영시간** 매일 11:00~17:00
**가격** 오잉크 사이즈 버거 5.95파운드, 그런터 사이즈 버거 7.70파운드 **홈페이지** www.oinkhogroast.co.uk

**Data 하노버 스트리트점**
**지도** ● 휴대지도-G **가는 법** 에든버러 웨이벌리역에서 도보 약 8분
**주소** 38 Hanover St., Edinburgh EH2 2DR **전화** 0738-838-8202 **운영시간** 매일 11:00~17:00
**가격** 오잉크 사이즈 버거 5.95파운드, 그런터 사이즈 버거 7.70파운드 **홈페이지** www.oinkhogroast.co.uk

### 200년 된 도서관에서 즐기는 애프터눈 티
## 시그닛 도서관 콜로네이드 Colonnades at the Signet Library

돌기둥 장식과 오래된 책들로 둘러싸인 멋스러운 도서관에서 식사를 하고 차를 마시는 특별한 경험을 해볼 수 있는 곳이다. 고풍스러운 도서관 분위기에 더해 예쁘고 화려한 색상의 플레이팅이 시선을 사로잡는다. 왕실 보증을 받은 인증된 레스토랑이다.

이곳의 대표 메뉴는 애프터눈 티 세트. 실버 3단 트레이에 빵, 샌드위치 중심의 세이보리 메뉴와 케이크, 스콘이 있는 디저트 메뉴가 차례로 나온다. 행사가 많으니 이곳에서 식사를 하고 싶다면 홈페이지에서 미리 확인하고 예약하자.

**Data 지도** ● 휴대지도-M
**가는 법** 에든버러 웨이벌리역에서 도보 약 8분
**주소** Parliament Square, Edinburgh EH1 1RF
**전화** 0131-226-1064
**운영시간** 애프터눈 티 세트 일~수 11:00~16:30
**휴무** 목·금·토요일
**가격** 애프터눈 티 세트 60파운드
**홈페이지**
www.thesignetlibrary.co.uk

**Data** 지도 ● 휴대지도-J
**가는 법** 에든버러 웨이벌리역에서 도보 약 10분
**주소** 69 Canongate, Edinburgh EH8 8BS **전화** 0131-557-1888
**운영시간** 화-금 10:00~16:30 토·일 09:30~16:30 **휴무** 월요일
**가격** 스코티쉬 브랙퍼스트 8파운드, 크림 티 세트 4.8파운드
**홈페이지** www.instagram.com/clarindas.tearoom

**영국 분위기 물씬 나는 아늑한 티 룸**
## 클라린다스 티 룸 Clarinda's Tearoom

로얄 마일에 위치한 아늑하고 편안한 분위기의 티 룸이다. 1976년에 오픈해 앤티크한 느낌이다. 세월이 느껴지는 간판을 따라 내부로 들어가면 꽃 문양 벽지에 오래된 시계와 액자들이 걸려 있는 벽이 보인다. 예쁜 영국 스타일의 찻잔, 클래식 음악이 조용히 흐르는 분위기 때문에 마치 영국 할머니 댁에 들어온 기분이 든다. 홈메이드로 직접 만든 케이크를 비롯해 브랙퍼스트 메뉴, 런치 메뉴도 있다. 영국 차 문화의 기본을 경험해 볼 수 있는 크림 티 세트가 추천 메뉴. 스콘, 크림, 잼, 버터, 티가 함께 나온다. 현금만 결제 가능하다. 장소는 작은 편이다.

**티에 대한 모든 것이 있는**
## 에티켓 티 룸 Eteaket Tea Room

비싼 호텔의 애프터눈 티 세트가 부담스럽다면 에티켓 티 룸으로 가자. 이곳에서는 샌드위치, 스콘, 클로티드 크림, 잼, 미니 케이크, 따뜻한 차가 나오는 애프터눈 티 세트를 22파운드대로 즐길 수 있다. 에티켓 티 룸에서는 홍차, 허브차, 녹차, 과일차, 꽃차, 티 라테, 루이보스차 등 35가지가 넘는 다양한 차를 취향대로 골라 마실 수 있다. 브랙퍼스트 메뉴, 샌드위치, 크림 티, 커피, 티 칵테일 메뉴도 있다.

**Data** 에티켓 티 룸
**지도** ● 휴대지도-F
**가는 법** 에든버러 웨이벌리역에서 도보 약 10분
**주소** 41 Frederick St., Edinburgh EH2 1EP
**전화** 0131-226-2982
**운영시간** 월~금 11:00~17:30, 토·일 10:00~17:00
**가격** 애프터눈티 세트 22.75파운드, 크림 티 세트 6.95파운드
**홈페이지** www.eteaket.co.uk

**Special Page**

# 에든버러 로컬 카페 투어

에든버러의 고풍스러운 건물 곳곳에는 작지만 멋진 카페들이 숨어 있다. 대형 브랜드 커피의 익숙한 맛은 잠시 뒤로 두고, 에든버러에서만 만날 수 있는 로컬 카페를 둘러보는 건 어떨까?

**하일랜드의 신선함을 커피에 담다**
## 케언곰 커피 Cairngorm Coffee

스코틀랜드 하일랜드에 있는 케언곰산의 이름을 딴 카페. 매주 목요일마다 깨끗한 케언곰산에서 가져온 커피콩을 직접 로스팅해 신선하고 깊은 맛의 커피를 즐길 수 있다. 에든버러에 지점이 2곳 있다. 자체 브랜드 로고의 티셔츠, 머그 컵, 가방 등을 판매한다. 호주 바리스타의 롱 블랙 커피도 맛볼 수 있다.

**Data 멜바일 플라자점**
**지도** ● 휴대지도-F 지도 밖
**가는 법** 에든버러 웨이벌리역에서 도보 약 20분 **주소** 1 Melville Pl., Edinburgh EH3 7PR
**전화** 0131-629-1420 **운영시간** 월~금 08:30~16:30, 토·일 09:00~16:30
**가격** 에스프레소 3파운드, 플랫 화이트 3.5파운드 **홈페이지** www.cairngormcoffee.com

**Data 프레데릭 스트리트점**
**지도** ● 휴대지도-F
**가는 법** 에든버러 웨이벌리역에서 도보 약 10분 **주소** 41A Frederick St., Edinburgh EH2 1EP
**전화** 0131-629-1420 **운영시간** 수~일 09:00~17:00
**가격** 에스프레소 3파운드, 플랫 화이트 3.5파운드 **홈페이지** www.cairngormcoffee.com

---

**TIP 커피 애호가를 위한 에든버러 커피 페스티벌**

**에든버러 커피 페스티벌** Edinburgh Coffee Festival
에든버러의 커피, 티, 음료 업체들이 참가하는 행사. 10월 초 토요일 하루 동안 진행된다. 날짜는 매년 조금씩 바뀐다. 바리스타가 내려주는 신선한 커피와 티를 시음해 볼 수 있다. 입장료 및 자세한 날짜는 공식 홈페이지에서 확인하자.
**Data 홈페이지** www.edinburghcoffeefestival.co.uk

**영국 커피 위크** UK Coffee Week
2015년부터 시작해 매년 영국 전역에서 열리는 커피 페스티벌이다. 4월 말에서 5월 초 일주일 동안 영국 커피 산업을 발전시키고, 커피 소비자들에게 환경에 대한 관심을 불러일으키는 주제로 열린다. 커피 위크에 참여하는 카페에서 커피를 마시면 한 잔당 5펜스가 기부되어 아프리카의 우물 프로젝트 기금으로 사용된다. 라테 아트 클래스, 커피 칵테일 나이트 등 다양한 행사도 열린다.
**Data 홈페이지** www.ukcoffeeweek.com

### 스페셜티 커피 바는 바로 여기
## 포티튜드 커피 Fortitude Coffee

작지만 그만큼 더 따뜻하고 편안한 분위기의 카페다. 정성스럽게 내린 핸드 드립 커피를 제대로 즐길 수 있다. 케이크, 도넛, 핫초코, 스페셜 티도 맛볼 수 있다. 에든버러 버스 정류장에서 가까워 버스 시간을 기다릴 때 간단히 요기하기 좋다.

**Data** 지도 ● 휴대지도-B 가는 법 에든버러 웨이벌리역에서 도보 약 10분 주소 3C York Pl., Edinburgh EH1 3EB 전화 0131-557-3063 운영시간 매일 09:00~16:00 가격 플랫 화이트 3.50파운드, 카푸치노 3.60파운드 홈페이지 www.fortitudecoffee.com

### 아는 사람만 찾아오는 숨은 카페
## 로우다운 커피 Lowdown Coffee

반지하에 위치해 무심코 지나치기 쉽다. 카페 바와 손님 테이블의 경계가 없는 오픈 스타일 카페다. 마치 바리스타의 집에 초대되어 커피를 마시는 듯한 프라이빗한 공간이다. 수준급의 바리스타가 만들어주는 플랫 화이트 한 잔을 즐겨보자.

**Data** 지도 ● 휴대지도-G 가는 법 에든버러 웨이벌리역에서 도보 약 10분 주소 40 George St., Edinburgh EH2 2LE 전화 0131-226-2132 운영시간 월~토 09:30~17:30, 일 10:00~17:30 가격 에스프레소 3파운드, 플랫 화이트 3.20파운드 홈페이지 www.instagram.com/lowdown_coffee

### 빈티지한 감성이 느껴지는 지하 카페
## 웰링턴 커피 Wellington Coffee

뉴 타운 하노버 스트리트와 조지 스트리트가 만나는 길목에 위치한 작은 규모의 빈티지 카페. 다른 카페보다 일찍 오픈해서 아침 시간에 방문하기 좋다.

**Data** 지도 ● 휴대지도-G 가는 법 에든버러 웨이벌리역에서 도보 약 10분 주소 33A George St., Edinburgh EH2 2HN 전화 0131-225-6854 운영시간 월~금 06:45~18:00, 토 07:30~18:00, 일 08:00~18:00 가격 플랫 화이트 3.50파운드, 라테 3.60파운드 홈페이지 www.facebook.com/pages/Wellington-Coffee/155017791183994

### 에든버러 대학생들이 즐겨 찾는 카페
## 브루 랩 Brew Lab

에든버러 대학 근처에 있어 대학생들이 자주 찾는다. 브루 랩의 스페셜티 커피를 포함해 런치 메뉴, 케이크, 수프 등을 판매한다. 저녁에는 수제 맥주도 맛볼 수 있다.

**Data** 지도 ● 휴대지도-M 가는 법 에든버러 웨이벌리역에서 도보 약 10분 주소 6-8 South College St., Edinburgh EH8 9AA 전화 0131-662-8963 운영시간 매일 08:00~18:00 가격 에스프레소 3파운드, 플랫 화이트 3.40파운드 홈페이지 www.brewlabcoffee.co.uk

### 맛과 양 모두 만족, 믿고 가는 체인 펍
# 더 부킹 오피스 JD 웨더스푼 The Booking Office JD Wetherspoon

영국에서 가장 큰 펍 체인 JD 웨더스푼의 에든버러 지점이다. 에든버러 웨이벌리역과 이어져 있어 기차를 이용할 때 시간을 보내거나 배 채우기 좋다. 요일별 행사 메뉴를 선택하면 부담 없는 가격으로 이용할 수 있다. 요일별로 치킨, 스테이크, 커리 등의 메뉴와 음료를 함께 세트 할인하는 클럽 이벤트도 있다.

**Data** 지도 ● 휴대지도-H
**가는 법** 에든버러 웨이벌리역에서 도보로 약 1분 소요
**주소** 17 Waverley Bridge, Edinburgh EH1 1BQ
**전화** 0131-558-1003
**운영시간** 월~목 07:00~24:00, 금~일 07:00~01:00
**가격** 트레디셔널 브랙퍼스트 5.60파운드, 버거 7.95파운드, 피쉬 앤 칩스 9.65파운드
**홈페이지** www.jdwetherspoon.com

### 〈셜록 홈즈〉 소설 속으로 들어온 듯한
# 더 코난 도일 The Conan Doyle

피카르디 플레이스Picardy Place에는 〈셜록 홈즈〉 시리즈의 작가 아서 코난 도일의 이름을 딴 펍이 있다. 팬이라면 한 번쯤 들러 볼 만한 곳이다. 간판부터 펍 유리창, 내부 곳곳까지 코난 도일과 그의 작품 〈셜록 홈즈〉와 관련된 사진, 설명, 자료들이 즐비하다. 제대로 된 에일 맥주와 곁들여 먹을 수 있는 해기스, 훈제 스코티시 연어 등 스코틀랜드 전통 음식도 맛볼 수 있다.

**Data** 지도 ● 휴대지도-C **가는 법** 에든버러 웨이벌리역에서 도보 약 10분 **주소** 71-73 York Pl., Edinburgh EH1 3JD **전화** 0131-557-9539 **운영시간** 일~목 12:00~24:00, 금·토 12:00~01:00 **가격** 피쉬 앤 칩스 18파운드, 해기스 10.50파운드, 립아이 스테이크 23파운드 **홈페이지** www.nicholsonspubs.co.uk

### 현지 느낌 물씬 나는 라이브 뮤직바
# 샌디 벨즈 Sandy Bell's

파란색 간판과 외관이 눈에 띄는 펍. 라이브 포크 뮤직바로도 유명하다. 1920년대 오픈한 이 펍은 로컬 연주자들이 자주 모이면서 자연스럽게 라이브 음악 공연이 펼쳐졌다. 매일 저녁 수준급의 연주자들이 다양한 악기를 가지고 에든버러 전통 음악이나 포크 음악을 연주한다. 8월에는 낮에도 공연이 열린다. 맥주와 스코틀랜드 위스키도 다양하게 즐길 수 있다.

**Data** 지도 ● 휴대지도-R **가는 법** 에든버러 웨이벌리역에서 도보 약 15분 **주소** 25 Forrest Rd., Edinburgh EH1 2QH **전화** 0131-225-2751 **운영시간** 월~토 12:00~01:00, 일 12:30~00:00 **가격** 위스키 35ml 3.50파운드~, 맥주 파인트 3.50파운드~ **홈페이지** www.sandybells.co.uk

#### 위스키와 스코티시 전통 음식을 한 번에
# 위스키 바&레스토랑 Whiski Bar&Restaurant

에든버러 올드 타운 베스트 레스토랑으로 선정된 위스키 바이자 스코틀랜드 전통 레스토랑이다. 바에는 300종이 넘는 스카치위스키, 칵테일, 와인, 맥주가 가득하다. 스코틀랜드 해산물, 소고기, 사슴고기 요리를 먹을 수 있다. 계절별로 시즌 메뉴가 나온다. 상까지 받은 해기스가 이곳의 추천 메뉴. 낮 12시까지는 브랙퍼스트 메뉴도 주문할 수 있다. 저녁에는 라이브 뮤직 공연이 열린다. 레스토랑에서 도보 10분 거리의 위스키룸에서도 위스키 테이스팅과 스코티시 음식을 즐길 수 있다.

**Data** 위스키 바&레스토랑
**지도** ● 휴대지도-H **가는 법** 에든버러 웨이벌리역에서 도보 약 5분 **주소** 119 High St., Edinburgh EH1 1SG **전화** 0131-556-3095 **운영시간** 월~목 11:00~01:00, 금~일 10:00~01:00 **가격** 풀 잉글리시 브랙퍼스트 14파운드, 스코티쉬 립아이 스테이크 28파운드, 해기스 타워 17파운드 **홈페이지** www.whiskibar.co.uk

**Data** 위스키룸
**지도** ● 휴대지도-L **가는 법** 에든버러 웨이벌리역에서 도보 약 8분 **주소** 4 North Bank St., Edinburgh EH1 2LP **전화** 0131-225-7224 **운영시간** 10:00~01:00 **홈페이지** www.whiskibar.co.uk

#### 에든버러를 대표하는 재즈 바
# 더 재즈 바 The Jazz Bar

영국 올해의 재즈 공연장, 스코틀랜드 올해의 뮤직 펍 어워드에 빛나는 에든버러 대표 재즈 바다. 재즈, 어쿠스틱, 블루스, 펑크, 소울, 일렉트릭 등 다양한 장르의 공연이 열려 재즈 러버가 아니라도 추천하는 장소다. 밝고 신나는 분위기에서 드링크 메뉴를 즐길 수 있다. 1년에 세계 유명 재즈 뮤지션 1,300여 팀이 이곳에서 공연을 한다. 맥주, 와인, 칵테일, 커피 등 음료 메뉴만 있다. 드레스 코드는 스마트 캐주얼 스타일이다. 반바지, 슬리퍼 등은 입장이 제한될 수 있다. 예약은 불가하며, 입장 시 현금 결제만 가능하다. 이른 시간 공연은 무료로 볼 수도 있다.

**Data** **지도** ● 휴대지도-M
**가는 법** 에든버러 웨이벌리역에서 도보 약 10분
**주소** 1A Chambers St., Edinburgh EH1 1HR
**전화** 0131-220-4298
**운영시간** 17:00~03:00
**가격** 입장료는 공연에 따라 3~10파운드
**홈페이지** www.thejazzbar.co.uk

### 여러 펍이 모여 있는 아담한 골목
## 로즈 스트리트 Rose Street

에든버러 뉴 타운의 가장 크고 번화한 프린스 스트리트와 조지 스트리트 사이에 있는 아담한 길이 로즈 스트리트다. 종로 골목에 전통 술집과 맛집이 많은 것처럼 로즈 스트리트의 좁은 골목길을 따라 유명하고 오래된 펍과 맛집이 모여 있다. 펍마다 다른 디자인의 간판을 구경하는 재미도 있고, 밤에는 로즈 스트리트 거리를 따라 조명이 반짝인다. 천천히 거리를 거닐며 취향 따라 분위기 따라 마음에 내키는 펍에 들어가보자.

**Data** 지도 ● 휴대지도-G **가는 법** 에든버러 웨이벌리역에서 도보 약 5분 **주소** Rose St., Edinburgh EH2 2NE **홈페이지** www.edinburgh-rosestreet.com

**TIP** 로즈 스트리트 추천 펍

야외 테이블에 앉아 에든버러 도시 분위기를 느낄 수 있는 로즈 스트리트 브루어리Rose Street Brewery, 고풍스러운 나무로 만들어진 바가 있는 애보츠포드The Abbotsford, 각종 잡동사니로 내부를 꾸민 더 티 딕스Dirty Dick's가 로즈 스트리트의 유명 펍이다.

**Data** **주소** 애보츠포드 3-5 Rose St., Edinburgh EH2 2PR / 로즈 스트리트 브루어리 55-57 Rose St., Edinburgh EH2 2NH / 더티 딕스 159 Rose St., Edinburgh EH2 4LS
**운영시간** 11:00~00:00(펍에 따라 상이)

### 활기차고 정겨운 로컬 마켓
## 에든버러 파머스 마켓&그라스마켓 마켓
## Edinburgh Farmers' Market&Grassmarket Market

사람 사는 냄새 물씬 풍기는 로컬 스폿이 궁금하다면 토요일마다 열리는 마켓에 가보자. 캐슬 테라스Castle Terrace 길에서 매주 토요일 오전에 열리는 파머스 마켓은 식료품 마켓이다. 월드 베스트 파머스 마켓 중 하나로 선정되기도 했다. 직접 재배하고 만든 신선하고 건강한 식재료를 판다.

파머스 마켓에서 도보 5분 거리에서는 그라스마켓 마켓이 열린다. 과거 공개 처형이 집행되었던 섬뜩한 길이었지만, 지금은 매주 토요일마다 벼룩시장이 열리는 활기 넘치는 장소다. 오래된 수집품, 앤티크 제품, 액세서리, 다양한 먹거리가 있다.

**Data** 에든버러 파머스 마켓
지도 ● 휴대지도-K
가는 법 에든버러 웨이벌리역에서 도보 약 15분
주소 Castle Terrace, Edinburgh EH1 2EN
전화 0131-220-8580
운영시간 토 09:00~14:00
휴무 월~금 · 일요일
홈페이지 www.edinburghfarmersmarket.co.uk

**Data** 그라스마켓 마켓
지도 ● 휴대지도-L
가는 법 에든버러 웨이벌리역에서 도보 약 10분
주소 Grassmarket, Edinburgh EH1 2JR
전화 0131-261-6181
운영시간 10:00~17:00
홈페이지 www.stockbridgemarket.com

# BUY

**기차역에 위치한 쇼핑몰**
## 웨이벌리 마켓 Waverley Market

에든버러 웨이벌리 기차역 바로 옆에 있는 작은 쇼핑몰이다. 기차, 버스, 도보 어떻게 이동하든 편하게 들러 잠시 시간을 보내기 좋다. 간단히 요기를 해도 되고, 못 산 기념품을 살 수도 있다. 쇼핑몰은 2층으로 나뉘어 있다.
아래층 로어 몰Lower mall에는 맥도날드, KFC, 서브웨이 같은 패스트푸드점과 세인스버리 슈퍼마켓이 있다. 위층 어퍼 몰 Upper mall에는 스타벅스, 코스타, 그렉스를 비롯한 카페와 보디숍, 문구류와 생활 잡화를 파는 플라잉 타이거, 패션 브랜드 뉴 룩, 오아시스, 그리고 우체국이 있다.

**Data 지도** ● 휴대지도-H
**가는 법** 에든버러 웨이벌리역에서 도보 약 1분
**주소** 3/48 Waverley Bridge, Edinburgh EH1 1BQ
**전화** 0131-557-3759
**운영시간** 매일 09:00~20:00
(일부 상점은 상이)
**홈페이지**
waverleymarketedin.com

**부담 없이 둘러보는 영국의 대중 백화점**
## 존 루이스&파트너스 John Lewis&Partners

150년이 넘는 역사를 가진 대중적인 백화점 존 루이스의 에든버러 지점이다. 합리적인 가격으로 최상의 품질과 서비스를 제공해 영국인들이 즐겨 찾는다. 영국 왕실에 생활용품을 납품할 정도로 좋은 품질의 아이템이 많다. 총 지상 6층으로 의류, 액세서리, 인테리어 용품, 가구, 전자제품, 조명 등 다양한 제품을 판매한다. 티, 커피, 디저트를 즐길 수 있는 카페도 있다.
에든버러 웨이벌리 기차역, 버스 스테이션, 칼튼 힐과 가깝다. 차를 기다리며 시간을 보내거나 잠시 들러 쇼핑하기 좋다.

**Data 지도** ● 휴대지도-C **가는 법** 에든버러 웨이벌리역에서 도보 약 5분
**주소** Leith St., Edinburgh EH1 3SP **전화** 0131-556-9121
**운영시간** 월~토 09:00~20:00, 일 10:00~18:00
**홈페이지** www.johnlewis.com

**에든버러 버스 정류장과 연결된 고급 백화점**
### 하비 니콜스 Harvey Nichols

런던 나이츠브리지에 본점을 둔 고급 백화점이다. 에든버러 지점은 에든버러 버스 정류장 바로 옆에 있어 버스를 기다리면서 둘러보기 좋다. 하비 니콜스 백화점과 에든버러 버스 정류장 사이에는 멀트리스 워크Multrees Walk라는 아담한 쇼핑 거리가 있다. 루이비통, 버버리 등 고급 브랜드숍이 모여 있다.
5층 규모의 하비 니콜스 백화점은 화장품, 향수, 선글라스, 의류, 디자이너 브랜드 등을 판매한다. 맨 위층에는 에든버러 전경을 바라보며 식사와 차, 커피, 스낵, 와인, 칵테일 등을 즐길 수 있는 레스토랑과 초콜릿 라운지, 푸드 마켓이 있다.

**Data** 지도 ● 휴대지도-C, 156p-B
**가는 법** 에든버러 웨이벌리역에서 도보 약 5분
**주소** 30-34 St. Andrew Square, Edinburgh EH2 2AD
**전화** 0131-524-8388
**운영시간** 월~수 10:00~18:00, 목~토 10:00~19:00, 일 11:00~18:00 **홈페이지** www.harveynichols.com

**디자이너, 브랜드 제품을 할인된 가격으로**
### 티케이 맥스 TK Maxx

디자이너 브랜드, 중고가 명품 재고를 할인된 가격에 살 수 있는 도시형 아웃렛 매장이다. 의류, 신발, 가방, 보석, 인테리어, 아동용품 등을 최고 80~90% 할인된 가격으로 판매한다.
아웃렛 매장답게 제품 진열 상태가 좋지 않아 숨은 제품을 찾아 득템하는 건 오로지 소비자의 몫이다. 구매 전에 제품 상태가 좋은지 한 번 더 확인하자.

**Data** 지도 ● 휴대지도-G **가는 법** 에든버러 웨이벌리역에서 도보 약 3분 **주소** 6 South St. David St., Edinburgh EH2 2BW **전화** 0131-558-1805 **운영시간** 월~토 09:00~20:00, 일 10:00~19:00 **홈페이지** www.tkmaxx.com

타탄 체크무늬 짜는 모습을 볼 수 있는
## 타탄 위빙 밀 앤 익스피어리언스 Tartan Weaving Mill and Experience

스코틀랜드에서 절대 빼놓을 수 없는 기념품이 타탄 캐시미어 제품이다. 올드 타운의 로얄 마일에는 타탄 캐시미어를 파는 가게가 쭉 들어서 있다. 그중에서도 에든버러성 입구에 있는 타탄 위빙 밀 앤 익스피어리언스가 규모도 가장 크고 다양한 제품 셀렉션을 자랑하니, 타탄 제품을 산다면 이곳에서 구매하자.
1층에서는 스코틀랜드 기념품을 판매한다. 지하로 내려가면 스카프, 셔츠, 모자, 숄 등 다양한 타탄 캐시미어와 울 제품이 있다. 지하 2층에서는 타탄 전통 의상을 입는 체험을 하고 사진을 찍을 수 있고, 지하 3층에서는 타탄을 제작하는 모습을 실제로 볼 수도 있다. 무수한 실들이 빠르게 돌아가는 방직 기계가 타탄 체크 무늬를 만드는 과정이 신기하다.

**Data** 지도 ● 휴대지도-L
**가는 법** 에든버러 웨이벌리역에서 도보 약 10분
**주소** 555 Castlehill, Edinburgh EH1 2ND
**전화** 0131-225-5541
**운영시간** 매일 08:30~18:30
**가격** 캐시미어 스카프 45파운드~, 캐시미어 니트 99파운드~
**홈페이지** www.heritageofscotland.com

### 스코틀랜드 전통 킬트 의상을 빌릴 수 있는
# 고든 니콜슨 킬트 하이어 Gordon Nicolson Kilt Hire

에든버러 킬트메이커 아카데미를 창시한 고든 니콜슨의 킬트 매장이다. 하이랜드 장인 정신을 담은 독점 타탄을 개발했으며, 메이드 인 스코틀랜드 제품을 생산한다.
St. Mary에 위치한 대여 매장에서는 실제 매장에서 판매하는 제품과 동일한 좋은 품질과 다양한 타탄 디자인의 킬트 제품을 직접 입어보고 대여할 수 있다. 재킷, 조끼, 액세서리 등 종류가 많아 내가 원하는 유니크한 디자인으로 맞출 수 있다는 것이 장점이다. 전문가의 스타일링 조언을 들으며 즐겁게 피팅을 해 보자. 홈페이지에서 원하는 스타일과 타탄을 직접 고를 수 있고, 온라인으로 매장 방문을 예약한 뒤 방문해서 피팅 후 대여한다.

**Data** 지도 ● 휴대지도-N
**가는 법** 에든버러 웨이벌리역에서 도보 약 5분
**주소** 21 St Mary's St Edinburgh EH1 1TA **전화** 0131-557-4349 **운영시간** 월~토 09:30~17:30 **휴무** 일요일
**가격** 남성 킬트 의상 95파운드~(10파운드 대여 보증금) **홈페이지** nicolsonkiltmakers.com


### 품질 좋은 캐시미어 제품을 찾는다면
# 브로라 Brora

로얄 마일을 따라 이어진 타탄 무늬의 캐시미어 스카프가 다 똑같다고 느껴지거나 제대로 된 품질의 캐시미어 제품을 찾는다면 브로라를 추천한다. 깔끔하고 모던한 디자인의 촉감 좋은 캐시미어 제품을 판매하는데, 브로라의 캐시미어 의류 제품은 평상복으로 입기도 좋다.
몽골 고원의 산양에서 나온 캐시미어를 사용해 스코틀랜드의 전통 방식으로 장인들이 직접 디자인하고 만든다. 여성 의류, 남성 의류, 아기 옷 등 다양한 연령대의 제품이 있다. 에든버러 뉴 타운과 에든버러 공항에 매장이 있다.

**Data** 지도 ● 휴대지도-F
**가는 법** 에든버러 웨이벌리역에서 도보 약 10분
**주소** 48 Frederick St., Edinburgh EH2 1EX
**전화** 0131-220-6404
**운영시간** 월~토 10:00~17:00
**휴무** 일요일
**가격** 카디건 75파운드~, 터틀넥 티셔츠 98파운드~
**홈페이지** www.brora.co.uk

**힙한 레트로 스타일 여기서 끝내자**
# W. 암스트롱&손 W. Armstrong&SON

1840년대부터 시작된 의류 브랜드로, 제대로 빈티지스러운 독특하고 힙한 스타일의 옷가게다. 에든버러 시내에만 3개의 매장이 있다. 그중 그라스마켓Grassmarket에 있는 매장이 본점이다. 화려한 빨간색 간판이라 눈에 확 띈다. 매장 인테리어도 레트로 감성을 제대로 느낄 수 있다. 전 세계에서 수집한 각종 앤티크 소품도 볼거리다. 한때 크게 유행했지만 지금은 보기 드문 빈티지 옷들을 모아 시대별로 분류했다. 스코틀랜드 전통 킬트 의상과 소품도 판매한다.

**Data 지도** ● 휴대지도-L **가는 법** 에든버러 웨이벌리역에서 도보 약 10분 **주소** 81-83 Grassmarket, Edinburgh EH1 2HJ **전화** 0131-220-5557 **운영시간** 월~목 10:00~17:30, 금·토 10:00~18:00, 일 12:00~18:00 **가격** 블라우스 12파운드~, 자켓 16파운드~ **홈페이지** www.armstrongsvintage.co.uk

**영국 신사의 완성은 수트**
# 찰스 티릿 Charles Tyrwhitt

머리끝부터 발끝까지 영국 신사로 변신할 수 있는 남성 의류 브랜드다. 양복, 구두, 카디건, 니트, 티셔츠, 남성용 액세서리 등을 판매한다. 그중에서도 남성용 셔츠를 전문으로 한다. 뉴 타운에 위치한 에든버러 매장에 들어서면 엄청난 양의 셔츠 컬렉션이 시선을 사로잡는다. 드레스 셔츠, 캐주얼 셔츠, 럭셔리 셔츠, 비즈니스 캐주얼 셔츠, 턱시도 셔츠 등 다양한 상황에 맞는 디자인의 셔츠를 구비했다. 셔츠에 어울리는 타이 디자인도 추천받을 수 있다. 셔츠를 많이 사면 10~20% 할인해 준다.

**Data 지도** ● 휴대지도-G
**가는 법** 에든버러 웨이벌리역에서 도보 약 10분
**주소** 52 George St., Edinburgh EH2 2LE **전화** 0131-220-6915
**운영시간** 월~토 09:30~17:30, 일 10:30~17:00
**가격** 셔츠 50파운드~, 타이 30파운드~ **홈페이지** www.ctshirts.com

### 위스키 리테일러 어워드에 빛나는
## 로얄 마일 위스키 Royal Mile Whiskies

로얄 마일에 위치한 30년 역사를 가진 위스키 전문 매장이다. 문을 열고 들어가면 작은 매장 내부의 바닥부터 천장까지 온 벽이 위스키 병으로 가득 채워져 있다. '올해의 위스키 리테일러 어워드'를 8년 연속 수상한 매장으로, 전 세계 위스키 애호가들이 모여 3일 동안 다양한 위스키를 샘플링하고 최고의 위스키를 뽑는 위스키 프린지 행사를 주최한다.

화려한 명성에 걸맞게 매니저와 직원 모두 위스키 전문가이자 위스키에 대해 열정적으로 이야기하는 것을 좋아한다. 위스키에 대해 잘 안다면 직원과 위스키에 관한 깊고 전문적인 이야기를 나눠보자. 위스키를 몰라도 나에게 맞는 위스키나 선물용 위스키를 추천받을 수 있다. 런던 블룸스버리 스트리트Bloomsbury Street에도 지점이 있다. 스코티시 싱글 몰트 위스키를 주로 판매한다. 아이리시 위스키, 아메리칸 위스키, 진, 수제 맥주, 한정판 위스키 등도 갖추고 있다.

**Data** 지도 ● 휴대지도-M 가는 법 에든버러 웨이벌리역에서 도보 약 7분 주소 379 High St., Edinburgh EH1 1PW 전화 0131-225-3383 운영시간 매일 10:00-20:00 가격 싱글 몰트 위스키 미니어처 4.95파운드~ 홈페이지 www.royalmilewhiskies.com

### 스코틀랜드에서 가장 오래된 위스키 브랜드
## 케이든헤즈 위스키숍 Cadenhead's Whisky Shop

1842년 윌리엄 케이든헤드가 캠벨 타운에 설립한 스코틀랜드에서 가장 오래된 위스키 브랜드 중 하나다. 빨간색 조명이 아늑한 분위기를 연출하는 실내 한쪽 벽면에는 케이든헤드의 다양한 위스키 컬렉션이 있다. 싱글 몰트, 블렌디드 위스키, 케이든헤드 럼, 진, 코냑 등 다양한 선택이 가능하다. 원하는 종류의 술, 생산지, 연도, 취향을 이야기하면 기준에 맞게 선택할 수 있도록 추천해 준다. 오크통(캐스크)에 담긴 위스키를 원하는 만큼 병에 담아 구매도 가능하다.

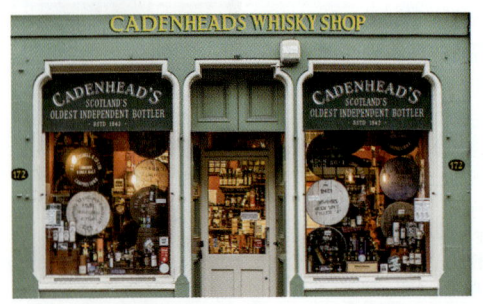

**Data** 지도 ● 휴대지도-I
가는 법 에든버러 웨이벌리역에서 도보 약 7분
주소 172 Canongate, Edinburgh EH8 8DF
전화 0131-556-5864
운영시간 월~토 10:30~17:30
휴무 일요일
가격 하일랜드 싱글 캐스크 47.65파운드
홈페이지 www.cadenhead.scot

**에든버러성을 배경으로 책과 커피 한 잔**
# 워터스톤스 Waterstones

280여 개의 매장을 가진 영국의 대표적인 서점 브랜드다. 에든버러 매장은 프린스 스트리트에 있다. 지하 1층, 지상 3층으로 이루어진 구조로, 고풍스러운 나무 기둥 계단을 따라 각 층을 오갈 수 있다. 소설, 역사, 정치, 언어, 아동, 베이커리, 가드닝, 예술, 여행 관련 책이 가득하다. 매장 입구인 그라운드층에는 스코틀랜드 각종 기념품을 비롯해 문구류, 소품, 장난감 등을 판매한다. 하지만 이 서점이 유명한 가장 큰 이유는 바로 2층 카페 W의 통유리창으로 보이는 에든버러성의 숨 막히는 전망 때문이다. 완벽한 풍경을 배경으로 책과 커피 한 잔을 즐길 수 있는 에든버러의 숨겨진 보석 같은 곳이다.

**Data** 지도 ● 휴대지도-F
**가는 법** 에든버러 웨이벌리역에서 도보 약 10분
**주소** 128 Princes St., West End, Edinburgh EH2 4AD
**전화** 0131-226-2666
**운영시간** 09:00~19:00, 토 09:00~18:00, 일 10:00~18:00
**홈페이지** www.waterstones.com

---

**오래된 책들이 가득한 빈티지풍의 헌책방**
# 암체어 북스 Armchair Books

에든버러의 앤티크한 도시 분위기와 잘 어울리는 빈티지 분위기의 헌책방이다. 아무렇게나 여기저기 쌓여 있는 것 같지만 나름의 질서를 가지고 오래된 책들이 책장을 차지하고 있다. 잘 찾으면 유명한 원서를 저렴한 가격에 구매할 수 있다. 도서를 구매하지 않더라도 고서가 주는 빈티지 감성을 느끼고 싶다면 한 번쯤 들러 볼 만하다.

**Data** 지도 ● 휴대지도-P **가는 법** 에든버러 웨이벌리역에서 도보 약 15분 **주소** 72-74 West Port, Edinburgh EH1 2LE **전화** 0131-229-5927 **운영시간** 10:00~18:30 **홈페이지** www.armchairbooks.co.uk

**70년 전통의 홈메이드 퍼지**
# 더 퍼지 하우스 오브 에든버러
### The Fudge House of Edinburgh

이 숍은 처음부터 끝까지 전통 방식으로 만든 홈메이드 퍼지에 대한 자부심이 대단하다. 신선한 크림과 버터, 설탕, 천연 향료만을 사용한다. 클래식한 크림 바닐라부터 세련된 다크 초콜릿, 싱그러운 딸기와 오렌지, 레몬, 커피 코코넛까지 30여 가지 다양한 맛이 있다.

**Data** 지도 ● 휴대지도-I **가는 법** 에든버러 웨이벌리역에서 도보 약 7분 **주소** 197 Canongate, Edinburgh EH8 8BN **전화** 0131-556-4172 **운영시간** 월~목 10:00~16:30 **휴무** 금~일요일 **가격** 퍼지 6개 1박스 13파운드~ **홈페이지** fudgehouse.co.uk

**Special Page**

# 에든버러 쇼핑은 바로 여기에서!

에든버러 중심에 자리한 도로가 프린스 스트리트Princes Street다. 이 길 한쪽에 유명 백화점과 브랜드, 기념품 숍이 이어져 있고, 건너편으로 프린스 스트리트 가든스와 언덕 위 에든버러성을 볼 수 있다. 프린스 스트리트 2블럭 안쪽에 위치한 조지 스트리트George Street는 럭셔리 부티끄 매장이 많다.

### 막스&스펜서 Marks&Spencer

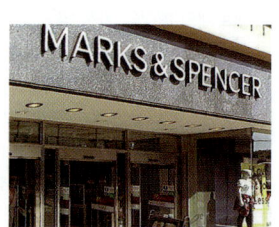

심플하고 베이직한 스타일 브랜드. 줄여서 M&S라고도 부른다. M&S 푸드 홀 지하 매장에는 다양한 식재료를 파는 슈퍼마켓이 있다.

**Data** 가는 법 에든버러 웨이벌리역에서 도보 약 5분
주소 54 Princes St., Edinburgh EH2 2DQ
운영시간 월~수·금 08:00~19:00, 목 08:00~20:00,
토 08:30~19:00, 일 11:00~18:00

### 스크리블러 Scribbler

재미있고 독특한 디자인의 수많은 카드를 구경할 수 있는 카드숍. 여행 기념으로 소중한 사람에게 우편을 보내보자.

**Data** 가는 법 에든버러 웨이벌리역에서 도보 약 6분
주소 80 Princes St., Edinburgh EH2 2ER
운영시간 월~토 09:30~19:00, 일 10:00~18:00

### 프라이마크 Primark

의류, 신발, 가방 등 없는 게 없다. 여행 중 부담 없이 구매할 수 있는 최저가, 초대형 SPA 브랜드다. 밤 10시까지 운영한다.

**Data** 가는 법 에든버러 웨이벌리역에서 도보 약 8분
주소 91-93 Princes St., Edinburgh EH2 2ER 운영시간 월~금 08:00~21:00, 토 08:00~20:00, 일 09:00~19:00

### 부츠 Boots

간단한 의약품을 살 수 있는 약국 겸 건강 보조 식품, 뷰티 제품, 음료, 스낵까지 살 수 있는 드러그스토어다.

**Data** 가는 법 에든버러 웨이벌리역에서 도보 약 10분
주소 101-103 Princes St., Edinburgh EH2 3AA
운영시간 월 09:00~19:00, 일 10:00~18:00

### 러쉬 Lush

자연 친화적 영국 뷰티 브랜드. 화려한 색색의 비누, 스킨 케어, 보디, 헤어 제품이 가득하다. 한국보다 저렴하다.

**Data** **가는 법** 에든버러 웨이벌리역에서 도보 약 10분
**주소** 115 Princes St., Edinburgh EH2 3AA
**운영시간** 월~토 09:30~1900, 일 10:00~18:30

### 더 화이트 컴퍼니 The White Company

이름에서 알 수 있듯이 유행을 타지 않는 심플하고 깔끔한 디자인과 하이퀄리티를 중요하게 여기는 영국 라이프스타일 브랜드이다. 의류, 홈패브릭, 뷰티, 향수 제품 등 다양한 제품군이 있다.

**Data** **가는 법** 에든버러 웨이벌리역에서 도보 약 12분
**주소** 88 George St, Edinburgh EH2 3BU
**운영시간** 월~토 10:00~18:00 **휴무** 일요일

### 조 말론 런던 Jo Malone London

설명이 필요 없는 영국 럭셔리 향수 브랜드. 조 말론 특유의 고급스럽고 우아한 향을 내는 향수를 중심으로 바디, 배스 용품을 구매할 수 있다. 선물용으로도 최고다.

**Data** **가는 법** 에든버러 웨이벌리역에서 도보 약 12분
**주소** 93 George St, Edinburgh EH2 3JL
**운영시간** 월~토 10:00~17:00, 일 11:00~17:00

### 해밀톤 앤 인치스 Hamilton & Inches

1866년부터 에든버러에서 고급 주얼리, 시계, 수공예 보석을 판매한 오랜 전통의 주얼리 숍이다. 125년 이상 왕실 보증서를 보유하고 있을 만큼 스코틀랜드 최고 품질의 주얼리 제품을 판매한다. 3대에 걸쳐 이어온 장인 정신이 깃든 주얼리와 우아한 쇼룸을 꼭 둘러보자.

**Data** **가는 법** 에든버러 웨이벌리역에서 도보 약 12분
**주소** 87 George St, Edinburgh EH2 3EY
**운영시간** 월 10:15~17:30, 화~금 09:30~17:30,
토 09:30~17:00, 일 12:00~17:00

남들과 똑같은 뻔한 기념품이 싫다면
# 조금은 특별한 에든버러 기념품

냉장고 자석, 열쇠고리, 컵 받침 등 뻔한 기념품이지만 에든버러를 더 잘 드러낸 것은 없을까? 또는 에든버러에서만 살 수 있는 독특한 기념품은 없을까? 관광객이 넘치는 프린스 스트리트, 로얄 마일에 있는 기념품숍이 하나같이 똑같다고 느껴진다면, 조금 특별한 에든버러 기념품숍 네 곳으로 가보자.

### 에든버러를 담은 문구 용품이 가득한
### 페이퍼 타이거 Paper Tiger

팬시 마니아나 문구 러버라면 강추하는 숍. 페이퍼 타이거는 에든버러를 기반으로 하는 문구 브랜드다. 에든버러를 테마로 한 다양하고 독특한 문구 제품들이 많다. 에든버러 빈티지 맵, 에든버러 컬러링 북, 에든버러 그림이 그려진 티 타월, 타탄 문양 수첩, 수제 초콜릿 등 기념품이나 선물용으로 딱 좋은 제품들이 많다. 에든버러에만 두 곳에 매장이 있다.

**Data** 로디언점
**지도** ● 휴대지도-K **가는 법** 에든버러 웨이벌리역에서 도보 약 20분 **주소** 53 Lothian Rd., Edinburgh EH1 2DJ **전화** 0131-228-2790 **운영시간** 월~토 10:00~18:00, 일 11:00~17:00
**가격** 수제 초콜릿 3.49파운드, 에든버러 빈티지 맵 3.99파운드 **홈페이지** www.papertiger.co.uk

**Data** 스태퍼드점
**지도** ● 휴대지도-K 지도 밖 **가는 법** 에든버러 웨이벌리역에서 도보 약 20분 **주소** 6A/8 Stafford St., Edinburgh EH3 7AU **전화** 0131-226-2390 **운영시간** 월~토 10:00~18:00, 일 11:00~17:00
**가격** 수제 초콜릿 3.49파운드, 에든버러 빈티지 맵 3.99파운드 **홈페이지** www.papertiger.co.uk

### 명문 에든버러 대학교의 학구열이 전해지는
### 에든버러 대학교 기프트숍 The University of Edinburgh Gift Shop

에든버러 대학교는 1582년에 설립됐다. 영어권 나라에서 여섯 번째로 개교한, 오랜 역사의 대학교다. 찰스 다윈, 코난 도일, 월터 스콧 등 유명 인물들이 에든버러 대학교를 졸업했다. 전통 깊은 학교를 둘러보며 에든버러 대학의 문화를 느껴보자. 기프트숍에는 에든버러 대학교 로고가 새겨진 후드 티셔츠, 머플러, 장갑, 에코 백, 각종 문구류, 타탄 제품, 에든버러 학사모를 쓴 곰돌이 인형 등 다양한 기념품을 판매한다.

**Data** **지도** ● 휴대지도-R **가는 법** 에든버러 웨이벌리역에서 도보 약 12분
**주소** 2 Charles St., Edinburgh EH8 9AD **전화** 0131-650-2252 **운영시간** 월~토 10:00~17:00 **휴무** 일요일
**가격** 후드 티셔츠 30파운드~, 북마크 2.50파운드~ **홈페이지** giftshop.ed.ac.uk

**영국 아티스트들의 예술 작품을 판매하는**
## 더 레드 도어 갤러리 The Red Door Gallery

빅토리아 스트리트에 위치한 빨간 문이 시선을 끈다. 스코틀랜드와 영국 전역에 150명이 넘는 재능있고 열정적인 아티스트들의 작품을 볼 수 있는 갤러리 겸 기념품 상점이다. 획일적으로 찍어 낸 기념품이 아니라 아티스트의 개성을 느낄 수 있는 작품들이 가득하다. 기발하고 재치있는 작품을 한 곳에서 둘러보는 것만으로도 즐거운 경험이 될 것이다. 아트프린트, 엽서, 노트, 가방, 장식품 등 다양한 제품이 있다. 합리적인 가격으로 현대 미술 작품을 에든버러 기념품으로 구매해 보자.

**Data** **지도** ● 휴대지도-L
**가는 법** 에든버러 웨이벌리역에서 도보 약 10분
**주소** 42 Victoria St, Edinburgh EH1 2JW
**전화** 0131-477-3255
**운영시간** 매일 10:00~17:30
**가격** 아트프린트 5파운드~, 노트 3파운드~
**홈페이지** www.edinburghart.com

**중세 시대 기사단이 되어**
## 더 나이츠 볼트 The Knights Vault

에든버러성에서 화려한 검과 갑옷에 매료되어 흥분된 마음이 가라앉지 않았다면 꼭 가봐야 할 곳이다. 직접 제작한 각종 역사적인 도검과 무기, 중세 시대 헬멧과 갑옷, 방패 등을 판매한다. 사방에 사람 키만한 검들도 전시되어 있다. 영화 〈반지의 제왕〉, 드라마 〈왕좌의 게임〉, 〈아웃랜더〉에서 나온 검과 각종 기념품도 판매한다. 아웃랜더 검을 복제할 수 있는 영국 유일의 라이센스를 보유하고 있다.

**Data** **지도** ● 휴대지도-L **가는 법** 에든버러 웨이벌리역에서 도보 약 10분 **주소** 102 W Bow, Edinburgh EH1 2HH **전화** 0131-281-4147 **운영시간** 화~일 11:00~16:30 **휴무** 월요일 **가격** 왕좌의 게임 와인 잔 16.50파운드, 미니어처 검 세트 29.50파운드 **홈페이지** www.theknightsvault.com

# SLEEP

**고풍스러운 시계탑이 있는 에든버러 랜드마크**

## 밸모럴 호텔 The Balmoral

1902년에 문을 연 에든버러에서 가장 유명한 5성급 고급 호텔. 고풍스러운 외관과 멋스러운 시계탑은 에든버러의 랜드마크다. 도시의 아름다운 스카이라인에서도 절대 빼놓을 수 없다. 에든버러 웨이벌리 기차역 옆에 있는 이 호텔의 큰 시계탑 덕분에 여행객들이 길을 잃고 열차를 놓치는 일이 없었다고 한다.
우아한 스코틀랜드 분위기로 꾸며진 총 168개의 객실이 있다. 20개의 스위트룸에서는 에든버러성의 멋진 전망이 보인다. J.K 롤링이 〈해리 포터〉 소설의 마지막 편을 썼던 롤링 스위트도 있다. 미슐랭 스타 레스토랑과 화려한 애프터눈 티 세트를 즐길 수 있는 팜 코트, 500종이 넘는 위스키를 보유한 바, 스파, 피트니스 센터 등의 시설도 갖췄다.

**Data** **지도** ● 휴대지도-H
**가는 법** 에든버러 웨이벌리역에서 도보 약 2분
**주소** 1 Princes St., Edinburgh EH2 2EQ
**전화** 0131-556-2414
**운영시간** 체크인 15:00, 체크아웃 12:00
**요금** 클래식 더블룸 195파운드~, 주니어 스위트룸 600파운드~
**홈페이지** www.roccofortehotels.com

#### 뉴 타운에 위치한 럭셔리 호텔
## 인터콘티넨털 에든버러 더 조지 InterContinental Edinburgh The George

뉴 타운 조지 스트리트에 있는 호텔. 도보 5분 거리에 쇼핑 거리, 버스, 트램 정류장이 있다. 에든버러 대부분의 관광지는 도보로 이동 가능하다. 1775년에 지어진 역사적인 건물을 리모델링해 호텔로 만들었다. 전통과 현대가 잘 어울리는 고풍스러우면서도 웅장한 분위기다. 2017 올해의 스코틀랜드 호텔 상에 빛나는 친절한 서비스와, 대리석과 천연 가죽을 사용한 객실이 자랑이다. 전통 의상 킬트를 입은 호텔 관리인이 따뜻하게 환영해 준다. 호텔 내에서 자유롭게 와이파이를 이용할 수 있다. 회의실, 피트니스 센터, 레스토랑, 바, 카페 등도 있다.

**Data** 지도 ● 휴대지도-B
가는 법 에든버러 웨이벌리역에서 도보 약 10분
주소 19-21 George St., Edinburgh EH2 2PB
전화 0131-225-1251
운영시간 체크인 15:00, 체크아웃 12:00
요금 더블룸 169파운드~
홈페이지 www.phcompany.com

#### 스코틀랜드 스타일 호텔 상을 받은
## 킴튼 샬럿 스퀘어 Kimpton Charlotte Square

더 프린시펄 브랜드 계열의 부티크 호텔로 뉴 타운 서쪽에 있다. 호텔 규모는 작지만 도심 속 아름다운 개인 정원인 샬럿 스퀘어 파크를 바라보고 있다. 고풍스러운 조지안풍 외관에, 객실은 세련되면서도 개성 있는 디자인으로 꾸며졌다. 2018년 스코틀랜드 올해의 브랜드 호텔 상과 스타일 호텔 상을 받았다.
천장이 유리로 된 실내 정원 콘셉트의 더 가든The Garden에서는 아침 식사와 커피를 즐길 수 있다. 이국적이고 화려한 인테리어가 돋보이는 바바BABA 레스토랑도 있다. 호텔 내에서 피트니스 센터, 스파, 사우나를 이용할 수 있다. 또한, 한 번에 24명까지 이용 가능한 위 하우스Wee House도 갖췄다.

**Data** 지도 ● 휴대지도-F
가는 법 에든버러 웨이벌리역에서 도보 약 15분
주소 38 Charlotte Square, Edinburgh EH2 4HQ
전화 0131-240-5500
운영시간 체크인 15:00, 체크아웃 11:00~12:00
요금 더블룸 145파운드~, 스위트룸 339파운드~
홈페이지 www.phcompany.com

중세 귀족이 된 기분으로 보내는 하룻밤
# 더 위처리 바이 더 캐슬 The Witchery by the Castle

1595년에 지어진 상인의 집을 개조한 호텔로 에든버러성 입구에 위치한다. 스위트룸 객실과 레스토랑이 유명하다. 호텔이 있는 캐슬 힐은 16~17세기 제임스 1세에 의해 수많은 여인들이 마녀로 몰려 화형에 처해진 곳이다. 위처리Witchery라는 이름이 생겨난 배경이기도 하다.

특이한 배경 때문인지 건물은 전체적으로 어둡고 음산한 분위기다. 잡지 〈코스모폴리탄〉에서 전 세계 7대 불가사의 호텔로 선정되었다. 바로크와 고딕 양식으로 만들어진 화려한 침대와 가구들, 짙은 보라색 벨벳 소재의 커튼과 침구, 고급스러운 앤티크 소품까지, 말로 형언할 수 없는 독특하고 화려한 분위기를 자랑한다. 좁은 돌계단을 따라 올라가면 9개의 스위트룸이 있다. 각각의 객실은 스코틀랜드 전통 경비병 의상이 장식된 가드룸, 오래된 도서관을 모티브로 한 라이브러리룸 등 고유의 콘셉트가 있다. 스위트룸에 투숙하면 위처리 레스토랑에서 조식을 먹을 수 있다. 객실 요금은 비싼 편이지만, 객실이 9개뿐이고 특별한 하룻밤을 경험해 보고 싶은 사람들로 항상 예약이 다 찬다. 이 호텔에 투숙하고 싶다면 서두르자.

**Data** 지도 ● 휴대지도-L 가는 법 에든버러 웨이벌리역에서 도보로 약 10분 소요
주소 352 Castlehill, Edinburgh EH1 2NF 전화 0131-225-5613 운영시간 체크인 15:00, 체크아웃 12:00
요금 1박 595파운드~ 홈페이지 www.thewitchery.com

**TIP 위처리 레스토랑 The Witchery Restaurants**

예약 경쟁이 치열해 위처리 호텔에서 숙박하기가 어렵다면, 위처리 레스토랑만이라도 이용해 보자. 오래된 나무 천장과 거친 질감이 느껴지는 돌로 된 벽, 붉은 가죽 소파 등 실내는 전체적으로 어두운 분위기다. 하지만 테이블마다 놓여 있는 긴 촛대가 고급스럽고 우아한 분위기를 자아낸다.

스코틀랜드의 신선한 식재료로 만든 앵거스 스테이크, 시푸드 플래터, 해기스 등이 대표 메뉴다. 여행자뿐만 아니라 현지인도 즐겨 찾는 스코틀랜드 대표 레스토랑 중 하나. 때문에 예약은 필수다. 자체 와인 개발팀이 있으며, 500종이 넘는 와인을 보유하고 있다. 평일 런치에는 합리적인 가격에 2코스, 3코스 요리와 애프터눈 티 세트를 즐길 수 있다.

**Data** 운영시간 런치 12:00~16:30 / 애프터눈 티 세트 15:00~16:00 / 디너 16:30~23:30
가격 런치 2코스 29.50파운드 / 애프터눈 티 세트 40파운드 / 메인 그릴송아지 요리 46파운드

### 시원한 전망을 자랑하는 옥상 정원
## 더 글래스하우스, 오토그래프 컬렉션
### The Glasshouse, Autograph Collection

에든버러의 대표 명소 중 하나인 칼튼 힐 바로 옆에 위치한 5성급 호텔. 170년 역사의 교회 건물을 글래스하우스 양식으로 개조했다. 고딕 스타일의 오래된 건물 외관과 현대적이고 고급스러운 객실 내부가 조화를 이뤄 독특하다.

77개의 객실과 옥상 정원에서 에든버러 도시와 칼튼 힐 뷰를 제대로 즐길 수 있다. 스코틀랜드 작가들의 멋스러운 조형물과 그림이 호텔 곳곳에 전시되어 있다. 호텔 라운지 바 더 스너그 THE SNUG도 기억하자. 오후에는 정통 영국 애프터눈 티 세트를 즐길 수 있고, 저녁에는 100종이 넘는 스카치위스키를 보유한 바로 운영된다.

**Data** **지도** ● 휴대지도-C **가는 법** 에든버러 웨이벌리역에서 도보 약 10분
**주소** 2 Greenside Pl., Edinburgh EH1 3AA
**전화** 013-1525-8333 **운영시간** 체크인 15:00, 체크아웃 12:00
**요금** 더블룸 165파운드~ **홈페이지** www.theglasshousehotel.co.uk

### 화려한 인테리어의 부티크 호텔
## 타이거릴리 Tigerlily

에든버러에서 가장 화려하고 독특한 디자인의 호텔이다. 스팽글 타일로 장식한 기둥과 기하학 무늬의 벽지, 곡선 타입의 의자들, 화려한 샹들리에 조명, 시선을 제대로 사로잡는 강렬한 핫 핑크색 소파까지 개성 강한 요소들이 묘하게 조화를 이룬다. 에든버러의 가장 트렌디한 스타일의 부티크 호텔이다. 33개의 호텔 객실은 클래식, 블랙, 조지안 스위트 등 6개의 다양한 콘셉트로 꾸며져 있다. 현지인들에게도 맛집으로 소문난 레스토랑과 칵테일 바도 있다. 뉴 타운 조지 스트리트에 위치해 있다.

**Data** **지도** ● 휴대지도-F **가는 법** 에든버러 웨이벌리역에서 도보 약 15분
**주소** 125 George St., Edinburgh EH2 4JN **전화** 0131-225-5005
**운영시간** 체크인 15:00, 체크아웃 11:00 **요금** 클래식 트윈룸 140파운드~, 주니어 스위트룸 185파운드~
**홈페이지** www.tigerlilyedinburgh.co.uk

**취향과 위치 따라 고르는 체인 호텔**
# 호텔 인디고 에든버러 Hotel Indigo Edinburgh

IHG 호텔 그룹 계열로 프린스 스트리트Princes Street와 요크 플레이스York Place에 지점이 있다. 에든버러 웨이벌리역에서 가까운 프린스 스트리트 지점의 숙박 요금이 조금 더 비싸다. 객실 내부는 차분하고 클래식한 분위기이다. 일부 객실과 호텔 내 레스토랑&바에서 올드 타운이 보인다.

칼튼 힐 근처에 있는 요크 플레이스 지점은 4성급 호텔로, 깔끔하고 모던한 스타일이 돋보인다. 60개의 객실은 에든버러 역사와 전통 여름 축제에서 모티브를 받아 밝은 색감으로 생동감이 넘친다. 피트니스 센터와 레스토랑, 바 시설이 있다.

**Data 프린스 스트리트점**
**지도** ● 휴대지도-H
**가는 법** 에든버러 웨이벌리역에서 도보 약 2분
**주소** 20 Princes St., Edinburgh EH2 2AN
**전화** 0131-556-4901
**운영시간** 체크인 15:00, 체크아웃 11:00
**요금** 더블룸 126파운드~
**홈페이지** edinburgh.hotelindigo.com

**Data 요크 플레이스점**
**지도** ● 휴대지도-C
**가는 법** 에든버러 웨이벌리역에서 도보 약 10분
**주소** 51-59 York Pl., Edinburgh EH1 3JD
**전화** 0131-556-5577
**운영시간** 체크인 15:00, 체크아웃 12:00
**요금** 더블룸 115파운드~
**홈페이지** edinburgh.hotelindigo.com

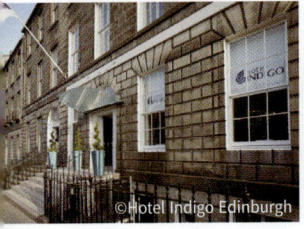

**스코틀랜드 분위기의 깔끔한 체인 호텔**
# 이비스 스타일 에든버러 센터 세인트 앤드루 스퀘어 호텔
Ibis Styles Edinburgh Centre St. Andrew Square Hotel

아코르 이비스 호텔 체인으로 디자인 감각이 돋보이는 호텔이다. 뉴 타운의 세인트 앤드루 스퀘어 파크 옆에 있다. 줄여서 '이비스 스타일 에든버러'라고도 부른다. 타탄 체크 무늬로 장식된 조명과 바닥, 스코틀랜드 국화인 엉겅퀴 문양 벽지 등 과하지 않으면서 포인트가 되는 인테리어가 스코틀랜드 분위기를 물씬 풍긴다. 호텔은 전체적으로 밝은 색감에 깔끔한 분위기다. 더블룸, 트윈룸, 패밀리룸 등이 있고, 객실 수는 총 103개다. 아침 식사를 먹을 수 있는 레스토랑과 바가 있다.

**Data 지도** ● 휴대지도-B
**가는 법** 에든버러 웨이벌리역에서 도보 약 10분
**주소** 19 St. Andrew Square, Edinburgh EH2 1AU
**전화** 0131-292-0200
**운영시간** 체크인 14:00, 체크아웃 12:00
**요금** 트윈룸 64파운드~, 퀸룸 117파운드~
**홈페이지** www.accorhotels.com

### 편하게 대중교통을 이용할 수 있는 최고의 위치
## 올드 웨이벌리 호텔 Old Waverley Hotel

에든버러 웨이벌리 기차역, 트램 정류장, 버스 정류장이 도보 2분 거리다. 사람 많고 복잡한 분위기가 싫다면 어쩔 수 없지만, 무거운 캐리어나 노약자가 있는 여행자에게는 최상의 위치다. 객실은 총 85개. 앤티크한 소품과 가구, 붉은 카펫, 세월의 흔적이 느껴지는 꽃무늬 커튼과 옷장까지 전체적으로 클래식한 분위기다. 리셉션은 계단으로 한 층 올라가야 하는 번거로움이 있지만, 벨을 누르면 직원이 내려와 도와준다. 추가 금액을 지불하면 스콧 기념탑과 에든버러 올드 타운의 전경이 보이는 객실을 선택할 수 있다. 호텔 내 전용 바와 레스토랑이 있다.

**Data** 지도 ● 휴대지도-G 가는 법 에든버러 웨이벌리역에서 도보 약 2분
주소 43 Princes St., Edinburgh EH2 2BY 전화 0131-556-4648 운영시간 체크인 15:00, 체크아웃 11:00
요금 더블룸 89파운드~ 홈페이지 www.oldwaverley.co.uk


### 에든버러 웨이벌리역에서 가까운 규모 있는 체인 호텔
## 주리스 인 에든버러 Jurys Inn Edinburgh

에든버러 웨이벌리 기차역까지 도보 약 2분 거리다. 올드 타운에 있지만 관광지에서 떨어진 곳에 위치해 비교적 조용한 편. 객실 수 180개로 규모가 있는 편이다. 3성급으로 무난하고 평범한 체인 호텔이다. 방음이 잘 되는 편이 아니고, 시설도 약간 오래된 감이 있지만, 위치나 규모가 괜찮은 곳이다.

**Data** 지도 ● 휴대지도-H 가는 법 에든버러 웨이벌리역에서 도보 약 2분
주소 43 Jeffrey St., Edinburgh EH1 1DH 전화 0131-200-3300 운영시간 체크인 15:00, 체크아웃 12:00
요금 더블룸 89파운드~ 홈페이지 www.jurysinns.com


### 벽면이 만화 캐릭터와 지도로 장식된
## 그라스마켓 호텔 Grassmarket Hotel

객실은 싱글룸부터 트리플룸까지 다양하다. 객실 규모는 크지 않지만 침대, 옷장, 간단한 티 세트, 블루투스 스피커, USB 충전 소켓, 화장실 등 없는 것이 없다. 또한, 호텔 주변에 마트, 펍, 카페가 많다. 홈페이지에서 직접 예약하면 숙박료 5% 할인을 포함한 다양한 혜택을 제공한다.

**Data** 지도 ● 휴대지도-L 가는 법 에든버러 웨이벌리역에서 도보 약 15분
주소 94-96 Grassmarket, Edinburgh EH1 2JR
전화 0131-220-2299 운영시간 체크인 14:00, 체크아웃 11:00
요금 싱글룸 53파운드~, 더블룸 62파운드~, 트리플룸 94파운드
홈페이지 www.grassmarkethotel.co.uk

**건물은 오래되었지만 분위기는 활기차고 힙한**
# 스테이 센트럴 호텔 Stay Central Hotel

1621년에 지어진 오래된 건물의 3성급 호텔이다. 총 37개의 객실로, 크기에 따라 싱글룸부터 최대 6명까지 머물 수 있는 룸으로 나뉜다. 호스텔보다 독립적이고 갖춰진 서비스를 원한다면 이용해 볼 만하다. 2~4명이 이용하기에 가성비가 좋다. 6명 이하의 소규모 단체는 프라이빗 도미토리를 이용하면 더욱 매력적이다. 호텔 바로 옆에 펍 겸 라이브 바로 유명한 더 쓰리 시스터 The Three Sisters 바가 있어서 힙한 분위기를 느낄 수 있다.

**Data** 지도 ● 휴대지도-M 가는 법 에든버러 웨이벌리역에서 도보 약 10분 주소 139 Cowgate, Edinburgh EH1 1JS
전화 0131-622-6801 운영시간 체크인 14:00, 체크아웃 11:00
요금 더블룸 59파운드~, 프라이빗 도미토리 6인실 203파운드~
홈페이지 staycentral.co.uk

**직접 요리하며 내 집처럼 지낼 수 있는**
# 올드 타운 체임버스 Old Town Chambers

집 한 채를 다 빌려 독립적이고 편안하게 지낼 수 있는 아파트먼트형 숙소다. 특히, 주방을 사용할 수 있어 식비를 절약할 수 있다. 가족 여행자를 위한 패밀리 아파트먼트, 커플이 묵기 좋은 스튜디오 아파트먼트, 4인 여행자는 타운하우스, 6인까지 이용 가능한 펜트하우스 등 인원에 따라 룸 타입을 선택할 수 있다.

**Data** 지도 ● 휴대지도-M 가는 법 에든버러 웨이벌리역에서 도보 약 5분
주소 Roxburgh's Court, 323 High St., Edinburgh EH1 1LW 전화 0131-510-5499
운영시간 체크인 15:00, 체크아웃 11:00 요금 스튜디오 아파트먼트 129파운드~, 패밀리 아파트먼트 159파운드~ 홈페이지 www.chevalcollection.com

**루프톱 테라스가 있는 럭셔리 아파트먼트**
# 디 에든버러 그랜드 The Edinburgh Grand

올드 타운 체임버스와 같은 그룹 계열의 럭셔리 아파트먼트 숙소. 룸 타입에 따라 1명에서 6명까지 이용할 수 있다. 건물 내에는 스테이크로 유명한 혹스무어 레스토랑과 레지스터 클럽이 있다. 펜트하우스의 루프 톱 테라스에서는 아서 싯과 밸모럴 호텔의 시계탑이 보이는 멋진 조망을 즐길 수 있다.

**Data** 지도 ● 휴대지도-H 가는 법 에든버러 웨이벌리역에서 도보 약 5분
주소 42 St. Andrew Square, Edinburgh EH2 2AD
전화 0131-230-0570 운영시간 체크인 15:00, 체크아웃 11:00
요금 스튜디오 아파트먼트 159파운드~, 패밀리 그랜드 아파트먼트 239파운드~ 홈페이지 www.chevalcollection.com

### 감각적인 분위기의 아파트형 숙소
# 에덴 로크 Eden Locke

뉴 타운 조지 스트리트에 위치해 있다. 깔끔한 파스텔 톤으로 북유럽 분위기가 물씬 나는 아파트먼트형 숙소다. 대부분의 객실은 주방 겸 거실과 침실, 욕실로 구성되어 있다. 조리 도구를 비롯해 오븐, 전자레인지 등이 갖춰져 있어 숙소에서 취사가 가능하니 식비도 절약할 겸 투숙한다면 이용해 보자. 세탁기, 식기세척기도 있다. 숙소 입구 리셉션에는 커피와 간단한 베이커리를 즐길 수 있는 에덴 카페Eden Café가 있다. 또한, 투숙객들을 위해 다양한 문화, 건강, 음악 프로그램도 주최한다.

**Data** 지도 ● 휴대지도-F 가는 법 에든버러 웨이벌리역에서 도보 약 15분 주소 127 George St., Edinburgh EH2 4JN 전화 0131-526-4190 운영시간 체크인 16:00, 체크아웃 11:00 요금 스튜디오 아파트먼트 160파운드~ 홈페이지 www.lockeliving.com/eden-locke

---

### 따뜻한 가정집 분위기의 B&B
# 퀸스 게스트 하우스
## Queens Guest House

가족이 운영하는 4성급 B&B다. 프린스 스트리트까지 도보 5~10분 거리다. 룸 타입은 더블&트윈룸, 패밀리룸, 이그제큐티브룸으로 나뉘며, 방마다 화장실이 있다. 최근에 리모델링하여 깨끗하고 편안한 분위기에서 지낼 수 있다.

**Data** 지도 ● 휴대지도-A
가는 법 에든버러 웨이벌리역에서 도보 약 15분
주소 45 Queen St., Edinburgh EH2 3NH
전화 0131-226-2000
운영시간 체크인 14:00, 체크아웃 10:30
요금 더블룸 120파운드 이상, 패밀리룸 180파운드 이상
홈페이지 www.45queenstreet.co.uk

---

### 친절한 부부가 맞아주는 B&B
# 53번 프레데릭 스트리트
## No. 53 Frederick Street

1820년 경 지어진 유서 깊은 건물에 위치한 아늑한 숙소다. 프린스 스트리트까지 도보로 5~10분이다. 객실은 건물 2층과 3층에 있다. 엘리베이터는 없지만 짐을 옮길 때 요청하면 직원의 도움을 받을 수 있다. 아침 식사는 그라운드층에 위치한 레스토랑에서 먹을 수 있다. 객실은 더블 스위트룸, 패밀리 스위트룸 등이 있다.

**Data** 지도 ● 휴대지도-A 가는 법 에든버러 웨이벌리역에서 도보 약 13분 주소 53 Frederick St., Edinburgh EH2 1LH 전화 0131-226-2752 운영시간 체크인 11:00, 체크아웃 11:00 요금 더블 스위트룸 120파운드~, 패밀리룸 160파운드~
홈페이지 www.53frederickstreet.com

#### 에든버러성 근처의 유명한 호스텔
### 캐슬 락 호스텔 Castle Rock Hostel

에든버러에서 가장 유명하고 인기 있는 호스텔 중 하나. 프라이빗한 더블룸부터 4인, 6인, 8인, 10인, 12인, 14인 객실이 있다. 4인실은 천장이 경사져 있고 방이 좁은 편이라 불편할 수 있다. 프라이빗룸을 이용하더라도 샤워실과 화장실은 공용이다. 2층 침대는 보호대가 없다. 하지만, 에든버러성 뷰가 불편함을 보상하고도 남을 것이다.

수건은 2파운드에 빌릴 수 있고, 헤어드라이어는 무료로 대여해 준다. 객실과 유리창이 넓은 라운지에서 에든버러성이 보인다. 공용 주방에서 요리가 가능하며, 2.5파운드를 내면 간단한 아침 식사도 먹을 수 있다. 호스텔 곳곳에는 중세 테마의 기사 갑옷, 깃발이 장식되어 있다. 〈반지의 제왕〉, 〈셜록 홈즈〉 같은 영화를 따서 지은 객실 이름도 재미있다. 만 18세 이상 성인들만 숙박 가능하다.

**Data** 지도 ● 휴대지도-L 가는 법 에든버러 웨이벌리역에서 도보 약 10분 주소 15 Johnston Terrace, Edinburgh EH1 2PW 전화 0131-225-9666 운영시간 체크인 14:00, 체크아웃 10:30 요금 혼성 도미토리 10인실 17파운드, 14인실 15파운드~ 홈페이지 www.castlerockedinburgh.com

#### 올드 타운의 만족도 높은 호스텔
### 킥 애스 호스텔 Kick Ass Hostel

도보 5분 거리에 2호점 버짓 백패커스 Budget Backpackers가 있다. 올드 타운에 위치해 주요 관광지가 가깝다. 두 호스텔은 방 구조, 침대, 시설, 바, 카페, 이벤트 등 전체적인 분위기가 비슷하다. 방은 혼성 도미토리와 여성 전용 룸 가운데 선택할 수 있다. 다른 호스텔에 비해 상대적으로 천장과 방 크기가 넓은 편이다. 7일 이상 장기 숙박 시 홈페이지에서 요청하면 할인해 준다.

**Data** 지도 ● 휴대지도-Q 가는 법 킥 애스점 에든버러 웨이벌리역에서 도보 약 15분 / 버짓 백패커스점 에든버러 웨이벌리역에서 도보 약 10분 주소 킥 애스점 2 West Port Edinburgh EH1 2JA / 버짓 백패커스점 37-39 Cowgate, Edinburgh EH1 1JR 전화 0131-226-6351 운영시간 체크인 13:00, 체크아웃 10:00 요금 6인실 21파운드~, 10인실 17파운드~ 홈페이지 kickasshostels.co.uk

### 450년 역사의 건물에서 머무는
# 하이 스트리트 호스텔 High Street Hostel

객실은 2인실과 도미토리 4인, 12인, 18인실이 있다. 침대 옆에는 전기 플러그와 USB 포트가 있다. 개인 라커와 침구류는 무료로 제공된다. 50펜스를 내면 수건을 받을 수 있다. 층마다 3개의 화장실과 샤워실이 있어 개인 화장실과 샤워실이 없어도 크게 불편하지 않다. 공용 주방에서 요리 가능하며, 3파운드를 내면 아침 식사를 먹을 수 있다. 호스텔 내 2개의 라운지에서는 포켓볼이나 피아노 연주, 영화 감상 등을 할 수 있다. 무료 워킹 투어, 버거 나잇 등 다양한 이벤트도 열린다.

**Data** 지도 ● 휴대지도-M 가는 법 에든버러 웨이벌리역에서 도보 약 5분 주소 8 Blackfriars St., Edinburgh EH1 1NE 전화 0131-557-3984 운영시간 체크인 14:00, 체크아웃 10:30 요금 4인실 17파운드~, 12인실 13파운드~, 18파운드 12파운드~ 홈페이지 www.highstreethostel.com

---

### 여성 전용 도미토리가 있는
# 헤이스택 호스텔 Haystack Hostel

비교적 최근에 생긴 브랜드 호스텔로 모던하면서도 깔끔한 분위기다. 매트리스, 침구, 가구 모두 새 제품이다. 더블룸을 제외한 6인실, 12인실은 모두 여성만 이용가능하다. 개인용 독서등, 콘센트, usb충전, 개인 라커를 이용할 수 있다. 홈페이지에서 직접 예약시 수건을 무료로 제공한다. 오븐, 전자레인지, 토스터기 등이 구비된 공용 키친에서 자유롭게 음식을 조리할 수 있다.

**Data** 지도 ● 휴대지도-H
가는 법 에든버러 웨이벌리역에서 도보 약 2분
주소 5/3 West Register St., Edinburgh EH2 2AA
전화 0131-557-0036 운영시간 체크인 14:00,
체크아웃 10:00 요금 6인실 33파운드~, 12인실
28파운드~ 홈페이지 www.haystackhostels.co.uk

### 방 크기가 살짝 아쉬운 부티크 호스텔
# 더 백스터 호스텔 The Baxter Hostel

호스텔에서 직접 제작한 단단한 철제 침대, 라커와 타탄 벽지, 독특한 무늬가 새겨진 바닥 타일이 묘하게 조화를 이룬다. 혼성 도미토리 4인, 6인, 9인, 12인실과 여성 전용 도미토리 6인, 9인실이 있다. 4인실은 침대 옆에 개인용 조명과 전기 플러그, 작은 소지품 보관대가 있어 편리하다. 객실 안에 화장실도 있다. 간단한 조식을 제공한다.

**Data** 지도 ● 휴대지도-H
가는 법 에든버러 웨이벌리역에서 도보 약 3분
주소 5 West Register St., Edinburgh EH2 2AA
전화 0131-503-1001 운영시간 체크인 14:00,
체크아웃 10:00 요금 여성 전용 도미토리 6인실
19파운드~, 혼성 도미토리 12인실 17파운드~
홈페이지 www.thebaxterhostel.com

# 에든버러 숙소 예약 Tip!

에든버러는 스코틀랜드 제1의 여행 도시답게 고급 호텔, 중저가 체인 호텔, 아파트먼트, B&B, 호스텔 등 다양한 종류의 숙소가 많아 선택의 폭이 넓다. 만약 숙소를 선택하기 어렵다면, 아래의 팁을 읽고 전체적인 감을 잡아보자. 그리고 에든버러 도시 지도를 펼쳐두고 내 여행의 일정, 동선, 체력, 취향, 일행 등을 고려하면서 숙소를 선택하자.

## 8월 여행자라면 예약을 지체할 시간이 없다

8월은 극성수기다. 각종 페스티벌과 방학으로 에든버러에 있는 모든 숙박 시설의 예약이 꽉 찬다. 다행히 빈방이 있더라도 평소보다 2~3배 비싸다. 8월에 에든버러를 여행한다면 그나마 좋은 조건의 숙소가 남아 있을 때 미리미리 예약해야 한다.

상대적으로 여행자가 없는 비수기인 겨울에는 여러 숙소에서 다양한 할인 혜택을 제공한다. 일부 숙소의 경우 호텔 예약 홈페이지를 통하지 않고 숙소 홈페이지에서 예약하면 더 할인해주거나 웰컴 기프트를 주기도 한다. 양쪽 홈페이지를 비교해 본 후 좋은 조건에 예약을 하자.

## 나의 여행 동선에 맞는 숙소를 고르자

에든버러 중심 시가지의 숙소는 크게 올드 타운, 뉴 타운, 에든버러 웨이벌리 기차역 3곳 주변에 몰려 있다. 각 지역의 특징과 위치를 살펴본 후 숙소를 예약하자.

## 주요 관광지가 가까운 올드 타운

에든버러성과 로얄 마일 등 주요 관광지를 도보로 갈 수 있는 위치다. 여행 중에 잠시 숙소에 와서 쉬다 나가도 좋다. 오래되고 고풍스러운 도시 분위기를 제대로 느낄 수 있다. 하지만 올드 타운의 오랜 역사만큼이나 건물들도 최소 몇 백 년 된 곳들이 많아서 편리한 시설과 환경을 기대하기는 어렵다.

또한, 지도에서 역과 숙소가 가까워 보여도 막상 가보면 멀다. 언덕과 가파른 계단, 골목길이 많아 처음 숙소를 찾아갈 때는 길을 잃기 쉽다. 무거운 짐이 있다면 에든버러 웨이벌리 기차역이나 버스 정류장에서 우버나 택시를 이용해 올드 타운의 숙소로 이동하는 것을 추천한다. 숙소 예약 전에 정확한 숙소 위치와 가는 법, 후기 등도 꼼꼼히 따져보자.

## 접근성이 좋은 뉴 타운

프린스 스트리트와 조지 스트리트 주변의 숙소들은 올드 타운에 비해 현대적인 건물들이 상대적으로 많아 시설이나 환경이 깔끔하다. 에든버러 웨이벌리 기차역이나 다른 도시로 가는 버스 정류장, 시내버스 정류장, 트램 정류장도 도보로 갈 수 있을 만큼 접근성이 좋다. 관광지 중심은 아니지만, 대부분의 관광지도 도보로 갈 수 있다. 주변에 쇼핑센터, 카페, 은행, 마트 등 편의 시설도 많아 편리하다. 특히 어린아이나 노약자가 있는 가족 여행객이라면 숙소를 찾기 쉽고, 체크인 하기 좋은 뉴 타운의 숙소를 추천한다.

## 단기 여행자에게 좋은
## 에든버러 웨이벌리 기차역 주변

에든버러에서 짧게 머문 후 기차를 타고 다른 도시로 이동할 계획이라면 에든버러 웨이벌리 기차역 주변의 숙소를 추천한다. 굳이 기차역에서 먼 곳의 숙소를 예약해 동선을 늘리거나 교통비를 따로 낭비할 필요가 없다. 역 바로 앞 프린스 스트리트의 숙소가 비싸다고 느낀다면, 역 뒤 마켓 스트리트Market Street의 숙소들을 알아보자. 역도 가깝고 올드 타운 관광지까지 도보 이동도 가능하다. 상대적으로 조용하고 합리적인 가격대의 숙소가 꽤 있다.

## 편리하고 빠른 것을 기대하면 실망할 수 있다

숙소 대부분이 오래된 건물이다. 기본이 100년 이상이며, 500년 이상 된 숙소도 있다. 당연히 시설이 노후한 곳이 많다. 엘리베이터가 없는 곳도 있다. 무거운 캐리어를 끌고 계단을 오르려다 괜히 힘 빼지 말고, 직원의 도움을 받자. 엘리베이터가 있는지 숙소 홈페이지에서 미리 확인하는 것도 방법이다.

에든버러는 여름에도 서늘하다. 객실에 에어컨이나 선풍기 팬 시스템이 안 되어 있는 경우가 많다. 비가 자주 오고 찬바람 부는 겨울에도 한국처럼 따뜻한 난방을 기대하기는 어렵다. 감기에 걸리지 않도록 단단히 챙겨 입고, 자신의 몸은 스스로 관리하자. 한국에서 핫팩을 챙겨가면 좋다.

## 숙박료를 절약하려면 아파트먼트나 호스텔을 이용하자

숙소 예약 시 아침 식사가 포함 안 된 경우가 종종 있다. 매일 비싼 돈을 더 지불하고 굳이 호텔에서 아침 식사를 먹는 대신 주변의 체인 마트나 카페를 이용해 보자. 제대로 된 스코티시 브랙퍼스트, 빵, 커피, 샌드위치 등을 저렴하게 맛볼 수 있다.

매 끼니 비싼 외식비가 부담스럽다면 주방이 있는 아파트먼트형 숙소나 호스텔에서 직접 음식을 만들어 먹는 것도 방법이다. 마트에서 파는 채소, 고기 등 식재료가 저렴하고 신선하다. 전자레인지나 오븐에 데워 간단히 먹을 수 있는 조리된 음식도 많다. 호스텔 이용 시에는 수건 서비스가 유료인 경우가 많으니 비용을 아끼려면 개인 수건을 챙겨 가자.

## 숙소 내의 카페, 레스토랑&바를 한 번쯤 이용해 보자

숙소에 카페, 레스토랑&바가 있는 경우가 많다. 그중에는 미슐랭에 소개될 만큼 유명하고 현지인들도 즐겨 찾는 맛집도 있으니 한 번쯤 이용해 보자. 여행 중 지치고 힘들 때 굳이 다른 식당을 찾아 헤맬 필요가 없다. 간단한 식사나 차, 커피, 스카치위스키, 수제 맥주 등을 즐길 수 있다. 투숙객에게는 할인해 주기도 한다.

## 시간 여유가 있다면 에든버러 외곽 숙소를 이용해 보자

에든버러 중심가의 숙소들은 주요 여행지까지 도보로 이동 가능하다는 장점이 있다. 하지만, 객실이 작고 비싸다. 좀 더 큰 객실에서 저렴하게 지내고 싶다면 에든버러 외곽 쪽의 숙소를 이용해 보자. 버스나 트램을 타고 중심가로 나와야 하지만, 대중교통이 워낙 잘 되어 있어 큰 어려움은 없다. 숙소 타입도 다양하고, 현지 문화를 더 잘 느낄 수 있다. 가장 좋은 점은 상대적으로 저렴한 숙박 요금이다.

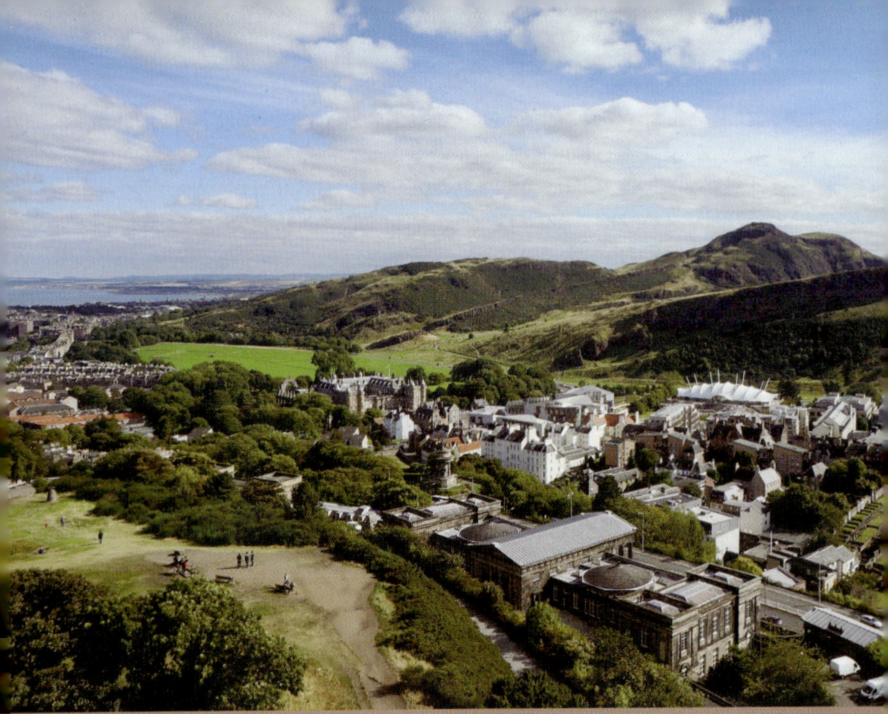

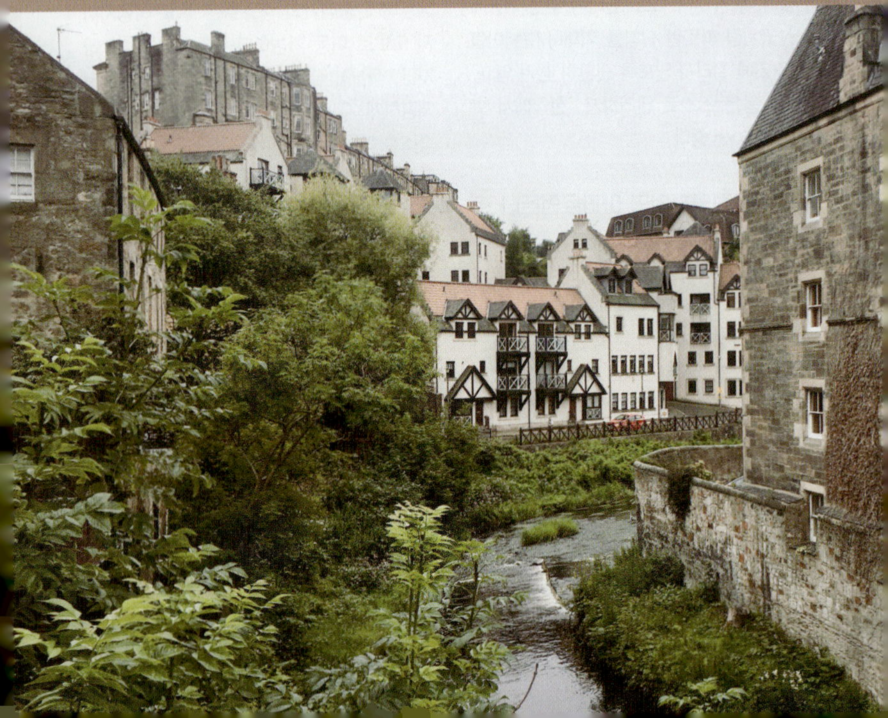

Scotland By Area

# 02

# 에든버러 근교
## Edinburgh Suburbs

에든버러에서 꼭 가봐야 할 에든버러 성, 로얄 마일, 칼튼 힐을 다 둘러봤다면, 복잡한 도심을 벗어나 에든버러 현지인이 사는 모습을 보고 싶다면, 매력적인 에든버러 근교를 추천한다. 빽빽한 일정표는 잠시 접어두고 여유 있게 산책하듯 여행을 즐겨보자.

## 에든버러 근교
# 미리보기

에든버러 근교에서는 힐링 여행을 할 수 있다. 탁 트인 바다를 보거나, 에든버러 도시가 내려다 보이는 언덕을 하이킹해 보자. 에든버러 도심에서 조금만 벗어나도 평화로운 분위기를 만끽할 수 있다. 단, 에든버러 주요 명소의 거리가 멀기 때문에 한 곳에 여유 있게 시간을 할애하자.

**SEE**

아서스 싯 정상에서는 아름다운 에든버러 도시 풍경을 조망할 수 있다. 동화 속 마을 같은 딘 빌리지, 세계 최초의 강철 다리 포스교 등 다양한 볼거리도 있다. 또한, 중세 시대의 분위기를 느낄 수 있는 고성이 포스만 주변에 많다. 좀 더 여유롭게 여행을 즐기고 싶다면 포토벨로 해변을 산책하는 것도 좋다.

**EAT**

에든버러 근교의 시원한 바다, 평화로운 전원 마을, 아름다운 꽃으로 둘러싸인 식물원 등 멋진 자연을 배경으로 애프터눈 티나 커피 한 잔을 즐겨보자. 에든버러의 작은 해안 마을 리스에는 미슐랭에서 인증받은 레스토랑이나 감성 충만 카페가 많다. 특히, 리스의 레스토랑에서는 신선하고 수준 높은 해산물 요리를 맛볼 수 있다.

**ENJOY**

에든버러 왕립 식물원과 동물원에서 자연과 하나가 되는 경험을 해보자. 전 세계를 누비던 화려한 왕실 선박 로얄 요트 브리타니아도 빼놓을 수 없다.

### 어떻게 갈까?

**도보** 아서스 싯, 딘 빌리지는 도보로 20분 정도면 갈 수 있다.

**시내버스** 에든버러 왕립 식물원, 에든버러 동물원, 포토벨로 해변, 리스는 시내버스를 이용하자. 로디언Lothian 버스 데이 티켓을 구매하면 하루 동안 무제한으로 시내버스를 탈 수 있다. 요금은 성인 4.50파운드. 에든버러 시내버스 노선도는 159p 참고.

**기차** 포스교는 에든버러 웨이벌리역에서 기차를 타고 노스 퀸스페리North Queensferry역에서 하차하면 된다.

### 어떻게 다닐까?

아서스 싯, 딘 빌리지 등 에든버러 근교에 있는 주요 명소는 대부분 규모가 넓은 곳이다. 천천히 산책하듯 둘러보자. 편한 신발과 편한 옷차림은 필수다.

딘 빌리지

아서스 싯

에든버러 근교
# 여행하기

에든버러 근교에 있는 주요 명소는 에든버러 중심가를 기준으로 동서남북에 퍼져 있다. 거리가 멀어 하루에 세 곳 이상 가기 어렵다. 내 취향에 따라 원하는 한 두 곳을 정해 반나절이나 하루 일정으로 다녀오자. 더 여유롭게 지내고 싶다면 그곳에서 숙소를 잡는 게 좋다.

에든버러 도시를
한눈에 볼 수 있는
**아서스 싯**Arthur's Seat

동화 속
평화로운 마을인
**딘 빌리지**Dean Village

식물 러버라면
**에든버러 왕립 식물원**Royal Botanic Garden Edinburgh

전 세계 희귀한 동물들이
모여 있는 **에든버러 동물원**
Edinburgh Zoo

해안 마을 **리스**와 **왕실 선박 로얄 요트 브리타니아**
Leith&Royal Yacht Britannia

여유롭게 바닷가를
산책할 수 있는 **포토벨로 해변**
Portobello Beach

시선을 사로잡는
세계 최초 강철 다리 **포스교**
Forth Bridge

포스만 주변의 웅장한
**저택과 고성**
Firth of Forth&Old Castle

**TIP** 리스에 간다면 화려한 왕실 선박 로얄 요트 브리타니아Royal Yacht Britannia 관람도 놓치지 말자.

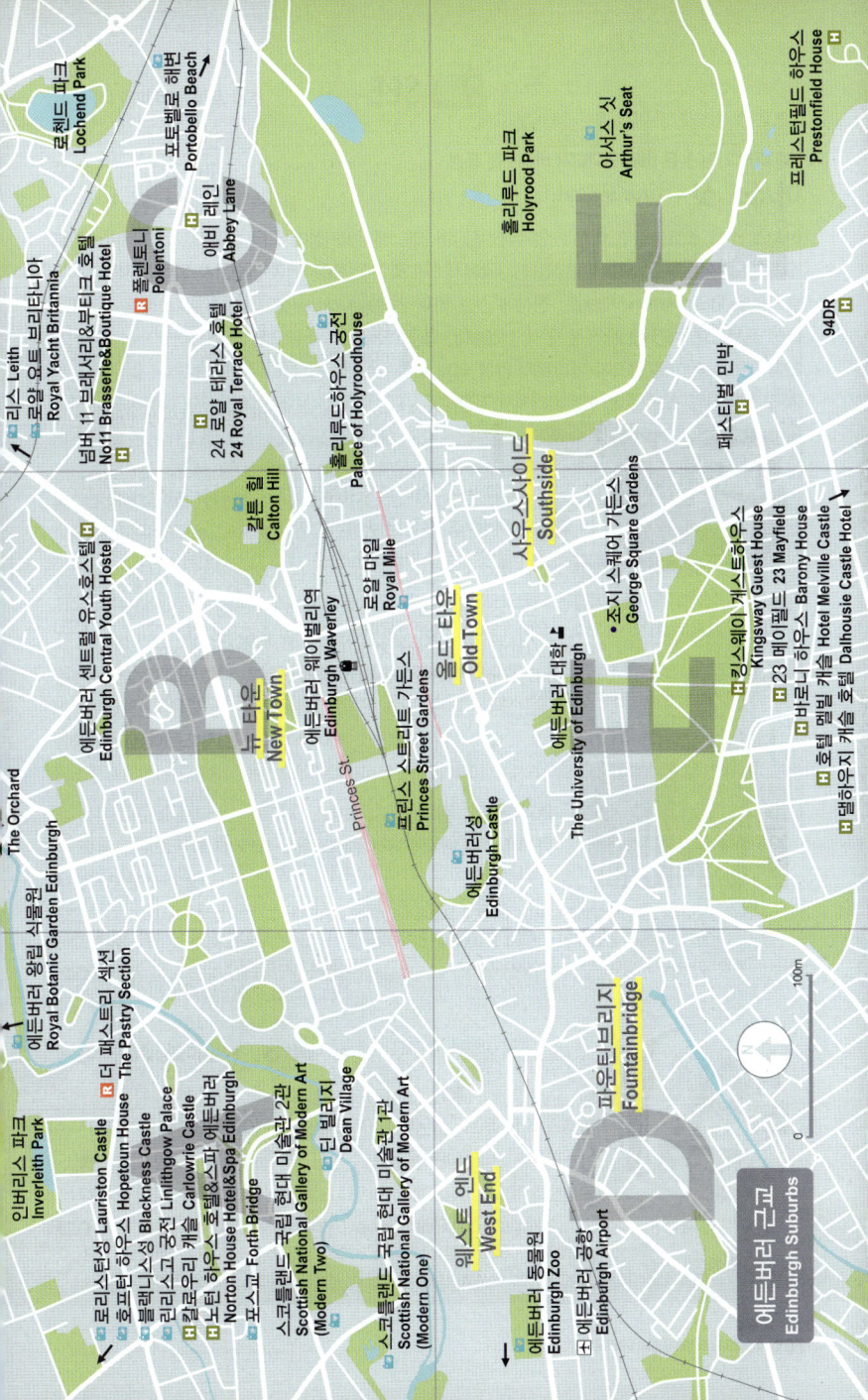

에든버러 가장 높은 바위 언덕에서 바라보는 풍경
# 아서스 싯 Arthur's Seat

아서스 싯은 스코틀랜드 국립 자연 유산 중 하나다. 에든버러성에서 동남쪽으로 약 1.6km 정도 떨어져 있으며, 에든버러 웨이벌리 기차역에서 도보로 20~30분 정도면 갈 수 있다. 정식 명칭은 홀리루드 파크Holyrood Park로, 정상에 있는 바위 언덕을 아서스 싯이라고 부른다. 에든버러에는 화산 작용으로 생긴 세 개의 큰 언덕이 있는데, 그중 아서스 싯의 규모가 가장 크다.

해발 250m 높이로 경사가 가파르지 않아 쉽게 오를 수 있다. 천천히 주변을 보면서 걸으면 왕복 2~3시간 가량 소요된다. 에든버러에서 가장 높은 곳인 아서스 싯 정상에 오르면 에든버러의 풍경을 360도 파노라마로 즐길 수 있다. 한편에는 칼튼 힐, 로얄 마일 등 주요 명소가 있는 고풍스러운 중심 시가지가, 다른 편에는 에든버러의 아름다운 해안가와 한적한 시골 풍경이 보인다. 칼튼 힐에서도 에든버러 시내의 모습을 조망할 수 있지만 아서스 싯에서 보는 풍경이 훨씬 광활하니, 에든버러 근교에 방문한다면 놓치지 말자. 웅장한 위용을 자랑하는 아서스 싯은 에든버러 어디에서든 볼 수 있는 에든버러의 상징이기도 하다.

아서스 싯 정상에 오르는 방법은 여러 가지가 있지만, 홀리루드하우스 궁전 옆 트레일을 따라 오르는 방법을 추천한다. 또한, 가볍고 편한 옷과 신발, 간단한 간식과 물을 준비하자.

**Data** **지도** 237p-F **가는 법** 에든버러 웨이벌리역에서 도보 20~30분, 언덕 위까지 오르는 데 왕복 2~3시간 소요 **주소** Queen's Drive, Edinburgh EH8 8HG **운영시간** 24시간 **요금** 무료 **전화** 0131-668-8600 **홈페이지** www.historicenvironment.scot

# 아서스 싯에서 바라보는 다양한 풍경

에든버러성과 로얄 마일이 보이는
에든버러 올드 타운

에든버러의
아름다운 해안가

아서스 싯 정상으로 가면서 만나는
호수와 백조들

아름다운
일출과 석양

한적한 에든버러의
시골 풍경

타임슬립한 듯한
옛 성곽

칼튼 힐과 에든버러
시내를 한눈에

평화롭고 작은 동화 마을
# 딘 빌리지 Dean Village

에든버러 도심이 웅장하고 복잡한 중세 도시 같다면, 딘 빌리지는 동화 속 마을 같은 곳이다. 프린스 스트리트에서 도보로 약 20~30분 정도가 소요된다. 딘 빌리지는 이전에 물방앗간 산업이 발달했던 곳이다. 아직도 마을 곳곳에서 방앗돌과 빵, 파이 모양으로 장식된 돌판을 볼 수 있다. 리스강이 흐르고, 자연과 빅토리아 시대 건물이 아름답게 조화를 이룬다. 리스강 옆의 산책로를 따라 올라가면서 기적의 치료샘으로 불리는 세인트 버나드 우물St. Bernard's Well도 볼 수 있다. 딘 패스Dean Path의 작은 다리에서 딘 빌리지와 리스강을 배경으로 인생 사진을 찍는 것도 좋다. 마을이 작아 한 시간 정도면 돌아볼 수 있다.

단, 에든버러 시내에서 딘 빌리지까지 이동하는 시간을 생각하면 넉넉히 2시간 정도로 일정을 잡는 것이 좋다. 주민들이 살고 있으니 매너 있게 관람하는 예의는 필수다. 마을에는 레스토랑이나 공중화장실이 없다. 언덕을 올라와 근처 마을이나, 스코틀랜드 국립 현대 미술관을 이용하자. 이왕 딘 빌리지를 간다면, 스코틀랜드 국립 현대 미술관도 둘러보자.

**Data** 지도 237p-A
**가는 법** 에든버러 웨이벌리역에서 도보 30분 / 프린스 스트리트 정류장에서 19 or 37 or 38번 버스 탑승 후 퀸스페리 스트리트 Queensferry Street 정류장에서 하차 후 도보 약 8분
**주소** Dean Path, Edinburgh EH4 3AY
**홈페이지** ewh.org.uk/world-heritage-sites/dean-village

## PLUS 스코틀랜드 국립 현대 미술관 Scottish National Gallery of Modern Art

딘 빌리지에서 도보로 약 10분 거리에 위치한 현대 미술관이다. 스코틀랜드 근현대 미술 작품 6,000여 점이 전시되어 있다. 넓은 잔디 공원과 아름다운 연못도 있으니 관람 후 여유로운 산책도 즐겨보자.

**Data** 지도 237p-A **가는 법** 딘 빌리지에서 도보로 약 10분 / 웨이벌리 브리지 정류장에서 에어링크 100번 버스 탑승 후 스탠호프 스트리트Stanhope Street에서 하차 후 도보 약 15분 **주소** 75 Belford Rd., Edinburgh EH4 3DR **오픈** 10:00~17:00 **요금** 무료 **홈페이지** www.nationalgalleries.org

### 전 세계 동물이 평화롭게 살아가는 동산
# 에든버러 동물원 Edinburgh Zoo

1913년에 개관했다. 무려 100년이 넘는 역사를 갖고 있다. 매년 60만 명 이상의 관람객이 찾는, 에든버러성 다음으로 인기 있는 스코틀랜드 명소. 에든버러 공항과 에든버러 중심가 사이에 위치해 에든버러 웨이벌리 기차역에서 버스로 약 15분 정도 소요된다. 언덕에 위치한 동물원이라 탁 트인 에든버러 뷰를 즐길 수 있다. 에든버러 동물원은 전 세계에서 첫 번째로 펭귄이 살게 된 동물원이자, 영국에서 유일하게 판다와 코알라를 볼 수 있는 곳으로도 유명하다. 유럽에서 가장 큰 펭귄 수영장 펭귄 락 Penguins Rock에서 수영하고 노는 펭귄들을 볼 수 있다. 펭귄 퍼레이드, 먹이를 먹는 펭귄을 가까이에서 보는 이벤트도 열린다. 이름도 생소한 비쿠냐, 타마린, 아르마딜로 등 1,000여 마리의 다양한 동물을 볼 수 있다. 또한, 다양한 동물이 잘 살 수 있도록 120종이 넘는 여러 기후대와 나무를 조성해 동물들에게 자연친화적인 환경을 갖췄다. 동물원 중간중간에는 아이들이 놀 수 있는 놀이터, 피크닉 공간, 레스토랑이 있다. 기념품숍에서는 스코틀랜드 전통 의상을 입은 귀여운 판다 인형 등을 판다.

동물원 입장 후 언덕을 오르기 힘들다면 사파리 투어 버스를 이용하자. 에든버러 동물원 공식 홈페이지에서 사육사에게 다양한 동물의 이야기를 들을 수 있는 데일리 토크 시간을 확인할 수 있다. 에든버러주 애플리케이션을 다운로드받으면 동물원 지도, 동물 정보 등을 볼 수 있으니 이용해 보자. 에든버러 동물원을 더 알차게 즐길 수 있다. 겨울에는 화려한 등불 축제Giant Lanterns of China도 열린다.

**Data** **지도** 237p-D 지도 밖 **가는 법** 웨이벌리 브리지 정류장에서 에어링크 100번 버스를 타고 에든버러 동물원Edinburgh Zoo 정류장에서 하차. 총 15분 소요 **주소** Royal Zoological Society of Scotland, 134 Corstorphine Rd., Edinburgh EH12 6TS **운영시간** 하절기(4~9월) 10:00~18:00 / 3・10월 10:00~17:00 / 동절기(11월~2월) 10:00~16:00 **요금** 성인 24.25파운드(온라인 예매 시 22.50파운드), 아동(3~5세) 15.25파운드 **전화** 0131-334-9171 **홈페이지** www.edinburghzoo.org.uk

### 식물을 사랑하는 사람들을 위한
# 에든버러 왕립 식물원 Royal Botanic Garden Edinburgh

영국 여행을 하다 보면 잘 가꾼 정원이 있는 집을 많이 보게 된다. 영국인의 꽃, 식물, 가드닝 사랑을 잘 알 수 있다. 에든버러에도 영국인의 식물 사랑을 느낄 수 있는 곳이 있다. 바로 에든버러 왕립 식물원이다. 에든버러 시내에서는 도보로 30분, 시내 버스로 약 10분이 소요된다. 1670년 의학 식물 재배를 목적으로 설립했다. 오늘날에는 에든버러를 대표하는 아름다운 정원이자, 관광객들이 자연을 느끼고 여유를 찾을 수 있는 곳이다.

식물원에는 10개의 온실이 있다. 열대 지방에서 사막 지대까지, 열 가지 다른 기후대에 살고 있는 3,000종이 넘는 전 세계의 이국적인 식물을 볼 수 있다. 그중에서도 팜 하우스Palm House가 이곳의 대표 자랑거리다. 이 외에도 폭포수가 흐르는 바위 정원, 알파인 하우스, 중국풍의 작은 공원 등 다양한 테마로 자연을 느낄 수 있다. 기념품숍에서 작은 기념품을 사는 것도 좋다. 달력은 10파운드, 책갈피는 1파운드다.

**Data** 지도 237p-A 지도 밖
가는 법 노스 브리지North Bridge 정류장에서 8번 버스를 타고 로얄 보태닉 가든Royal Botanic Garden 정류장에서 하차. 총 15분 소요
주소 Arboretum Pl., Edinburgh EH3 5NZ
운영시간 하절기(3~9월) 10:00~18:00 / 2·10월 10:00~17:00 / 동절기(11~1월) 10:00~16:00
요금 식물원 무료
전화 0131-248-2909
홈페이지 www.rbge.org.uk

# 에든버러 왕립 식물원의 또 다른 즐길 거리

### 기념품숍에서 예쁜 꽃이 그려진 선물을 사자

기념품숍은 식물원 메인 건물 안내데스크 바로 옆에 있다. 숍에서는 꽃과 식물, 자연과 관련된 다양한 제품을 판매한다. 꽃 일러스트가 그려진 엽서, 달력, 다이어리, 앞치마, 컵, 접시부터 화학성분이 첨가되지 않은 천연 식물성 오일, 샴푸, 비누, 초콜릿까지 선물하기 좋은 제품이 많다. 식물을 사랑하는 어른들을 위한 제품뿐 아니라, 아이들 눈높이에 맞춘 재미있는 가드닝 책도 판매한다. 야외로 나가는 문을 통과하면 씨앗들과 꽃 화분, 분재 등을 볼 수 있다.

### 아름다운 자연 속에서 식사와 커피를 즐겨보자

식물원에서 식사나 커피 마시는 시간을 가져보자. 3코스 식사나 간단한 스낵을 먹을 수도 있고, 커피 한 잔을 마실 수도 있다. 식물원에서 아름다운 풍경을 보며 식사할 수 있는 곳은 총 세 곳이다. 게이트웨이 레스토랑The Gateway Restaurant에서는 아침, 점심 메뉴와 애프터눈 티 세트를 즐길 수 있다. 부담 없이 간단한 커피나 가벼운 스낵을 원한다면 테라스 카페The Terrace Café나 이스트 게이트 커피 바The East Gate Coffee Bar를 추천한다.

### 인버리스 파크Inverleith Park에서 쉬어가자

에든버러 왕립 식물원의 정문 맞은편에 큰 규모의 공원이 있다. 명칭은 인버리스 파크Inverleith Park다. 아이들이 신나게 뛰어놀 수 있는 놀이터와 울창한 나무 길, 백조가 노는 호수, 넓은 잔디 공원이 조성돼 있다. 다른 공원과 비교해 특별한 점은 없지만 탁 트인 공원에 누워 피크닉을 즐길 수 있다. 책도 읽고, 여유 있게 산책을 하면서 현지인처럼 에든버러를 제대로 즐길 수 있는 곳이다.

전 세계를 누비던 화려한 왕실 선박
## 로얄 요트 브리타니아 Royal Yacht Britannia

겉으로 보기에는 평범해 보이는 이 배를 보기 위해 매년 30만 명이 리스의 해안을 찾는다. 바로 왕실 가족의 선박인 HMY 브리타니아다. 로얄 요트 브리타니아라고도 한다. 브리타니아는 1954년부터 1997년까지 전 세계를 항해했다. 여왕과 왕실 가족이 업무를 수행하거나 휴가를 보낼 때 사용했던 호텔 역할도 했다. 다이애나 왕세자비와 찰스 황태자의 허니문 선박으로도 유명하다. 지금은 리스 해안에 정박해 있으며, 전시관으로 운영된다.

여왕의 침실과 집무실, 응접실, 다이애나 왕세자비가 지냈던 허니문 스위트룸, 조타실, 바, 왕실의 화려한 도자기와 은그릇, 여왕의 롤스로이스 자동차 등을 볼 수 있다. 배 위에서 즐기는 티 룸이 있으며, 오션 터미널은 백화점과 쇼핑센터로 연결된다. 입장료를 내면 추가 금액 없이 한국어 오디오 가이드 이용이 가능하다. 에든버러 웨이벌리역에서 버스로 약 30분 정도 소요된다.

**Data** 지도 237p-C 지도 밖, 250p-A 가는 법 프린스 스트리트 정류장에서 22번 버스를 타고 오션 드라이브 Ocean Drive 정류장에서 하차 후 도보 약 5분 주소 Ocean Terminal, Leith, Edinburgh EH6 6JJ
운영시간 하절기(4~8월) 09:30~18:00, 9월 10:00~18:00, 10월 10:00~17:30, 동절기(11~3월) 10:00~17:00
요금 성인 18.50파운드, 학생 13.50파운드, 아동(5~17세) 9.25파운드 전화 0131-555-5566
홈페이지 www.royalyachtbritannia.co.uk

### 조용하고 평화로운 항구 마을, 리스 Leith

로얄 요트 브리타니아가 정박해 있는 작은 항구 마을. 에든버러를 가로질러 흐르는 리스강과 북해가 만나는 에든버러 북서쪽에 위치한다. 지금도 바닷가를 따라 작은 배와 요트가 정박해 있다. 고급 레스토랑, 카페, 바 등이 모여 있는 아름답고 평화로운 해안 마을이다. 관광객들로 붐비지 않는 곳에서 여유를 즐기고 싶다면 리스로 향해보자.

**넓은 백사장이 있는 멋진 바다**
## 포토벨로 해변 Portobello Beach

특별한 볼거리는 없지만 바다를 보며 산책할 수 있는 곳이다. 에든버러 동쪽 해안이 약 3km 길이로 길게 이어진 백사장이다. 날씨가 좋은 한여름에는 국제 발리볼 경기, 철인 3종 경기 등 다양한 행사도 열리고, 바다 수영을 즐기려는 많은 사람들로 분주하다. 하지만 그때를 제외하고는 일 년 중 대부분은 관광객이 많지 않다. 해안 주변에 사는 주민들이 반려견과 함께 산책하는 평화로운 곳이다.

아름다운 일출을 볼 수 있는 해변으로도 유명하다. 해안 주변에 예쁜 카페와 레스토랑도 몇 군데 있다. 포토벨로 마을 중심에 있는 브라이튼 파크에서는 매달 첫째 주 토요일마다 프리마켓이 열린다. 넓게 펼쳐진 바다와 멋스러운 빅토리안 조형물이 있는 공원에서 여유를 즐겨보자.

**Data 지도** 237p-C 지도 밖, 250p-D 지도 밖
**가는 법** 노스 브리지 정류장에서 45번 버스를 타고 포토벨로 타운 홀Portobello Town Hall 정류장에서 하차 후 도보 약 3분
**주소** 1 Promenade, Edinburgh EH15 2DX

**유네스코 세계 문화유산으로 지정된 강철 다리**
## 포스교 Forth Bridge

1890년에 만들어진 세계 최초의 강철 다리. 그 당시 제일 긴 캔틸레버식 다리로 건축 역사에 한 획을 그으며 2015년 유네스코 세계 문화유산으로 지정되었다. 존 파울러와 벤자민 베이커가 디자인하고 4,500명이 넘는 인부가 투입되어 7년 동안 건설되었다. 총 길이 2.5km, 높이 110m를 자랑한다.

이 다리 덕분에 에든버러와 스코틀랜드 동북부를 연결하는 철도의 이동 시간이 단축되었다. 하일랜드 투어 중간에 들러보거나, 에든버러 웨이벌리역에서 기차를 타고 포스교를 지날 수도 있다. 포스교 옆으로 포스 로드 브리지Forth Road Bridge와 퀸스페리 크로싱Queensferry Crossing이 있다. 3개의 다리는 서로 다른 양식으로 지어져 대조를 이룬다.

**Data 지도** 237p-A 지도 밖
**가는 법** 에든버러 웨이벌리역에서 노스 퀸스페리역까지 기차로 약 20분
**주소** North Queensferry Station, Inverkeithing KY11 1JH

## Special Page

# 포스만 주변 고성&저택 둘러보기

아름다운 포스만 주변으로 멋스러운 고성과 궁전, 저택이 자리 잡고 있다. 15~17세기 스코틀랜드 왕실과 귀족의 화려한 삶을 엿볼 수 있는 곳이다. 대중교통으로도 충분히 갈 수 있다. 그러나 버스 이용 시 환승을 하거나, 버스 정류장까지 도보로 이동하는 시간이 오래 걸리는 곳도 있으니 가급적 렌터카나 우버를 추천한다.

**규모는 아담하지만 화려한 성**

## 로리스턴성 Lauriston Castle

성 자체의 규모는 작은 편이지만 아담하게 잘 가꿔진 정원 너머 바다 풍경이 무척 아름다운 곳이다. 16세기에 지어진 성 내부에는 에든버러 중산층의 부유한 삶을 잘 보여주는 화려한 예술 작품과 그림, 수집품들이 전시되어 있다. 정원은 무료로 매일 열려있지만, 성 내부는 투어 시간에만 입장이 가능하다. 에든버러판 모세의 기적이 펼쳐지는 곳으로, 걸어서 섬에 갈 수 있는 크래몬드 해변Cramond Beach도 로리스턴성 주변에 있다.

**Data 지도** 237p-A 지도 밖
**가는 법** 프린스 스트리트 정류장에서 37번 버스를 타고 실버노우스 플레이스Silverknowes Place 정류장에서 하차 후 도보 약 15분 **주소** 2 Cramond Rd. S, Edinburgh EH4 6AD
**운영시간** 정원 매일 08:00~19:30 / 성 투어 화~일 13:30, 15:00 **휴무** 월요일 **요금** 정원 무료, 성 성인 8파운드 **전화** 0131-336-2060 **홈페이지** www.edinburghmuseums.org.uk/venue/lauriston-castle

### 멋스러운 건축물과 넓은 호수가 인상적인
## 호프턴 하우스 Hopetoun House

17세기에 지어진 호프가의 웅장하고 화려한 저택. 홀리루드하우스 궁전을 연상케 한다. 스코틀랜드 건축가 윌리엄 브루스와 윌리엄 애덤의 건축 작품이다. 건물 외관과 드넓은 영국식 잔디 정원이 멋스러워 광고, 드라마, 영화 촬영의 배경이 되는 곳이다. 정원에서 포스교가 보인다. 하절기(4~9월)에만 오픈하며, 한 번에 가는 버스가 없어서 대중교통으로 가기 어렵다.

**Data** 지도 237p-A 지도 밖
가는 법 A90번 도로를 타고 차로 약 30분 / 프린스 스트리트 정류장에서 29번 버스를 타고 크레웨 톨Crewe Toll 정류장에서 하차, 16번 버스로 환승한 뒤 더딩스톤 테라스Duddingstone Terrace 정류장에서 하차 후 도보 약 30분
주소 South Queensferry, Edinburgh EH30 9SL 운영시간 하절기(4~9월) 11:00~17:00
요금 성인 13.50파운드 전화 0131-331-2451 홈페이지 hopetoun.co.uk

### 영화 〈햄릿〉의 배경이 된 굳건한 요새 성
## 블랙니스성 Blackness Castle

15세기에 축조된 성으로 요새 역할을 했다. 영화 〈햄릿〉(1990)의 배경이 되기도 한 곳이다. 내부는 딱히 볼거리가 없지만 멋진 포스강의 풍경을 바라보며 돌로 이루어진 성곽을 걷는 기분이 특별하다. 시간과 체력이 허락한다면 해안 길과 숲을 따라 천천히 걸어 블랙니스성으로 갈 수도 있다. 도보 약 1시간 소요.

**Data** 지도 237p-A 지도 밖 가는 법 프린스 스트리트 정류장에서 C19번 버스를 타고 스퀘어Square 정류장에서 하차. 총 50분 소요
주소 Blackness, Linlithgow West Lothian EH49 7NH 운영시간 하절기(4~9월) 09:30~17:00, 동절기(10~3월) 10:00~16:00 요금 성인 7.50파운드
전화 0150-683-4807 홈페이지 www.historicenvironment.scot/visit-a-place/places/blackness-castle

### 스코틀랜드 왕실의 역사를 볼 수 있는
## 린리스고 궁전 Linlithgow Palace

메리 여왕이 태어난 성이다. 아름다운 린리스고 호수 옆에 자리했다. 아쉽게도 17세기에 일어났던 화재 사건으로 지금은 유적이 되었지만, 안뜰의 화려한 분수와 장식이 남아 있다. 또한, 성 곳곳에서 스코틀랜드 왕실의 번영했던 과거를 느낄 수 있다.

**Data** 지도 237p-A 지도 밖 가는 법 에든버러 웨이벌리역에서 기차를 타고 린리스고 Linlithgow역에서 하차. 총 15분 소요 주소 Kirkgate, Linlithgow, West Lothian EH49 7AL 운영시간 하절기(4~9월) 09:30~17:30 / 동절기(10~3월) 10:00~16:00 요금 성인 6파운드
전화 0150-684-2896 홈페이지 www.historicenvironment.scot/visit-a-place/places/linlithgow-palace

**숨어 있는 이탈리안 브런치 로컬 카페**
# 폴렌토니 Polentoni

칼튼 힐과 홀리루드하우스 궁전 뒤편에 있는 이탈리아 스타일의 브런치 카페다. 카페 주변에는 딱히 볼 게 없는 동네에 위치하고 있지만 맛 때문에라도 충분히 가 볼 만한 가치가 있다. 작은 규모의 카페로, 관광객보다는 동네 현지인들이 자주 찾는 로컬 맛집이다. 재료 본연의 맛을 느낄 수 있으며, 진한 이탈리아식 커피도 준비돼 있다. 에그 베네딕트, 파스타, 리소토, 티라미수, 칼초네 등 다양한 이탈리아 요리를 맛볼 수 있다.

**Data** 지도 237p-C
**가는 법** 에든버러 웨이벌리역에서 도보 약 20분 / 프린스 스트리트 정류장에서 1번 버스를 타고 몽고메리 스트리트Montgomery Street 정류장에서 하차. 총 12분 소요
**주소** 38 Easter Rd., Edinburgh EH7 5RG
**전화** 0131-661-6182
**운영시간** 월~토 08:00~17:00
**휴무** 일요일
**가격** 브랙퍼스트 메뉴 7파운드~, 런치 메뉴 9파운드~
**홈페이지** www.facebook.com/polentonideli

**편안한 분위기의 로컬 맛집**
# 오차드 The Orchard

에든버러 왕립 식물원에서 멀지 않은 곳에 있는 바 겸 레스토랑. 스카치위스키를 비롯해 맥주, 와인 등 다양한 음료와 스테이크 파이, 버거, 피쉬 앤 칩스 등 식사 메뉴가 있다. 제철 농산물을 이용한 계절 메뉴가 있으니 계절에 맞춰 이용하자. 뭐니뭐니해도 이곳의 가장 시그니처 메뉴는 전설의 스테이크 파이The Orchard's Legendary Steak Pie다. 편안한 분위기에서 가성비 좋은 영국 음식을 먹을 수 있는 로컬 맛집이니 꼭 들러보는 것을 추천한다.

**Data** 지도 237p-B
**가는 법** 에든버러 왕립 식물원에서 동남쪽 방향으로 도보 5~10분
**주소** 1-2 Howard Place Canonmills, Edinburgh, EH3 5JZ **전화** 0131-550-0850 **운영시간** 매일 12:00~23:00 **가격** 스테이크 파이 15.25파운드, 비프버거 14.25파운드 **홈페이지** theorchardbar.co.uk

**매일 새벽 직접 구운 신선하고 맛있는 빵**
# 더 패스트리 섹션 The Pastry Section

에든버러 왕립 식물원 근처의 베이커리 겸 카페이다. 2017년에 오픈했다. 동화 같은 풍경을 볼 수 있는 딘 빌리지도 도보 10~15분 거리에 위치해 있다. 현지인들 사이에 입소문을 타서 유명해진 곳으로, 매일 새벽 직접 구운 다양한 빵과 케이크, 차, 커피를 판매한다. 너무 예뻐서 먹기가 아까울 정도인 각종 타르트, 브라우니, 번, 쿠키를 맛보자.

**Data** 지도 237p-A
가는 법 에든버러 왕립 식물원에서 서남쪽 방향으로 도보 10분
주소 86 Raeburn Pl., Edinburgh EH4 1HH
전화 074-8492-3544
운영시간 화~토 08:00~16:00, 일 09:30~16:00
휴무 월요일
가격 케이크 3.75파운드~, 타르트 4파운드~
홈페이지 www.pastrysection.com

**에든버러에서 맛보는 진한 베이글**
# 브로스 베이글 Bross Bagels

캐나다 몬트리올 출신의 사장이 고향의 베이글 맛을 그리워하다 차린 베이글 가게. 포토벨로 하이 스트리트에 본점이 있다. 노란색 캐노피가 시선을 끄는 빈티지한 분위기로 단번에 알아볼 수 있을 것이다. 부담 없는 가격으로 제대로 된 베이글을 맛볼 수 있다.

크림치즈와 양파가 꽉 찬 몬트리올 스타일 베이글, 브로스의 대표 메뉴 마마 브로스를 비롯해 햄, 훈제연어, 터키 등 브로스에서만 판매하는 메뉴는 10가지가 넘는다. 비건을 위한 베이글 메뉴도 있다. 바다를 바라보면서 먹음직스러운 베이글과 신선한 커피 한 잔을 즐겨보자. 브랜드 자체 로고가 박힌 티셔츠, 머그 컵 등도 있다. 리스, 에든버러 뉴 타운에도 지점이 있다.

**Data** 포토벨로 본점
지도 250p-D 지도 밖
가는 법 노스 브리지 정류장에서 45번 버스를 타고 포토벨로 타운 홀 정류장에서 하차 후 도보 1분 주소 186 High St., Portobello EH15 1EX 전화 0131-629-4150 운영시간 월~토 09:00~16:00, 일 09:00~15:00 가격 마마 브로스 클럽 8파운드, 몬트리올 7.50파운드
홈페이지 brossbagels.com

**Special Page**

# 리스 미식 기행

에든버러 동북부에 위치한 작은 해안 마을 리스. 고풍스러운 분위기뿐 아니라 에든버러에서 손꼽히는 레스토랑과 카페가 많은 것으로도 유명하다. 바다가 가까워 신선한 해산물을 바로 공급받을 수 있다. 에든버러의 미슐랭 레스토랑 네 곳 중 두 곳이 리스에 있다. 분위기, 맛, 퀄리티 삼박자를 갖춘 리스 미식 기행을 떠나보자.

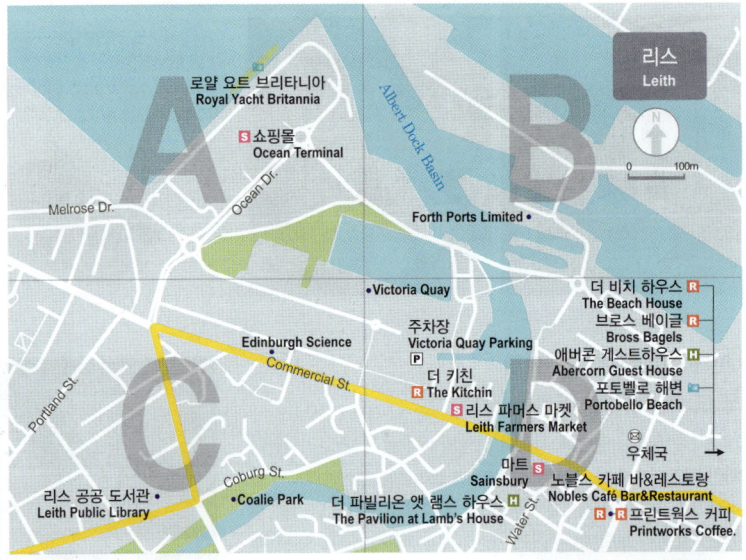

### 커피와 브런치가 맛있는 숨은 로컬 카페
## 프린트웍스 커피 Printworks Coffee

리스의 숨은 로컬 카페다. 커피 원두는 런던을 대표하는 카페 몬모스 커피Monmouth Coffee의 최고 품질 원두를 사용한다. 이곳에서 일하는 모든 바리스타는 최소 한 달간 특별한 교육을 받는다. 커피 외에 이 카페의 자랑은 브런치 메뉴! 샐러드, 페스트리, 파니니, 프렌치 토스트, 훈제 연어 샌드위치 등 다양한 브런치 메뉴가 있으니 커피와 함께 즐겨보자.

**Data** **지도** 250p-D **가는 법** 프린스 스트리트 정류장에서 16번 버스를 타고 더 쇼어The Shore정류장에서 하차 후 도보로 약 5분 **주소** 42 Constitution St, Leith, Edinburgh EH6 6RS **운영시간** 월~금 08:00~17:00, 토·일 09:00~17:00 **전화** 0131-555-7070 **가격** 아메리카노 2.80파운드, 카페라테 3.20파운드 **홈페이지** www.facebook.com/PrintworksCoffee

#### 세계적으로 인정받은 고급 레스토랑
## 더 키친 The Kitchin

미슐랭 스타, 영국 베스트 레스토랑, 스코틀랜드 최고 레스토랑 등의 타이틀을 받은 프렌치 스타일 레스토랑이다. 화려한 명성에 걸맞게 스코틀랜드의 신선하고 좋은 품질의 재료와 프랑스 요리 기술이 더해져 퓨전 영국 제철 메뉴를 만든다. 굴, 조개, 대구 등의 해산물과 사슴, 돼지, 양 등 다양한 육류 메뉴를 즐길 수 있다.

**Data** 지도 250p-D
가는 법 프린스 스트리트 정류장에서 22번 버스를 타고 샌드포트 스트리트Sandport Street 정류장에서 하차. 총 25분 소요 주소 78 Commercial Quay, Leith EH6 6LX 운영시간 화~토 12:00~14:30, 18:00~22:00 휴무 일·월요일 전화 0131-555-1755 가격 런치 3코스 58파운드 홈페이지 thekitchin.com

#### 120년간 리스의 역사와 함께하는 레스토랑
## 노블스 카페 바&레스토랑 Nobles Café Bar&Restaurant

무려 1896년에 문을 열어 120년이 지난 지금까지 리스를 대표하는 레스토랑으로, 내부 곳곳에서 항구 도시로 번영했던 리스 마을의 화려한 역사를 느낄 수 있다. 에그 베네딕트, 훈제 연어 베네딕트와 같은 간단한 브런치 메뉴부터 스테이크, 버거, 계절 메뉴까지 있다. 모든 메뉴는 부담 없는 가격에 편안하게 즐길 수 있다. 수제 맥주, 와인, 칵테일 등 주류 메뉴와 커피도 준비돼 있다.

**Data** 지도 250p-D
가는 법 프린스 스트리트 정류장에서 22번 버스를 타고 더 쇼어The Shore 정류장에서 하차 후 도보 약 5분 주소 44A Constitution St., Leith EH6 6RS 운영시간 월 10:00~17:00, 수 16:00~24:00, 목~금 11:00~12:00, 토 10:00~24:00, 일 10:00~23:00 휴무 화요일 전화 0131-629-7215 가격 스코티쉬 브런치 14.95파운드, 스테이크 26.95파운드 홈페이지 noblesbarleith.co.uk

**아름다운 포토벨로 해변 옆의 건강한 카페**
## 더 비치 하우스 The Beach House

포토벨로 해안가에 위치한 베이커리 겸 카페다. 유리창을 통해 아름다운 바다 전경을 보며 가벼운 점심 식사를 즐길 수 있다. 커피, 토스트, 베이글, 팬케이크 등도 판매하니 한 번 들러보자. 카페 내부는 바다와 잘 어울리는 하늘색 톤으로 꾸며져 있다. 날씨가 좋을 때는 야외 테이블에 앉아 시원한 바닷바람을 느낄 수 있다.

더 비치 하우스의 또 다른 장점은 자체 정원에서 직접 기른 허브, 채소를 사용해 요리를 한다는 것. 그리고 계란, 우유 등 모든 재료가 유기농이다. 빵은 매일 구워 신선하고, 방부제를 넣지 않아 건강하다. 브랙퍼스트 메뉴는 12:00시까지 주문할 수 있다. 12:00시 이후부터 파니니, 샌드위치와 같은 브런치&런치 메뉴를 즐길 수 있다.

**Data** 지도 250p-D 지도 밖 가는 법 노스 브리지 정류장에서 45번 버스를 타고 포토벨로 타운 홀 정류장에서 하차 후 도보 5분 주소 57 Bath St., Edinburgh EH15 1HE 전화 0131-657-2636
운영시간 08:00~18:00 가격 케이크 2파운드~, 브랙퍼스트 메뉴 5파운드~, 브런치&런치 메뉴 8파운드~
홈페이지 www.thebeachhousecafe.co.uk

**포스교 바로 아래에서 코스 식사를 즐길 수 있는**
## 더 위 레스토랑 The Wee Restaurant

포스교를 둘러볼 예정이라면 더 위 레스토랑에서 제대로 된 코스 음식을 맛보자. 아담하고 평화로운 해안 마을 노스 퀸스페리를 구경하며 포스교 방향으로 걸어가다 보면 더 위 레스토랑을 쉽게 발견할 수 있다. 호텔에서 근무한 경력이 있는 셰프가 운영하는 작고 아담한 식당이다. 신선한 스코틀랜드산 재료를 사용해 만든 스테이크, 생선 요리 등 다양한 메뉴가 있다. 미슐랭 가이드에도 소개된 레스토랑으로, 에든버러 뉴 타운에도 지점이 있다.

**Data** 지도 237p-B 가는 법 노스 퀸스페리 기차역에서 도보 5분 주소 17 Main St., North Queensferry, Inverkeithing KY11 1JG 전화 013-8361-6263 운영시간 런치 12:00~15:30 / 디너 18:00~22:30
휴무 일 · 월요일 가격 메인 립아이 스테이크 30파운드, 포크 스테이크 26파운드
홈페이지 www.theweerestaurant.co.uk

# SLEEP

### 조용한 주택가에 자리한 우아한 호텔
## 넘버 11 브래서리&부티크 호텔 No11 Brasserie&Boutique Hotel

숙소이자 레스토랑으로 운영된다. 1822년에 지어진 조지안 타운 건물을 호텔로 개조했다. 크리스털 샹들리에가 매달린 천장, 고풍스러운 벽난로 등이 고급스럽고 우아한 분위기를 자아낸다. 총 10개의 객실이 있다. 그중 조지안 스위트룸은 넓은 공간, 고급 가구, 푹신한 침대, 높은 천장, 오픈 욕조 등을 자랑한다. 미니 스위트룸, 이그제큐티브 더블룸, 스탠다드 더블룸 등이 있다. 레스토랑에서는 런치, 저녁 코스 요리와 애프터눈 티 세트를 즐길 수 있다.

**Data** 지도 237p-C 가는 법 에든버러 웨이벌리역에서 도보 약 20분 / 프린스 스트리트 정류장에서 1 or 4 or 19 or 34번 버스를 타고 브런스윅 스트리트Brunswick Street 정류장에서 하차. 총 15분 소요
주소 11 Brunswick St., Edinburgh EH7 5JB 전화 0131-557-6910 운영시간 체크인 14:00, 체크아웃 11:00
요금 스탠다드 더블룸 135파운드~, 조지안 스위트룸 194파운드~ 홈페이지 www.11brunswickst.co.uk

### 화려한 미술 작품이 전시된 세련된 부티크 호텔
## 24 로얄 테라스 호텔 24 Royal Terrace Hotel

호텔 곳곳에 현대 미술 작품이 있어 작은 갤러리를 연상케 한다. 총 객실 수는 16개. 주니어 스위트룸, 슈피리어 더블룸, 디럭스 더블룸, 싱글룸, 스튜디오 아파트먼트 등이 있다. 야외 가든도 있다.

**Data** 지도 237p-C 가는 법 에든버러 웨이벌리역에서 도보 약 15분 / 프린스 스트리트 정류장에서 1 or 4 or 19 or 34번 버스를 타고 레오폴드 플레이스Leopold Place 정류장에서 하차 후 도보 약 5분
주소 24 Royal Terrace, Edinburgh EH7 5AH 전화 0131-297-2424 운영시간 체크인 15:00, 체크아웃 12:00
요금 더블룸 150파운드~, 주니어 스위트룸 170파운드~ 홈페이지 www.24royalterrace.xyz

### 청결하고 규모 있는 호스텔
## 에든버러 센트럴 유스호스텔 Edinburgh Central Youth Hostel

총 객실 수 251개의 큰 규모를 자랑한다. 객실은 남성 도미토리 6인실과 여성 도미토리 6인실, 그리고 프라이빗룸이 있다. 프라이빗룸은 1인부터 6인까지 사용 가능하다. 그 외 라운지, 식당, 카페, 세탁실, 직접 요리할 수 있는 식당, 수화물 보관소 등의 부대시설도 갖췄다. 아침 식사와 수건 대여는 유료다.

**Data** 지도 237p-B 가는 법 에든버러 웨이벌리역에서 도보 15분 / 프린스 스트리트 정류장에서 22 or 25번 버스를 타고 엠 로Elm Row 정류장에서 하차. 총 15분 소요 주소 9 Haddington Pl., Edinburgh EH7 4AL
전화 0131-524-2090 운영시간 체크인 16:00, 체크아웃 10:00 요금 도미토리 6인실 20파운드~, 트윈룸 48파운드~ 홈페이지 www.hostellingscotland.org.uk

넓은 정원이 있는 최고급 저택에서 즐기는 하루
## 프레스턴필드 하우스 Prestonfield House

1687년에 지어진 바로크 양식 저택을 5성급 호텔로 개조했다. 호텔 뒤로는 아서스 싯이 있고, 호텔 양옆으로 넓은 정원과 골프 클럽이 둘러싸고 있어 프라이빗하다. 앤티크 장식품과 미술 작품, 벽난로, 고급스러운 벨벳 커튼과 카펫이 마치 왕실 저택에 초대받은 느낌이 들게 한다. 각 객실은 디자인이 모두 다르다. 아름다운 풍경과 멋스러운 건물 덕분에 결혼식 장소로도 자주 사용된다. 호텔 안에 있는 레스토랑에서는 유명 셰프의 요리를 즐길 수 있다.

**Data** 지도 237p-F 가는 법 노스 브리지 정류장에서 14 or 30 or 33번 버스를 타고 이스트 메이필드East Mayfield 정류장에서 하차 후 도보 약 10분 주소 Priestfield Rd., Edinburgh EH16 5UT 전화 0131-225-7800 운영시간 체크인 15:00, 체크아웃 11:00 요금 럭셔리 더블룸 319파운드~ 홈페이지 www.prestonfield.com

리스 운하 옆 프라이빗한 3층 저택
## 더 파빌리온 앳 램스 하우스
The Pavilion at Lamb's House

17세기 건물을 복원한 3층 저택을 통으로 숙소로 사용한다. 북유럽풍 인테리어와 앤티크 소품이 편안 느낌을 준다. 침실 3개, 화장실 2개, 다이닝룸, 벽난로가 있는 리빙룸, 주방으로 구성된 공간으로, 테라스와 작은 정원도 있다. 최대 9명까지 머무를 수 있다. 1박만 할 때보다 4박 이상 예약 시 할인율이 높아진다.

**Data** 지도 250p-D 가는 법 프린스 스트리트 정류장에서 22번 버스를 타고 더 쇼어 정류장에서 하차. 총 25분 소요 주소 11 Waters' Close, Edinburgh EH6 6RB 전화 0131-467-7777 운영시간 체크인 15:00, 체크아웃 10:00 요금 1박 성수기(7·8월, 크리스마스 기간) 440파운드~, 비수기(그 외 기간) 360파운드~ 홈페이지 www.lambspavilion.com

포토벨로 해변에서 가까운 따뜻한 분위기의 B&B
## 애버콘 게스트 하우스
Abercorn Guest House

포토벨로 해변 옆에 위치한다. 1870년에 지어진 빅토리안 스타일의 저택을 숙소로 쓰고 있다. 높은 천장과 미니 온실 스타일의 응접실, 벽난로, 아름다운 미니 정원 등에서 빅토리안 시대의 흔적이 묻어난다. 객실 수는 7개로, 분위기는 깔끔하고 우아하다. 싱글룸, 더블룸, 트리플룸, 패밀리룸 등이 있다.

**Data** 지도 250p-D 지도 밖
가는 법 포토벨로 해변에서 도보 5분 / 웨이벌리 기차역에서 버스로 30분 소요 주소 1 Abercorn Terrace, Joppa, Portobello EH15 2DD 전화 0131-669-6139 운영시간 체크인 14:30, 체크아웃 10:30 요금 트윈룸 180파운드~ 홈페이지 www.abercornguesthouse.com

Special Page

취향 따라 즐겨보자!
# 에든버러 근교 숙소 추천

## 아서스 싯을 바라보며 여유롭게 즐기는 B&B

아서스 싯 아래 평화로운 마을 뉴잉턴Newington에는 각종 상을 받은 B&B가 많다. 복잡한 에든버러 시내에서 벗어나 여유를 즐기고 싶다면 이곳으로 향해보자. 웅장한 아서스 싯의 풍경은 덤이고, 스코틀랜드식 아침 식사를 먹어보는 경험도 좋다. 에든버러 외곽에 위치하지만 시내버스로 15~20분 정도면 중심가까지 갈 수 있다. 숙소 홈페이지에서 직접 예약하면 할인해 주기도 하니 잘 비교해 보고 예약하자.

**따스한 햇빛이 들어오는 유리 온실 스타일의 다이닝룸**

## 94DR

스코틀랜드 관광청에서 상을 받은 숙소다. 객실 창으로 아서스 싯의 멋진 뷰를 바라볼 수 있다. 외관은 클래식한 빅토리안 저택이지만, 내부는 현대적이라 조화가 멋스럽다. 마음을 차분하게 가라앉히는 그레이 톤에 포인트가 되는 가구를 놓아 시선을 끈다. 킹룸, 디럭스 더블룸, 스몰 더블룸 총 3개 형태의 객실이 있다. 94DR의 가장 큰 자랑은 유리 온실 스타일의 다이닝룸. 따스한 햇빛이 한가득 들어오는 다이닝룸에서 신선한 아침 식사를 먹을 수 있다.

**Data** 지도 237p-F
가는 법 프린스 스트리트 정류장에서 31 or 37번 버스를 타고 마샬 플레이스 Marchall Place 정류장에서 하차.
총 15분 소요
주소 94 Dalkeith Rd., Edinburgh EH16 5AF
전화 0131-662-9265
운영시간 체크인 14:00, 체크아웃 10:30 요금 더블룸 150파운드~, 디럭스 더블룸 180파운드~
홈페이지 94dr.co.uk

### 가정집 같은 편안한 숙소
## 킹스웨이 게스트 하우스
### Kingsway Guest House

올해의 게스트 하우스에 선정된 곳이다. 깔끔하고 심플한 분위기로, 아늑한 가정집에서 편하게 쉬는 느낌을 준다. 더블룸, 스탠다드 트윈룸, 트리플룸, 그리고 4명이 지낼 수 있는 패밀리룸이 있다. 홈메이드 조식이 제공되며, 일찍 떠나야 하는 여행자들은 요청 시 아침 식사를 포장해 준다. 최소 2박 이상 숙박해야 한다.

**Data** 지도 237p-E 지도 밖 가는 법 프린스 스트리트 정류장에서 3 or 29 or 30 or 33번 버스를 타고 이스트 메이필드 정류장에서 하차 후 도보 약 4분. 총 20분 소요 주소 5 East Mayfield, Edinburgh EH9 1SD 전화 0131-667-5029 운영시간 체크인 15:00, 체크아웃 10:30 요금 스탠다드 더블 200파운드~, 인 스위트 더블룸 220파운드~(2박 기준) 홈페이지 edinburgh-guesthouse.com

### 고풍스러운 분위기에서 전문 셰프의 조식을 맛보자
## 23 메이필드 23 Mayfield

미슐랭 가이드와 〈론리 플래닛〉이 추천하는 B&B. 1968년에 지어진 고풍스러운 3층 저택이다. 객실은 슈퍼 킹룸, 킹룸, 패밀리룸 등이 있다. 객실에 제작한 마호가니 침대 등 가구가 놓여 있고, 영국 전역에서 공수한 유기농 어메니티 등으로 고급스러운 분위기다. 이곳의 또 다른 자랑은 유명 호텔 출신의 셰프가 만들어 주는 화려한 아침 식사다. 전통 스코틀랜드 브랙퍼스트 외에도 매일 바뀌는 스페셜 메뉴가 있다. 최소 2박 이상 숙박해야 한다.

**Data** 지도 237p-E 지도 밖 가는 법 프린스 스트리트 정류장에서 3 or 29 or 30 or 33번 버스를 타고 메이필드 가든스Mayfield Gardens 정류장에서 하차 후 도보 약 5분. 총 20분 소요 주소 23 Mayfield Gardens, Edinburgh EH9 2BX 전화 0131-667-5806 운영시간 체크인 16:00, 체크아웃 11:00 요금 디럭스 튜더룸 300파운드~, 그랜드 콜로니얼룸 330파운드~(2박 기준) 홈페이지 www.23mayfield.co.uk

### 멋진 침대 헤드가 있는 밝은 감성의
## 바로니 하우스 Barony House

베스트 에든버러 게스트 하우스를 수상한 숙소다. 객실은 로얄 더블룸, 킹 더블룸, 스몰 킹룸, 서번츠 쿼터룸이 있다. 이 숙소에서 가장 인상적인 것은 화려한 문양의 침대 헤드. 방마다 다른 디자인의 큰 침대 헤드가 방안을 화사하게 만든다. 최소 2박 이상 숙박해야 한다.

**Data** 지도 237p-E 지도 밖 가는 법 프린스 스트리트 정류장에서 3 or 29 or 30 or 33번 버스를 타고 이스트 메이필드 정류장에서 하차 후 도보 약 6분. 총 20분 소요 주소 20 Mayfield Gardens, Edinburgh EH9 2BZ 전화 0131-662-9938 운영시간 체크인 14:00, 체크아웃 11:00 요금 스몰 킹룸 280파운드~, 킹 더블룸 300파운드~ (2박 기준) 홈페이지 www.baronyhouse.co.uk

## 동화 같은 성에서 보내는 하루

에든버러 주변에 아름다운 저택과 역사적인 고성이 많다. 동화 속 저택이나 웅장한 성, 에든버러 중심가의 3, 4성급 숙소 정도의 합리적인 요금으로 묵을 수 있는 고성 호텔도 있다. 복잡하고 시끄러운 도시를 벗어나 자연에 둘러싸인 곳에서 여유를 만끽해 보자. 단, 외곽에 위치해 대중교통으로는 가기 어렵다. 우버나 택시, 렌터카를 추천한다.

### 무려 700년의 긴 역사를 자랑하는
### 댈하우지 캐슬 호텔 Dalhousie Castle Hotel

에든버러 남쪽에 있다. 에든버러 중심까지는 차로 30분 정도 소요된다. 호텔에서 버스 정류장까지 도보로 20~30분이 소요되고, 버스도 자주 있지 않아 대중교통은 추천하지 않는다. 댈하우지 캐슬 호텔은 13세기에 지어진 700년 역사의 고성을 개조했다. 에드워드 1세 왕, 월터 스콧, 빅토리아 여왕이 묵었던 곳이다. 오래된 성을 보호하기 위해 엘리베이터는 없다. 객실 수는 35개로, 모두 스코틀랜드풍으로 화려하게 꾸며져 있다. 객실 외 레스토랑, 바, 스파 등의 부대시설을 갖춘 고급 호텔이다. 투숙객들이 참여할 수 있는 매 사냥 궁술 프로그램을 진행한다.

**Data** 지도 237p-E 지도 밖 가는 법 에든버러 타운에서 A772, A7번 도로를 타고 차로 약 30분 주소 Dalhousie Castle, Bonnyrigg, Midlothian EH19 3JB 전화 0187-582-0153 운영시간 체크인 15:00, 체크아웃 11:00 요금 클래식 더블룸 200파운드~, 롯지 스위트 220파운드 홈페이지 www.dalhousiecastle.co.uk

### 자연에 둘러싸인 평화로운 고성
### 호텔 멜빌 캐슬 Hotel Melville Castle

1971년에 지어진 고딕 양식의 성을 숙소로 사용한다. 우거진 숲 한가운데 자리한다. 웅장한 외관과 달리 내부는 깔끔하고 현대적이다. 33개의 객실이 있으며, 싱글룸, 더블룸, 트리플룸, 스위트룸이 있다. 호텔 내 레스토랑과 바가 있다. 에든버러 시내의 3성급 호텔 수준으로 묵을 수 있지만, 접근성이 다소 떨어지는 편이다.

**Data** 지도 237p-E 지도 밖 가는 법 에든버러 타운에서 A772번 도로를 타고 차로 약 30분 주소 Melville Castle, Gilmerton Rd., Midlothian EH18 1AP 전화 0131-654-0088 운영시간 체크인 14:00, 체크아웃 11:00 요금 클래식 더블룸 132파운드~, 스위트룸 170파운드~ 홈페이지 melvillecastle.com

**고전과 현대의 아름다운 조화를 느낄 수 있는**
## 칼로우리 캐슬 Carlowrie Castle

1852년에 지어진 성을 고급 호텔로 개조했다. 에든버러 와인 사업가이자 리스의 시장이었던 토마스 허친슨이 유명 스코틀랜드 건축가 데이비드 린드에게 요청해 디자인했다. 130년 동안 토마스와 그의 자손들이 살았다.

총 객실 수는 16개. 울창한 숲 사이에 잘 가꾼 잔디 정원과 넓은 테니스 코트, 레스토랑, 바가 있다. 웅장하고 화려한 빅토리아풍 외관과 달리, 객실 내부는 현대적이다. 전 세계 현대 미술 작가들의 작품이 호텔 곳곳에 전시돼 있다. 단, 이곳도 마찬가지로 대중교통 이용이 어렵다. 에든버러 공항까지는 차로 약 10분, 에든버러 시내까지 30~40분이 소요된다.

**Data 지도** 237p-A 지도 밖
**가는 법** 에든버러 타운에서 A90번 도로를 타고 차로 약 40분
**주소** Boathouse Bridge Rd., Kirkliston, West Lothian, Dalmeny EH29 9ES
**전화** 0131-335-3184
**운영시간** 체크인 14:00, 체크아웃 10:30
**요금** 더블룸 295파운드~
**홈페이지** carlowriecastle.co.uk

**휴식과 스파를 한 번에 즐길 수 있는**
## 노턴 하우스 호텔&스파 에든버러 Norton House Hotel&Spa Edinburgh

1840년에 지어진 조지안 양식의 석조 저택. 옛 모습을 간직한 계단과 리셉션이 인상적인 호텔이다. 객실은 깔끔하고 현대적인 느낌이다. 총 객실 수는 84개. 클래식룸, 이그제큐티브룸, 주니어 스위트룸, 스위트룸 등이 있다. 레스토랑, 수영장, 피트니스 센터 등을 갖췄다. 특히, 전문 마사지사와 사우나, 트리트먼트 등의 서비스를 제공하는 스파 시설이 자랑거리다.

**Data 지도** 237p-A 지도 밖
**가는 법** 에든버러 타운에서 A8번 도로, Glasgow Rd.를 타고 차로 약 40분 **주소** Inglistion, Newbridge EH28 8LX **전화** 0131-333-1275 **운영시간** 체크인 15:00, 체크아웃 11:00 **요금** 클래식룸 150파운드~, 주니어 스위트룸 300파운드~ **홈페이지** handpicked hotels.co.uk/nortonhouse

## 스코틀랜드 한인 민박 이용하기

낯선 여행지에서 언어 때문에 걱정이 된다면 한인 민박이 좋은 선택이다. 하루에 한 끼는 한식을 먹을 수 있고, 한국인 여행자끼리 알짜 여행 정보도 교류할 수 있다. 한국어로 진행되는 픽업 서비스 및 투어 서비스를 이용할 수도 있다. 그러나 한인 민박이 많은 런던과 달리 에든버러에는 한인 민박의 수가 적다. 또한, 성수기, 비수기에 따라 가격이 다르니 홈페이지에서 가격을 확인하고 예약하자.

**한국어로 하일랜드, 에든버러 투어를 진행하는**
### 페스티벌 민박

에든버러 중심가 남쪽에 있다. 객실은 1인, 2인, 2인 도미토리, 3인 가족실, 4인 가족실이 있다. 3인실과 4인실에는 화장실이 객실 내에 있어 편하다.

아침 식사로 간단한 토스트와 시리얼, 과일 등을, 저녁 식사로 제육볶음, 불고기 등 한식을 제공한다. 추가 금액을 지불하면 공항, 기차역 픽업 서비스를 받을 수 있다. 스코틀랜드 전문 가이드가 진행하는 하일랜드 투어, 에든버러 가이드, 스카이섬 투어 등에 참여할 수 있다. 투어는 한국어로 진행된다. 에든버러 시내에서 떨어져 있지만, 편리한 한인 민박을 찾는다면 추천할 만하다.

**Data** 지도 237p-F
가는 법 에든버러 웨이벌리역에서 버스로 15분
주소 3 Oxford St., Edinburgh EH8 9PH
전화 075-5767-4963
운영시간 체크인 17:00, 체크아웃 10:00
요금 1인실 50파운드, 2인실 도미토리 35파운드(성수기 기준)
홈페이지 cafe.daum.net/nanedinburgh

**아침, 저녁 식사를 한식으로 먹을 수 있는**
### 애비 레인 Abbey Lane

칼튼 힐 뒤에 위치해 찾기 쉬우나 오르막 경사가 있어 짐이 있다면 택시나 버스를 이용하는 것이 좋다. 뿐만 아니라 애비 레인의 자랑거리는 창밖으로 포토벨로 해변과 홀리루드 파크가 보이는 객실로, 전 객실에서 근사한 풍경을 감상할 수 있다. 객실은 1인실, 2인실(트윈)이 있다.

이곳의 장점은 아침, 저녁 식사가 모두 한식이라는 점. 다양하게 제공되는 한식 메뉴 덕분에 식비를 절약할 수 있다. 낯선 나라에서 먹는 것만큼은 익숙한 음식을 먹고 싶다면 추천한다. 수건이 매일 1장씩 제공되며, 유료로 세탁 비용을 지불하면 소량의 세탁도 가능하다.

**Data** 지도 237p-C
가는 법 에든버러 웨이벌리역에서 버스로 10분
주소 Abbey Lane, Edinburgh EH8 8JH
전화 075-5767-4963 운영시간 체크인 14:30, 체크아웃 10:00 요금 1인실 110파운드, 2인실 135파운드(성수기 기준)
홈페이지 cafe.daum.net/abbey-edinburgh

**TIP** 보안상의 문제로 집주소를 알려주지 않는 경우가 많다. 예약할 때 민박 주인에게 입국 심사서에 어떤 주소를 적어야 하는지 물어보자.

Scotland By Area

# 03

# 글래스고
## Glasgow

에든버러에 비해 유명세는 떨어진다. 그러나 알고 보면 글래스고는 스코틀랜드에서 가장 큰 도시이자, 영국 최초 유네스코 음악 도시로 선정될 만큼 유럽을 대표하는 예술 도시이기도 하다. 도시에 흐르는 클라이드강을 따라 산업과 예술이 발전했다. 글래스고를 대표하는 위대한 건축가, 찰스 레니 매킨토시 Charles Rennie Mackintosh의 흔적도 느껴보자.

## 글래스고
# 미리보기

중세 시대 고풍스러운 도시를 연상시키는 에든버러와는 또 다른 느낌이다. 글래스고에서는 진짜 스코틀랜드 사람들이 사는 로컬 분위기를 느낄 수 있다. 강가를 따라 넓은 공원에서 산책을 하거나, 큰 쇼핑센터에서 브랜드 쇼핑을 해보는 것도 좋다. 세계적인 명문 대학교의 전통을 느껴볼 수도 있다. 또, 글래스고의 다양한 박물관, 미술관, 공연, 축제를 즐겨보자.

**SEE** 박물관의 도시답게 켈빈그로브 미술관 및 박물관, 리버사이드 박물관, 글래스고 현대 미술관, 피플스 팰리스 등 무료로 즐길 수 있는 박물관과 미술관이 많다. 글래스고의 천재 건축가 찰스 레니 매킨토시가 디자인한 건축물 더 라이트 하우스, 매킨토시 하우스도 빼놓을 수 없다.

**EAT** 뷰캐넌 스트리트를 중심으로 레스토랑과 카페가 모여 있다. 신선한 해산물과 소고기로 만드는 정통 스코티시 음식을 맛보자. 글래스고 이민자들이 직접 만들어 현지의 맛 그대로 즐기는 다양한 글로벌 푸드도 있다.

**BUY** 글래스고에는 뷰캐넌 스트리트, 아가일 스트리트를 중심으로 쇼핑 거리, 대형 쇼핑센터, 백화점이 많다. 의류, 신발, 장난감 등 다양한 영국 브랜드 제품을 쇼핑해 보자.

### 어떻게 갈까?

**비행기** 한국에서 글래스고로 가는 직항은 없다. 런던이나 기타 유럽 도시를 경유해야 한다. 글래스고 공항에서 시내 중심가까지는 공항버스(500번)를 이용하면 된다. 워털루 레인 Waterloo Lane 혹은 던다스 스트리트Dundas Street 정류장에서 하차하면 된다.
**기차** 글래스고 센트럴Glasgow Central Station 역 혹은 글래스고 퀸 스트리트Glasgow Queen Street역에서 하차한다.
**코치** 런던이나 그 외 영국 도시에서 탑승 후 글래스고 뷰캐넌 버스 스테이션Buchanan Bus Station에서 하차한다.

### 어떻게 다닐까?

글래스고의 주요 기차역과 관광지는 클라이드 강 북쪽에 위치한다. 도시 자체가 큰 편이고, 주요 관광지와 박물관이 중심 시가지 외곽에 퍼져 있어서 지하철이나 버스로 이동하는 것이 좋다. 노약자가 있는 가족 단위 여행객이라면 조지 스퀘어, 글래스고 대성당 등 핵심 관광지만 편하게 둘러보는 시티 투어 버스를 이용하는 것도 좋은 방법이다. 시티 투어 버스 이용 시 2층에 앉아 탁 트인 전망을 만끽하자. 에든버러와는 다른 글래스고의 매력을 발견할 수 있다. 또, 글래스고 시내에서는 도보 이동이 많으므로 편하고 활동성 높은 신발을 신자.

# 글래스고
## 📍 2일 추천 코스 📍

무료로 즐길 수 있는 미술관과 박물관, 공원이 많다. 글래스고를 제대로 즐기기 위해서는 최소 이틀 일정으로 계획해야 한다. 제일 번화가인 뷰캐넌 스트리트를 중심으로 동쪽과 서쪽으로 나누어 하루씩 일정을 짜면 좋다. 하루는 박물관 투어를 다니면서 공원에서 쉬고, 하루는 글래스고 대성당 등 뷰캐넌 스트리트와 주변 볼거리를 구경하면 된다.

**1일차**

글래스고 대학교와 켈빈그로브 파크 둘러보기
→ 도보 15분 →
웅장한 켈빈그로브 미술관 및 박물관 관람하기
→ 도보 20분 혹은 버스 10분 →
리버사이드 박물관에서 즐겁게 교통수단 구경하기
↓ 버스 15분

**2일차**

글래스고 최대 번화가 뷰캐넌 스트리트에서 쇼핑하기
← 도보 5분 ←
더 라이트하우스와 글래스고 현대 미술관 관람하며 예술 감성 충전하기
← 도보 5분 ←
글래스고 시청사 둘러본 후 조지 스퀘어에서 잠시 휴식하기
↓ 도보 15분

800년 역사의 글래스고 대성당 관람하기
→ 도보 5분 →
글래스고 네크로폴리스에서 도시 바라보기
→ 도보 20분 →
피플스 팰리스 관람한 후 클라이드강 산책하기

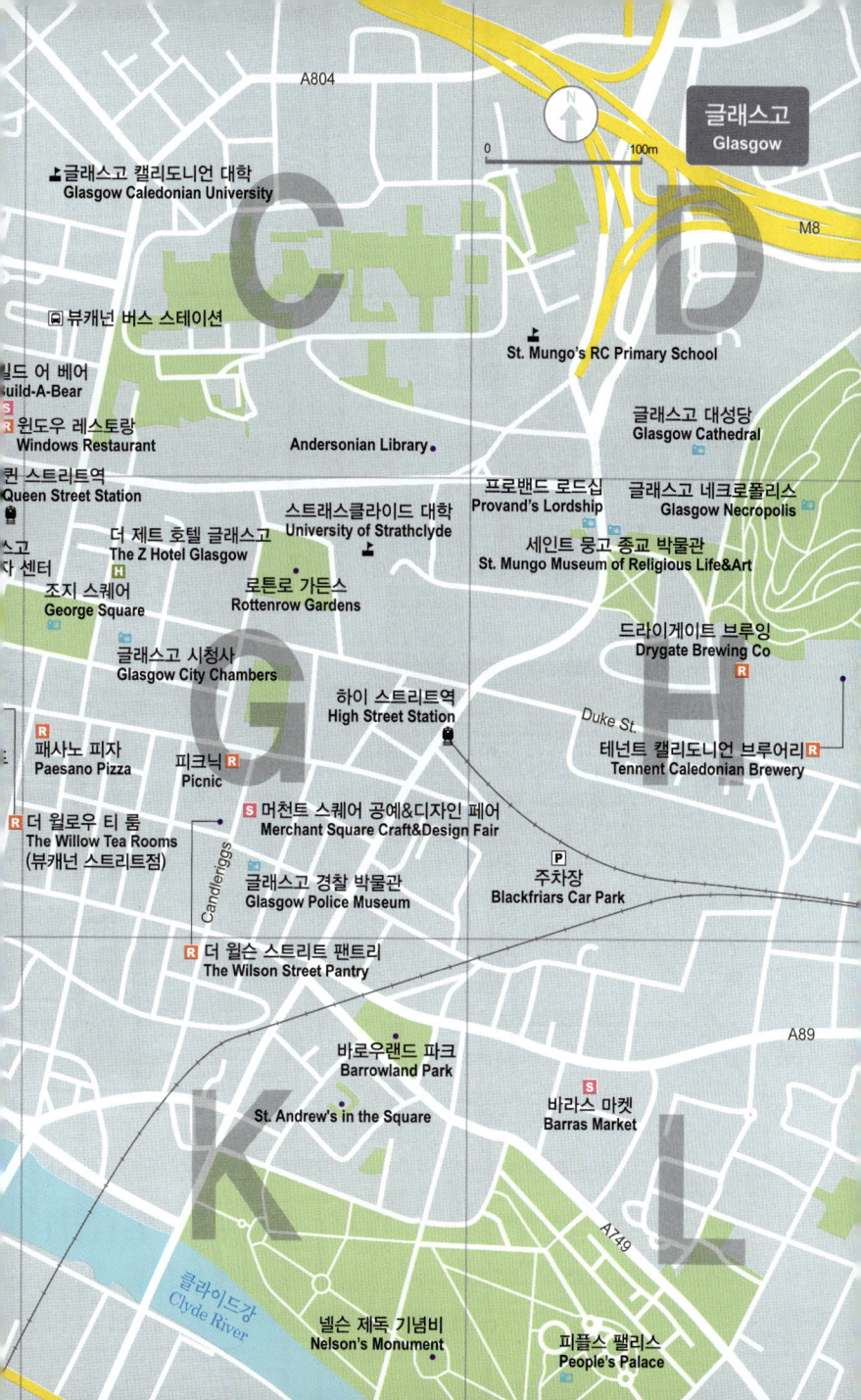

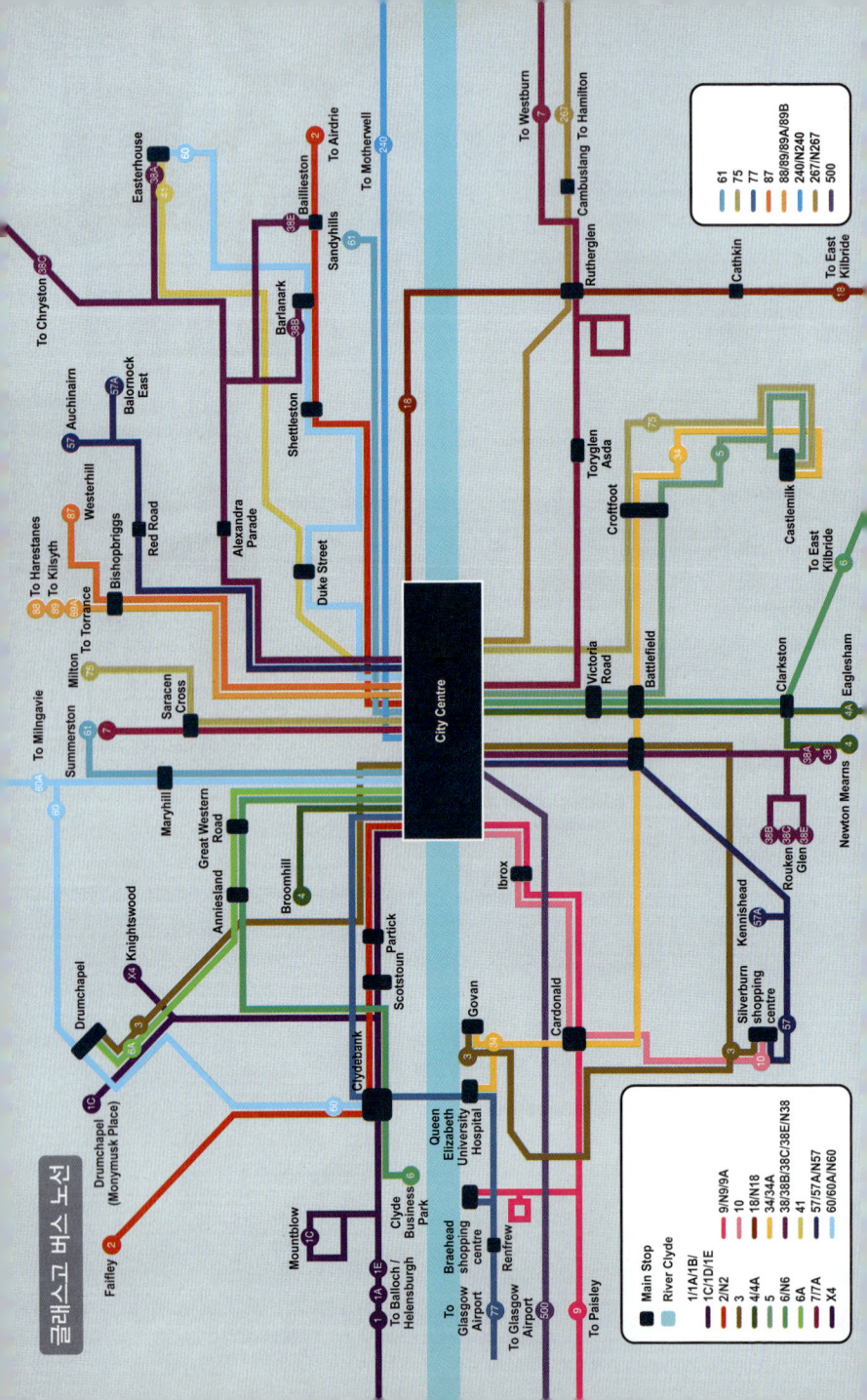

# SEE

**글래스고의 역사적인 광장**

## 조지 스퀘어 George Square

글래스고 중심가에 위치한 광장이다. 글래스고 시민들과 여행자들이 사랑하는 도심 속 작은 공원의 역할을 하기도 한다. 이전에는 진흙투성이의 황무지 땅이었지만, 1781년에 조지 3세 왕의 이름을 따서 시민들을 위한 광장으로 변신했다. 웅장한 시청사 건물, 머천트 하우스, 퀸 스트리트 기차역 등 글래스고에서 유명한 건물들과 카페, 레스토랑이 주변에 있다.

오랜 기간 동안 각종 정치 집회, 시위, 폭동 등을 겪었지만, 지금은 일 년 내내 백파이프 공연을 비롯한 다양한 라이브 공연을 펼치는 장소가 되었다. 세인트 앤드루 데이, 에든버러 호그머네이 기간 동안 이곳에서 행사가 펼쳐진다. 겨울에는 스케이트와 회전목마를 탈 수 있는 놀이동산으로 변신한다.

**Data** 지도 265p-G 가는 법 글래스고 센트럴역에서 도보 약 10분 주소 Glasgow G2 1DH

### 조지 스퀘어를 지키고 있는 동상들

조지 스퀘어 곳곳에 12개의 동상들이 있다. 광장 중앙에 우뚝 서 있는 작가 월터 스콧 기념비를 비롯해 빅토리아 여왕, 증기 기관을 발명한 제임스 와트, 알버트 공, 시인 로버트 번스와 토마스 캠벨 등 영국 역사에 지대한 업적을 남긴 인물들의 동상이다.

아이러니하게도 이 광장의 이름이기도 한 조지 3세 왕의 동상은 없다. 글래스고 세력이 조지 3세 왕의 동상을 세울 계획을 하던 중 미국 독립 전쟁이 발발했고, 조지 3세는 말년에 정신병을 얻었다. 결국 글래스고 세력은 조지 3세 왕 동상을 세우려던 계획을 무산시키고, 대신 월터 스콧의 동상을 처음으로 광장에 세웠다.

**웅장한 건물을 둘러볼 수 있는 무료 투어도 놓치지 말자**
## 글래스고 시청사 Glasgow City Chambers

조지 스퀘어 동쪽 방향으로 2마리의 사자 석상이 지키고 있는 웅장한 건축물이 글래스고 시청사다. 빅토리아 여왕이 1888년에 설립해 100년이 넘는 기간 동안 글래스고의 산업과 문화 발전을 담당하고 있다. 정부 기관이라 다소 부담스럽게 여길 수 있겠지만, 글래스고 시청사는 누구에게나 열린 공간이다. 게다가 무료 가이드 투어도 진행하니 꼭 둘러보길 추천한다.

시청사 내부에는 이탈리아 카라라 대리석으로 만든 서유럽에서 가장 큰 대리석 계단, 바닥과 천장을 수놓은 아름다운 모자이크 작품을 볼 수 있다. 모자이크는 150만 개의 타일을 직접 손으로 붙여 만들었다. 공식 회의가 열리는 의회 내부를 둘러보며 의장 자리에 앉아보거나, 각종 연회와 시상식 행사가 열리는 뱅퀴팅홀도 볼 수 있다. 넬슨 만델라와 알렉스 퍼거슨이 수상한 곳이기도 하다.

> **TIP 글래스고 무료 가이드 투어**
>
> 글래스고 시청사를 둘러보는 무료 가이드 투어가 있다. 투어 시작 30분 전에 시청사 안내데스크에서 선착순으로 신청할 수 있다. 간혹 시청사 사정에 따라 투어가 취소되는 날도 있으니 미리 홈페이지에서 확인하거나, 시청사를 방문해 확인하자. 약 45분 소요.
> **Data** 운영시간 월~금 10:30, 14:30(1일 2회 진행)

**Data** 지도 265p-G 가는 법 글래스고 센트럴역에서 도보 약 10분
주소 82 George St., Glasgow G2 1DU 전화 0141-287-2000
운영시간 월~금 09:00~17:00 휴무 토·일요일 요금 무료 홈페이지 www.glasgow.gov.uk

신고전주의 건물과 독특한 현대 예술 작품의 만남
## 글래스고 현대 미술관 Gallery of Modern Art

글래스고 중심가에 위치한 현대 미술관. 1996년에 개관했다. 줄여서 'GOMA'라고도 부른다. 총 4개의 전시관이 있으며, 세계적으로 유명한 작가나 글래스고 지역 예술가의 작품을 주로 전시한다. 작품은 수시로 바뀌며, 다양한 설치 작품, 조각, 사진, 회화, 비디오 아트 등 다양한 예술 작품을 전시한다.

1778년에 세워진 네오클래식 양식의 웅장한 건물과 독특한 현대 미술 작품의 조화가 묘하다. 2년마다 글래스고 국제 시각 예술 행사를 비롯해 지역 예술가들이 참여하는 프로젝트와 워크숍이 열리는 장소로도 사용된다. 건물 지하층에는 카페와 무료 와이파이를 사용할 수 있는 도서관이 있다.

**Data** 지도 264p-F
**가는 법** 글래스고 센트럴역에서 도보 약 7분
**주소** Royal Exchange Square, Glasgow G1 3AH
**전화** 0141-287-3050
**운영시간** 월~목·토 10:00~17:00, 금·일 11:00~17:00
**요금** 무료
**홈페이지** www.glasgowlife.org.uk

### 도로 표지 고깔을 쓴 웰링턴 공작 동상

글래스고 현대 미술관 건물 앞에는 말에 올라탄 채 머리에는 주황색 도로 표지 고깔 모자를 쓰고 있는 웰링턴 공작의 동상이 있다. 이 동상은 1844년 이탈리아 예술가가 1대 웰링턴 공작에게 경의를 표하기 위해 세웠다. 처음에는 지금처럼 고깔을 쓰고 있지 않았다.

우연히 한 행인이 술김에 장난으로 동상에게 고깔을 씌운 것이 시초였다. 정부는 이런 행위에 높은 벌금을 매기고, 많은 돈을 투자해서 동상의 높이를 올렸지만 시민들은 계속 동상에 고깔을 씌웠다. 온라인 투표를 열어 동상에서 고깔을 없애지 말자는 다수의 동의도 얻었다. 그 결과 현재 웰링턴 공작 동상은 고깔을 쓰고 있으며, 글래스고 사람들의 유머를 엿볼 수 있는 글래스고 대표 마스코트가 되었다. 엽서 등 관련 기념품도 있으니 하나쯤 구매해 보자.

### 스코틀랜드에서 가장 오래된 집
# 프로밴드 로드십 Provand's Lordship

글래스고에 남아 있는 중세 시대 집 4채 중 한 곳이다. 1471년에 지어졌으며, 글래스고에 있는 주택 중에서 글래스고에서 가장 오래된 역사를 자랑한다. 원래 세인트 니콜라스 병원의 부속 건물이었으나 세월이 흐르면서 옆에 있는 글래스고 대성당에 소속된 사제나 직원들을 위한 임시 거주지로 사용되기도 했다고 한다. 아쉽게도 주택 주변의 다른 중세 시대 건물은 사라져 현재는 볼 수 없다.

목조 천장과 투박한 돌벽, 밟으면 삐걱거리는 소리를 내는 나무로 된 바닥, 좁은 돌계단을 통해 중세 시대 주택에서의 삶을 그려보자. 건물 뒤에는 작은 허브 정원도 있다.

**Data** 지도 265p-H
가는 법 워털루 스트리트Waterloo Street 정류장에서 38 or 57번 버스를 타고 글레베 스트리트Glebe Street 정류장에서 하차 후 도보 약 3분. 총 15분 소요
주소 3 Castle St., Glasgow G4 0RH
전화 0141-276-1625
운영시간 화~목·토 10:00~17:00, 금·일 11:00~17:00
휴무 월요일
요금 무료
홈페이지 www.glasgowlife.org.uk

### 여러 종교의 작품을 한 곳에 전시하는 세계 유일의 박물관
# 세인트 뭉고 종교 박물관 St. Mungo Museum of Religious Life&Art

6세기에 글래스고에 처음으로 기독교를 전파한 글래스고 수호 성인 성 뭉고의 이름을 따서 만든 종교 박물관이다. 전 세계에서 유일하게 단일 종교 작품이 아닌 여러 종교의 작품을 한데 모아 전시하는 박물관. 기독교, 불교, 힌두교, 이슬람교, 유대교 등 다양한 종교의 전시물, 의상, 사진, 그림, 조각 작품을 볼 수 있다. 다른 종교에 대한 열린 마음을 통해 서로를 이해하자는 바람으로 1993년 설립되었다. 기념품숍과 카페도 있으며, 박물관은 무료입장이다.

**Data** 지도 265p-H 가는 법 워털루 스트리트 정류장에서 38 or 57번 버스를 타고 글레베 스트리트 정류장에서 하차 후 도보 약 3분. 총 15분 소요 주소 2 Castle St., Glasgow G4 0RH 전화 0141-276-1625
운영시간 월~목·토 10:00~17:00, 금·일 11:00~17:00 요금 무료 홈페이지 www.glasgowlife.org.uk

**800년 된 글래스고의 자부심**
# 글래스고 대성당 Glasgow Cathedral

성 뭉고는 작은 교회 주변에 종교 공동체를 세운 후 612년에 여기에 묻혔다. 세월이 흘러 1197년에 성 뭉고가 묻힌 자리에는 우뚝 솟은 첨탑과 고딕 양식의 웅장한 글래스고 대성당이 세워졌다. 처음 이 지역을 세운 성인의 이름을 따서 '세인트 뭉고 성당'이라고도 불린다.

글래스고에서 가장 오래된 건물로 무려 800년의 역사와 전통을 자랑한다. 또, 종교 개혁에서 살아남은 유일한 중세 시대 성당으로서 가치가 있다. 대성당 내부에서는 저절로 고개를 들고 쳐다보게 되는 높은 천장과 성경의 다양한 주제를 담은 화려한 스테인드글라스 유리창이 눈에 띈다. 파이프 오르간도 볼 수 있고, 곳곳에 성화와 역대 주교들의 초상화도 걸려 있다. 대성당 지하에는 성 뭉고 묘지가 있다.

**Data 지도** 265p-D
**가는 법** 워털루 스트리트 정류장에서 38 or 57번 버스를 타고 글레베 스트리트 정류장에서 하차 후 도보 약 3분. 총 15분 소요
**주소** Castle St., Glasgow G4 0QZ
**전화** 0141-552-8198
**운영시간** 하절기(4~9월) 월~토 09:30~17:30, 일 13:00~17:30 동절기(10~3월) 월~토 10:00~16:00, 일 13:00~16:00, 점심시간(12~13시)에는 입장 불가
**요금** 무료(오디오 투어 2파운드)
**홈페이지** www.glasgowcathedral.org.uk

> **TIP 글래스고 대성당 축제** Glasgow Cathedral Festival
>
> 글래스고 대성당이 주최하는 예술 축제. 'GCF'라고도 부른다. 역사 등을 주제로 음악을 비롯한 예술 방면의 무료 행사와 전시가 일주일 동안 진행된다. 9월~10월 사이에 열리며, 매년 날짜가 다르므로 자세한 날짜와 프로그램은 홈페이지를 참고하자.
> **Data 홈페이지** www.gcfestival.com

**언덕 위의 정원식 도시 공동묘지**
# 글래스고 네크로폴리스 Glasgow Necropolis

글래스고 동쪽 언덕에는 '죽은 자의 도시'라고도 불리는 글래스고 네크로폴리스가 있다. 네크로폴리스는 고대 도시 가까이에 형성된 공동묘지를 뜻한다. 프랑스 파리의 아름다운 정원식 공동묘지인 페르 라셰즈Père Lachaise를 따라 1836년 이 언덕에 건설했다. 이곳에는 5만 명이 넘는 사람들이 묻혀 있고, 묘비는 약 3,500개가 있다. 크기와 모양은 모두 제각각으로, 생전의 부와 명예를 반영하는 다양한 묘비의 조각처럼 사연과 살았던 시대가 다양하다.

글래스고 대성당 옆 금으로 장식된 화려한 문을 열고 들어가 멋스러운 돌길을 걷다 보면 한국 전쟁 기념비를 만나게 된다. 공동묘지로 이어지는 다리는 장례식 행렬들이 지나가던 길이었기 때문에 '한숨의 다리'라고도 불린다. 언덕 위쪽은 글래스고 도시를 볼 수 있는 뷰포인트다. 가이드 워킹 투어도 한 달에 3번 진행한다. 가이드 워킹 투어는 매달 날짜와 시간이 상이하니 홈페이지에서 확인 후 예약하자. 투어 요금은 무료지만, 원하는 만큼 기부가 가능하다.

**Data** **지도** 265p-H **가는 법** 워털루 스트리트 정류장에서 38 or 57번 버스를 타고 글레베 스트리트 정류장에서 하차 후 도보 약 10분. 총 20분 소요 **주소** Castle St., Glasgow G4 0UZ **전화** 0141-287-5064 **운영시간** 07:00~16:30 **요금** 무료 **홈페이지** www.glasgownecropolis.org

> **TIP** 네크로폴리스 더 알아보기
>
> 언덕 정상에는 스코틀랜드 종교 개혁자이자 장로교 창시자인 존 녹스John Knox 기념탑이 있다. 21m 높이로, 네크로폴리스의 기초석이자 스코틀랜드 최초로 세워진 기념탑이다.
> 찰스 매킨토시는 아버지의 친구이자 유명한 경찰관이었던 앤드루 맥콜Andrew McCall의 죽음을 기리며 셀틱 십자가의 묘비를 직접 설계했다. 세계에서 가장 성공한 사업가이자 화학자인 찰스 테넌트Charles Tennant의 동상과 묘비도 있다.

온실 정원

#### 18세기 글래스고 사람들의 삶을 엿볼 수 있는
## 피플스 팰리스 People's Palace

클라이드 강가 넓은 공원 가운데에 위치한 박물관이다. 18~20세기 글래스고 도시와 사람들의 삶을 보여주는 곳이다. 당시 글래스고 동남쪽 지역은 주거 환경이 좋지 않았다. 이 지역을 개발하고 문화의 중심지로 만들기 위해 1898년에 개관했다.

박물관에서는 글래스고의 교통, 산업, 전쟁의 역사를 보여주는 전시물, 사진, 영화 등을 볼 수 있다. 당시의 주택, 상점을 재현해 사진도 찍을 수 있다. 박물관 규모가 큰 편은 아니지만 건물 뒤로 넓은 빅토리아 시대풍의 온실 정원이 있다. 야자수가 멋있는 윈터 가든 카페에 앉아 잠시 차와 커피를 마시며 쉴 수도 있다.

**Data** **지도** 265p-L **가는 법** 글래스고 센트럴역Glasgow Central Station 정류장에서 18번 버스를 타고 그린 스트리트Green Street 정류장에서 하차 후 도보 약 3분. 총 15분 소요 **주소** Glasgow Green, Templeton St., Glasgow G40 1AT **전화** 0141-276-0788 **운영시간** 월~목・토 10:00~17:00, 금・일 11:00~17:00 **요금** 무료 **홈페이지** www.glasgowlife.org.uk

### 번영한 대영제국을 보여주는 덜튼 분수 Doulton Fountain

피플스 팰리스 앞에는 르네상스풍의 분수대가 있다. 21m 높이의 대규모 분수대로, 재료는 테라코타다. 화려한 조각상이 눈에 띄는 이 분수대는 대영제국의 가장 강력했던 시절을 기념하고 축하하기 위해 만들어졌다.

덜튼 분수 최상단에는 빅토리아 여왕 동상이 군림하고, 그 밑으로 하녀들이 물동이를 잡고 밑으로 물을 흘려 보내고 있다. 그 아래에는 영국 해군과 스코틀랜드, 잉글랜드, 아일랜드 군인이 함께 서 있다. 그리고 영연방 국가인 캐나다, 남아프리카공화국, 호주, 인도를 연상케 하는 동상들이 밑을 받치고 있다.

글래스고를 대표하는 전시관
# 켈빈그로브 미술관 및 박물관 Kelvingrove Art Gallery and Museum

1901년에 개관한 글래스고 대표 미술관 겸 박물관이다. 붉은색의 사암沙巖을 사용해 지은 스페인 바로크 양식의 건축물로 규모가 매우 웅장하다. 총 3층으로, 지하층Lower Ground, 지상층Ground Floor, 1층이 있다. 높은 천장과 샹들리에 조명, 화려한 계단과 발코니에서 우아하고 고풍스러운 내부 분위기를 느낄 수 있다.

22개의 전시관에서는 고대 이집트 문명 유물부터 렘브란트, 고흐, 모네 등 유명한 화가들의 미술 작품, 유럽 전쟁에서 실제로 사용했던 무기와 갑옷, 스코틀랜드 문화와 역사에 관계된 작품들을 볼 수 있다. 또한 자연사 야생 전시관, 찰스 매킨토시의 건축 양식을 볼 수 있는 전시관까지 있다. 그중 살바도르 달리의 '성 요한의 그리스도Christ of St. John of the Cross' 그림과 2차 세계대전 당시 사용한 스피트파이어 전투기는 이곳의 대표 전시물이다. 그리고 박물관 건물 뒤로 켈빈강이 흐르는 아름다운 켈빈그로브 파크Kelvingrove Park가 있으니 놓치지 말자.

**Data** 지도 264p-A 지도 밖
가는 법 아가일 스트리트Argyle Street 정류장에서 2 or 3번 버스를 타고 켈빈그로브 미술관 및 박물관 Kelvingrove Art Galleries 정류장에서 하차. 총 20분 소요
주소 Argyle St., Glasgow G3 8AG
전화 0141-276-9599
운영시간 월~목 · 토 10:00~17:00, 금 · 일 11:00~17:00
요금 무료
홈페이지 www.glasgowlife.org.uk

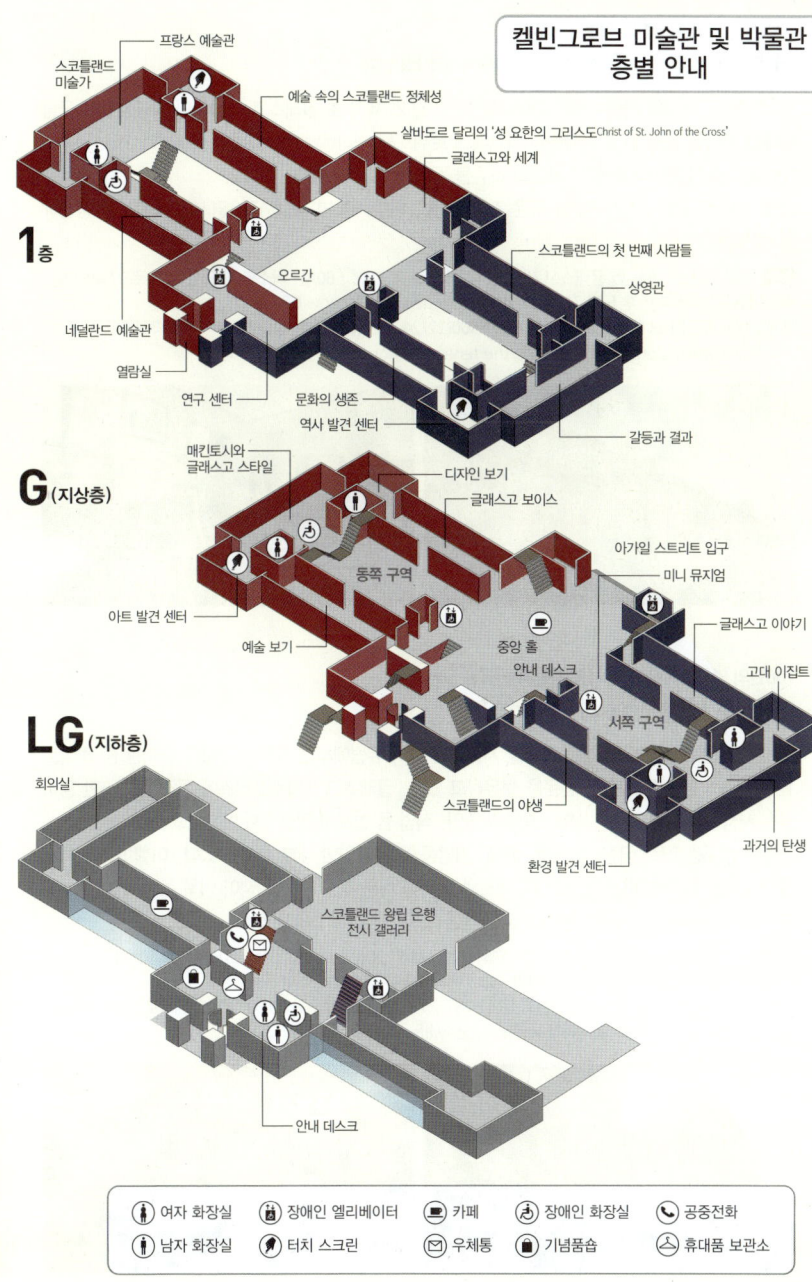

### 100년 전 영국 가정집은 어떤 모습일까
# 더 테너먼트 하우스 The Tenement House

'테너먼트'는 도시의 공동 주택, 아파트를 뜻한다. 20세기 초 글래스고 사람들의 일상생활이 궁금하다면 둘러볼 만하다. 속기사였던 아그네스 토워드Agnes Toward와 그녀의 어머니가 1911년부터 1965년까지 살면서 사용했던 가구와 소유물 등이 잘 보존돼 있다.
침대, 의자와 같은 큰 가구부터 작은 조명, 약통, 비누, 잼 병 하나까지, 당시의 생활상을 상상해 볼 수 있는 곳이다.

**Data** 지도 264p-A 가는 법 글래스고 센트럴역에서 도보 약 25분 / 60A번 버스를 타고 뉴 시티 로드New City Road 정류장에서 하차 후 도보 7분 주소 145 Buccleuch St., Glasgow G3 6QN
전화 0141-333-0183 운영시간 매일 10:00~17:00(12/24~1/3 휴관) 요금 성인 8.50파운드, 학생 6파운드
홈페이지 www.nts.org.uk/visit/places/the-tenement-house

### 100년의 역사와 수많은 장서를 자랑하는 공공 도서관
# 미첼 도서관 Mitchell Library

1911년 개관해 100년이 넘는 역사를 자랑한다. 또, 유럽에서 손꼽히는 규모의 도서관 중 하나로 120만 권이 넘는 책, 사진, 신문을 보유하고 있다. 글래스고 네크로폴리스에 묻혀 있는 5만 명이 넘는 사람들의 이름, 생일, 성별, 죽음의 원인, 직업 등 상세한 정보까지 보유하고 있다.
건물은 총 5층으로, 극장, 전시관, 카페, 기념품숍 등 다양한 내부 시설이 있다. 미첼 도서관에서 글래스고를 비롯해 여행하는 도시의 역사와 문화를 다룬 책을 보면 여행이 더욱 풍성해질 것이다. 또, 무료 와이파이도 사용 가능하니 굳이 책을 보지 않더라도 들르면 좋다.

**Data** 지도 264p-A 가는 법 글래스고 센트럴역에서 도보 약 20분 / 보스웰 스트리트Bothwell Street 정류장에서 3번 버스를 타고 킹스 시어터Kings Theatre 정류장에서 하차 후 도보 3분
주소 North St., Glasgow G3 7DN 전화 0141-287-2999 운영시간 화~목 09:00~20:00, 금·토 09:00~17:00
휴무 일·월요일 요금 무료 홈페이지 www.glasgowlife.org.uk

**570년이 넘는 역사를 자랑하는 스코틀랜드의 명문 대학교**
# 글래스고 대학교 University of Glasgow

켈빈그로브 파크에서 보이는 하늘 높이 솟아있는 첨탑 건물이 바로 글래스고 대학교다. 1451년에 설립되었으며 영국에서는 4번째, 스코틀랜드에서는 2번째로 오래된 대학교다. 애덤 스미스가 14세의 나이로 입학해 수학하고, 이후 돌아와 교수로 강의한 곳이기도 하다. 7명의 노벨상 수상자와 3명의 영국 총리를 배출한 명문 대학교이며, 약학과 수의학으로 특히 유명하다.

원래는 글래스고 대성당 주변에 세워졌다가 1870년 현재의 자리로 이전했다. 오래된 건물과 현대적인 건물이 조화롭게 어울려 캠퍼스를 구성하고 있다. 가이드 교육을 받은 재학생이 역사를 직접 들려주면서 유서 깊은 교내 건물을 둘러보는 투어도 있다. 투어는 온라인으로 예약을 해야 하고, 약 1시간 동안 진행된다. 투어에는 헌터리언 미술관, 헌터리언 박물관, 매킨토시 하우스가 포함되어 있다. 글래스고 대학교 로고가 새겨진 다양한 기념품을 판매하는 기념품숍도 놓치지 말자.

**Data** 지도 264p-A 지도 밖
가는 법 아가일 스트리트 정류장에서 4A번 버스를 타고 유니언 대학교University Union 정류장에서 하차. 총 15분 소요 / 세인트 에녹 SPTSt. Enoch SPT역 혹은 뷰캐넌 스트리트Buchanan Street역에서 지하철을 타고 켈빈브리지Kelvinbridge역에서 하차 후 도보 약 10분
주소 University Ave., Glasgow G12 8QQ
전화 0141-330-2000
운영시간 기념품 숍 매일 10:00~17:00
요금 투어 10파운드, 학생 8파운드
홈페이지 www.gla.ac.uk

## Special Page

글래스고가 사랑하는 위대한 건축가,
# 찰스 레니 매킨토시 Charles Rennie Mackintosh

글래스고 태생의 매킨토시는 식물을 모티브로 한 곡선 장식의 아르누보 스타일로 전 세계 디자인 산업에 지대한 영향을 미친 건축가이자 디자이너다. 건축물부터 가구까지, 글래스고 곳곳에서 그의 흔적을 쉽게 찾을 수 있다. 홈페이지(Web www.glasgowmackintosh.com)에서 더 많은 작품을 볼 수 있다.

### 매킨토시의 집을 그대로 재현한
## 헌터리언 미술관&매킨토시 하우스
## Hunterian Art Gallery&The Mackintosh House

글래스고 대학교 부속 미술관이다. 유럽에서 활약한 미국 태생의 화가 제임스 맥닐 휘슬러James McNeill Whistler의 작품을 비롯해 루벤스, 렘브란트 등의 작품을 전시한다. 야외 조각 정원에서는 영국 작가들의 현대 미술 작품을 볼 수 있다.
특히 매킨토시 하우스가 유명하다. 1906년부터 1944년까지 찰스 매킨토시와 마가렛 매킨토시 부부가 살았던 저택을 재현했다. 가구부터 소품까지, 뛰어난 재현도를 자랑하는 4층 규모의 저택이다. 매킨토시가 살았던 공간을 보고 싶다면 꼭 들러보자.

매킨토시 하우스 내부

**Data** 지도 264p-A 지도 밖 **가는 법** 글래스고 대학교 정문에서 도보 1분 **주소** University of Glasgow, 82 Hillhead St., Glasgow G12 8QQ **전화** 0141-330-4221 **운영시간** 화~토 10:00~17:00, 일 11:00~16:00 **휴무** 월요일 **요금** 미술관 무료, 매킨토시 하우스 8파운드 **홈페이지** www.gla.ac.uk

### 매킨토시가 설계한 최초의 공공 건물
## 더 라이트하우스 The Lighthouse

유리 전망대

당시에는 글래스고 해럴드 신문사 사옥이었지만, 현재는 스코틀랜드 디자인 및 건축 센터로 사용된다. 매킨토시의 작품을 볼 수 있고, 세계 건축가들의 설계도와 디자인 등을 볼 수 있는 터치 스크린 작품과 모형 등의 전시가 열린다. 6층에는 글래스고 도시 전망을 볼 수 있는 유리 전망대가 있다. 건물을 가로지르는 나선형의 계단이 멋스럽다. 좁은 골목길인 미첼 레인 Mitchell Lane 안으로 들어가야 입구를 찾을 수 있다.

나선형 계단

**Data** 지도 264p-F **가는 법** 글래스고 센트럴역에서 도보 약 5분 **주소** 11 Mitchell Lane, Glasgow G1 3NU **전화** 0141-276-5365 **운영시간** 사회적 거리두기로 현재 임시 휴관중 **요금** 무료 **홈페이지** www.thelighthouse.co.uk

#### 매킨토시가 추구하던 디자인을 볼 수 있는
## 글래스고 예술 학교 The Glasgow School of Art

유럽에서 인정받는 시각 예술 분야 최고의 기관 중 하나로, 매킨토시가 졸업한 학교. 리모델링 공모전에서 매킨토시의 디자인이 선정되어 1909년에 학교 건물이 완공되어 지금에 이른다. 크고 화려한 스코틀랜드 건축 양식에 섬세한 아르누보 디자인을 조화시켰다. 내부의 가구, 조명, 카펫에서 특징을 엿볼 수 있다. 특히 창문을 활용해 빛과 공간의 장점을 최대한 끌어낸 점이 인상적이다. 아쉽게도 2018년 화재 복구 중으로 현재 학교 내부 투어는 이용할 수 없지만, 다양한 예술 상설 전시회를 둘러볼 수 있다.

**Data** 지도 264p-A
**가는 법** 글래스고 센트럴역에서 도보 약 15분 **주소** 164 Renfrew St., Glasgow G3 6RQ **전화** 0141-353-4500 **운영시간·요금** 상설 전시회마다 상이(홈페이지에서 확인 필요) **홈페이지** www.gsa.ac.uk

#### 옛날 스코틀랜드 학생들은 어떻게 공부했을까
## 스코틀랜드 스트리트 학교 박물관 Scotland Street School Museum

매킨토시가 디자인한 건물로 1906년에 완공되었다. 독특한 석조 공법의 디자인이 인상적인 건물이다. 건물 양끝의 전면부가 유리로 된 타워가 눈에 띈다. 19세기 후반부터 20세기 후반까지 약 100년 동안의 스코틀랜드 교육을 보여주는 박물관으로, 빅토리아 시대부터 세계 대전을 지나 1950~60년대의 교실을 재현했다. 옛날 스코틀랜드 교복도 입어볼 수 있다.

**Data** 지도 264p-I 지도 밖
**가는 법** 세인트 에녹 SPT역 혹은 뷰캐넌 스트리트역에서 지하철을 타고 실드 로드Shields Road역에서 하차 후 도보 약 3분
**주소** 225 Scotland St., Glasgow G5 8QB **전화** 0141-287-0500
**운영시간** 화~목·토 10:00~17:00, 금·일 11:00~17:00 **휴무** 월요일
**요금** 무료 **홈페이지** www.glasgowlife.org.uk

#### 매킨토시가 디자인한 유일한 교회 건물
## 매킨토시 퀸스 크로스 Mackintosh Queen's Cross

매킨토시가 설계한 유일한 교회다. 꽃무늬 스테인드글라스, 기하학적 나무 장식 등 특유의 아르누보 스타일의 디자인이 돋보인다. 또, 이 건물에는 매킨토시를 기념하는 단체가 상주하고 있다. 매킨토시의 책을 보유한 도서관, 매킨토시 관련 작품을 상영하는 영화관, 기념품숍 등이 있다.

**Data** 지도 264p-A 지도 밖
**가는 법** 글래스고 센트럴 정류장에서 60A번 버스를 타고 보나웨 스트리트Bonawe Street 정류장에서 하차 후 도보 약 3분 **주소** 870 Garscube Rd., Glasgow G20 7EL **전화** 0141-946-6600 **운영시간** 하절기(4~10월) 월~금 11:00~16:00 / 동절기(11~3월) 월·수·금 11:00~16:00 **휴무** 하절기(4~10월) 토·일요일 / 동절기(11~2월) 화·목·토·일요일 **요금** 5파운드 **홈페이지** www.mackintoshchurch.com

멋진 건물과 수많은 교통수단에 놀라는
## 리버사이드 박물관 Riverside Museum

'2013 유럽 올해의 박물관'에 선정된 글래스고 대표 박물관 중 한 곳이다. 3,000점이 넘는 다양한 교통 관련 전시물을 볼 수 있다. 동대문 디자인 플라자DDP를 설계한 건축가 자하 하디드가 이곳을 설계했고, 건축계의 노벨상으로 불리는 프리츠커 건축상을 수상했다. 파도를 연상케 하는 독특한 곡선 디자인의 건물 앞에는 잔디밭이, 건물 뒤쪽으로는 클라이드강이 유유히 흐른다. 날씨 좋은 날에는 잔디밭에서 피크닉을 즐기는 가족들로 가득하다.

박물관에는 스케이트보드부터 유모차, 자전거, 오토바이, 자동차, 트램, 기관차까지 다양한 교통수단이 실물 모형으로 전시돼 있다. 18~19세기의 화려했던 글래스고를 엿볼 수 있는 마차도 있다. 당시의 상점을 구현한 세트장도 있고, 기차나 트램을 타 볼 수도 있다. 교통수단의 변천사를 보여주는 대형 터치 스크린도 있다. 이곳은 보고, 즐기고, 체험할 수 있는 박물관이어서 어린아이부터 성인까지 모든 연령대가 재미있게 관람할 수 있다. 교통수단에 특별한 관심이 없더라도 누구라도 즐길 수 있는 곳이다. 독특하고 멋진 외관을 보는 것만으로도 들러볼 가치가 충분하다.

**Data** 지도 264p-E 지도 밖
가는 법 래디종 호텔Radisson Hotel 정류장에서 100번 버스를 타고 리버사이드 박물관Riverside Museum 정류장에서 하차. 총 20분 소요 주소 100 Pointhouse Rd., Glasgow G3 8RS 전화 0141-287-2720
운영시간 월~목・토 10:00~17:00, 금・일 11:00~17:00 요금 무료 홈페이지 www.glasgowlife.org.uk

# 여기도 가보자! 더 톨 쉽 앳 리버사이드

**화려했던 선박 역사를 볼 수 있는 해양 박물관**
## 더 톨 쉽 앳 리버사이드 The Tall Ship at Riverside

리버사이드 박물관 건물 뒤로 흐르는 클라이드강 위에는 글렌리 Glenlee라는 이름의 배 한 척이 정박해 있다. 빅토리아 시대에 운항한 실제 선박으로, 지금은 스코틀랜드 선박 역사를 볼 수 있는 전시관으로 복원되었다. 1896년 화물 운반선으로 처음 항해를 시작했다. 엄청난 폭풍우를 여러 번 이겨냈고, 운항 거리는 무려 지구를 4바퀴나 항해했다. 1922년에는 스페인 해군이 구입하여 1969년까지 항해 훈련선으로 사용하기도 했는데 그만큼 이 배는 오랜 역사를 가지고 있다. 역사를 가지고 있다. 무엇보다 선박이 박물관으로 변모한 과정이 흥미롭다.

과거의 화려한 업적이 무색하게 사람들에게 잊혀진 채 방치되어 있다가, 한 영국 해군 건축가가 1990년 세비야에서 글렌리를 발견하게 된다. 2년 후에 클라이드 해양 신탁 회사가 경매에서 구입해 총 6년간의 복원 공사를 거쳐 지금의 해양 박물관이 되었다. 글렌리는 클라이드에서 건조된 선박 중 살아남은 5척 중 하나다. 당시 선박의 모습을 그대로 재현한 타륜, 선장실, 주방, 선원실, 엔진실 등을 볼 수 있다. 갤러리, 영화관, 카페, 기념품 숍도 있다. 오디오 가이드 투어도 진행한다.

**Data 지도** 264p-E 지도 밖
**가는 법** 래디종 호텔 정류장에서 100번 버스를 타고 리버사이드 박물관 정류장에서 하차. 총 20분 소요
**주소** 150 Pointhouse Pl., Glasgow G3 8RS
**전화** 0141-357-3699
**운영시간** 하절기(3~10월) 10:00~17:00 / 동절기(11~2월) 10:00~16:00
**요금** 무료
**홈페이지** www.thetallship.com

미래 도시에서 재미있는 체험으로 배우는 과학
# 글래스고 과학 센터 Glasgow Science Centre

클라이드강 옆에 있는 티타늄 재질의 웅장한 건물이 바로 글래스고 과학 센터다. 높이 127m를 자랑하는 글래스고 타워, 초승달 모양의 사이언스 몰, 아이맥스 영화관까지 크게 세 구역으로 나뉜다. 글래스고 타워는 360도 회전이 가능한 건물 중에서는 세계에서 가장 높은 건물로 알려져 있으며, 해당 분야에서 세계 기네스 기록도 갖고 있다. 타워 정상에서 글래스고 도시와 클라이드강의 아름다운 전망을 볼 수 있으니 글래스고 과학 센터에 간다면 꼭 기억해 두자.

사이언스 몰에서는 과학의 원리를 체험할 수 있는 전시관, 과학 극장, 광학 프로젝터로 밤하늘의 별을 보여주는 천체 투영관 등의 시설이 있다. 착시 현상, 인체의 신비, 우주 세계 등 다양한 주제의 과학을 흥미롭게 배울 수 있는 전시와 워크숍도 진행한다. 아이맥스 영화관은 스코틀랜드에서 가장 큰 스크린의 4D MAX 상영관이 있다.

**Data** 지도 264p-E 지도 밖
가는 법 유니언 스트리트Union Street 정류장에서 X19 or 23 or 26번 버스를 타고 페스티벌 파크Festival Park 정류장에서 하차 후 도보 약 5분
주소 50 Pacific Quay, Glasgow G51 1EA 전화 0141-420-5000
운영시간 하절기(4~10월) 매일 10:00~17:00, 동절기(11~3월) 수~금 10:00~15:00, 토·일 10:00~17:00
휴무 동절기(11~3월) 월·화요일 요금 데이 티켓 성인 14파운드, 천체 투영관 6.50파운드, 글래스고 타워 9.50파운드 홈페이지 www.glasgowsciencecentre.org

**축구 팬이라면 가슴 설레는**
# 스코틀랜드 축구 박물관 The Scottish Football Museum

햄던 파크 경기장 내에 있는 유럽 최초의 축구 박물관이다. 규모는 크지 않지만 스코틀랜드 축구의 역사를 볼 수 있다. 수천 점이 넘는 유니폼, 축구화, 경기 포스터, 트로피, 축구공 등 다양한 전시물과 경기 영상 자료가 있어 축구 팬이라면 만족할 장소다.

스코틀랜드 축구 발전 변천사도 시대별로 볼 수 있으며, 미니 세트장으로 꾸민 역사적인 매치 경기장도 있다. 스코틀랜드 축구계에 큰 공헌을 한 전설적인 선수들의 초상화, 그들의 업적을 소개하는 명예의 전당, 그리고 기념품숍도 있다.

**Data** 지도 264p-J 지도 밖
**가는 법** 센트럴 기차역에서 기차를 타고 마운트 플로리다Mount Florida역에서 하차 후 도보 약 10분 / 글래스고 센트럴역 정류장에서 75번 버스를 타고 햄던 파크Hampden Park 정류장에서 하차 후 도보 약 5분
**주소** Hampden Park, Glasgow G42 9BA
**전화** 0141-616-6139
**운영시간** 월~토 10:00~17:00, 일 11:00~17:00
(경기장 사정에 따라 휴관할 수도 있으니 미리 홈페이지에서 오픈 날짜 확인 필요)
**요금** 박물관 성인 8파운드, 경기장 투어 8파운드, 박물관&경기장 투어 14파운드
**홈페이지** scottishfootballmuseum.org.uk

> **TIP 햄던 파크 경기장 투어 Hampden Park Tour**
>
> 1903년에 지어져 100년이 넘는 역사가 있는 축구 경기장이다. 1937년 당시에는 스코틀랜드-잉글랜드 경기 때 약 15만 명의 관중을 수용할 수 있었던 세계 최대 규모의 경기장이었다. 유러피안 컵, 챔피언스 리그 결승전 UEFA 컵 결승전 등 역사적인 경기를 치렀다. 오랜 역사를 거치면서 수리도 했다. 현재는 약 5만 명을 수용할 수 있다. 퀸스 파크 FC와 스코틀랜드 국가 대표팀의 홈구장이기도 하다. 스코틀랜드 축구 협회 사무실도 있다.
> 햄던 파크 경기장 투어는 1일 4회(매일 11:00, 12:30, 14:00, 15:00) 진행한다. 경기장 내부, 선수들이 사용했던 라운지, 탈의실, 워밍업 공간 등을 둘러볼 수 있다.

## Special Page

# 글래스고에서 더 둘러볼 만한 갤러리&박물관

글래스고는 박물관의 도시라고도 불릴 만큼 다양한 주제의 박물관이 있는 도시다. 글래스고에서 더 둘러볼 만한 독특한 박물관 네 곳을 추천한다.

### 세계 곳곳의 경찰 유니폼이 궁금하다면
## 글래스고 경찰 박물관 Glasgow Police Museum

1800~1975년 시기의 영국 경찰에 관해 전시한 최초의 경찰 박물관이다. 글래스고 경찰의 창립과 발전, 주요 인물에 대한 정보를 볼 수 있다. 박물관은 1층First Floor이다. 메인 입구에서 1/1 버튼을 누르고, 계단이나 엘리베이터로 올라가야 한다.

**Data** 지도 265p-G 가는 법 글래스고 센트럴역에서 도보 약 10분
주소 1, 30 Bell St., Glasgow G1 1LG 전화 0141-552-1818 운영시간 하절기(4~10월) 월~토 10:00~16:30, 일 12:00~16:30 / 동절기(11~3월) 화 10:00~16:30, 일 12:00~16:30 휴무 동절기(11~3월) 월·수~토요일 요금 무료 홈페이지 www.policemuseum.org.uk

### 1807년 문을 연 광범위한 전시물의 공공 박물관
## 헌터리언 박물관 Hunterian Museum

스코틀랜드에서 가장 오래된 공공 박물관이다. 윌리엄 헌터 박사의 유물로 설립된 이 박물관에는 고대 스코틀랜드 유물, 동전, 화석, 고대 이집트 유물 등을 비롯해 제임스 와트가 사용했던 과학 장비, 최초의 초음파 장비와 같은 다양한 과학 전시물이 있다.

**Data** 지도 264p-A 지도 밖
가는 법 글래스고 대학교 내 위치 / 아가일 스트리트 정류장에서 4A번 버스를 타고 유니언 대학교 정류장에서 하차. 총 15분 소요 / 지하철을 타고 켈빈브리지Kelvinbridge역 하차 후 도보 약 10분
주소 University of Glasgow, 82 Hillhead St., Glasgow G12 8QQ
전화 0141-330-4221 운영시간 화~일 10:00~17:00
휴무 월요일 요금 무료 홈페이지 www.hunterian.gla.ac.uk

**스코틀랜드의 자부심, 백파이프를 더 깊이 알 수 있는**
### 국립 파이프 센터 The National Piping Centre

스코틀랜드의 전통 악기 백파이프를 주제로 한 박물관이다. 300년 역사를 가진 가장 오래된 백파이프부터 백파이프를 만드는 방법을 알려주는 전시물, 백파이프 음악과 관련된 전시물 등을 볼 수 있다. 직접 백파이프를 불어보는 경험도 해 볼 수 있다.

**Data** **지도** 264p-B
**가는 법** 글래스고 센트럴역에서 도보 약 12분 **주소** 30-34 McPhater St., Glasgow G4 0HW
**전화** 0141-353-0220 **운영시간** 월~금 09:00~17:00, 토 09:00~13:00 **휴무** 일요일
**요금** 성인 4.50파운드 **홈페이지** www.thepipingcentre.co.uk

**글래스고에서 번영했던 조선 기술의 역사를 보여주는**
### 페어필드 헤리티지 Fairfield Heritage

19세기 중반부터 20세기 초까지 글래스고의 클라이드강은 전 세계적으로 조선 업계의 중심지였다. 그중 가장 큰 조선소이자, 150년의 역사를 가진 페어필드Fairfield 회사 건물에는 글래스고 조선 기술의 역사와 선박을 만드는 사람들의 삶을 보여주는 박물관이 있다. 글래스고에 간다면 한 번 들러보자.

**Data** **지도** 264p-E 지도 밖
**가는 법** 유니언 스트리트 정류장에서 X19번 버스를 타고 고반로드Govan Road 정류장에서 하차. 총 20분 소요
**주소** 1048 Govan Rd., Glasgow G51 4XS
**전화** 0141-445-5866
**운영시간** 월~금 13:00~16:00
**휴무** 토·일요일
**요금** 무료
**홈페이지** www.fairfieldgovan.co.uk

## Special Page

# 글래스고 벽화 구경하기

글래스고에는 회색 외관의 건물이 많아서 날씨가 흐리면 자칫 우울한 기분이 들 수 있다. 하지만 도시 곳곳에 생기를 불어넣는 벽화 덕분에 여행하는 재미가 있다. 수많은 글래스고 벽화 중에서 몇 곳을 소개한다. 거리 예술 벽화의 특성상 건물의 변화에 따라 새로 바뀔 수도 있고 없어질 수도 있다는 점은 참고하자. 글래스고 벽화 프로젝트 사이트에서 최신 벽화와 정확한 위치를 볼 수 있다.

**글래스고 벽화 프로젝트** www.citycentremuraltrail.co.uk

### 1 글래스고 동료 거주자들 Fellow Glasgow Residents

거리 예술가 스머그Smug의 작품. 여우, 사슴, 다람쥐 등 글래스고 공원에서 볼 수 있는 다양한 야생 동물을 그린 거대한 주차장 벽화다. 각 동물의 특징은 물론, 눈의 모양, 털 하나하나까지 섬세하게 그려 생동감이 느껴진다.

**Data** **가는 법** 글래스고 센트럴역에서 도보 약 10분 **주소** 68 Ingram St., Glasgow G1 1EX

### 2 성 뭉고 St Mungo

글래스고에 처음으로 기독교를 전파한 글래스고 수호 성인 성 뭉고를 현대적으로 재해석한 벽화 작품이다. 온화한 표정의 성 뭉고와 새가 인상적이다. 벽화는 성 뭉고가 묻힌 글래스고 대성당으로 가는 길에 있다.

**Data** **가는 법** 글래스고 센트럴역에서 도보 약 20분 **주소** St. Mungo at High Street, 287 High St, Glasgow G4 0QS

### 3 우주 비행사 Spaceman

다양한 색과 선, 기하학적 패턴을 사용한 그래픽 디자인 벽화 작품이다. 우주 비행사 헬멧에 비친 다채로운 색의 조화가 영롱하고 인상적이다.

**Data** 가는 법 글래스고 센트럴역에서 도보 약 10분 주소 Space Man Mural, New Wynd, Glasgow G1 5RP

### 4 세계에서 가장 경제적인 택시 The World's Most Economical Taxi

풍선 동력으로 날아가는 택시의 모습을 재미있게 그렸다. 적색 벽돌 바탕에 알록달록한 풍선의 색이 잘 어울려 매우 독특하다.

**Data** 가는 법 글래스고 센트럴역에서 도보 약 5분 주소 The World's Most Economical Taxi Mural, 33 Mitchell St, Glasgow G1 3LN

### 5 원더월 Wonderwall

스트래스클라이드 대학교Strathclyde University 건물 곳곳에 있는 벽화. 졸업생과 재학생의 업적을 기념하기 위해 그려졌다. 길이 약 200m에 이르는 거대한 벽화 길로 영국에서 가장 길다.

**Data** 가는 법 글래스고 센트럴역에서 도보 약 15분 주소 50 George St., Glasgow G1 1QE

### 6 수영하는 사람 Hip Hop Marionettes

Smug가 2014 글래스고 커먼웰스 게임Commonwealth Games을 기념하여 그린 최초의 벽화 중 하나다. 수영 선수의 역동적인 움직임과 물살이 살아있는 것처럼 느껴진다. 킹스톤 다리 아래에서 볼 수 있다.

**Data** 가는 법 글래스고 센트럴역에서 도보 약 10분 주소 Anderston Quay, Glasgow G3 8DA

# 여기도 가보자, 폴록 컨트리 파크

> 글래스고 근교 당일치기 여행
> **폴록 컨트리 파크** Pollok Country Park

글래스고 서남쪽에 위치한 산림 공원이다. 면적이 146ha로, 글래스고에서 가장 큰 공원으로 꼽힌다. 말과 하일랜드 소 등 야생 동물들이 마음껏 뛰어다닐 수 있을 정도로 넓다. 2006년 영국 베스트 공원, 2008년에 유럽 베스트 공원으로 선정되었다. 폴록 하우스를 지은 맥스웰Maxwell 가가 700년 이상 소유한 부지였는데, 1966년 글래스고 시에 기부하면서 대중에게 열린 공원이 되었다. 공원을 가로지르는 화이트 카트 강변The White Cart River을 따라 걸으며 아름다운 전원 풍경을 감상할 수 있다. 놀이터, 야생 공원 등을 비롯해 공원 곳곳에 골프 코스, 크리켓 그라운드, 볼링 클럽, 실내 스포츠 센터, 산악 자전거 트레일 등 즐길 수 있는 스포츠 시설이 마련되어 있다. 특히, 아름다운 저택과 정원을 자랑하는 폴록 하우스와 방대한 수집품이 전시된 더 버렐 컬렉션은 놓치지 말고 둘러보자. 공원 메인 입구에서 매시 정각에 폴록 하우스와 더 버렐 컬렉션에 정차하는 무료 셔틀버스를 운행한다.

**Data** 지도 264p-I 지도 밖, 288p
**가는 법** 기차를 타고 폴록쇼 웨스트Pollokshaws west역에서 하차. 약 30분 소요 / 3 or 57번 버스를 타고 크리스티언 스트리트Christian Street 정류장에서 하차. 약 40~50분 소요 **주소** 2060 Pollokshaws Rd., Glasgow G43 1AT **전화** 0141-287-5064 **운영시간** 24시간 **요금** 무료 **홈페이지** www.glasgow.gov.uk

아름다운 저택에서 감상하는 스페인 예술품
## 폴록 하우스 Pollok House

1752년에 지어진 웅장한 저택이다. 맥스웰 가문이 대대로 살았으나, 지금은 스코틀랜드 내셔널 트러스트 단체에 소속되어 대중에게 오픈됐다. 윌리엄 맥스웰이 스페인 예술에 매료되어 수집한 수많은 스페인 미술 작품, 자화상 등이 집안 곳곳에 걸려 있다. 잘 가꿔진 정원도 아름답다. 셀프 가이드 투어로 둘러볼 수 있고, 매일 오전 11시, 오후 3시에는 입장료에 포함된 가이드 투어도 진행된다. 폴록 하우스는 공원 한가운데에 위치해 있다.

**Data** 지도 264p-I 지도 밖, 288p-C 가는 법 폴록쇼 웨스트역에서 하차 후 도보 20~30분 주소 2060 Pollokshaws Rd., Glasgow G43 1AT 전화 0844-493-2202 운영시간 메인하우스 6~12월 매일 10:00~16:00, 1~3월 금~일 10:00~16:00, 4·5월 목~월 10:00~16:00, 기념품 숍 매일 10:00~16:00 요금 성인 8.50파운드, 학생 6파운드 홈페이지 www.nts.org.uk/visit/places/pollok-house

9천점이 넘는 방대한 수집품
## 더 버렐 컬렉션 The Burrell Collection

성공한 선박 사업가인 윌리엄 버렐William Burrell은 예술에 관심이 많아 전 세계에서 다양한 예술 작품을 수집했다. 1944년, 그는 무려 9천점이 넘는 개인 수집품을 글래스고 시에 기증했다. 이후 1983년, 글래스고 시는 폴록 컨트리 파크 내에 그의 이름을 따 더 버렐 컬렉션을 설립했다. 5천년 역사의 도자기를 비롯한 중국 예술품, 마네, 세잔, 드가 등 인상주의 화가의 작품과 스테인드 글라스, 각종 무기와 갑옷, 태피스트리 직물, 그리고 이슬람 예술 작품, 종교 예술품까지 시대와 지리를 넘나드는 방대한 예술품을 전시한다.

**Data** 지도 264p-I 지도 밖, 288-D 가는 법 폴록쇼 웨스트역에서 하차 후 도보 20~30분 주소 Pollokshaws Rd., Glasgow G43 1AT 전화 0141-287-2550 운영시간 월~목·토 10:00~17:00, 금·일 11:00~17:00 요금 무료 홈페이지 www.glasgowlife.org.uk

# EAT

**환상적인 스카이라인을 자랑하는**
## 윈도우 레스토랑 Windows Restaurant

칼튼 조지 호텔 7층에 위치한 레스토랑. 통유리창을 통해 혹은 야외 테라스에서 아름다운 글래스고 도시의 스카이라인을 즐길 수 있다. 쇼핑센터가 모여 있는 뷰캐넌 스트리트 중심에 자리 잡고 있어 쉽게 찾을 수 있다. 스코티시 훈제 연어, 해기스, 소고기 요리 등 현지에서 조달한 재료를 사용해 만든 다양한 스코틀랜드 전통 음식을 맛볼 수 있다.

오후 12시 30분부터 4시까지는 샌드위치, 스콘, 케이크와 티, 커피가 3단으로 제공되는 애프터눈 티 세트를 즐길 수 있다. 계절에 따라 나오는 신선한 재료를 사용한 시즌 메뉴도 있으니 참고하자. 게다가 오픈 키친이라 신뢰할 수 있다. 멋진 글래스고 도시 전경과 함께 애프터눈 티 세트나 스코틀랜드 전통 음식을 즐겨보자.

**Data** 지도 264p-F
가는 법 글래스고 센트럴역에서 도보 약 5분 주소 Carlton George Hotel, 44 West George St., Glasgow G2 1DH 전화 0141-353-6373 운영시간 매일 브렉퍼스트 07:00~10:00, 애프터눈 티 12:30~16:00, 메인메뉴 12:30~20:45 가격 애프터눈 티 세트 월~금 19.95파운드, 토·일 22.95파운드, 서로인 스테이크 29.95파운드, 클래식 버거 15.95파운드 홈페이지 www.carlton.nl/en/hotel-george-glasgow/rooftop-area

### 여러 어워드를 수상한 인증된 레스토랑
# 스트러베이긴 Stravaigin

레스토랑 디자인 어워드, 스코티시 시슬 어워드, 올해의 와인 어워드 등 굵직한 상을 받은 글래스고의 유명 레스토랑이자 펍이다. 레스토랑 이름은 '돌아다니다'를 뜻하는 영어 단어 Stravaig에서 따왔다. '글로벌하게 생각하고, 현지를 먹자'라는 마인드로, 전 세계 레스토랑을 보면서 연구한다. 스코틀랜드의 제철 농산물을 이용한 스코티쉬 비프 립아이, 해기스, 로스트 대구 요리 등이 있다. 내부는 거칠면서도 시크한 분위기며, 펍 한쪽 벽면을 가득 채운 와인 병과 와인 잔이 시선을 사로잡는다. 켈빈그로브 파크와 글래스고 대학교 바로 옆에 있다.

©Stravaigin

**Data** 지도 264p-A 지도 밖
가는 법 아가일 스트리트 정류장에서 4 or 4A번 버스를 타고 파크 로드Park Road 정류장에서 하차 후 도보 3분
주소 28 Gibson St., Glasgow G12 8NX 전화 0141-334-2665
운영시간 월·화 17:00~24:00, 수~금 12:00~24:00, 토 12:00~01:00, 일 12:00~24:00
가격 립 아이 스테이크 35파운드, 립 버거 16파운드
홈페이지 www.stravaigin.co.uk

### 미슐랭 가이드에 소개된 스코티시 레스토랑
# 투 팻 레이디스 앳 더 버터리 Two Fat Ladies at The Buttery

글래스고 중심가에서 살짝 떨어진 서쪽에 있다. 편안한 느낌을 주는 짙은 마호가니 나무 벽이 편안한 느낌을 자아내고, 타탄 무늬, 스테인드글라스가 고급스럽게 조화를 이룬다. 스코틀랜드 해산물과 농산물을 사용해 요리하는 다양한 메인 메뉴가 있다. 스타터 중 훈제 오리 샐러드, 연어 샐러드, 메인 메뉴 중 스코티쉬 비프, 로스트 치킨이 인기있는 메뉴다. 단짠의 조화가 기막힌 솔티드 캐러멜 브라우니 디저트도 놓치지 말자.

**Data** 지도 264p-E
가는 법 글래스고 센트럴역에서 도보 약 12분
주소 652 Argyle St., Glasgow G3 8UF
전화 0141-221-8188
운영시간 화~일 12:00~21:00
휴무 월요일
가격 로스트 치킨 23파운드, 스코티쉬 비프 38파운드, 훈제오리 샐러드 10파운드
홈페이지 twofatladiesrestaurant.com/buttery

### 이 집 버거 참 잘하네
## 브레드 미츠 브레드 Bread Meats Bread

최상의 현지 재료를 사용해 제대로 만든 신선한 버거를 맛볼 수 있는 곳이다. 스코틀랜드 베스트 버거, 글래스고 베스트 버거 상을 받았다. 메뉴는 클래식 버거, 치즈 버거 등이 있는 블랙 라벨 시리즈와 페퍼로니, 캐리비언 버거가 있는 레드 라벨 시리즈로 나뉜다. 재료에 따라 다양한 버거가 있으니 취향에 맞게 먹어보자. 그 외 샌드위치, 프라이드 치킨 버거, 치즈 토스트 등도 있다. 버거와 함께 먹는 사이드 메뉴로 치즈가 가득 올려진 버팔로 프라이도 인기다. 글래스고 시티 센터, 글래스고 웨스트엔드, 에든버러 총 세 곳에 지점이 있다.

**Data 글래스고 시티 센터점**
**지도** 264p-F
**가는 법** 글래스고 센트럴역에서 도보 약 2분
**주소** 65 St Vincent Street, Glasgow G2 5TF
**전화** 0141-249-9898
**운영시간** 11:00~22:00
**가격** 클래식버거 10파운드, 치즈 버거 11파운드
**홈페이지** www.breadmeatsbread.com

**Data 웨스트엔드점**
**지도** 264p-A 지도 밖
**가는 법** 노스 코트North Court 정류장에서 6 or 6A번 버스를 타고 커스랜드 스트리트Kersland Street 정류장에서 하차. 총 15분 소요
**주소** 701 Great Western Rd., Glasgow G12 8RA
**전화** 0141-648-0399
**운영시간** 12:00~22:00
**가격** 클래식버거 10파운드, 치즈 버거 11파운드
**홈페이지** www.breadmeatsbread.com

### 신선한 스코티쉬 해산물 요리
## 크랩샤크 Crabshakk

켈빈그로브 미술관 및 박물관 주변에 위치한 해산물 맛집이다. 내부는 작지만 우아하고 고급스럽다. 홍합, 오징어, 굴 등 다양한 해산물 요리가 있지만 이곳의 시그니처는 뭐니뭐니해도 프르드메Fruits de mer, 프랑스어로 '해산물'이라는 뜻의 메뉴다. 95파운드로 가격은 좀 있는 편이지만, 보기만 해도 입이 떡 벌어지는 해산물 모둠이 한 접시 가득 나온다. 화이트 와인과 함께 신선한 스코티쉬 해산물 만찬을 즐겨보자.

**Data 지도** 264p-A 지도 밖
**가는 법** 켈빈그로브 미술관 및 박물관에서 도보 약 8분
**주소** 1114 Argyle St, Finnieston, Glasgow G3 8TD
**전화** 0141-334-6127
**운영시간** 월, 수~일 12:00~24:00
**휴무** 화요일
**가격** 홍합 9.50파운드~, 조개 파스타 15.95파운드, 프르드메 95파운드
**홈페이지** www.crabshakk.co.uk

**글래스고의 소문난 나폴리 피자 맛집**
# 패사노 피자 Paesano Pizza

나폴리 정통 피자를 글래스고에 처음 소개한 피자 맛집이다. 나폴리에서 4대째 내려오는 화덕 장인이 만든 맛있는 피자를 맛볼 수 있다. 48시간 이상 발효를 거친 나폴리 정통 스타일의 피자 도우와 신선한 치즈, 엄선된 토마토와 밀가루, 채소, 고기 재료를 사용해서 피자가 쫄깃하면서도 촉촉하다. 패사노 피자는 부드러워서 소화도 잘 된다는 장점이 있다. 평소 피자가 부담스러웠던 사람이라도 한 번 먹어 볼 만하다.

피자 한 판에 10파운드 전후로 가격도 부담이 없다. 9가지 토핑을 골라서 주문할 수 있는 커스텀 피자 외에도 다양한 맛의 이탈리아 소프트 아이스크림도 추천한다.

**Data** 지도 265p-G
가는 법 글래스고 센트럴역에서 도보 약 10분
주소 94 Miller St., Glasgow G1 1DT
전화 0141-258-5565
운영시간 일~목 12:00~22:30, 금·토 12:00~23:00
가격 모차렐라 피자 8.50파운드, 살라미 피자 10.50파운드
홈페이지 paesanopizza.co.uk

**클래식한 분위기에서 맛보는 이란 음식**
# 차쿠 봄베이 카페 Chaakoo Bombay Café

커리는 인도, 케밥은 터키라는 고정관념을 깰 수 있는 레스토랑이다. 19세기 페르시아와 이란 이민자들이 인도에 열었던 작은 식당의 향기와 분위기를 글래스고에 그대로 가져왔다. 클래식하고 고급스러운 스타일의 레스토랑에서 로티, 케밥, 커리 등 이란 음식을 맛볼 수 있다.

평일 오후 12시부터 4시까지 12.95파운드에 그릴, 커리 메뉴를 하나씩 맛보거나, 15파운드에 4종류의 다른 커리를 조금씩 맛보는 런치 메뉴도 있다. 이란 음식이 궁금하다면 이곳을 찾아보자.

**Data** 지도 264p-F
가는 법 글래스고 센트럴역에서 도보 약 5분
주소 79 St. Vincent St., Glasgow G2 5TF
전화 0141-229-0000 운영시간 매일 12:00~22:30
가격 치킨 티카 7파운드, 케밥 7.25파운드
홈페이지 chaakoo.co.uk

#### 뜨끈한 국물이 생각날 때 찾는
# 란저우 누들 Lanzhou Noodle

여행 중 뜨끈한 국물 한 그릇 생각이 간절할 때가 있다. 으슬으슬한 영국의 날씨 때문에 감기 기운이 있거나, 여행의 피로를 풀고 싶을 때 추천하는 곳이다. 란저우 누들은 제대로 된 중국식 국수를 맛볼 수 있는 국수 전문점이다.
내부로 들어서면 벽면 가득 한자 메뉴가 빼곡히 적혀 있다. 미리 겁먹을 필요는 없다. 옆에 영어로 된 메뉴도 적혀 있으니 주문에는 문제 없다. 10가지 종류가 넘는 우육면, 볶음면을 8~10파운드 선의 저렴한 가격으로 맛볼 수 있다.

**Data** 지도 264p-B 가는 법 글래스고 센트럴역에서 도보 약 10분
주소 98 Bath St., Glasgow G2 2EP 전화 0141-353-1889
운영시간 화~일 12:00~21:00 휴무 월요일
가격 우육면 8.50파운드, 완탕면 8.50파운드

#### 육즙이 제대로! 자부심 가득한 스테이크
# 밀러&카터 글래스고 Miller&Carter Glasgow

농장에서부터 식탁에 오르기까지 모든 과정을 책임지고 완벽한 스테이크를 제공하는 영국 레스토랑 밀러&카터의 글래스고 지점이다. 글래스고에 있는 스테이크 하우스 중 단연 최고라는 자부심을 갖고 있으며, 그 자부심에 걸맞는 스테이크를 맛볼 수 있는 곳이다.
엄선된 스코틀랜드 농장에서 최신 기술과 엄격한 기준으로 생산한 소고기만을 사용한다. 게다가 30일, 50일 동안 숙성시켜 요리하기 때문에 육즙이 가득하고 풍미가 남다르다. 서로인 스테이크, 립아이 스테이크, 핸드메이드 스카치 소고기 햄버거 등 다양한 메뉴가 있다.

**Data** 지도 264p-F
가는 법 글래스고 센트럴역에서 도보 약 5분 주소 47 St. Vincent St., Glasgow G2 5QX
전화 0141-404-2914 운영시간 매일 12:00~23:00
가격 립아이 스테이크 31.95파운드, 서로인 스테이크 35.50파운드 홈페이지 www.millerandcarter.co.uk

여행 중 집밥이 그리울 때
# 신라 한식당 Silla Korean Restaurant

한식을 찾기 어려운 글래스고에서 한글로 된 간판만 봐도 반가운 곳이다. 켈빈그로브 미술관 및 박물관 근처에 있는 한식당으로, 내부가 깔끔하고 넓은 편이다. 해외의 여느 한식당처럼 전, 튀김부터 비빔밥, 찌개, 자장면, 떡볶이, 갈비탕 등 다양한 한식을 먹을 수 있다. 여행 중 칼칼하고 얼큰한 고향의 맛이 그립다면 찾아보자.

**Data** **지도** 264p-E 지도밖
**가는 법** 아가일 스트리트 정류장에서 3번 버스를 타고 더비 스트리트Derby Street 정류장에서 하차 후 도보 약 2분 **주소** 1138 Argyle St., Glasgow G3 8TD
**전화** 0141-334-5566 **운영시간** 월~목 12:00~14:30, 17:00~21:30, 금·토 12:00~21:30
**휴무** 일요일 **가격** 김치볶음밥 9.50파운드, 불고기 9.80파운드 **홈페이지** www.sillakoreanrestaurant.co.uk

위치 좋고 깔끔한 한국 음식점
# 비빔밥 Bibimbap

글래스고 센트럴역과 뷰캐넌 스트리트 사이에 위치해 접근성이 좋다. 주변에 글래스고 현대 미술관, 조지 스퀘어, 라이트하우스 등 글래스고 관광 명소가 가까워 쉽게 찾을 수 있다. 세련되고 모던한 한식당으로 형형색색의 우산으로 장식된 천장이 시선을 끈다.
메뉴 역시 깔끔하고 정갈한 플레이팅으로 젊은 감성을 느낄 수 있다. 김밥, 덮밥, 국수, 프라이드 치킨 등을 맛볼 수 있다. 소주를 비롯해 다양한 종류의 칵테일도 있다.

**Data** **지도** 264p-F
**가는 법** 글래스고 센트럴역에서 도보 약 3분
**주소** 3 West Nile St., Glasgow G1 2PR
**전화** 0141-221-6111
**운영시간** 일~목 12:00~22:00, 금·토 12:00~23:00
**가격** 돌솥비빔밥 11.95파운드, 김치찌개 12.95파운드
**홈페이지** www.bibimbap-glasgow.com

매킨토시가 디자인한 100년 전 티 룸 그대로
## 더 윌로우 티 룸 The Willow Tea Rooms

찰스 매킨토시는 편안하게 쉬고 차 문화를 즐길 수 있는 아트 티 룸을 콘셉트로, 글래스고 차Tea 사업가의 딸인 캐서린 크랜스턴과 함께 글래스고 네 곳의 티 룸을 직접 디자인하거나 리모델링하기 시작했다. 그는 뷰캐넌 스트리트, 아가일 스트리트, 잉그램 스트리트에 있는 티 룸의 벽화, 가구 디자인, 인테리어를 맡아 다이닝룸 등을 설계했다. 그의 네 번째 작품이 매킨토시 티 룸 중 가장 걸작으로 여겨지는 소키홀 스트리트의 티 룸이다.

건물 외관과 내부, 가구까지 세세하게 관여한 그의 흔적을 느낄 수 있다. 매킨토시의 독특한 서체가 적힌 간판, 꽃과 자연이 그려진 스테인드글라스를 볼 수 있다. 1928년에 문을 닫은 후 건물 소유권이 여러 번 이전하면서 일부 가구가 손실되기도 했지만, 현재는 윌로우 티 룸 자선 단체가 소유해 관리도 하고 있다. 뷰캐넌 스트리트점에서는 16.95파운드라는 부담 없는 가격에 3단 애프터눈 티 세트를 즐길 수 있다.

**Data** 뷰캐넌 스트리트점
지도 264p-F
가는 법 글래스고 센트럴역에서 도보 약 5분 주소 97 Buchanan St., Glasgow G1 3HF 전화 0141-204-5242 운영시간 월~금 09:00~17:30, 토 09:00~18:30, 일 10:00~17:00
가격 애프터눈 티 세트 16.95파운드, 스콘 4.50파운드
홈페이지 www.willowtearooms.co.uk

**Data** 소키홀 스트리트점
지도 264p-B
가는 법 글래스고 센트럴역에서 도보 약 10분 주소 215 217 Sauchiehall St, Glasgow G2 3EX
전화 0141-332-8446
운영시간 매일 10:00~16:30
가격 애프터눈티 세트 29.95파운드
홈페이지 www.mackintoshatthewillow.com

### 가성비 최고! 숨겨진 로컬 카페
# 카페 원더 Cafe Wander

지하에 있어 자칫하면 그냥 지나치기 쉬운 숨어 있는 카페다. 지하에 있지만 전체적인 카페 분위기는 밝고 깨끗하다. 스코티쉬 브랙퍼스트 메뉴부터 샌드위치, 파니니, 홈메이드 버거, 부리토 등 하루 종일 언제 들러도 부담없이 음식과 커피를 함께 즐길 수 있다. 어떤 메뉴를 주문해도 양이 넉넉하고 먹음직스럽게 나오니 가성비 따지지 말고 마음껏 주문하자.

**Data** 지도 264p-F
**가는 법** 글래스고 센트럴역에서 도보 약 7분
**주소** 110 West George Street, Glasgow G2 1QJ
**전화** 0141-353-3968
**운영시간** 월~금 08:00~17:00, 토 09:00~17:00
**휴무** 일요일
**가격** 스코티쉬 브랙퍼스트 7.95파운드, 파니니 6파운드
**홈페이지** www.cafewander.com

### 감성 브런치 인증 숏은 바로 여기에서
# 더 윌슨 스트리트 팬트리 The Wilson Street Pantry

글래스고 동쪽에 위치한 감성 브런치 맛집이다. 블랙&화이트 테마 인테리어로 모던한 분위기를 느낄 수 있다. 브런치 메뉴는 오후 3시까지 주문 가능하며, 시그니처 브런치 메뉴는 에그베네딕트, 프렌치 토스트다. 날씨가 좋으면 화창한 햇살이 내려앉은 야외 테이블에서 여유롭게 브런치를 즐겨보자.

**Data** 지도 265p-G
**가는 법** 글래스고 센트럴역에서 도보 약 15분
**주소** 6 Wilson St, Glasgow G1 1SS
**전화** 0141-552-0606
**운영시간** 매일 09:00~16:00
**가격** 롱블랙 2.80파운드, 에그베네틱트 9.50파운드
**홈페이지** wilsonstreetpantry.com

**글래스고 베스트 위스키 바**
## 더 팟 스틸 The Pot Still

빛바랜 초록색 간판에서 세월을 느낄 수 있고, 문을 열고 들어서면 벽면을 가득 채운 위스키 병이 인상적인 곳이다. 올해의 위스키 바, 올해의 펍 상을 받고, 글래스고의 베스트 위스키 바로 손꼽히는 더 팟 스틸이다. 1867년에 개업했으니 오랜 역사를 가지고 있다.

스카치 싱글 몰트, 블렌디드 몰트를 비롯해 웨일스, 아일랜드, 미국, 스웨덴, 일본 등 전 세계에서 온 700종류가 넘는 위스키가 있다. 한국보다 훨씬 저렴한 금액에 다양한 종류의 위스키를 맛볼 수 있으니 위스키를 좋아한다면 꼭 들러보자.

**Data** 지도 264p-F
**가는 법** 글래스고 센트럴역에서 도보 약 10분
**주소** 154 Hope St., Glasgow G2 2TH
**전화** 0141-333-0980
**운영시간** 11:00~24:00
**가격** 스카치 파이 3.50파운드, 해기스 파이 4.50파운드
**홈페이지** thepotstill.co.uk

**유기농 자연주의 카페**
## 피크닉 Picnic

자연주의를 추구하는 카페다. 건강하고 신선한 유기농 로컬 재료를 사용해 요리를 만들어 식재료 본연의 맛을 느낄 수 있다. 무엇보다 피크닉은 모든 메뉴에 고기, 생선, 계란, 그리고 유제품을 쓰지 않아 채식주의자도 걱정 없이 즐길 수 있는 곳이다.

케이크, 샐러드, 베이글, 스콘 등 간단하게 먹을 수 있는 메뉴는 물론이고 브랙퍼스트 메뉴, 런치 메뉴도 있다. 커피, 차를 마실 수도 있다. 홈메이드 스무디와 과일주스가 인기 메뉴다.

**Data** 지도 265p-G
**가는 법** 글래스고 센트럴역에서 도보 약 12분
**주소** 103 Ingram St., Glasgow G1 1DX
**전화** 0141-552-8788
**운영시간** 월~토 09:00~16:00, 일 09:00~15:00
**가격** 아메리카노 2.50파운드, 스무디 6파운드, 수프 4파운드
**홈페이지** picnic-cafe.co.uk

## Special Page

# 글래스고 맥주 브루어리 투어

신선한 수제 맥주를 시음할 수 있고, 투어에 참여해 맥주를 만드는 과정을 볼 수 있는 글래스고 맥주 브루어리. 각각 다른 매력을 가진 2곳의 양조장을 소개한다. 맥주 애호가라면 놓치지 말자!

### 규모는 작지만 매력 넘치는 양조장
### 드라이게이트 브루잉 Drygate Brewing Co.

박스 제조 공장을 개조해 만든 양조장이자 바&레스토랑이다. 1964년에 지어졌다. 맥주 경연에서 상을 받은 드라이게이트 대표 맥주 Seven Peaks Mosaic IPA는 물론이고, 그 외 라거, 에일, 스타우트 등 다양한 종류의 맥주를 맛볼 수 있다. 바 겸 키친에서는 간단한 스낵도 판매한다. 맥주 제조 과정을 보고, 4개의 맥주를 시음할 수 있는 투어도 있다. 직접 맥주를 만들어 보고, 디자인한 라벨까지 붙여 나만의 맥주를 만드는 체험 프로그램도 운영한다.

**Data** 지도 265p-H
가는 법 던다스 스트리트Dundas Street 정류장에서 41번 버스를 타고 존 녹스 스트리트John Knox Street 정류장에서 하차 후 도보 약 2분 주소 85 Drygate, Glasgow G4 0UT
전화 0141-212-8815
운영시간 투어 화 16:00~23:00, 수·목 12:00~22:00, 금·토 12:00~24:00, 일 12:00~20:00, 브루어리 투어 일요일 3회(13:00, 15:00, 17:00)
휴무 월요일
가격 맥주 4.60파운드~, 투어 20파운드
홈페이지 www.drygate.com

### 550년 역사의 스코틀랜드 대표 맥주
### 테넌트 캘리도니언 브루어리
### Tennent Caledonian Brewery

스코틀랜드 베스트셀러 맥주 테넌트 라거와 영국에서 가장 인기 있는 사이다 브랜드인 매그너스Magners를 비롯해

다양한 맥주 브랜드를 보유한 전통 있는 양조장이다. 여행자 센터 입구에는 테넌트 스토리 헤리티지 센터가 있다. 스코틀랜드 맥주의 역사와 문화를 보여주는 수집품을 전시하고, 테넌트 기념품을 판매한다. 맥주 생산 과정을 보고, 신선한 테넌트 맥주를 시음해 보는 투어도 운영한다.

**Data** 지도 265p-H 가는 법 던다스 스트리트 정류장에서 41번 버스를 타고 바락 스트리트Barrack Street 정류장에서 하차 후 도보 약 1분 주소 161 Duke St., Glasgow G31 1JD 전화 0141-202-7145
운영시간 수~일 12:00~20:00 휴무 월·화요일 요금 투어 15파운드~, 여행자 센터 무료
홈페이지 www.tennentstours.com

# 글래스고 대표 라이브 바

영국에서 처음으로 유네스코 음악 도시로 선정된 글래스고. 매주 40곳이 넘는 장소에서 150팀 이상의 음악 공연이 펼쳐진다. 영국 대표 음악 도시 글래스고에서 라이브 공연을 즐겨보자.

**Data** 지도 264p-B
가는 법 글래스고 센트럴역에서 도보 약 10분 주소 153 Bath St., Glasgow G2 4SQ 전화 0141-221-7711 운영시간 일~목 12:00~00:00, 금·토 12:00~03:00 가격 애프터눈 티 세트 17.95파운드, 피쉬 앤 칩스 14.95파운드 홈페이지 thebutterflyandthepig.com

**편안한 분위기에서 즐기는 라이브 공연**
### 더 버터플라이 앤 더 피그 The butterfly and the pig

레스토랑, 티 룸, 라이브 뮤직바로 운영된다. 저녁에는 공연 및 이벤트가 열린다. 월요일에는 팝 퀴즈, 화요일에는 누구나 공연을 할 수 있는 오픈 마이크 이벤트가 있다. 수요일에는 라이브 재즈 공연을 하고, 목요일부터 토요일까지는 라이브 밴드 공연이 진행된다. 라거, 에일, 보드카, 와인, 칵테일 등 주류도 폭넓게 갖추고 있다.

©King Tut's Wah Wah Hut

**Data** 지도 264p-E
가는 법 글래스고 센트럴역에서 도보 약 10분 주소 272A St. Vincent St., Glasgow G2 5RL 전화 0141-221-5279 운영시간 일~금 18:00~24:00, 토 12:00~24:00 가격 버거 8파운드~, 감자튀김 3.50파운드~, 공연 티켓 10파운드~ (공연에 따라 다름) 홈페이지 ww.kingtuts.co.uk

**오아시스, 콜드플레이가 공연한 바로 그 뮤직바**
### 킹 투츠 와 와 헛 King Tut's Wah Wah Hut

베스트 영국 라이브 바로 손꼽히는 록 공연장이자 바다. 1990년에 오픈해, 콜드플레이, 오아시스, 라디오헤드 등 유명 밴드가 공연을 한 곳이다. 1993년에 오아시스의 공연을 본 음반 제작자가 바로 계약을 했다는 이야기가 유명하다. 지금도 실력 있는 신생 밴드들의 홍보의 장이 되어준다. 거의 매일 저녁 공연이 열린다. 맥주, 위스키 등 주류 메뉴와 버거, 피자, 가벼운 스낵 등을 판매한다. 공연 입장 티켓은 사전에 온라인으로 구매하거나, 직접 바에서 구매할 수 있다. 대부분의 공연은 만 18세 이상의 성인만 입장 가능하다.

## 쇼핑몰&백화점

글래스고의 쇼핑몰과 백화점들은 방문객들이 쾌적하고 편리하게 쇼핑을 할 수 있도록 다양한 시설을 갖추고 있다. 즐겁게 쇼핑을 하다가 출출해지면 쇼핑몰 내에 있는 레스토랑과 카페에서 식사도 해결할 수 있다. 오랜 역사와 고풍스러운 분위기를 자랑하는 글래스고 백화점을 둘러보자.

**글래스고의 번화가를 내려다볼 수 있는**
### 뷰캐넌 갤러리 Buchanan Galleries

뷰캐넌 스트리트 제일 위에 위치해서 쇼핑몰 입구에 서면 거리를 쭉 내려다볼 수 있다. 글래스고 왕립 콘서트홀 건물과 이어져 있어 찾기 쉽다. 글래스고 버스 스테이션과 퀸 스트리트역이 가까워 버스나 기차 대기 시간이 있을 때 잠깐 둘러보거나 간단한 식사나 간식을 즐기기도 좋다. 존 루이스 백화점, 리버 아일랜드, 망고, 버거킹, 카페 네로, 스타벅스 등 90여 개의 브랜드숍, 레스토랑, 카페 등이 있다.

**Data** 지도 264p-B
가는 법 글래스고 센트럴역에서 도보 약 10분
주소 220 Buchanan St., Glasgow G1 2FF
전화 0141-333-9898 운영시간 월~수, 토 09:00~18:00, 목 09:00~19:00, 일 10:00~18:00
홈페이지 buchanangalleries.co.uk

**뷰캐넌 스트리트 지하철역 바로 앞에 있는**
### 뷰캐넌 쿼터 Buchanan Quarter

뷰캐넌 갤러리와 마주하고 있는 세련되고 깔끔한 쇼핑몰이다. 뷰캐넌 쿼터에는 뷰캐넌 갤러리보다 개성 있는 숍이 많다. 글로벌 의류 브랜드인 H&M, GAP과 신발 브랜드 스케처스 Skechers, 오피스Office 등이 있다. 독특하고 감각적인 디자인을 자랑하는 문구 업체인 페이퍼 체이스Paperchase와 로큰롤 테마로 버거와 칵테일을 즐길 수 있는 하드 록 카페Hard Rock Cafe 글래스고 지점도 있다. 뷰캐넌 스트리트역 바로 앞에 있어 쉽게 눈에 띈다.

**Data** 지도 264p-F
가는 법 글래스고 센트럴역에서 도보 약 10분
주소 185-221 Buchanan St., Glasgow G1 2JY
운영시간 월~수·금·토 09:00~19:00,
목 09:00~20:00, 일 10:00~18:00

아름다운 공작새로 탈바꿈한 쇼핑센터
## 프린스 스퀘어 쇼핑센터 Princes Square Shopping Centre

뷰캐넌 스트리트에 위치해 있는 우아하고 멋스러운 빅토리아 시대 건물의 쇼핑몰이다. 건물 외관은 공작새를 연상시키는 화려한 깃털 장식이 감싸고 있어 겨울밤에는 황금빛을 내며 아름다움을 더한다. 쇼핑센터 내부 역시 유리 천장이라 전 층을 시원하게 다 바라볼 수 있다. 나무 에스컬레이터와 통유리 엘리베이터까지 방문객들의 시선을 사로잡는다. 패션, 뷰티, 주얼리 브랜드를 비롯해 다양한 메뉴의 레스토랑과 카페, 영화관이 있다.

**Data** 지도 264p-F 가는 법 글래스고 센트럴역에서 도보 약 5분
주소 Princes Square, 48 Buchanan St., Glasgow G1 3JN 전화 014-1221-0324
운영시간 10:00~18:00(매장마다 상이) 홈페이지 princessquare.co.uk

아가일 스트리트의 큰 쇼핑센터
## 세인트 에녹 센터 St. Enoch Centre

큰 유리 온실을 연상케 하는 건물로 3층 규모의 넓은 쇼핑몰이다. 양쪽으로 아가일 스트리트 기차역과 세인트 에녹 지하철역이 있어서 교통도 편리하다. 스타벅스, 버거킹, 맥도날드, 코스타, 서브웨이, 크리스피 도넛 등 부담 없이 간단하게 먹을 수 있는 패스트푸드 브랜드도 입점해 있다.

**Data** 지도 264p-J
가는 법 글래스고 센트럴역에서 도보 약 5분
주소 55 St. Enoch Square, Glasgow G1 4BW
전화 0141-204-3900
운영시간 월~금 09:00~19:00, 토 09:00~18:00,
일 10:00~18:00 홈페이지 st-enoch.com

햄리스에 있는 인형

170년 역사를 자랑하는 백화점
# 하우스 오브 프레이저 House of Fraser

뷰캐넌 스트리트와 아가일 스트리트가 만나는 곳에 위치해 있어 글래스고 쇼핑의 중심이 되는 곳이다. 1849년 휴 프레이저와 제임스 아서가 작은 직물 가게로 첫 문을 연 이래로, 170년이 지난 지금은 영국 전역에 55개가 넘는 지점을 보유한 영국 대표 백화점 중 하나로 성장했다. 멀버리, 조말론, 올세인츠, 에르메스 등 럭셔리 고급 브랜드들이 입점해 있다. 고풍스럽고 아름다운 백화점 내부는 크리스마스 시즌이 되면 더욱 화려해진다.

**Data** 지도 264p-F 가는 법 글래스고 센트럴역에서 도보 약 4분 주소 45 Buchanan St., Glasgow G1 3HL 전화 034-3909-2025 운영시간 월~수, 토 10:00~18:00, 목 10:00~19:00, 일 11:00~18:00
홈페이지 www.houseoffraser.co.uk

반짝이는 보석과 값비싼 시계들이 즐비한
# 아가일 아케이드 Argyll Arcade

1827년 문을 열었다. 유럽에서 손꼽히는 오래된 쇼핑 아케이드 중 하나이자, 스코틀랜드 최초의 실내 쇼핑몰이라 역사적으로 의미가 있는 곳이다. 지금도 아치형 유리 천장 아래 L자 모양의 작은 골목 양쪽으로 60개가 넘는 고급 시계, 다이아몬드, 보석 상점들이 모여 있다. 독특하고 고풍스러운 아케이드 분위기를 느끼며 화려한 보석들을 구경해 보자.

**Data** 지도 264p-F
가는 법 글래스고 센트럴역에서 도보 약 4분 주소 4 Argyll Arcade, Glasgow G2 8BG 전화 0141-248-5257
운영시간 월~토 10:00~17:30, 일 11:30~17:00(상점마다 상이) 홈페이지 argyll-arcade.com

# 글래스고 주요 쇼핑 거리

글래스고에는 도시 중심가를 Z 모양으로 가로지르는 세 개의 쇼핑 거리가 있다. 이 쇼핑 거리를 따라 대형 쇼핑센터와 각종 브랜드숍, 스코틀랜드 기념품숍이 있다. 상점마다 다르지만 글래스고의 상점 및 쇼핑센터는 대부분 월~수, 금, 토요일은 오전 9시~오후 6시까지 운영하고, 목요일은 오전 9시~오후 8시까지 운영한다. 일요일에는 정오~오후 6시까지 운영한다.

### 뷰캐넌 스트리트
Buchanan Street

런던에 옥스포드 스트리트, 에든버러에 프린스 스트리트가 있다면, 글래스고에는 뷰캐넌 스트리트가 있다. 글래스고 쇼핑의 중심이 되는 거리로, 세 개의 쇼핑 거리 중 가장 메인이다. 길을 따라 대형 쇼핑몰, 브랜드숍, 카페, 레스토랑이 줄지어 있다.

### 아가일 스트리트
Argyle Street

글래스고 센트럴역과 아가일 기차역 사이에 있다. 세 개의 쇼핑 거리 중 가장 유동 인구가 많다. 글래스고의 주요한 두 역 때문에 항상 사람들로 붐비는 거리다. 세인트 에녹 센터, 하우스 오브 프레이저 두 개의 백화점이 있다. 기차를 기다리거나 할 때 들러보자.

### 소키홀 스트리트
Sauchiehall Street

브랜드숍, 백화점 등이 있는 화려한 뷰캐넌 스트리트, 아가일 스트리트에 비해 수수하다. 테스코, 세인스버리 등 대형 슈퍼마켓을 비롯해, 프라이마크, 티케이 맥스 등 저렴한 의류 브랜드 매장이 모여 있다. 스코틀랜드 기념품숍도 쉽게 볼 수 있다.

## 토이숍

아이들을 위한 선물을 사야 한다면 글래스고에서는 걱정할 필요가 없다. 전 세계 유명 캐릭터와 관련된 각종 아이템을 살 수 있는 숍과 유명 장난감 브랜드숍이 몰려 있다. 아이들뿐 아니라 어른들도 푹 빠지게 될 토이숍을 소개한다.

**더 이상 무슨 말이 필요하리, 레고인데**
### 레고 스토어 글래스고 LEGO Store Glasgow

쇼핑몰 뷰캐넌 갤러리 안에 있다. 레고로 만든 스타워즈 시리즈, 우주 정거장, 디즈니 성, 예쁜 마을 디스플레이를 구경해 보자. 한국에서 구하기 힘든 레고 시리즈 패키지와 피규어도 있다. 원하는 색깔과 모양의 레고 블록을 마음대로 골라서 구매할 수도 있다.

**Data 지도** 264p-B **가는 법** 글래스고 센트럴역에서 도보 약 10분, 뷰캐넌 갤러리 내 위치
**주소** Buchanan Galleries, 220 Buchanan St., Glasgow G1 2FF **전화** 0141-353-3503
**운영시간** 월~토 09:00~18:00, 일 10:00~18:00 **홈페이지** www.lego.com

**SF 피규어의 천국**
### 포비든 플래닛 인터내셔널 Forbidden Planet International

공상 과학, 판타지, 슈퍼히어로와 관련된 책, 영화, 애니메이션, 피규어, 장난감 등 다양한 수집품을 판매하는 체인 매장으로 영국 전역에 지점이 있다. 〈마블〉, 〈스타워즈〉, 〈해리 포터〉, 〈닥터 후〉 등 유명 시리즈 피규어와 제품들이 매장에 빼곡히 전시되어 있다. 한국에서 구하기 어려운 각종 공상과학 만화와 소설책을 구할 수도 있다.

**Data 지도** 264p-F
**가는 법** 글래스고 센트럴역에서 도보 약 8분
**주소** 122-126 Sauchiehall St, Glasgow G2 3DH
**전화** 0141-331-1215
**운영시간** 월・화・일 10:00~18:00, 수~토 10:00~19:00
**홈페이지** www.forbiddenplanet.co.uk

**Data** 지도 264p-B
가는 법 글래스고 센트럴역에서 도보 약 10분
주소 Unit 17 Buchanan Galleries Glasgow, Glasgow G1 2FF
전화 0141-555-0041
운영시간 월~토 10:00~18:00, 일 10:00~18:00
홈페이지 www.buildabear.co.uk

**세상에서 하나밖에 없는 나만의 인형**
## 빌드 어 베어 Build-A-Bear

뷰캐넌 갤러리 내에 위치한 인형숍이다. 빌드 어 베어는 아이들이 자신만의 특별한 테디베어를 직접 만들어 보는 체험으로 시작한 브랜드다. 강아지, 토끼, 고양이, 공룡 등 동물 인형을 고르고 코스튬과 악세사리를 직접 골라서 입혀 볼 수 있다. 슈퍼마리오, 해리포터 등 다양한 컨셉이 있다. 인형 안에 다양한 노래와 음향 효과도 넣을 수 있고, 심지어 원하는 향기까지 입힐 수 있어서 세상에 하나밖에 없는 나만의 인형을 만들 수 있다. 아이들 뿐만 아니라 어른들도 소중한 여행의 추억을 담은 기념품을 만들 수 있는 곳이다.

**250년 영국 전통의 장난감 가게**
## 햄리스 Hamleys

1760년 런던에 첫 문을 연 오래된 장난감 가게다. 또한, 영국을 대표하는 유서 깊은 장난감 브랜드이자 장난감계의 명품으로 여겨지는 브랜드이기도 하다. 스코틀랜드에는 유일하게 세인트 에녹 스퀘어 안에 글래스고 지점이 있다.
대형 동물 인형, 바비 인형, 테디 베어, 공주 드레스, 자동차, 피규어, 교육인 장난감 등 그야말로 장난감에 대한 모든 것이 있다. 매장 곳곳에 아이들이 직접 장난감을 갖고 놀 수 있는 공간도 있다. 때때로 직원들이 장난감 시연 행사를 하기도 한다.

**Data** 지도 264p-F
가는 법 글래스고 센트럴역에서 도보 약 5분, 세인트 에녹 센터 내 위치
주소 St. Enoch Centre, 55 St. Enoch Square, Glasgow G1 4BW
전화 0371-704-1977
운영시간 월~금 09:00~19:00, 토 09:00~18:00, 일 10:00~18:00
홈페이지 www.hamleys.com

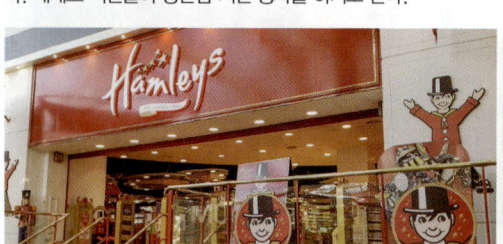

# 구경하는 재미가 있는 주말 스트리트 마켓

**글래스고를 대표하는 주말 빈티지 마켓**
## 바라스 마켓 Barras Market

주말에만 열린다. 바라스 마켓은 1900년대 초반부터 상인들이 수레에 물건을 싣고 나와 팔던 것이 시초였다. 마켓 이름은 '수레'라는 뜻의 Borrow의 스코틀랜드 방언 Barras에서 유래한다. 오래된 LP판, 책, 장난감 등 각종 골동품을 볼 수 있다. 저렴한 간식을 파는 카페와 레스토랑도 있다.

**Data** 지도 265p-L 가는 법 글래스고 센트럴역에서 도보 약 20분 / 글래스고 센트럴역 정류장에서 18번 버스를 타고 켄트 스트리트Kent Street 정류장에서 하차 후 도보 약 3분 주소 242 Gallowgate, Glasgow G1 5DX 운영시간 매주 토·일 10:00~16:00 홈페이지 www.theglasgowbarras.com

**개성 넘치는 수공예 제품을 만나보자**
## 머천트 스퀘어 공예&디자인 페어 Merchant Square Craft&Design Fair

머천트 스퀘어 건물 실내 광장에서 매주 주말 오후에 열리는 작은 마켓이다. 각종 수공예 제품, 디자인 제품을 판매한다. 개성 넘치는 독특한 아이템을 만나볼 수 있는 마켓이다. 건물 내에는 레스토랑, 펍, 클럽이 있어 마켓을 구경하다가 식사를 하거나 구경 후 놀기도 좋다.

**Data** 지도 265p-G 가는 법 글래스고 센트럴역에서 도보 약 15분 주소 Merchant Square, 71 Albion St., Glasgow G1 1NY 전화 0141-552-3038 운영시간 머천트 수공예 마켓 매주 토 11:00~18:00, 일 12:00~18:00 / 머천트 스퀘어 월~토 08:00~00:00, 일 09:00~00:00 홈페이지 www.merchantsquareglasgow.com

**보는 재미와 먹는 재미, 글래스고 스트릿 푸드마켓**
## 빅 피드 Big Feed

스코틀랜드에서 가장 큰 실내 아케이드 푸드마켓이다. 수제 버거, 생맥주, 화덕 피자, 디저트 등 다양한 음식을 푸드 트럭에서 직접 요리하는데, 그 과정을 지켜보는 재미가 있다. 라이브 공연, 게임 행사 등도 열린다.

**Data** 지도 264p-E 지도 밖 가는 법 Ibrox지하철 역에서 하차 후 도보 약 10분 주소 249-325 Govan Rd, Glasgow G51 2SE 운영시간 토 12:00~22:00, 일 12:00~19:00 홈페이지 www.big-feed.com

# SLEEP

### 글래스고를 대표하는 럭셔리 호텔
## 킴튼 블라이스우드 스퀘어 Kimpton Blythswood Square

시원하게 트인 넓은 정원을 바라보고 서 있는 조지안 양식의 타운 하우스 호텔이다. 1800년대에 세워져, 한때 부유한 사업가들의 거처로 사용되었다. 지금까지도 우아하고 고급스러운 분위기가 고스란히 남아 있다. 화려한 이력을 증명하듯 호텔 매니저 상 등을 받았다.

슈피리어룸, 디럭스룸, 주니어 스위트룸 등 객실 타입도 다양하다. 펜트하우스는 대리석 욕실, 프라이빗 엘리베이터, 루프톱 정원 등 최고급 시설을 자랑한다. 호텔 내 레스토랑, 바, 풀코스 트리트먼트를 받을 수 있는 스파 시설이 있다. 뷰캐넌 스트리트에서 도보 10분 거리에 위치해 조용하게 휴식을 취할 수 있는 것도 장점이다.

©Kimpton Blythswood Square

©Kimpton Blythswood Square

**Data** 지도 264p-A 가는 법 글래스고 센트럴역에서 도보 약 10분 주소 11 Blythswood Square, Glasgow G2 4AD 전화 0141-248-8888 운영시간 체크인 15:00, 체크아웃 12:00 요금 스탠다드 더블룸 190파운드~, 프리미엄룸 220파운드~ 홈페이지 www.phcompany.com

### 모던하고 깔끔한 고급 체인 호텔
## 다코타 글래스고 Dakota Glasgow

뷰캐넌 스트리트까지 도보로 12분 정도 걸리는 한적한 거리에 위치한 호텔이다. 모던 클래식 스타일의 체인 호텔로, 에든버러, 맨체스터 등에도 지점이 있다. 모노톤을 주요하게 사용해 전체적으로 고급스러운 느낌을 준다.

총 83개의 객실이 있다. 클래식룸, 클래식 킹룸, 시그니처 스위트룸, 그랜드 디럭스 스위트룸 등 객실 타입이 다양하다. 호텔 내 바&그릴 레스토랑과 샴페인룸이 있으니 참고하자. 글래스고 공항 무료 셔틀 서비스도 이용 가능하다. 단, 온라인으로 사전에 신청해야 한다.

**Data** 지도 264p-A 가는 법 보스웰 스트리트Bothwell Street 정류장에서 3 or 4 or 4A번 버스를 타고 피트 스트리트Pitt Street 정류장에서 하차 후 도보 약 2분. 총 10분 소요
주소 179 West Regent St., Glasgow G2 4DP
전화 0141-404-3680
운영시간 체크인 15:00, 체크아웃 11:00
요금 클래식 더블룸 130파운드~, 시그니처 스위트룸 220파운드~
홈페이지 glasgow.dakotahotels.co.uk

**TIP** 글래스고 북쪽 지역에 숙소를 잡는다면

글래스고 도심 북쪽 지역은 경사가 엄청난 언덕길이다. 특히, 렌프루 스트리트Renfrew Street, 힐 스트리트Hill Street가 대표적이다. 무거운 캐리어를 가진 여행자라면 체크인, 체크아웃 시 택시나 우버로 이동하는 것을 추천한다. 꼭 이곳에 머물러야 할 이유가 없다면 도심 주변에 숙소를 잡는 게 좋다.

**위치도 좋고 스타일리시한 체인 호텔**
# 시티즌엠 글래스고 호텔 citizenM Glasgow Hotel

네덜란드 체인 호텔로, 다양한 색깔이 조화롭게 어우러지는 펑키한 스타일이 돋보인다. 총 객실 수는 198개다. 여행하기 좋은 위치에 있다. 호텔에서 길을 한 번만 건너면 소키홀 스트리트고, 도보 5분 거리에 뷰캐넌 스트리트와 글래스고 버스 정류장이 있다.

라운지, 계단 등 눈에 닿는 곳곳에 디자이너의 흔적을 볼 수 있다. 룸 타입은 더블룸이 전부다. 객실 크기는 작은 편이지만 편안한 킹사이즈 침대와 테이블, 무드 조명 등 편안하게 쉴 수 있는 조건을 갖췄다. 객실 타입이 한 가지뿐이라 아쉽지만, 가성비 좋은 호텔로 추천한다.

**Data** 지도 264p-B 가는 법 글래스고 센트럴역에서 도보 약 10분
주소 60 Renfrew St., Glasgow G2 3BW 전화 020-3519-1111 운영시간 체크인 14:00, 체크아웃 11:00
요금 더블룸 120파운드~ 홈페이지 www.citizenm.com

**통유리창으로 바라보는 멋진 글래스고의 전경**
# 에이펙스 시티 오브 글래스고 호텔 Apex City of Glasgow Hotel

층마다 사선으로 기울어진 통유리창이 에이펙스 시티 오브 글래스고 호텔의 자랑이다. 독특한 모양의 창으로 글래스고의 환상적인 스카이라인을 볼 수 있다. 또, 뛰어난 접근성도 이 호텔의 장점이다. 글래스고 메인 쇼핑 거리인 뷰캐넌 스트리트까지 약 도보 5분이 소요되고, 글래스고 센트럴역까지도 도보로 약 10분 정도면 갈 수 있다.

총 104개의 객실이 있다. 스탠다드룸, 시티뷰룸, 슈피리어룸, 패밀리룸 등이 있다. 가장 좋은 듀플렉스 스위트룸은 복층 구조로 거실과 침실이 따로 있다. 천장이 높고, 통유리창으로 보이는 글래스고 전망이 멋있다. 객실마다 우드 침대, 우드 테이블이 있으며, 46인치 LED TV가 있다.

**Data** 지도 264p-B 가는 법 글래스고 센트럴역에서 도보 약 10분
주소 110 Bath St., Glasgow G2 2EN 전화 0141-375-3333 운영시간 체크인 14:30, 체크아웃 11:00
요금 스탠다드 더블룸 120파운드~, 듀플렉스 스위트룸 180파운드~ 홈페이지 www.apexhotels.co.uk

**기차 놓칠 걱정은 내려놓으세요**
## 모텔 원 Motel One

글래스고 센트럴역 건물 바로 옆에 위치한 현대식 호텔. 글래스고 중심에 위치해 뷰캐넌 스트리트를 비롯해 다른 주요 명소로 이동하기도 쉽다. 모텔 원의 가장 큰 특징은 호텔 로비에 있는 스크린이다. 이 스크린을 통해 글래스고 기차역 출도착 시간을 알 수 있어, 기차를 이용해야 하는 여행자라면 더할 나위 없이 좋은 선택이 될 것이다.

호텔 곳곳에서 글래스고 산업 관련 전시물, 기차와 관련된 소품 등을 볼 수 있다. 유명 여행 작가가 하일랜드를 여행하며 찍은 대형 사진이 로비와 객실에 걸려 있어 스코틀랜드 여행에 감흥을 더한다. 객실의 넓은 창으로는 글래스고 전망을 볼 수 있다. 객실 요금도 비싸지 않은 편이라, 가성비 훌륭한 호텔로 추천한다.

**Data** 지도 264p-F
가는 법 글래스고 센트럴역에서 도보 약 3분
주소 78-82 Oswald St., Glasgow G1 4PL
전화 0141-468-0450
운영시간 체크인 15:00, 체크아웃 12:00
요금 킹룸 99파운드~
홈페이지 www.motel-one.com

**위치 좋고 편안한 분위기의**
## 그래스하퍼스 호텔 Grasshoppers Hotel

글래스고 센트럴역 바로 옆에 위치한 또 다른 숙소. 6년 연속 트립어드바이저 엑셀런스 인증을 받았다. 1905년에 지어진 캘리도니언 체임버스 건물 꼭대기층에 위치한다. 총 객실 수가 30개인 아담한 규모의 호텔이다.

전통과 현대가 잘 어우러지는 디자인으로, 글래스고 센트럴역을 덮고 있는 넓은 유리 지붕이나 매킨토시가 디자인한 라이트하우스의 전망을 볼 수 있다. 객실에는 글래스고 예술가가 만든 판화 작품이 걸려 있어 편안한 분위기를 더한다. 또, 호텔 투숙객들에게는 호텔 근처의 피트니스 센터와 수영장을 할인 금액으로 이용할 수 있는 패스를 제공한다.

**Data** 지도 264p-F
가는 법 글래스고 센트럴역에서 도보 약 2분
주소 87 Union St., Glasgow G1 3TA
전화 0141-222-2666
운영시간 체크인 14:00, 체크아웃 11:00
요금 싱글룸 88파운드~, 더블룸 98파운드~(조식 포함)
홈페이지 www.grasshoppersglasgow.com

**저렴한 가격에 프라이버시까지 지킬 수 있는**
## 더 제트 호텔 글래스고 The Z Hotel Glasgow

고급 호텔은 요금이 부담스럽고, 여러 명이 같이 쓰는 호스텔은 내키지 않는다면 가성비 좋은 저가 호텔로 이곳을 추천한다. 글래스고 시청사 바로 옆에 있고, 뷰캐넌 스트리트까지는 도보 5분 거리라 위치도 좋다. 총 104개의 객실이 있다. 싱글룸, 더블룸 등이 있어 혼자 묵어도 전혀 부담이 없다.

객실 크기는 작은 편이지만, 객실 내 개인 화장실, 에어컨, 평면 TV 등 필요한 시설은 전부 갖췄다. 라운지에서 간단한 스낵과 음료를 제공하고, 추가 금액을 지불하면 아침 식사도 먹을 수 있다.

**Data** 지도 265p-G
가는 법 글래스고 센트럴역에서 도보 약 12분
주소 36 North Frederick St., Glasgow G1 2BS
전화 0141-212-4550
운영시간 체크인 15:00, 체크아웃 11:00
요금 더블룸 55파운드~
홈페이지 www.thezhotels.com

**깔끔한 아파트먼트형 숙소**
## 프리미어 스위트 플러스 글래스고 바스 스트리트
PREMIER SUITES PLUS Glasgow Bath Street

독립된 아파트먼트형 숙소라 내 집처럼 편안하게 쉴 수 있다. 새로 오픈한 곳이라 깔끔하고 모던한 디자인과 최신식 시설을 자랑한다. 총 24개의 객실이 있다. 원 베드룸(2인까지 수용 가능), 투 베드룸(4인까지 수용 가능) 중 선택할 수 있다.

주방에는 냉장고, 오븐, 전자레인지, 토스터, 커피 머신, 식기세척기까지 구비되어 있어 요리도 할 수 있다. 건물 내 엘리베이터가 있어 큰 짐이 있어도 걱정 없다. 도보 10~15분 거리에 뷰캐넌 스트리트가 있어 좋다. 여행 중 잠자리와 휴식이 중요한 여행자에게 추천한다.

**Data** 지도 264p-A 가는 법 보스웰 스트리트 정류장에서 3 or 4 or 4A번 버스를 타고 피트 스트리트 정류장에서 하차 후 도보 약 2분. 총 10분 소요 주소 279 Bath St., Glasgow G2 4JL
전화 0141-280-8300 운영시간 체크인 15:00, 체크아웃 11:00 요금 원 베드룸 아파트먼트 159파운드~, 투 베드룸 아파트먼트 268파운드~ 홈페이지 www.premiersuitesglasgowbathstreet.com

### 깔끔하고 감성적인 B&B
## 15글래스고 15Glasgow

켈빈그로브 파크 옆 한적한 주택가에 위치한 부티크 B&B 숙소다. 조용하게 휴식을 취하기 좋다. 객실마다 각각 다른 콘셉트로 배치한 소품이 인상적이다. 곳곳에 예술 작품이 있어 눈이 즐거운 곳이다. 객실 크기가 넓은 것도 장점. 킹 사이즈 침대, 소파, 테이블이 있고, 개인 화장실이 있는 객실과 없는 객실로 나뉜다. 아침 식사로 풀 스코티시 브랙퍼스트를 즐길 수 있으며, 오믈렛, 토스트 등 간단한 메뉴도 있다. 프라이빗한 정원도 있으니 산책하며 시간을 보내도 좋다.

**Data** 지도 264p-E 지도 밖
**가는 법** 아가일 스트리트 정류장에서 4 or 4A번 버스를 타고 차링 크로스Charing Cross 정류장에서 하차 후 도보 약 3분
**주소** 15 Woodside Pl., Glasgow G3 7QL
**전화** 0141-332-1263 **운영시간** 체크인 15:00, 체크아웃 11:00
**요금** 성수기(4~12월) 럭셔리 더블룸 130파운드~, 스위트룸 160파운드~ / 비수기(1~3월) 럭셔리 더블룸 90파운드~, 스위트룸 120파운드~ **홈페이지** 15glasgow.com

### 럭셔리 호텔 부럽지 않은 고급스러움
## 알라모 게스트 하우스 Alamo Guest House

켈빈그로브 미술관 및 박물관 옆에 위치한 럭셔리 B&B 숙소다. 빅토리안 양식의 4층 건물을 고급스럽게 꾸며 놓았다. 앤티크 가구, 샹들리에 조명으로 객실 분위기가 고풍스럽다. 객실 내에는 여행의 피로를 풀어 줄 욕조도 있다.
이곳의 또 다른 자랑은 다이닝룸. 높은 천장에 우아한 조각이 장식되어 있고 풍경 사진이 벽면을 가득 채우고 있다. 스코틀랜드 타탄 무늬 소파로 우아함을 더했다. 넓은 유리창 너머로 싱그러운 정원이 보인다. 고급 호텔에 온 듯 고급스러운 분위기에서 아침 식사를 즐길 수 있다. 메뉴로는 스코티시 풀 브랙퍼스트, 신선한 과일, 요거트, 시리얼, 포리지, 다양한 견과류 등이 제공된다.

**Data** 지도 264p-E 지도 밖
**가는 법** 보스웰 스트리트 정류장에서 3번 버스를 타고 더비 스트리트 정류장에서 하차 후 도보 약 2분. 총 20분 소요
**주소** 46 Gray St., Kelvingrove Park, Glasgow G3 7SE
**전화** 0141-339-2395
**운영시간** 체크인 14:00, 체크아웃 11:00
**요금** 스탠다드 킹룸 170파운드~, 슈퍼리어 킹룸 250파운드~
**홈페이지** www.alamoguesthouse.com

사생활을 지킬 수 있는 개인실이 많은
# 글래스고 유스호스텔 Glasgow Youth Hostel

켈빈그로브 파크 옆에 위치한 유스호스텔. 빅토리안 양식의 타운하우스 건물을 사용한다. 객실 타입은 도미토리와 화장실이 따로 있는 1인, 2인, 4인, 6인용 개인룸 등이 있다. 주방과 화장실이 있는 셀프 아파트먼트룸은 6명까지 수용 가능하다.

요리를 할 수 있는 공용 주방, 세탁실, 라운지, 포켓볼이나 보드게임을 할 수 있는 게임룸을 갖춰 특히 나홀로 여행객에게 편리하다. 추가 요금을 지불하면 아침 식사를 먹을 수 있고, 점심 도시락도 제공한다. 건물 내 엘리베이터가 없어 큰 짐이 있다면 다소 불편하다.

**Data** 지도 264p-E 지도 밖 가는 법 아가일 스트리트 정류장에서 4 or 4A번 버스를 타고 우드랜즈 게이트Woodlands Gate 정류장에서 하차 후 도보 약 10분 주소 Scottish Youth Hostels Association, 7-8 Park Terrace, Glasgow G3 6BY 전화 0141-332-3004 운영시간 체크인 16:00, 체크아웃 10:00 요금 도미토리 24파운드~, 2인실 56파운드~ 홈페이지 www.hostellingscotland.org.uk

©Glasgow Youth Hostel

©Glasgow Youth Hostel

위치 좋고 저렴한
# 유로 호스텔 글래스고 Euro Hostel Glasgow

클라이드 강변에 위치한 유로 호스텔 글래스고의 특장점은 접근성이다. 글래스고 센트럴역과 지하철 세인트 에녹 SPTSt. Enoch SPT역이 도보 3분 거리에 있다. 싱글룸, 2인, 3인, 4인, 8인용 개인룸 그리고 도미토리가 있다. 도미토리는 여성 전용과 혼성 중 선택할 수 있다.

방 크기는 작은 편이지만 철제 2층 침대 옆에 개인용 조명이 있어, 일정을 마친 후 돌아와서 정리하기 좋다. 20명 이하 단체 여행객이라면 VIP 스위트룸을 이용할 수 있다. 객실 내에 전용 화장실, TV, 소파 등이 있다. 요리를 할 수 있는 공용 주방, 세탁실, 라운지 등도 갖췄다.

©Euro Hostel Glasgow

**Data** 지도 264p-J
가는 법 글래스고 센트럴역에서 도보 약 3분
주소 318 Clyde St., Glasgow G1 4NR
전화 0845-539-9956
운영시간 체크인 15:00, 체크아웃 10:30 요금 도미토리 15파운드~, 싱글룸 20파운드~
홈페이지 www.eurohostels.co.uk

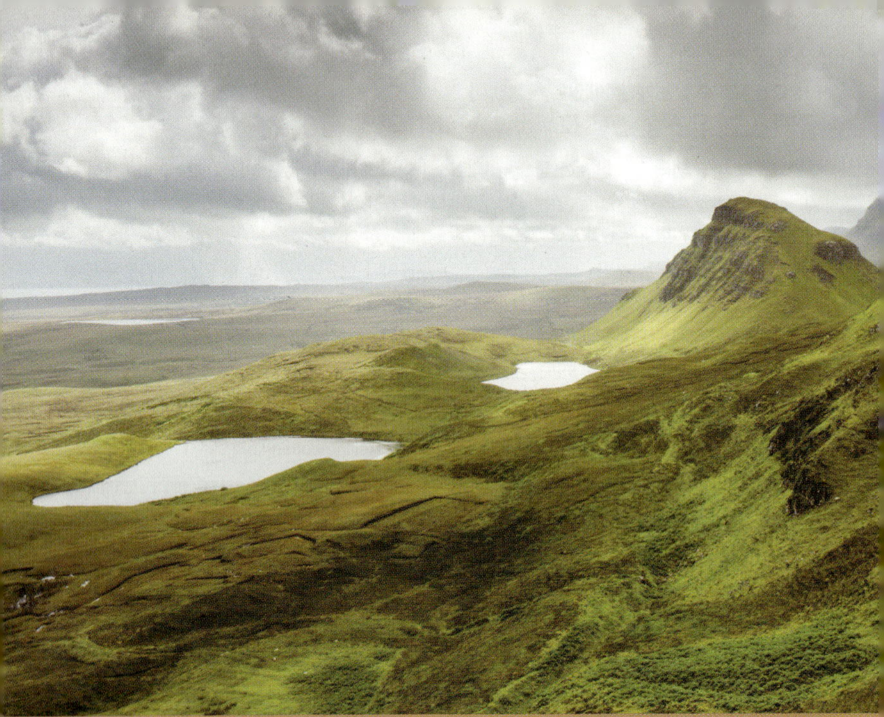
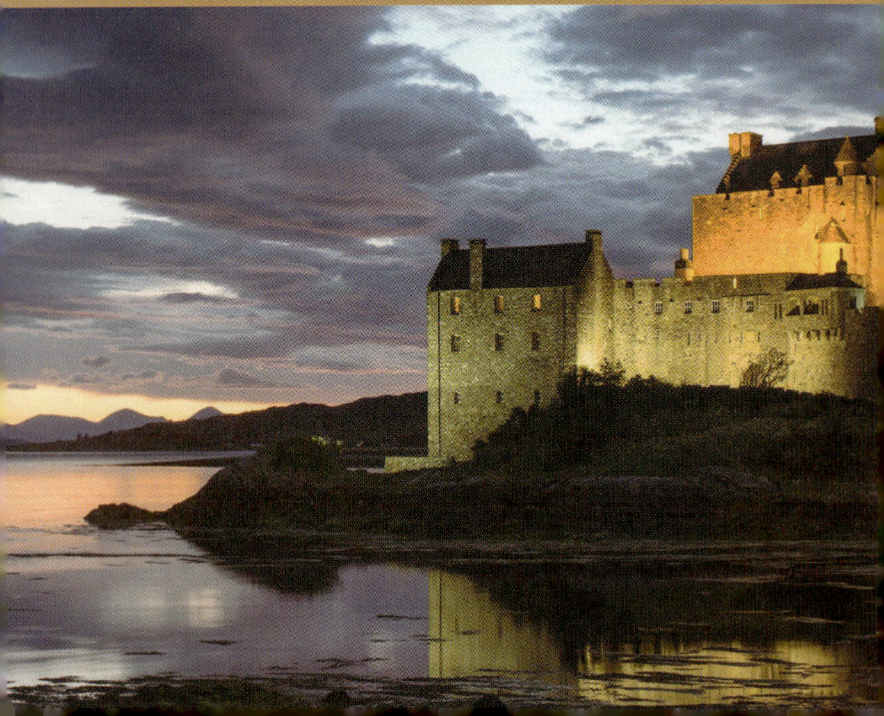

Scotland By Area

# 04

# 하일랜드&스카이섬
## Highlands&Isle of Skye

광활한 자연 풍경을 볼 수 있는 하일랜드는 에든버러, 글래스고와는 정반대의 매력을 느낄 수 있다. 오랜 기간 동안 화산 작용과 해빙으로 생겨난 산맥과 협곡, 폭포, 호수 등이 있다. 그리고 예쁜 마을이 그림 같은 풍경을 만들어 낸다. 스코틀랜드의 정수를 보고 싶다면 이곳을 추천한다.

## 하일랜드&스카이섬
# 미리보기

스코틀랜드 북서쪽에 자리한 고원 지대, 하일랜드와 스카이섬은 메인 여행 포인트. 웅장한 대자연을 마주하면 경건해지고, 안개가 자욱한 높은 산에 들어가 보면 미지의 세계를 보는 듯하다. 〈해리 포터〉, 〈007 스카이폴〉, 〈아웃랜더〉 등 영화나 드라마 촬영지로도 유명하다.

**SEE** 하일랜드는 어딜 가도 멋지다. 괴물 네시가 살고 있다는 네스호, 해리 포터 재커바이트 증기 기관 열차, 글렌코 협곡, 호수 위의 에일린 도난성, 하일랜드 여행의 꽃 스카이섬이 대표적인 명소다.

**EAT** 스코틀랜드 연안에서 잡은 신선한 해산물 요리를 맛보자. 셰프의 코스 요리를 먹을 수 있는 미슐랭 레스토랑부터 피시 앤 칩스를 먹을 수 있는 펍까지 다양한 음식점이 있다. 카페에서 아름다운 풍경을 바라보며 따뜻한 커피나 차 한 잔을 즐기는 것도 추천한다. 위스키 양조 과정을 보고 위스키 시음도 할 수 있는 증류소 투어도 놓칠 수 없다.

**BUY** 스코틀랜드 자연에서 영감을 받은 수공예품이 유명하다. 환경을 생각하는 전통 방식으로 만든 수공예품은 하일랜드 기념품으로 제격이다. 보석, 양털, 도자기, 비누, 타탄 직물 제품 등 다양하다.

### 어떻게 갈까?

**기차** 글래스고 퀸 스트리트Queen Street역에서 웨스트 하일랜드 라인 또는 인버네스Inverness역에서 노스 하일랜드 라인을 타면 된다. 두 라인이 하일랜드 주요 마을을 연결한다.

**코치** 에든버러, 글래스고, 인버네스 버스 스테이션에서 하일랜드 주요 마을로 가는 코치를 운행한다.

스카이섬 글래스고와 인버네스에서 포트리까지 시티링크 코치가 운행된다. 글래스고 뷰캐넌 버스 스테이션에서 출발(06:40, 10:00, 15:00, 1일 3대 운행)하며, 편도 약 6~7시간 소요. 성인 요금 편도 59.60파운드~.

인버네스 버스 스테이션에서는 하루에 3~4대가 운행된다(자세한 시간은 홈페이지 참고). 편도 약 3~4시간 소요. 성인 요금 41.20파운드~. 성수기 기준이며, 버스 시간, 금액은 변동될 수 있으니 미리 시티링크 홈페이지에서 확인하자.
**코치 홈페이지** www.citylink.co.uk
**페리 홈페이지** www.calmac.co.uk

### 어떻게 다닐까?

하일랜드와 스카이섬을 여행하는 방법은 다양하다. 가이드 투어에 참여하거나, 렌터카로 로드 트립을 할 수도 있다. 기차나 코치 등 대중교통을 이용하는 방법도 있다. 자세한 사항은 320p 참고.

## 하일랜드&스카이섬
# 📍 3일 추천 코스 📍

하일랜드는 스코틀랜드 북쪽에 위치한다. 지하철이나 도보로 이동할 수 있는 도시와 달리 하일랜드는 넓어서 이동 시 시간이 오래 걸린다. 또한, 주요 명소가 대부분 광활한 자연이다. 미리 동선을 잘 짜야 하일랜드를 알차게 즐길 수 있다.

### 1 일차 — 하일랜드

로몬드 호수&트로서크스 국립 공원에서 아름다운 호수가 있는 마을 둘러보기

→ 차로 1시간 30분

화산과 빙하가 만들어 낸 멋진 협곡 글렌코에서 경이로운 자연 체험하기

→ 차로 50분

영국에서 가장 높은 산 벤 네비스 풍경 감상하기

### 2 일차 — 스카이섬

킬트 락 절벽에서 시원하게 떨어지는 밀트 폭포 구경하기

→ 차로 1시간

던베건성에서 물개 구경하기

→ 차로 30분

절벽 위 네이스트 포인트 등대 관람하기

### 3 일차 — 하일랜드

호수 위의 에일린 도난성 방문하기

→ 차로 1시간

네스호에서 괴물 네시 찾아보기

→ 차로 2시간

예쁜 피틀로크리 마을에서 애프터눈 티 한 잔 즐기기

> **TIP** 일정은 장소의 위치와 동선을 고려해 정리했다. 투어 상품을 이용한다면 여행사 일정에 따라 원하는 투어를 선택하자. 렌터카나 대중교통을 이용한다면 일정별 원하는 장소 한두 곳을 중심으로 동선을 고려해 계획하자.

**Special Page**

스코틀랜드 여행의 하이라이트
# 하일랜드&스카이섬

하일랜드의 숨 막히는 절경에 반해 여행을 결심했지만 준비가 만만치 않다. 그런 당신에게 하일랜드 여행 준비에 도움이 되는 팁을 소개한다.

## 하일랜드&스카이섬 여행 그리기

### 하일랜드와 로우랜드

스코틀랜드는 지리적으로 크게 하일랜드와 로우랜드로 나눌 수 있다. 북쪽의 하일랜드와 남쪽의 로우랜드는 스코틀랜드의 공식 행정 지역은 아니지만, 두 지역의 자연환경, 문화, 주요 산업의 차이가 커 오랜 세월 동안 구분하고 있다. 산지와 고원으로 구성된 하일랜드는 척박한 자연환경에 대항해 씨족 제도와 타탄이라는 고유 문화를 만들었다. 로우랜드는 상대적으로 온화한 기후와 저지대가 특징으로, 스코틀랜드의 관광, 경제 중심지인 에든버러와 글래스고가 로우랜드에 속한다.

### 여행 적기

비가 적게 내리고 해가 긴 4~9월을 추천한다. 그중 7, 8월은 에든버러 축제, 방학으로 극성수기에 해당한다. 이때 여행을 간다면 가이드 투어, 숙소, 레스토랑 등은 미리 예약해야 한다. 한편 동절기에 해당하는 10~3월은 대부분의 관광지나 식당이 단축 영업을 하거나 일시적으로 문을 닫는다. 방문 전 미리 홈페이지에서 확인하도록 하자.

### 추천 여행 복장

하일랜드는 지대가 높고 산속에 위치해서 날씨가 변화무쌍하고 체감 기온도 낮다. 여름 여행자라도 갑작스러운 체온 변화에 대비하는 게 좋다. 보관이 편하고 가벼운 패딩, 목을 감쌀 수 있는 스카프가 있으면 좋다. 그리고, 비가 자주 오는 지역이기 때문에 후드가 달린 방수 점퍼, 방수 신발을 챙기자. 하이킹이나 트레킹을 계획한다면 미끄럼 방지 신발과 안전 장비를 철저히 준비하자. 언덕, 바위, 절벽 등 자연환경이 거칠다.

### 스카이섬 추천 여행 일정

스카이섬은 당일치기 여행이 불가하다. 글래스고에서 스카이섬 포트리까지는 차로 약 5시간 이상이 소요된다. 그렇기 때문에 스카이섬에 숙박을 잡고 최소 이틀 일정으로 여행하는 것을 추천한다.

### 언어&인터넷 이용

하일랜드에는 아일랜드의 영향을 받아 게일어의 흔적이 남아 있다. 게일어를 몰라도 여행에 지장은 없다. 하지만, 게일어에서 유래된 지명이 많아 단어의 뜻을 알면 여행이 더욱 풍성해질 것이다. 자주 쓰는 게일어 단어는 446p를 참고하자.

하일랜드에서는 인터넷 사용이 쉽지 않다. 관광객이 많이 찾는 시내의 숙소나 카페에서는 유심칩을 이용한 인터넷이나 와이파이 사용이 가능하다. 하지만 하일랜드 자연 한가운데 있으면 인터넷 접속이 원활하지 않아 인터넷이나 GPS 사용이 어려울 때가 종종 있으니, 꼭 필요한 주소나 길 정보가 있다면 미리 오프라인 지도나 스크린 캡처 사진으로 저장해 두자.

## 하일랜드 더 즐기기

자연에서만 즐길 수 있는 다양한 야외 액티비티를 즐겨보자. 시간과 날씨가 허락된다면 하이킹이나 트레킹, 카약, 스키, 자전거, 낚시 등 즐길 거리는 다양하다. 자연을 느낄 수 있는 비박, 캠핑, 카라반, 산장 등 숙소 타입도 다양하다.

## 하일랜드&스카이섬 어떻게 여행할까

넓은 하일랜드를 둘러보는 데는 여러 방법이 있다. 선호하는 여행 스타일, 여행 일정, 동행인, 체력 등을 고려해 나에게 맞는 여행 방법을 선택하자.

### 가이드 투어

하일랜드와 스카이섬을 둘러보는 가장 편하고 효율적인 방법이다. 투어 버스를 타고 편하게 이동이 가능하고, 전문 가이드가 관광지와 관련한 설명도 해 준다. 에든버러, 글래스고, 애버딘에서 출발하고, 당일치기, 1박 2일, 2박 3일 등 원하는 일정을 선택하면 된다.

투어에 따라 차이가 있지만 보통 관광지 입장료, 식사, 숙박비는 투어 비용에서 제외된다. 이동 시간이 길어서 차에 있는 시간이 많고, 단체 투어라 내가 원하는 포인트에서 내릴 수 없다는 단점이 있다. 편하게 하일랜드 핵심 명소만 둘러보고 싶은 여행자에게 추천한다.

> **Data** 하일랜드 투어 주요 업체
> 래비스 www.rabbies.com
> 팀버부시 투어 www.timberbush-tours.co.uk
> 스코티시 투어 www.scottishtours.co.uk
> 한인투어(마이리얼트립에서 스코틀랜드 검색)
> www.myrealtrip.com

### 렌터카로 로드 트립

자동차 전용 도로(고속도로)는 없지만, A 국도를 타고 달리며 하일랜드의 아름다운 경치를 볼 수 있다. 인버네스를 기준으로 하일랜드 북쪽 해안을 한 바퀴 도는 노스 코스트 500 North Coast 500과 글래스고에서 인버네스를 연결하는 A82번 도로가 대표적. A87번 도로는 에일린 도난성을 지나 스카이섬까지 닿는다.

주의해야 할 점도 있다. 1차선 도로가 많고 비포장 도로도 있으며, 양이나 소떼가 지나가는 경우도 있다. 날씨, 길 상황에 따라 예상 시간보다 더 걸릴 수도 있으니 여유를 갖고 안전 운전을 하자. 주유소, 휴게소가 없어 미리 연료를 채우고 물과 간식 등을 준비하는 것이 좋다.

### 대중교통

에든버러, 글래스고, 애버딘, 인버네스에서 기차나 코치로 하일랜드 주요 마을을 갈 수 있다. 글래스고의 퀸 스트리트 기차역에서 웨스트 하일랜드 라인이 오반, 포트 윌리엄, 글렌피넌을 연결한다. 인버네스역에서 출발하는 노스 하일랜드 라인은 하일랜드 북쪽 지역에 닿는다. 이동 시 참고하자.

주요 마을에서 주변 관광지를 오가는 시내버스가 있지만, 운행이 잘 되지 않고 계절에 따라 시간표 변동도 있다. 시내버스를 이용한다면 여행자 센터에서 꼭 확인을 해 보자. 워낙 시골 지역이라 정류장 표시도 잘 되어있지 않다. 버스에 탑승할 때 기사님께 내려야 할 목적지를 한 번 더 확인하는 것이 좋다.

또, 대중교통 이용 시 가이드 투어, 렌터카를 이용할 때보다 하일랜드의 깊숙한 자연을 둘러보기는 어렵다. 대중교통을 이용해 이동하는 것은 시간, 체력 문제 외에도 불편할 수 있어 추천하진 않는다. 대중교통, 가이드 투어, 렌터카 모두 장단점이 있으니 자신의 상황을 고려해 선택하자. 기차, 코치 예약 홈페이지 정보는 059p, 기차 노선 지도는 066p를 참고하자.

 SEE

하일랜드 여행의 시작을 알리는

# 로몬드 호수&트로서크스 국립 공원
Loch Lomond&The Trossachs National Park

스코틀랜드의 로우랜드와 하일랜드가 만나는 경계에 위치한다. 약 165km² 규모를 자랑하는 아름다운 국립 공원으로, 하일랜드의 대자연을 제일 처음으로 느낄 수 있는 곳이다. 특히, 스코틀랜드에서 가장 큰 호수 중 하나로 꼽히는 로몬드 호수Loch Lomond를 비롯해 22개의 호수를 트로서크스 국립 공원에서 볼 수 있다. Loch는 '호수'를 의미한다.

대부분의 하일랜드 투어 일정에서 트로서크스 국립 공원은 잠시 들르는 정도다. 여유롭게 국립 공원을 둘러보고 싶다면 렌터카를 이용하자. 로몬드 호수를 따라 트레킹을 하거나 자전거를 타보는 것도 좋다. 크루즈나 카약을 타고 그림 같은 풍경을 즐기는 것도 추천한다.

**Data 지도** ● 휴대지도-14
**가는 법** 글래스고에서 M82번 도로를 타고 서북쪽 방향으로 차로 약 40분 / 글래스고 퀸 스트리트역에서 기차를 타고 발로크Balloch역에서 하차 후, 길 건너 크레이그로몬드 가든스Craiglomond Gardens 버스 정류장에서 305번 버스를 타고 여행자 센터 주차장Visitor Centre Car Park 정류장에서 하차. 총 65분 소요
**주소** 러스 여행자 센터 Luss Visitor Centre, Luss Car Park, Luss, Alexandria G83 8PA / 러스 빌리지숍 Broomfield, Luss, Alexandria G83 8PA
**홈페이지** www.lochlomond-trossachs.org

## 로몬드 호수 옆 작은 마을 러스 Luss Village

트로서크스 국립 공원에서 가장 아름다운 마을로 손꼽힌다. 예쁜 집들과 아기자기한 정원을 구경하는 재미가 있다. 18~19세기에 인근 슬레이트 채석장에서 일하는 노동자들이 이곳에 모여 살기 시작했다. 주로 슬레이트와 사암으로 지은 아담한 집들을 볼 수 있다. 마을 내에는 B&B, 카페, 주유소, 레스토랑, 기념품숍이 있다. 러스 마을과 로몬드 호수를 한 바퀴 둘러보는 짧은 일정이 포함된 하일랜드 투어 상품이 많으니 투어 신청 전 체크해 보자.

드라마 〈아웃랜더〉 촬영지로 유명한
# 래녹 무어 Rannoch Moor

글렌코와 케언곰스 국립 공원 사이에 펼쳐진 대규모의 황야와 늪지대다. 빙하기를 거치면서 생겨난 습지와 작은 연못, 호수, 강, 바위 등을 볼 수 있다. 동쪽에 위치한 래녹 호수Loch Rannoch, 터멜 호수Loch Tummel 역시 놓쳐서는 안될 볼거리. 기차 선로를 설치하기 어려운 악조건에도 불구하고 1984년 래녹을 통과하는 철도가 완공되었다. 래녹 기차역 내 아담한 티 룸이 있으니 잠시 쉬어가면서 철도 역사를 둘러보는 것도 추천한다.

렌터카 여행자라면 래녹 호수 끝에 위치한 작은 마을 킨로크 래녹Kinloch Rannoch을 방문하는 것도 좋다. 여행자들이 쉴 수 있는 편의 시설, 아름다운 호수를 보며 식사를 할 수 있는 레스토랑, B&B 등이 있다. 드라마 〈아웃랜더〉의 첫 번째 에피소드 촬영지로 유명하다.

**Data 지도 ● 휴대지도-11**
**가는 법** 러스에서 A82, A85, B46번 도로를 이용해 차로 약 2시간 30분 / 글래스고 퀸 스트리트역에서 기차를 타고 래녹Rannoch역에서 하차. 약 3시간 / 글래스고 퀸 스트리트역에서 기차를 타고 피틀로크리Pitlochry역에서 하차 후, 웨스트엔드 주차장West End Car Park 정류장에서 82번 버스를 타고 더 스퀘어The Square 정류장에서 하차. 총 2시간 40분 소요
**주소** 래녹 기차역 Pitlochry PH17 2QA / 킨로그 래녹 우체국 Bridgend Rd., Kinloch Rannoch PH16 5PX
**홈페이지** www.rannochandtummel.co.uk

화산과 빙하로 만들어진 경이로운 걸작품
## 글렌코 Glencoe

하일랜드에서 빼놓을 수 없는 명소. 트로서크스 국립 공원을 지나면 어느새 양옆으로 웅장하게 서 있는 높은 바위산이 나타난다. 이 사이에 난 좁고 구불구불한 도로를 따라 가다 보면 자연에 압도당하는 경험을 하게 된다. 이곳이 바로 글렌코다. 화산 작용으로 만들어진 지형을 오랜 세월 동안 빙하가 녹으면서 깎아 낸 U자 협곡이다. 황량한 바위산을 타고 굽이굽이 흐르는 계곡과 작은 들꽃이 듬성듬성 피어 있는 절경이 이국적이다.

평균 해발고도 1,000ft(약 300m)의 산을 따라 깊이 들어갈수록 더 멋진 광경이 펼쳐진다. 렌터카 여행자라면 A82번 도로를 타고 가면 된다. 글렌코 협곡을 지나 계속 가면 레벤 호수Loch Leven를 낀 글렌코 마을과 벨라출리시 마을이 나오는데, 이곳에 여행자 센터, 주유, 상점, B&B 등이 있다.

레벤 호수

**Data 지도** ● 휴대지도-10
**가는 법** 러스에서 A82번 도로를 이용해 차로 약 1시간 20분 / 글래스고 뷰캐넌 버스 정류장에서 위그Uig행 916번 버스를 타고 글렌코 여행자 센터Glencoe Visitor Centre에서 하차.
총 3시간 소요
**주소** Glencoe Visitor Centre, Glencoe PH49 4HX
**홈페이지** www.glencoescotland.com

---

### # 작은 마을의 슬픈 역사, **글렌코 대학살** The Massacre of Glencoe

윌리엄 3세는 왕위에 오른 뒤 이전 왕 제임스 2세를 지지하는 파와 모든 족장들에게 자신을 향한 완전한 복종과 충성을 위한 서약을 하도록 명령했다. 먼 이동 거리와 궂은 날씨, 모함 등 여러 요인으로 글렌코 맥도널드 가문은 서약 기일에 늦었다. 서약을 받지 못해 화가 난 왕이 로버트 캠벨이 이끄는 120명의 군인들을 글렌코로 보냈고, 밀린 지방 세금을 징수한다는 명분에 속은 맥도널드는 이 사람들을 환영하고 접대했다.

하지만 따뜻한 환대는 배신으로 돌아왔다. 1692년 2월 13일 저녁 로버트 캠벨은 맥도널드 가문의 38명을 죽이고 마을을 불태웠다. 피신했던 여자, 아이들, 노인들도 추위에 목숨을 잃었던 잔혹하고 비극적인 사건이었다.

# 글렌코 더 들여다보기

## 더 미팅 오브 더 쓰리 워터스
### The Meeting of the Three Waters

'세 개의 물줄기가 하나로 모인다'는 뜻으로, 이름처럼 세 개의 물줄기가 모여 아름다운 폭포가 흐른다. 하나가 된 물줄기는 서쪽의 아크트리오크탄 호수 Loch Achtriochtan로 흘러간다.

**Data** 지도 ● 휴대지도-14 가는 법 러스에서 A82번 도로를 이용해 차로 약 1시간. 글렌코 여행자 센터 가는 길에 위치 주소 The Meeting of the Three Waters, Ballachulish PH49 4HY

## 쓰리 시스터스 오브 글렌코 Three Sisters of Glencoe

Bidean nam Bian산의 세 개의 봉우리가 마치 자매처럼 나란히 이어져 있어서 글렌코 세 자매라고 불린다. A82번 도로 옆에 주차장이 있어 차를 정차하고 뷰를 감상할 수 있다.

**Data** 지도 ● 휴대지도-14 가는 법 러스에서 A82번 도로를 이용해 차로 약 1시간 5분. 더 미팅 오브 더 쓰리 워터스 다음에 위치 주소 Three Sisters Car Park, A82, Ballachulish PH49 4HX

## 글렌코 로칸 Glencoe Lochan

글렌코에서 가까운 공원. 숲과 글렌코 로칸 호수를 따라 걷는 트레킹 코스가 있어 가볍게 산책하기 좋다. 1895년 도널드 알렉산더 스미스 Donald Alexander Smith가 캐나다에서 스코틀랜드로 이주한 부인의 향수병을 달래려고 캐나다에서 나무를 가져와 심어 이 공원을 조성했다고 한다.

**Data** 지도 ● 휴대지도-10 가는 법 글렌코 시내에서 Gleann Comhann or Glencoe Lochan 도로를 이용해 차로 5분 / 글렌코 시내에서 도보 약 20분 주소 Glencoe Lochan, Ballachulish PH49 4HT

## 글렌코&노스 론 민속 박물관
### Glencoe&North Lorn Folk Museum

글렌코 안에 있는 민속 박물관이다. 글렌코 사람들의 삶을 보여주는 민속 의상, 그림, 장난감, 사진 등을 전시한다. 글렌코 대학살의 슬픈 역사도 보여준다. 규모는 작지만 글렌코 마을의 역사를 알기에는 부족함이 없다.

**Data** 지도 ● 휴대지도-10 가는 법 글렌코 시내 Gleann Comhann 도로에 위치 주소 Glencoe, Ballachulish PH49 4HS 전화 018-5581-1664 운영시간 하절기(6~9월) 화~일 11:00~15:00, 월요일 휴관 / 춘추기(4·5·10월) 수~일 11:00~15:00, 월·화요일 휴관 / 동절기(11~3월)는 모두 휴관 홈페이지 www.glencoemuseum.com

**야외 액티비티를 제대로 즐길 수 있는**

# 포트 윌리엄 Fort William

글렌코에서 북쪽으로 아름다운 린헤 호수Loch Linnhe를 따라가면 만날 수 있다. 포트 윌리엄이라는 지명은 윌리엄 3세 왕의 이름에서 유래했다. 글렌코에서 차로 약 30분 정도 소요된다. 하일랜드에서는 꽤 큰 규모의 마을로 기차역, 대형 슈퍼마켓, 호텔, 박물관, 펍, 레스토랑 등이 있다.

영국에서 최고로 높은 벤 네비스산과 두 호수가 만나는 자연환경이 있어 '영국 아웃도어의 수도'라는 별명이 붙었다. 자전거, 스키, 낚시, 골프, 등산, 카약, 래프팅, 암벽 등반 등 다양한 야외 액티비티를 즐길 수 있는 곳이다. 여름이면 여름 겨울이면 겨울, 매력이 다른 두 계절의 아웃도어 스포츠 모두 가능하다. 특히, 겨울에 들른다면 환상적인 겨울 풍경은 덤이다. 마운틴 페스티벌, UCI 월드컵, 산악자전거 챔피언십, 윌리엄 문화 컨벤션 페스티벌 등 각종 스포츠 페스티벌도 열린다.

**Data 지도** ● 휴대지도-10
**가는 법** 글렌코에서 A82번 도로를 이용해 차로 약 30분 / 글렌코 인 호텔 앞 버스 정류장에서 위그행 916번 버스를 타고 포트 윌리엄 버스 스테이션에서 하차. 총 30분 소요
**주소** 포트 윌리엄 여행자 센터 VisitScotland Fort William iCentre, 15 High St., Fort William PH33 6DH
**홈페이지** 포트 윌리엄 visitfortwilliam.co.uk / 네비스 레인지 스키, 곤돌라 www.nevisrange.co.uk

> **TIP 벤 네비스Ben Nevis**
>
> 영국에서 가장 높은 산으로, 해발고도 1,345m다. 산세가 험하고 높아 오르는 데만 4~5시간이 걸린다. 등산 시 충분한 복장을 갖춰야 한다. 눈이 쌓이는 겨울이나 악천후 날씨에는 안전을 위해 미리 여행자 센터에 등반 가능 여부를 문의하자.

## Special Page

# 현실판 호그와트행 급행열차를 타 보자!

**호그와트행 급행열차를 타볼 수 있는**

### 재커바이트 증기 열차 The Jacobite Steam Train

해리 포터가 호그와트 학교로 가기 위해 런던 킹스 크로스역 9와 3/4 승강장에서 탔던 호그와트행 증기 열차를 실제로 타볼 수 있다. 재커바이트 증기 열차는 포트 윌리엄에서 말레이그 Mallaig를 왕복하는 기차로, 기관사가 직접 석탄을 태워 엄청난 증기를 내뿜는다.

재커바이트 증기 열차가 지나는 기찻길은 세계에서 가장 아름다운 기찻길 중 하나로 손꼽힌다. 달리다 보면 영화〈해리 포터〉에 나온 고가교도 볼 수 있다. 1901년에 건설된 곡선 형태의 이 다리는 글렌피넌 고가교 Glenfinnan Viaduct다. 단, 이 증기 열차 탑승은 워낙 인기 있는 관광 상품이기 때문에 여름에는 2~3달 전에 예약이 마감된다. 꼭 타보고 싶다면 홈페이지에서 미리 예약하자. 증기 열차 예약을 놓쳤어도 동일한 기차 레일을 이용해 포트 윌리엄부터 글렌피넌을 지나 말레이그를 오가는 일반 기차 노선으로 글렌피넌 고가교를 지나는 경험을 할 수 있다.

**Data** **가는 법** 포트 윌리엄 트래블 센터 기차역 승강장에서 기차를 타고 말레이그까지 편도 약 1시간 30분 소요 **주소** Fort William Travel Centre, Tom-na-Faire Station Square, Fort William, Highland PH33 6TQ **운영시간** 재커바이트 증기 열차 10:15, 12:50(포트 윌리엄 역에서 출발)
**요금** 1등석 89파운드, 일반석 57파운드
**전화** 0844-850-4685
**홈페이지** 재커바이트 증기 열차 www.westcoastrailways.co.uk / 일반 기차 www.scotrail.co.uk

> **TIP 글렌피넌 고가교를 사진으로 남기자**
>
> 글렌피넌 고가교를 사진으로 남기고 싶다면 글렌피넌 마을로 가자. 글렌피넌 기차역에서 글렌피넌 트레일 뷰포인트 Glenfinnan Trail View Point 방향으로 도보 약 15분 거리에 있는 숲길을 따라 가면, 아름다운 하일랜드의 풍경과 웅장한 고가교의 모습을 한눈에 담을 수 있다.
>
> **Data** **가는 법** A830번 도로를 이용해 차로 약 30분 / 포트 윌리엄 트래블 센터 기차역에서 기차를 타고 글렌피넌 Glenfinnan역에서 하차. 총 35분 소요
> **주소** 글렌피넌 기차역 Glenfinnan Station Museum, Station Rd., Glenfinnan PH37 4LT
> **홈페이지** www.glenfinnanstationmuseum.co.uk

**네스호를 품은 아름다운 운하 마을**

# 포트 아우구스투스 Fort Augustus

네스호를 끼고 있는 인구 600여 명의 작은 호수 마을. 여름이면 네스호를 보기 위해 전 세계에서 매년 30만 명이 넘는 관광객이 이 작은 마을을 방문한다. 하일랜드 투어에도 빠지지 않고 포함되는 하일랜드 인기 스폿이다.

전설의 괴물 네시가 나온다는 네스호가 가장 메인이지만, 마을을 가로지르는 칼레도니아 운하를 따라 정박해 있는 고급스러운 요트들도 볼거리다. 마을 곳곳에 레스토랑, 카페, 펍, 기념품숍 등이 있고, B&B부터 리조트까지 타양한 타입의 숙박 시설이 있다. 꼭 네스호 전설 때문이 아니라도 들러보길 추천한다. 마을이 예뻐 날씨 좋은 날 산책하거나 피크닉을 즐기기도 좋다.

**Data 지도** ● 휴대지도-10 **가는 법** 포트 윌리엄에서 A82번 도로를 이용해 차로 약 50분 / 포트 윌리엄 버스 정류장에서 919번 버스를 타고 포트 아우구스투스 투어리스트 인포메이션Tourist Information 정류장에서 하차. 총 1시간 소요
**주소** Fort Augustus PH32 4BJ **홈페이지** www.visitinvernesslochness.com

**전설 속 괴물, 네시의 비밀을 간직한**

# 네스호 Loch Ness

수심 227m, 둘레 37km의 네스호는 하일랜드 대표 호수 중 하나다. 네스호 전설은 무려 기원후 565년으로 거슬러 올라간다. 아일랜드 수도승이었던 성 콜룸바St. Columba와 그의 제자들이 네스호 주변에 있었다. 그때 호수에서 올라온 괴생명체가 사람을 공격하다가 성 콜룸바를 보고 다시 물속으로 도망갔다고 한다. 얇고 긴 목, 등에 여러 혹이 있으며, 푸른색 피부를 가진 바다 공룡을 닮은 이 괴물은 1800년대 후반에 다시 목격된다.

이후 1933년 런던 외과의사 R. K 윌슨의 사진 한 장으로 이 바다 공룡은 세계적으로 주목받았다. 긴 머리를 내밀고 호수에 떠 있는 모습이 담긴 괴물의 모습에 네스호와 포트 아우구스투스 마을은 전 세계에서 관심을 받게 되었다. 연구자들은 잠수함, 수중 음파 탐지기, 위성 추적 장치 등 각종 첨단 과학 기술을 동원해 네시를 찾고자 노력했지만 오늘날까지도 네시는 미스터리로 남아 있다. 어쨌든 네시는 하일랜드를 상징하는 캐릭터가 되었다. 마을의 여러 기념품숍에서 타탄 머플러를 두른 네시 캐릭터 인형 등, 괴물이라기엔 지나치게 귀여운 네시 기념품을 판매한다.

**Data** 지도 ● 휴대지도-10
**가는 법** 포트 아우구스투스 중앙에 위치한 포트 아우구스투스 스윙 브리지Fort Augustus Swing Bridge에서 도보 3분 **주소** Loch Ness View Point Fort Augustus, Fort Augustus PH32 4BJ

# 네스호 더 깊이 즐기기

시간과 경제적 여유가 있다면 아름다운 네스호와 괴물 네시에 대해 더 자세히 알아보자. 추가로 가 볼 만한 곳을 소개한다.

### 중세 시대의 번영했던 모습을 상상하며
## 어쿼트성 Urquhart Castle

네스호 중심에 위치한 중세 시대의 성이다. 곳곳이 무너져 내린 성의 모습이 과거에 번영했던 모습과 대비돼 쓸쓸함을 자아낸다. 한편으로는 신비한 느낌도 든다.
1230년대 스코틀랜드 왕 알렉산더 2세의 허가를 받아 더워드Duward 가에 의해 세워졌으나, 약 70년 후 독립 전쟁이 발발하여 잉글랜드군이 점령했다. 그러나 1년 후 잉글랜드군이 패배하여 다시 스코틀랜드 소유가 되는 등, 성의 소유주는 여러 차례 바뀌었고 오랜 전쟁을 겪으면서 현재는 황폐한 성으로 남아 있다. 중세 시대 전투에 사용한 투석기, 네스호를 위에서 바라볼 수 있는 그랜드 타워, 성주들의 삶을 보여주는 모형, 그림, 전시물 등을 볼 수 있다.

**Data** 지도 ● 휴대지도-10 가는 법 포트 아우구스투스에서 A82번 도로를 이용해 차로 30분 / 포트 아우구스투스 투어리스트 인포메이션 앞 버스 정류장에서 919번 버스를 타고 어쿼트성 주차장Urquhart Castle Car Park 정류장에서 하차. 총 40분 소요 주소 Drumnadrochit, Inverness IV63 6XJ 전화 014-5645-0551 운영시간 4·5·9월 09:30~18:00 / 6~8월 09:30~20:00 / 10월 09:30~17:00 / 그 외 09:30~16:30 요금 성인 12파운드 홈페이지 www.historicenvironment.scot

### 네스 호수와 괴물 네시에 대해 더 알고 싶다면
## 네스 호수 센터&전시관 Loch Ness Centre&Exhibition

네스호 중간에 드럼나드로이트Drumnadrochit라는 작은 마을이 위치한다. 포트 아우구스투스에서 인버네스로 A82번 도로를 타고 가다 보면 나온다. 네스호 중간에 있는 마을답게, 이곳에는 네스호와 괴물 네시와 관련된 내용을 소개하는 전시관이 있다.
네스호 지방의 역사와 환경, 지질학에 관해 알려주는 멀티미디어 자료가 있다. 또한, 괴물 네시를 발견한 사람들의 목격담과 사진 등도 볼 수 있다. 입장료에 비해 전시관 규모가 크지는 않지만 네스호와 괴물 네시에 대해 더 알고 싶다면 들러도 좋겠다.

**Data** 지도 ● 휴대지도-10 가는 법 포트 아우구스투스에서 A82번 도로를 이동해 차로 약 40분 / 포트 아우구스투스 투어리스트 인포메이션 앞 버스 정류장에서 919번 버스를 타고 드럼나드로이트 우체국 정류장에서 하차. 총 40분 소요 주소 Drumnadrochit, Inverness-shire IV63 6TU 전화 014-5645-0573 운영시간 7·8월 09:30~18:00 / 4~6·9·10월 09:30~17:00 / 11~3월 10:00~15:30 요금 성인 8.45파운드, 아동(6~15세) 4.95파운드 홈페이지 www.lochness.com

### 실제 네시 크기 모형을 볼 수 있는 네시 테마랜드
## 네시 랜드 Nessieland

드럼나드로이트에 있는 네시 관련 자료를 모은 전시관이다. 네시가 살고 있는 네스호 수면 밑에 와 있는 듯한 느낌을 준다. 실제 네시 크기의 거대한 모형을 볼 수 있다. 또, 네시 다큐멘터리를 상영하고, 놀이터, 산책로, 네시 기념품숍, 카페 등도 있다. 즐길 거리가 많지는 않지만 네시에 관심이 있다면 한 번 볼 만하다.

**Data** 지도 ● 휴대지도-10 가는 법 포트 아우구스투스에서 A82번 도로를 이용해 차로 약 40분 / 포트 아우구스투스 투어리스트 인포메이션 앞 버스 정류장에서 919번 버스를 타고 드럼나드로이트 우체국 정류장에서 하차. 총 40분 소요 주소 Drumnadrochit, Inverness-shire IV63 6TU 전화 014-5645-0342
운영시간 매일 10:00~17:00 요금 성인 7파운드, 아동(6~15세) 4파운드
홈페이지 www.nessieland.co.uk

---

**TIP 크루즈&보트 투어**

네시의 전설을 들으며 넓은 네스호에 사는 야생 동물들과 아름다운 자연을 둘러볼 수 있는 크루즈 투어 혹은 스피드 보트 투어를 즐겨보자. 네스호 주변으로 여러 투어 회사가 있다. 크루즈 투어는 보통 50분, 스피드 보트 투어는 90분이 소요된다.

**투어 추천 업체**

**크루즈 로크 네스** Cruise Loch Ness
포트 아우구스투스 스윙 브리지 바로 옆에 위치해 많은 관광객들이 이용한다. 약 50분간 천천히 네스호를 둘러보는 크루즈 투어와, 90분간 시원한 스피드를 즐기며 어쿼트성까지 둘러보는 스피드 보트 투어가 있다.

**Data** 가는 법 포트 아우구스투스 스윙 브리지 바로 옆에 위치
주소 By canal swing bridge, Caledonian Canal, Fort Augustus PH32 4BD 전화 013-2036-6277
운영시간 크루즈투어 1일 3회 11:00, 13:00, 15:00, 스피드 보트 투어 1일 2회 09:30, 11:30
요금 크루즈 투어 18파운드, 스피드 보트 투어 29파운드(60분), 38파운드(90분)~
홈페이지 www.cruiselochness.com

티켓 오피스

**캐슬 크루즈 로크 네스** Castle Cruises Loch Ness
네스 호수 센터, 네시 랜드가 위치한 드럼나드로이트 마을에서 출발하는 보트 투어다. 드럼나드로이트 주차장 앞에 있는 기념품숍 겸 티켓 오피스에서 티켓을 구매한 후, 미니 버스를 타고 보트 출발 장소로 이동한다. 네스호 관련 비디오 상영, 백조에게 먹이 주는 시간을 포함해 약 50분이 소요된다.

**Data** 가는 법 포트 아우구스투스에서 A82번 도로를 이용해 차로 약 40분 / 포트 아우구스투스 투어리스트 인포메이션 앞 버스 정류장에서 919번 버스를 타고 드럼나드로이트 우체국 정류장에서 하차. 총 40분 소요 주소 Temple Pier West, Drumnadrochit, Loch Ness IV63 6XR
전화 014-5645-0695 운영시간 하절기(4~10월) 5회 11:00, 12:00, 14:00, 15:00, 16:00
요금 성인 17파운드 홈페이지 www.lochnesscruises.com

# 여기도 가 보자! 칼레도니아 운하

### 스코틀랜드 동해와 서해를 연결하는 지름길
## 칼레도니아 운하 Caledonian Canal

네스호에 이은 포트 아우구스투스 마을의 또 다른 자랑거리다. 동해안 인버네스부터 서해안 포트 윌리엄까지 연결한다. 총 97km 길이로, 자연 호수와 인공 호수를 이용해 스코틀랜드 북부 지역을 가로지른다. 스코틀랜드 엔지니어 토마스 텔포드 Thomas Telford가 지휘하여 1822년 완성되었다. 이 운하 덕분에 배들은 폭풍우가 몰아치는 북대서양을 돌아갈 필요가 없어졌다. 시간, 자원을 절약하고 운하 건설자 고용을 늘려 경제가 살아나는 효과도 보았다.

포트 아우구스투스 마을 운하는 8층 계단식 갑문 모두에 각각 물을 채워 수위를 맞추고, 배가 지나가도록 하는 시스템이다. 가장 큰 규모의 운하는 아니지만 약 200년이 지난 현재까지도 층마다 배가 운하를 통과하는 과정을 보는 것이 흥미롭다. 운하 바로 옆에 위치한 칼레도니아 운하 센터에서는 운하의 역사와 발전 과정을 볼 수 있다.

**Data** 지도 ● 휴대지도-10
가는 법 포트 아우구스투스 중앙에 위치한 포트 아우구스투스 스윙 브리지 주변에 위치
주소 칼레도니아 운하 센터 Canal Side, Fort Augustus PH32 4BA
전화 014-6372-5581
홈페이지 www.scottishcanals.co.uk

---

**TIP** 더 그레이트 글렌 웨이 The Great Glen Way

스코틀랜드 동해와 서해를 가로지르는 배를 위해 칼레도니아 운하가 있다면, 걷고 싶은 여행자를 위한 트레킹 코스도 있다. 동쪽 인버네스부터 서쪽 포트 윌리엄까지 연결하는 더 그레이트 글렌 웨이다. 약 125km에 이르는 길로, 네스 호수 Loch Ness, 오이크 호수 Loch Oich, 로키 호수 Loch Lochy 이렇게 3개의 호수 옆을 따라 걸으며 하일랜드의 아름다운 풍경을 감상할 수 있다. 자전거를 타도 좋다.

**Data** 가는 법 포트 아우구스투스 스윙 브리지에서 도보 7분 거리에 위치한 포트 아우구스투스 빌리지 홀을 바라보고 오른쪽 길 주소 Fort Augustus Village Hall, Church Rd., Fort Augustus PH32 4DG

**영국에서 가장 큰 규모의 자연을 느낄 수 있는**

# 케언곰스 국립 공원 Cairngorms National Park

총 면적 4,530km²로, 영국에서 가장 큰 규모의 국립 공원이다. 서울보다 무려 7배나 넓다. 케언곰스 국립 공원은 산, 강, 호수, 숲, 폭포, 협곡 등으로 이루어져 있다. 케언곰스는 해발 900m가 넘는 산이 50개가 넘게 이어져 있는 산맥으로, 영국에서 가장 높은 산 2~4위에 오른 산이 이 공원에 있다. 무엇보다 계절마다 다양한 아웃도어 스포츠를 즐길 수 있어 유명하다.

여름에는 깨끗한 호수에서 세일링, 낚시, 래프팅, 윈드서핑 등 다채로운 워터 스포츠를 즐길 수 있다. 인시 호수와 모리치 호수에는 워터 스포츠 센터가 있다. 가을에는 산악자전거, 골프, 집라인, 하이킹 등을 할 수 있다. 케언곰스 국립 공원이 가장 빛나는 계절은 겨울. 높은 산이 많아 아름다운 설경을 보며 여러 스키 리조트에서 스키를 탈 수 있다. 단, 높은 지형으로 인해 날씨가 변덕스러울 수 있으니, 산맥을 따라서 등산을 하거나 운전을 할 예정이라면 미리 날씨 예보를 확인하자.

렌터카 여행자라면 남쪽의 퍼스부터 케언곰스 국립 공원을 지나 북쪽의 인버네스까지 연결하는 A9번 도로를 추천한다. 대중교통으로 간다면 에든버러나 글래스고에서 애비모어Aviemore 마을까지 갈 수 있는 기차와 코치가 운행되니 참고하자.

**Data 지도** ● 휴대지도-11
**가는 법** 포트 아우구스투스에서 B862, B851, A9번 도로를 이용해 차로 약 1시간 30분 / 에든버러에서 M90, A9번 도로를 이용해 차로 약 2시간 30분 / 인버네스역에서 기차를 타고 애비모어역에서 하차. 총 40분 / 에든버러 웨이벌리역에서 기차를 타고 애비모어역에서 하차. 총 3시간 소요
**주소** VisitScotland Aviemore iCentre,
7 Grampian Rd., Aviemore PH22 1RH
**전화** 014-7981-0930
**홈페이지** visitcairngorms.com

# 케언곰스 국립 공원 한눈에 보기

규모가 큰 만큼 즐길 거리도, 볼거리도 많은 케언곰스 국립 공원을 하루 만에 다 둘러본다는 것은 사실상 불가능하다. 케언곰스 국립 공원을 제대로 즐길 수 있는 주요 명소를 소개한다.

## 애비모어 Aviemore

케언곰스 국립 공원 내에 위치한 마을이다. 여행자 센터, 숙소, 레스토랑, 카페, 마트 등 여행자를 위한 편의 시설을 갖추고 있다. 애비모어 주변에는 호수, 숲, 등산로, 스키장이 있어 즐길 거리도 다양하다.

**Data 지도** ● 휴대지도-11
**가는 법** 포트 아우구스투스에서 B862, B851, A9번 도로를 이용해 차로 약 1시간 30분 / 에든버러에서 M90, A9번 도로를 이용해 차로 약 2시간 30분 / 인버네스역에서 기차를 타고 애비모어역에서 하차. 총 40분 소요 / 에든버러 웨이벌리역에서 기차를 타고 애비모어역에서 하차. 총 3시간 소요
**주소** VisitScotland Aviemore iCentre, 7 Grampian Rd., Aviemore PH22 1RH

## 안 에일린 호수 Loch an Eilein

Eilein은 게일어로 '섬'을 의미한다. Loch an Eilein은 섬의 호수라는 뜻. 호수 한가운데 있는 작은 섬에 13세기 고성이 서 있다. 그 모습이 한 장의 엽서를 보는 듯 아름답다.

**Data 지도** ● 휴대지도-11 **가는 법** 애비모어 시내에서 B970번 도로를 이용해 차로 약 20분 또는 택시 이용 **주소** Rothiemurchus PH22 1QT **홈페이지** rothiemurchus.net

## 케언곰 마운틴 스키 리조트 Cairngorm Mountain Ski Resort

50년 역사를 지닌 케언곰스 국립 공원 대표 스키 리조트다. 스키 코스는 총 30km 길이며, 10개의 리프트가 있다. 코스는 수준별로 선택할 수 있다. 매년 기상 상황에 따라 변동이 있지만, 보통 12~4월까지 오픈한다. 리조트 내 케이블 열차는 고도 1,097m까지 올라, 정상까지 2km 트랙을 따라가며 케언곰스의 아름다운 풍경을 감상할 수 있다.

**Data 지도** ● 휴대지도-11
**가는 법** 애비모어 시내에서 B970번 도로를 이용해 차로 약 25분 / 애비모어 버스 정류장에서 케언곰 스키 센터Cairngorm Ski Centre행 31번 버스를 타고 리조트 주차장에서 하차. 총 30분 소요
**주소** Cairngorm Mountain, Cairngorm Ski Area, Aviemore PH22 1RB **전화** 014-7986-1261
**요금** 데이 티켓 38파운드, 케이블 열차 22파운드 **홈페이지** www.cairngormmountain.co.uk

## 하일랜드 야생 동물 보호 공원
RZSS Highland Wildlife Park

스코틀랜드 야생 동물과 멸종 위기의 전 세계 동물을 보호하고 있다. 북극곰, 시베리아호랑이(아무르호랑이), 야생야크 등 300마리가 넘는 동물이 있다.

**Data** **지도** ● 휴대지도-11 **가는 법** 애비모어 시내에서 B9152번 도로를 이용해 차로 약 25분 / 애비모어 버스 정류장에서 32번 버스를 타고 와일드라이프 파크 로드 엔드Wildlife Park Road End 정류장에서 하차 후 도보 약 20분 **주소** Kincraig, Kingussie PH21 1NL **전화** 015-4065-1270 **운영시간** 4~10월 10:00~17:00, 7~8월 10:00~18:00, 11~3월 10:00~16:00 **요금** 20.95파운드(온라인 예약 시) **홈페이지** www.highlandwildlifepark.org.uk

## 모리치 호수 Loch Morlich

애비모어 마을에서 차로 20분 거리에 있는 호수다. 수상 스포츠 센터가 있어 요트, 카약, 윈드서핑 등을 할 수 있다. 호수 주위로 펼쳐진 아름다운 숲과 산의 절경을 바라보며 수영도 즐겨보자.

**Data** **지도** ● 휴대지도-11
**가는 법** 애비모어 시내에서 B970번 도로를 이용해 차로 약 20분 / 애비모어 버스 정류장에서 31번 버스를 타고 모리치 호수 워터스포츠Loch Morlich Watersports 정류장에서 하차 후 도보 약 10분
**주소** Forest Park, Glenmore, Aviemore PH22 1QY
**전화** 모리치 호수 수상 스포츠 센터 014-7986-1221 **홈페이지** www.lochmorlich.com

## 케언곰 순록 센터 Cairngorm Reindeer Centre

케언곰산 주변에서 자유롭게 서식하는 순록들을 직접 볼 수 있는 곳이다. 하절기에는 가이드와 함께 산 위로 올라가서 야생 순록떼를 보는 투어도 있다. 직접 순록을 만져보거나, 먹이를 주는 체험도 가능하다. 매일 한 차례 운영한다. 동절기에는 투어는 운영하지 않고, 센터에서 보살피는 순록을 가까이에서 볼 수 있다. 센터는 모리치 호수 인근에 있다.

**Data** **지도** ● 휴대지도-11
**가는 법** 애비모어 시내에서 B970번 도로를 이용해 차로 약 20분 / 애비모어 버스 정류장에서 31번 버스를 타고 모리치 호수 워터스포츠 정류장에서 하차 후 도보 약 15분
**주소** Reindeer House, Glenmore, Aviemore PH22 1QU **전화** 014-7986-1228
**운영시간** 힐 트립(선착순 접수) 2~4, 10~12월 11:00, 5~9월 11:00, 14:30(7·8월 중순에만 15:30 추가 운영) / 목장 10:00~17:00 **요금** 힐트립 20파운드, 목장 관람 4파운드 **홈페이지** www.cairngormreindeer.co.uk

## 하일랜드 민속 박물관 Highland Folk Museum

1700년부터 1960년대까지 하일랜드 사람들의 일상을 보여주는 민속 박물관이다. 규모는 크지 않지만 옛 상점과 학교, 교회, 하일랜드 전통 가옥, 전통 의상, 사용했던 물품을 전시하고 있다. 입장료가 무료이니 과거 하일랜드 사람들의 생활이 궁금하다면 들러보자.

**Data** 지도 ● 휴대지도-10 가는 법 애비모어 시내에서 A9번 도로를 이용해 차로 약 25분 / 애비모어 버스 정류장에서 32번 버스를 타고 발라빌 스포츠 호텔Balavil Sport Hotel 정류장에서 하차 후 도보 약 10분 주소 Aultlarie Croft, Kingussie Rd., Newtonmore PH20 1AY 전화 013-4978-1650 운영시간 4~8월 10:00~17:00, 9·10월 10:30~16:00 요금 무료 홈페이지 www.highlifehighland.com

## 블레어성 Blair Castle

1269년에는 애솔 백작의 타워 하우스였다. 이후 확장하여 지금처럼 동화 속 성과 정원의 모습을 갖추었다. 175개 뿔로 웅장하게 꾸며진 빅토리아풍 대연회장, 스코틀랜드 문화, 역사, 건축 디자인, 가구, 자화상, 그림, 전쟁 무기 등으로 꾸며진 방이 30개 넘게 있다.

빅토리아 여왕이 블레어성을 방문했을 때 호위를 맡은 사병 군대 애솔 하일랜더스Atholl Highlanders의 본거지이기도 하다. 현재 애솔 하일랜더스는 유럽에서 유일하게 남아 있는 사병 군대다.

**Data** 지도 ● 휴대지도-11 가는 법 에든버러에서 M90, A9번 도로를 이용해 차로 약 2시간 / 에든버러 웨이벌리역에서 기차를 타고 블레어 애솔Blair Atholl역에서 하차 후 도보 5분 주소 Blair Atholl, Pitlochry PH18 5TL 전화 017-9648-1207 운영시간 09:30~17:30(4~10월에만 오픈) 요금 13파운드 홈페이지 blair-castle.co.uk

## 밸모럴성 Balmoral Castle

깊은 산속에 자리한 성이다. 엘리자베스 여왕이 서거한 곳이기도 하고, 여왕 생전에는 여름 휴가지였던 곳이다. 아름다운 정원과 분수대, 전시관, 카페가 있다. 아쉽게도 성 내부는 대연회장만 대중에게 공개하고 있다. 대신 성 주변에 있는 아름다운 정원과 캘리도니언 소나무 숲을 약 2시간 가량 둘러보는 밸모럴 익스페디션 투어Balmoral Expedition Tour가 있다. 입장료에는 대연회장Ballroom, 정원, 전시관 관람, 그리고 오디오 투어가 포함되어 있다.

**Data** 지도 ● 휴대지도-11 가는 법 에든버러에서 M90, A93번 도로를 이용해 차로 약 2시간 30분 주소 Balmoral Estates, Ballater, Aberdeenshire AB35 5TB 전화 013-3974-2534 운영시간 하절기(4~8월)에만 오픈 10:00, 12:00, 14:00 요금 성인 16.50파운드, 익스페디션 투어 330파운드(6명) 홈페이지 www.balmoralcastle.com

긴 여행의 쉼표 같은 예쁜 마을
# 피틀로크리 Pitlochry

스코틀랜드에서 가장 예쁜 마을로 손꼽힌다. 퍼스와 케언곰스 국립 공원 사이에 위치한다. 인구 3,000명이 채 안 되는 작은 마을이다. 평온한 분위기에 예쁜 마을이라 하일랜드나 케언곰스 국립 공원을 오가는 여행자들이 잠시 쉬어가거나, 유럽 관광객들이 휴가를 보내기 위해 찾는다. 마을 아래 터멜강이 흐르고, 기차역, 버스 정류장, 호텔, B&B, 레스토랑 시설이 잘 갖추어져 있다. 마을 곳곳에 구경할 만한 기념품숍, 위스키숍, 티 룸, 아이스크림 가게, 카페 등도 있으니 천천히 산책하면서 마을의 정취를 느껴보자. 블레어 애솔 양조장, 에드라도 양조장에서 위스키 투어에 참여하고, 위스키 시음을 해 볼 수 있다. 인챈티드 숲에서는 분수 쇼를 볼 수 있다. 피틀로크리 마을에서 유명한 명소는 피틀로크리 댐과 '물고기 사다리'라고도 불리는 계단식 어도다.

**Data** 지도 ● 휴대지도-11
가는 법 에든버러에서 M90, A9번 도로를 이용해 차로 약 1시간 40분 / 에든버러 웨이벌리역에서 기차를 타고 피틀로크리역에서 하차. 총 2시간 소요
주소 Pitlochry station, Station Rd., Pitlochry PH16 5AN
홈페이지 www.pitlochry.org

하일랜드를 대표하는 아름다운 호수 위의 성
# 에일린 도난성 Eilean Donan Castle

3개의 호수가 만나는 한가운데 지점에 웅장하게 서 있는 성이다. 밤에는 색 조명을 받아 호수 수면 위에 비친 모습이 더욱 신비롭다. 막상 실제로 보면 생각보다 작은 규모에 실망할 수도 있지만, 날씨가 맑을 때 호수와 어우러지는 멋스러운 고성을 보면 하일랜드 대표 명소답다는 생각이 든다.
에일린은 '섬'을 의미하고, 도난은 기원후 580년에 스코틀랜드에 온 아일랜드 성인 주교의 이름이다. 18세기에 일어났던 재커바이트 혁명으로 성의 일부가 파괴되면서 약 400년간 황폐화되었다가, 1911년 존 맥래이-길스트랩John MacRae-Gilstrap 대령이 섬을 구입해 성을 재건했다. 성에서는 맥래이 가문의 역사와 화려한 수집품 등을 볼 수 있다. 007 시리즈, 〈하이랜더〉를 비롯해 수많은 영화, 드라마, 광고의 배경이 된 곳이다. 기념품숍과 카페가 있으며, 에일린 도난성이 보이는 홀리데이 코티지와 아파트먼트라는 숙소도 운영한다. 간혹 성 내에서 결혼식이 열릴 때는 입장이 어려우니 미리 홈페이지에서 확인해 보자.

**Data** 지도 ● 휴대지도-10 **가는 법** 포트 아우구스투스에서 A87번 도로를 이용해 차로 약 1시간 / 포트 아우구스투스 투어리스트 인포메이션 센터 버스 정류장에서 919번 버스를 타고 세븐 헤즈 스토어Seven Heads Store 정류장에서 하차 후, 위그행 916번 버스를 타고 브리지 로드 엔드Bridge Road End 정류장에서 하차. 총 1시간 20분 소요 **주소** Dornie by Kyle of Lochalsh IV40 8DX **전화** 015-9955-5202
**운영시간** 2 · 3 · 11 · 12월 10:00~16:00 / 4~6 · 10월 10:00~18:00 / 7 · 8월 09:00~18:00 / 9월 09:30~18:00 (결혼식이 열리는 날은 휴무) **요금** 11파운드 **홈페이지** www.eileandonancastle.com

> **NOTICE** 에일린 도난성은 에든버러, 글래스고에서 출발하는 2일 일정에 포함할 수 있는 명소다. 당일치기로 방문하기는 어려우니, 에일린 도난성을 꼭 보고 싶다면 최소 2일 일정으로 계획하자.

**하일랜드 신비의 섬**
## 스카이섬 Isle of Skye

하일랜드 여행의 하이라이트라고 할 수 있는 곳이다. 사람들이 모여 사는 마을을 제외하면 섬에서 사람들의 흔적을 쉽게 볼 수 없다. 섬 모양이 날개를 닮았다고 해서 게일어로 '날개의 섬'이라고 부르고, 노르웨이어로는 '구름의 섬'이라고도 부른다. 그만큼 구름과 안개가 자욱하다가 몇 시간이 지나면 청명한 날씨로 변하는 것이 이 섬의 매력이다. 스카이섬에서는 글렌코, 케언곰스 국립 공원과 또 다른 대자연을 느낄 수 있다.

스카이섬은 바다에 맞닿아 있는 지형 덕분에 화산으로 형성된 암석부터 해안 절벽에서 떨어지는 폭포, 빙하에 깎인 봉우리까지 다양한 자연 경관을 볼 수 있다. 아름다운 해안선을 따라 공룡화석, 바위산, 중세 시대 고성, 위스키, 양조장, 작은 해안 마을을 둘러보자. 봄~여름에는 관광객이 몰려 포트리의 숙소가 만실인 경우가 많으니 미리 예약하자. 볼 만한 관광 명소가 많고, 좁고 구불구불한 도로 때문에 이동 시간이 오래 걸린다. 최소 이틀 정도는 섬에 머무르며 여유롭게 여행하는 것을 추천한다.

**Data** 지도 ● 휴대지도-9, 318p
**가는 법** 에일린 도난성에서 A87번 도로를 이용해 차로 약 1시간 / 에일린 도난성 브리지 로드 엔드 정류장에서 915 or 916 or 917번 버스를 타고 포트리 소머레드 스퀘어Somerled Square 정류장에서 하차. 총 1시간 30분 소요
**주소** VisitScotland Portree iCentre, Bayfield House, Bayfield Rd., Portree IV51 9EL
**홈페이지** www.isleofskye.com

**NOTICE** 스카이섬은 에든버러, 글래스고에서 출발하는 3일 일정에 포함할 수 있는 명소다. 스카이섬을 꼭 보고 싶다면 최소 3일 일정으로 계획하자.

#### 스카이섬으로 통하는 유일한 다리
## 스카이 브리지 Skye Bridge

스카이섬으로 가기 위해서는 이 다리를 거쳐야 한다. 본토와 스카이섬을 잇는 다리로, 총 길이가 2.4km다. 이전에는 페리로 거주민과 차량을 운송했는데 관광객이 증가해 편의 도모와 기상 악화 대비 등의 이유로 1955년 이 다리가 건설되었다. 다리 중간에는 에일린 반Eilean Bàn이라는 작은 섬이 있다. 자전거와 보행자도 다리 통행이 가능하다.

**Data** 지도 ● 휴대지도-10
가는 법 에일린 도난성에서 A87번 도로를 이용해 차로 약 15분
주소 Skye Bridge, Kyle of Lochalsh IV40 8BH

#### 스카이섬 여행에서 중심이 되는 마을
## 포트리 Portree

스카이섬에서 가장 번화한 항구 마을이다. 마트, 여행자 센터, B&B, 펍, 레스토랑, 상점이 모여 있다. 여름에는 마을 광장에서 백파이프 연주도 종종 볼 수 있다. 8월 첫째 주에는 스코틀랜드 전통 의상을 입고 하는 스포츠 경기, 전통춤을 추는 스카이 하일랜드 게임 등 다양한 마을 행사도 열린다.
바닷가 옆의 알록달록한 건물이 마을 대표 포토 스팟이니 기념사진도 남겨보자. 스카이섬 내에서는 가장 번화한 곳이지만, 도보로 5~10분 정도면 다 둘러볼 수 있을 정도로 규모가 작은 마을이다. 하일랜드 투어나 렌터카를 이용해 올 수 있다. 인버네스와 글래스고에서는 버스를 이용하면 된다.

**Data** 지도 ● 휴대지도-9, 319p
가는 법 에일린 도난성에서 A87번 도로를 이용해 차로 약 1시간 / 에일린 도난성 브리지 로드 엔드 915 or 916 or 917번 버스를 타고 포트리 소머레드 스퀘어 정류장에서 하차. 총 1시간 30분 소요
주소 VisitScotland Portree iCentre, Bayfield House, Bayfield Rd., Portree IV51 9EL
홈페이지 www.isleofskye.com/portree

# 스카이섬 명소 둘러보기

스카이섬은 어느 곳이라도 충분히 아름답지만, 특별하고 장엄한 자연을 볼 수 있는 스카이섬의 명소를 둘러보면 더 기억에 남는 여행이 된다. 포트리에서 시작해 반시계 방향으로 섬을 한 바퀴 둘러보는 동선으로 나열했으니 참고하자.

> **노인의 옆모습을 닮은**
> ## 디 올드 맨 오브 스토르 The Old Man of Storr

포트리에서 차로 약 15분 정도면 갈 수 있다. 반시계 방향으로 스카이섬 투어를 시작할 때 가장 처음 만나게 되는 스카이섬의 명소다. 높고 장엄하게 자리 잡은 바위가 멀리서도 쉽게 눈에 띈다. 현무암 대지에 침식 작용으로 만들어졌으며, 하늘로 솟은 첨탑을 닮았다. 산은 약 719m 높이고, 뾰족한 바위 첨탑은 55m 높이다.

노인의 얼굴을 닮았다고 해서 '올드 맨'이라는 별명이 붙었다. 죽은 거인의 손가락이라는 전설도 있다. 이런 독특한 자연 지형 때문에 영화 〈프로메테우스〉의 배경으로도 등장했다. 바위산을 오르는 길은 약 4km며, 정상까지 약 1시간이 걸린다. 길이 험하고 가팔라 미끄러질 위험이 있으니 반드시 주의를 기울이자.

**Data 지도** 318p-B
**가는 법** 포트리에서 A855번 도로를 이용해 차로 약 15분 소요. 올드 맨 오브 스토르 주차장 Old Man of Storr Car Park에 주차 / 포트리 소머레드 스퀘어 정류장에서 57A번 버스를 타고 스토르 로크 로드 엔드 Storr Lochs Road End 정류장에서 하차 후 주차장까지 도보 약 10분
**주소** Old Man of Storr Car Park, A855, Portree IV51 9HX

### 평화로운 자연을 느낄 수 있는
## 릴트 폭포 Lealt Falls

바위를 따라 흐르는 물줄기가 아름다운 협곡이다. 폭포 위로 보이는 한두 채의 집이 조화롭게 어우러져 평화로운 목가적 풍경을 볼 수 있다. 릴트 폭포 주차장에 차를 세우고 옆으로 난 길을 따라 언덕으로 올라가면 릴트 폭포와 절벽 해안을 조망할 수 있다. 탁 트인 풍경에 시원한 기분을 느낄 수 있다. 약 5분 정도면 오를 수 있으니, 차를 세우고 둘러보기 좋다.

**Data** 지도 318p-B
**가는 법** 디 올드 맨 오브 스토르에서 A855번 도로를 이용해 차로 약 10분 소요. 릴트 폭포 주차장Lealt Falls Car Park에 주차 / 스토르 로크 로드 엔드 정류장에서 57A번 버스를 타고 로드 엔드Road End 정류장에서 하차 후 주차장까지 도보 약 10분(대중교통 이용 시 릴트 폭포 정류장에서 내려달라고 버스 기사님께 한 번 더 요청하자) **주소** Lealt Falls Car Park, Lealt, Portree IV51 9JW

### 55m 현무암 절벽 기둥을 타고 떨어지는 폭포수의 장관
## 킬트 락&밀트 폭포 Kilt Rock&Mealt Falls

화산 작용으로 형성된 거대한 현무암 해안 절벽이다. 킬트 락으로 불린다. 55m 높이의 킬트 락에서 수직으로 떨어지는 폭포는 밀트 폭포다. 도로 반대편 밀트 호수에서 나온 물줄기가 흘러 만들어져 밀트 폭포라고 불린다. 스코틀랜드에서 가장 아름다운 폭포로 손꼽힐 만큼, 거센 물줄기가 바다를 향해 떨어지는 모습이 숨 막히는 장관을 연출한다.

날씨가 좋으면 폭포수 위로 햇살에 비친 프리즘 무지개를 볼 수도 있다. 바다로 떨어지는 폭포의 청량한 소리를 들어보자.

**Data** 지도 318p-B **가는 법** 릴트 폭포 주차장에서 A855번 도로를 이용해 차로 약 7분 소요. 킬트 락&밀트 폭포 전망대Kilt Rock&Mealt Falls Viewpoint에 주차 / 릴트 폭포 정류장에서 57A번 버스를 타고 킬트 락&밀트 폭포 로드 엔드Kilt Rock&Mealt Falls Road End 정류장에서 하차 후 전망대까지 도보 약 10분
**주소** Kilt Rock&Mealt Falls Viewpoint, A855, Portree IV51 9JE

### 스카이섬의 매력을 제대로 느낄 수 있는
## 퀴랭 Quiraing

약 543m 높이로, 트로터니시Trotternish 산맥의 북쪽 정상 지역이 퀴랭이다. 빙하와 화산 작용으로 형성되었다. 맑은 날 정상에 오르면 멀리 라세이 라노섬과 아름다운 해안선이 보인다. 고원의 맑은 호수, 뾰족한 바위 첨탑, 여유롭게 풀을 뜯는 양 등 엽서 속 풍경이 펼쳐진다. 스카이섬의 매력적인 풍경을 한눈에 담을 수 있는 곳이다. 퀴랭을 둘러보는 하이킹 코스는 약 7km 길이로, 3시간 정도 소요된다. 가파른 절벽과 굴곡이 많은 험한 지형이다. 하이킹 시 장비를 제대로 갖추자.

**Data 지도** 318p-B
**가는 법** 킬트 락&밀트 폭포 전망대에서 A855번 도로를 이용해 차로 약 15분 소요. 퀴랭 주차장 The Quiraing Car Park에 주차
**주소** The Quiraing Car Park, Portree IV51 9LB

### 맥레오드 가문의 굳건한 800년 역사를 보여주는
## 던베건성 Dunvegan Castle

스카이섬 서쪽 해안에 위치한 그림 같은 성이다. 대부분 쓸쓸하고 황폐한 스카이섬의 성과 달리, 던베건성은 잘 가꿔진 모습이다. 800년 동안 맥레오드MacLeod 가문의 거주지로 사용되고 있다. 1200년에 건설되기 시작했으며, 1933년에 대중에게 공개되었다. 성 내부에서는 맥레오드 가문의 초상화와 오래된 가보, 고풍스러운 가구, 고서적 등을 볼 수 있다. 전시품 중 가장 중요한 보

정원의 연못

물은 기원 후 4세기경에 만들어진 요정의 깃발 Fairy Flag이다. 요정의 여왕이 맥레오드 가문에 준 이 깃발에는 신비한 힘이 있어, 전투 중에 펼치면 언제나 맥레오드 가문을 승리로 이끌었다는 전설이 있다.

하루 두 차례 성 입구에서 시작하는 가이드 투어도 운영한다. 성 뒤쪽에는 연못이 있는 아름다운 정원과 해안가를 따라 걸을 수 있는 산책로가 조성돼 있다. 해안 바위를 따라 걸어가면 멀리서 한가로이 누워 있는 물개 무리를 볼 수 있으니 유심히 살펴 보자. 보트 투어를 신청하면 던베건 호수를 가르며 아름다운 풍경과 가까운 거리에서 물개 무리를 볼 수 있다. 25분 소요.

**Data** 지도 318p-C
가는 법 포트리에서 A850번 도로를 이용해 차로 약 30분 / 포트리 소머레드 스퀘어 정류장에서 56번 버스를 타고 캐슬Castle 정류장에서 하차. 총 1시간 소요
주소 Dunvegan Castle&Gardens, MacLeod Estate, Dunvegan, Isle of Skye IV55 8WF
전화 014-7052-1206
운영시간 하절기(4~10월 15일) 10:00~17:30 / 가이드 투어 10:30, 16:15 / 보트 투어(4~9월) 10:00~17:00
휴무 동절기(10월 16일~3월)
요금 성&정원 입장료 16파운드, 보트 투어 12파운드
홈페이지 www.dunvegancastle.com

### 절벽 위에서 외로이 바다를 지키는
## 네이스트 포인트 등대 Neist Point Lighthouse

스카이섬의 서쪽 제일 끝 절벽 위에는 하얀 등대가 있다. 1909년에 등대와, 등대지기를 위한 집을 건설했다. 1990년부터 등대가 무인으로 운영되고 있다. 이 등대에 가기 위해서는 하늘 위로 우뚝 솟아 가파른 바위 언덕을 넘어야 한다. 언덕 꼭대기에서 바라보는 등대와 바다 경치가 예술이다. 특히, 하늘과 바다가 아름다운 황금빛으로 물드는 일몰 풍경이 멋있다. 등대 주변 바다에서는 종종 고래, 돌고래, 상어를, 섬 주변에서는 희귀 식물을 볼 수 있다. 넓고 푸르른 초원에서 한가로이 풀을 뜯는 양떼가 주변 풍경과 조화롭게 어우러져 평화로운 분위기가 느껴진다. 주차장에서 출발해 한 바퀴 둘러보는 데 약 30분~1시간 정도 소요된다. 바닷바람이 많이 불기 때문에 절벽이나 언덕을 오를 때는 각별히 주의해야 한다.

**Data** 지도 318p-C
가는 법 포트리에서 A850, B884번 도로를 이용해 차로 약 1시간 / 던베건성에서 B884번 도로를 이용해 차로 약 30분 주소 Parking Neist Point, Waterstein, Glendale, Isle of Skye IV55 8WT

### 요정이 살 것같이 영롱한 물빛
# 페어리 풀 Fairy Pools

'요정의 연못Fairy Pools'이라는 이름답게 크리스털처럼 반짝이는 파란색 물줄기가 이어져 있다. 쿨린 바위산을 타고 내려가는 맑은 샘물이 이룬 바위 웅덩이, 폭포, 계곡을 볼 수 있다. 화창한 날씨와 충분한 계곡 수량이 뒷받침되어야 에메랄드 빛 물을 볼 수 있다. 하지만, 깨끗한 계곡물과 그 뒤로 장엄하게 서 있는 쿨린산의 풍경만으로도 충분히 볼 가치가 있다.

**Data** 지도 318p-D
가는 법 포트리에서 A87, A863번 도로를 이용해 차로 약 40분
주소 Fairy Pools Car Park, Glenbrittle, Isle of Skye IV47 8TA

### 영원한 아름다움을 얻고 싶다면
# 슬리가찬 올드 브리지 Sligachan Old Bridge

다리 밑의 강물에 7초 동안 얼굴을 담그면 영원한 아름다움을 얻을 수 있다는 전설이 있는 작은 돌다리다. 스코틀랜드의 가장 위대한 여전사 스카사하Scáthach에 대적해 아일랜드의 전사가 스카이섬 전체를 뒤흔들 만큼 치열한 전투를 벌였다. 어머니의 전투를 걱정한 스카사하의 딸은 슬리가찬 강에서 울었고, 그 모습을 본 요정들이 강물에서 얼굴을 씻으라고 알려주었다. 그 후 딸은 전투를 멈추는 방법을 알게 되었다. 딸은 허브와 견과류를 모아 불에 태워 계곡으로 연기를 불었고, 전투에 지친 두 전사는 냄새를 맡은 후 무기를 내려놓고 화해하 같이 식사를 했다고 한다.
그런데 왜 영원한 아름다움을 얻는다는 이야기가 생겼을까? 황당하지만, 다리 아래 강물에 얼굴을 씻기 위해서는 얼굴뿐 아니라 손과 무릎까지도 물에 닿는 자세일 수밖에 없기 때문이라고 한다. 다리에서 바라보는 슬리가찬강의 작은 폭포와, 멀리 쿨린 바위산의 풍경도 절경이다. 재밌는 전설 때문이 아니라도 들러 볼 만하다.

**Data** 지도 318p-D
가는 법 포트리에서 A87번 도로를 이용해 차로 약 20분 / 포트리 소머레드 스퀘어 정류장에서 인버네스행 917번 버스를 타고 슬리가찬 호텔 정류장에서 하차. 총 20분 소요 주소 Sligachan, Isle of Skye IV47 8SW

## Special Page

# 하일랜드 더 깊이 여행하기

대부분의 하일랜드 투어는 보통 스카이섬 명소까지 알차게 둘러볼 수 있는 3일 일정으로 이루어진다. 하지만, 하일랜드를 구석구석 여유롭게 즐기고 싶다면 4일 이상 투어를 선택하거나 자유여행을 추천한다. 스코틀랜드의 790개 섬 중에 하일랜드 장기 투어 관광지로 손꼽히는 섬과 마을을 소개한다.

---

● 섬 ●

---

**스칸디나비아와 스코틀랜드의 만남**
### 셰틀랜드 제도 Shetland Islands

영국에서 제일 북쪽에 있는 섬이다. 셰틀랜드 제도에 포함된 100개 이상의 섬 중에서 사람이 사는 곳은 15개의 섬뿐이다. 그중에서 러웍Lerwick이 가장 번화한 도시다. 북극권과 가까운 곳에 위치하고 있어, 셰틀랜드에 속한 어느 섬을 가더라도 깨끗하고 맑은 바다와 아름다운 사암 절벽의 풍경을 볼 수 있다. 특히, 다양한 바다 새들이 장관을 이룬다. 한겨울에는 오로라도 볼 수 있다.
1469년까지 오크니 제도와 함께 노르웨이 영토였기 때문에, 지금까지도 섬 곳곳에서 스칸디나비아 언어, 문화의 흔적을 볼 수 있다.

**Data** 지도 ● 휴대지도-3 지도 밖, 014p 지도 밖
**가는 법** 비행기 에든버러, 글래스고 공항에서 1시간 30분 소요 / 페리 애버딘에서 12시간 소요
**주소** Lerwick Town Hall, Hillhead, Lerwick, Shetland ZE1 0HB
**홈페이지** www.shetland.org

---

**TIP** 섬 여행하기

스코틀랜드 섬은 북쪽과 서해안을 따라 있다. 큰 규모의 섬은 에든버러, 글래스고, 인버네스 도시에서 비행기로 갈 수 있고, 대부분의 섬은 페리로 들어갈 수 있다. 제도 내에서는 보통 페리로 이동하고, 섬을 둘러볼 때는 대중교통보다는 렌터카를 추천한다.

**Data** 항공사 로건에어 www.loganair.co.uk
페리 회사 노스링크 페리 www.northlinkferries.co.uk / 캘리도니언 맥브레인 www.calmac.co.uk

### 고고학 유적지로 가득한 역사의 섬
## 오크니 제도 Orkney Islands

셰틀랜드 제도에서 위도 1℃ 아래에 위치한 약 70개 섬. 그중 선사 시대 마을인 스카라 브레 Skara Brae는 섬 자체가 고고학적 유적지로 유네스코 세계 문화유산에도 지정됐다. 바다 위의 붉은 사암 기둥 절벽인 예스나비 절벽을 비롯한 아름다운 해안 풍경도 볼거리다.

**Data** 지도 ● 휴대지도-3, 014p
**가는 법** 비행기 에든버러, 글래스고 공항에서 1시간 소요 / 페리 애버딘에서 6시간 소요
**주소** VisitScotland Kirkwall iCentre, The Travel Centre, West Castle St., Kirkwall KW15 1GU
**홈페이지** www.orkney.com

### 눈부신 하얀 모래 해변이 펼쳐져 있는
## 아우터 헤브리디스 제도 Outer Hebrides

영국의 제일 서쪽 끝에 위치해 있다. 사람이 거주하는 15개의 섬과 50개의 무인도로 구성된 제도이다. 웨스턴 아일스Western Isles라고도 불린다. 온화한 해양성 기후와, 아름다운 흰 모래 등 서쪽 해안의 특징을 볼 수 있다. 스톤헨지와 비슷한 캘러니시 거석Callanish Stones을 비롯한 선사 시대 유적이 유명하다. 루이스Lewis섬과 해리스Harris섬이 가장 큰 섬이다.

**Data** 지도 ● 휴대지도-5, 014p
**가는 법** 비행기 에든버러, 글래스고 공항에서 1시간 소요 / 페리 울라풀에서 3시간 소요
**주소** VisitScotland Stornoway iCentre, 26 Cromwell St., Stornoway HS1 2DD
**홈페이지** www.visitouterhebrides.co.uk

스태퍼

#### 그림 같은 해안 마을과 주상절리 기둥 섬으로 유명한
## 멀섬 Isle of Mull

스코틀랜드에서 네 번째로 큰 섬으로, 섬에서 가장 큰 토버모리 마을에서는 해안선을 따라 늘어선 색색의 예쁜 건물을 볼 수 있다. 현무암 주상절리 기둥 섬인 스태퍼Staffa와 핑갈의 동굴Fingal's Cave이 유명하다.
또, 독수리, 수달, 고래 등 야생 동물을 볼 수 있는 최고의 장소이기도 하다. 약 1500년 역사의 아이오나 수도원과 아이오나섬Isle of Iona도 추천 장소다.

**Data** 지도 ● 휴대지도-13, 015p
가는 법 페리 오반에서 약 1시간 소요
주소 The Mull Museum, Columba Buildings, Main St., Tobermory, Isle of Mull PA75 6NY
홈페이지 www.isle-of-mull.net

#### 스코틀랜드 섬의 매력을 한 번에 볼 수 있는
## 애런섬 Isle of Arran

스코틀랜드 섬 중에서 최남단에 위치한다. 글래스고에서 기차를 타고 페리로 환승해서 가야 한다. 3시간 내로 갈 수 있는 가까운 섬이다. 아름다운 해안선부터 거친 산봉우리, 울창한 숲, 호수까지 스코틀랜드 섬 분위기를 잘 느낄 수 있다.
13세기 바이킹이 세운 브로딕성Brodick Castle을 비롯해 위스키 양조장, 치즈 공장, 아트 갤러리 등이 있다. 하이킹, 사이클, 골프, 승마, 요트 등 다양한 아웃도어 스포츠도 즐겨보자.

**Data** 지도 ● 휴대지도-18, 015p
가는 법 글래스고 센트럴역에서 기차를 타고 아드로산 항구Ardrossan Harbour역에서 하차 후 아드로산 항구에서 페리를 타고 약 1시간 소요
주소 VisitScotland Brodick iCentre, The Pier, Brodick, Isle of Arran KA27 8AU
홈페이지 www.visitarran.com

### 싱글 몰트 위스키의 절대 강자
## 아일레이섬 Isle of Islay

'헤브리디스 제도의 여왕'이라고 불릴 정도로 아름다운 해안과 석양을 볼 수 있는 섬이다. 스코틀랜드 최고 품질의 싱글 몰트 위스키로도 유명하다. 섬에 8군데의 양조장이 있으니 위스키 투어에 참여해 코끝을 강렬하게 쏘는 이탄 스모키 위스키의 맛과 향을 느껴보자.

**Data** 지도 ● 휴대지도-13, 015p 가는 법 비행기 글래스고에서 약 40분 소요 / 페리 킨타이어 반도 케너크랙 항구에서 약 2시간 소요
주소 VisitScotland Bowmore iCentre, The Square, Main St., Bowmore, Isle of Islay PA43 7JP 홈페이지 www.islayinfo.com

--- 마을 ---

### 웨스트 아일랜드로 가는 관문
## 오반 Oban

하일랜드 서쪽 해안에 위치한 작은 항구 마을이다. 멀섬과 아우터 헤브리디스 제도로 가는 페리 선착장이 있어서 여행자들이 몰린다. 또, 숙소, 레스토랑, 카페, 상점도 모여 있다. 항구 마을답게 신선한 해산물 요리도 맛볼 수 있다. 로마의 콜로세움을 연상시키는 맥케이그 타워 McCaig's Tower, 오반 위스키 양조장, 박물관 등이 볼거리다.

**Data** 지도 ● 휴대지도-14, 015p
가는 법 비행기 글래스고 공항에서 1시간 소요 / 기차 글래스고 퀸 스트리트역에서 약 3시간 소요
주소 McCaig's Tower, Duncraggan Rd., Oban PA34 5DP
홈페이지 www.oban.org.uk

### 축제로 가득한 작은 어촌
## 울라풀 Ullapool

하일랜드 북서쪽에 위치해 있는 약 1,500명이 살고 있는 작은 어촌으로, 북 페스티벌, 비어 페스티벌 등 일 년 내내 다양한 행사가 열린다. 다양한 야외 스포츠도 즐길 수 있어 영국의 한 아웃도어 잡지가 선정한 10대 아웃도어 관광지에 이름을 올리기도 했다. 아우터 헤브리디스 제도에서 가장 큰 섬인 루이스Lewis와 해리스Harris로 가는 페리도 이곳에서 탈 수 있다.

**Data** 지도 ● 휴대지도-6, 014p
가는 법 코치 인버네스에서 약 1시간 30분 소요(시티링크 코치Citylink Coaches, 메가버스Megabus 운영)
주소 Ullapool Museum, 7&8 West Argyle St., Ullapool IV26 2TY
홈페이지 www.ullapool.com

## EAT

`포트 윌리엄`

**포트 윌리엄에서 손꼽히는 시푸드 레스토랑**

# 크랜녹 시푸드 레스토랑 Crannog Seafood Restaurant

포트 윌리엄에서 가장 유명한 시푸드 레스토랑으로, 페리 선착장 옆에 있어 쉽게 찾을 수 있다. 건물은 2차 세계대전 때 지어졌다. 스코틀랜드의 신선한 해산물과 채소로 만든 크랩 케이크를 포함한 스타터, 홍합찜 요리, 연어 요리 등을 맛볼 수 있다. 애버딘 앵거스 소고기와 사슴고기로 만든 스테이크도 인기 메뉴다.

호수를 바라보는 멋진 풍경과 함께 해산물과 잘 어울리는 디저트, 엄선한 와인이나 커피도 함께 즐길 수 있다. 워낙 인기 있는 레스토랑이라 가보고 싶다면 미리 예약하는 것을 추천한다.

**Data 지도** ● 휴대지도-10
**가는 법** 포트 윌리엄 트래블 센터 기차역에서 도보 약 10분
**주소** Town Pier, Fort William PH33 6DB
**전화** 013-9770-5589
**운영시간** 런치 12:00~14:00 (수~일), 디너 17:00~21:00(매일)
**가격** 홍합찜 18파운드, 크랩 14파운드
**홈페이지** www.crannog.net

**아늑하고 분위기 좋은 펍&레스토랑**

# 개리슨 웨스트 Garrison West

친절한 직원들, 따뜻한 벽난로, 편안한 가죽 소파, 그리고 아늑한 분위기가 여행 중 쌓인 피로를 달래주는 곳이다. 음식은 깔끔하고 정갈하다. 팬케이크, 버거, 커리, 스테이크 등 브런치 메뉴부터 메인 메뉴까지 다양하게 준비돼 있다. 브라우니, 마카롱, 치즈케이크 등 디저트와 커피, 티도 즐길 수 있으니 잠시 들러 여유를 즐겨보자.

**Data 지도** ● 휴대지도-10
**가는 법** 포트 윌리엄 트래블 센터 기차역에서 도보 약 10분
**주소** Garrison West Public House&Kitchen, 4 Cameron Square, Fort William PH33 6AJ
**전화** 013-9770-1873
**운영시간** 런치 12:00~14:00 (수~일), 디너 17:00~21:00(매일)
**가격** 비프버거 12.50파운드, 스테이크 24.50파운드
**홈페이지** www.garrisonwest.co.uk

### 식사, 술과 함께 하는 흥겨운 엔터테인먼트 바
# 더 크로프터 바 The Crofter Bar

스포츠 경기, 라이브 공연을 볼 수 있는 엔터테인먼트 펍이다. 축구 경기가 있거나 전통 스코틀랜드 음악, 록까지 다양한 라이브 공연이 열리는 날이면 활기찬 분위기를 느낄 수 있다.
브랙퍼스트 메뉴, 해기스, 훈제 연어, 버거, 나초, 마카로니 치즈, 소시지 앤 매시드포테이토, 피시 앤 칩스, 스테이크, 디저트 등 다양한 메뉴가 있다. 가격도 저렴한 편. 아침 메뉴인 토스트는 1.99파운드~, 커리와 파인트 맥주 한 잔 세트는 6.95파운드면 즐길 수 있다.

**Data** 지도 ● 휴대지도-10
**가는 법** 포트 윌리엄 트래블 센터 기차역에서 도보 약 5분
**주소** The Crofter Bar& Restaurant, 7-11 High St., Fort William PH33 6DH
**전화** 013-9770-4899
**운영시간** 일~토 09:30~24:00, 토 09:30~02:00
**가격** 크래프트 버거 10.99파운드, 스테이크 12.99파운드
**홈페이지** www.crofterbar.co.uk

### 스코티시 프라임 앵거스 스테이크를 맛보자
# 더 스테이블스 레스토랑&그릴 The Stables Restaurant&Grill, Fort William

포트 윌리엄의 유명한 펍이자 레스토랑이다. 2019 스코티시 레스토랑 어워드 20위에 오르고, 2017 스코틀랜드 푸드 어워드 베스트 레스토랑 상을 받았다. 스코틀랜드 지역 육류, 농산물을 사용해 요리한 소고기 스테이크, 양고기 요리, 해산물 음식 등이 주메뉴다.
스코틀랜드 프라임 앵거스 소고기를 사용한 서로인 스테이크부터 육즙 가득한 스테이크 버거, 랍스타와 맥 앤 치즈, 해기스, 훈제 치킨 등의 메뉴가 있다.

**Data** 지도 ● 휴대지도-10 **가는 법** 포트 윌리엄 트래블 센터 기차역에서 도보 약 5분
**주소** Dudley Rd., Fort William PH33 6JB **전화** 013-9770-0730 **운영시간** 화~토 17:00~22:00 **휴무** 일·월요일 **가격** 스코티시 프라임 앵거스 서로인 스테이크 21파운드, BBQ 립 17.95파운드, 해기스 5.95파운드
**홈페이지** www.the-stables-grill.co.uk

#### 포근한 산장 분위기에서 즐기는 버거와 맥주
# 벤 네비스 인 Ben Nevis Inn

벤 네비스산 기슭에 위치한 산장 겸 펍이다. 투숙하지 않더라도 식사를 즐길 수 있다. 200년이 넘는 헛간을 개조해 숙소로 사용한다. 야외 나무 벤치에 앉아 아름다운 벤 네비스산 풍경을 즐길 수 있는 최고의 장소로 '스코틀랜드 100대 펍'에도 꼽혔다. 수프, 샐러드, 버거, 리소토, 감자칩 등 스코클랜드 음식과 정통 에일 맥주를 판매한다. 여름에는 매주 화요일, 겨울에는 매주 목요일 저녁에 라이브 공연이 열린다.

**Data** 지도 ● 휴대지도-10
**가는 법** 포트 윌리엄 시내에서 Achintee Road를 이용해 차로 약 10분
**주소** Claggan, Achintee, Fort William PH33 6TE
**전화** 013-9770-1227 **운영시간** 3~10월 12:00~22:00(11~2월은 목~일만 오픈) **가격** 홈메이드 빈 버거 16.25파운드
**홈페이지** www.ben-nevis-inn.co.uk

#### 자연과 환경을 사랑하는 유기농 카페
# 더 와일드캣 The Wildcat

포트 윌리엄 다운타운에 위치한 친환경 카페다. 판매하는 모든 제품은 유기농으로 생산되었거나, 공정 무역으로 거래된다. 채식주의자들도 걱정 없이 즐길 수 있는 커피, 샐러드, 샌드위치, 수프 등 브랙퍼스트 메뉴, 런치 메뉴가 있다. 카페 뒤 작은 상점에서는 건과류 과일, 채소, 허브, 티, 간단한 세안 제품 등을 판매한다. 친환경 카페답게 플라스틱과 일회용 포장 용기가 없다. 샌드위치도 천에 싸서 준다. 20가지가 넘는 다양한 종류의 차 중에서 고를 수 있다.

**Data** 지도 ● 휴대지도-10
**가는 법** 포트 윌리엄 트래블 센터 기차역에서 도보 약 5분
**주소** 21 High St., Fort William PH33 6DH **전화** 013-9769-8856
**운영시간** 화~일 09:00~16:00
**휴무** 월요일
**가격** 커피 2~3파운드, 티 팟 2.9파운드, 샌드위치 6.50파운드
**홈페이지** www.facebook.com/TheWildcatFortWlliam

**포트 아우구스투스**

**네스호의 멋진 풍경을 담으며**
# 더 보트하우스 레스토랑 The Boathouse Restaurant

호수 위에 자리한 오두막집 스타일의 레스토랑. 날씨가 좋은 날에는 야외 테이블에 앉아 아름다운 네스호 풍경을 바로 옆에서 보면서 여유를 만끽할 수 있다. 포스 아우구스투스가 인기 있는 관광지라는 점을 감안하면 음식 가격도 합리적인 편이다. 치킨, 케밥, 연어, 스테이크 등 다양한 메뉴를 10~20파운드 선에서 부담없이 먹을 수 있고 음식 양이나 퀄리티도 괜찮은 편이다.

**Data 지도** ● 휴대지도-10 **가는 법** 포트 아우구스투스 스윙 브리지에서 도보 5분
**주소** Fort Augustus, Inverness-shire PH32 4BD **전화** 013-2036-6682 **운영시간** 매일 12:00~21:00
**가격** 치킨 18.95파운드, 케밥 22.95파운드 **홈페이지** www.lochnessboathouse.co.uk

**칼레도니아 운하를 볼 수 있는**
# 더 락 인 The Lock Inn

칼레도니아 운하 바로 옆에 위치한 레스토랑. 빨간색 간판이 시선을 끌어 쉽게 찾을 수 있다. 간혹 식사를 하면서 운하를 통과하는 배를 창문 너머로 볼 수도 있다. 스코틀랜드산 농산물로 요리한 수프, 훈제연어, 버거, 파이, 커리 등 간단한 식사 메뉴를 즐길 수 있다. 글루텐 프리, 채식주의자 메뉴도 가능하다. 스코틀랜드 몰트 위스키, 수제 맥주, 진, 데코레이션이 예쁜 칵테일 등 주류도 구비돼 있다.

**Data 지도** ● 휴대지도-10
**가는 법** 포트 아우구스투스 스윙 브리지에서 도보 2분
**주소** Canal Side, Fort Augustus PH32 4AU
**전화** 013-2036-6302
**운영시간** 12:00~21:00
**가격** 비프 버거 14.75파운드, 스테이크 파이 16.45파운드
**홈페이지** the-lockinn.co.uk

`피틀로크리`

**동화 속 앨리스 티 룸에 온 듯한**

# 헤티스 티 룸 Hettie's Tearoom

피틀로크리 마을에서 가장 유명하고 인기 있는 티 룸이다. 스코틀랜드 베이킹 어워드와 베스트 티 룸 어워드에서 수상했다. 파란색 문을 열고 들어서면 예쁜 벽지와 고급스러운 찻잔, 색색의 케이크가 〈이상한 나라의 앨리스〉의 티 룸에 들어온 듯한 느낌이 들게 한다. 피틀로크리 기차역에서 가깝다.
프렌치토스트&베이컨을 비롯한 브랙퍼스트 메뉴와 애프터눈 티 세트, 컵케이크 등 다양한 메뉴가 있다. 차 종류는 무려 32가지가 준비돼 있다. 아이스크림도 20가지 맛이 넘으니 행복한 고민에 빠져보자. 글루텐 프리 메뉴도 요청할 수 있다. 오후에 차 한 잔을 하며 휴식을 즐기려는 사람들로 늘 북적인다.

**Data 지도** ● 휴대지도-11
**가는 법** 피틀로크리 기차역에서 도보 5분
**주소** 95 Atholl Rd., Pitlochry PH16 5AB
**전화** 017-9647-3991
**운영시간** 11:00-16:00
**가격** 애프터눈 티 세트 2인 44.95파운드
**홈페이지** www.hettiesteas.co.uk

**커피 맛이 좋은 자전거 테마 카페**

# 이스케이프 루트 카페 Escape Route Cafe

아웃도어 스포츠 천국 하일랜드에 어울리는 바이크숍 겸 카페다. 유명 자전거 브랜드 제품을 구매할 수 있다. 수리, 대여도 가능하다. 뿐만 아니라, 커피, 맥주, 수제 초콜릿, 케이크, 스콘, 샌드위치, 브랙퍼스트 메뉴 등 가벼운 식사 메뉴도 있다. 콘셉트에 충실하게 카페 곳곳에 지도와 자전거가 걸려 있어 보다 보면 시원한 바람을 가르며 자전거를 타고 싶은 마음이 솟는다.

**Data 지도** ● 휴대지도-11
**가는 법** 피틀로크리 기차역에서 도보 10분 **주소** 3 Atholl Rd., Pitlochry PH16 5BX **전화** 017-9647-3859 **운영시간** 09:00~15:00(일요일은 자전거 가게 휴무, 카페만 오픈) **가격** 애프터눈 티 세트 2인 44.95파운드 **홈페이지** www.escape-route.co.uk

**스카이섬**

포트리 항구에 있는 해산물 맛집
# 시 브리즈 Sea Breezes

포트리 항구에 있는 시푸드 레스토랑. 1890년 세웠다는 노란벽이 인상적인 건물에 있다. 2006년에 오픈한 이곳은 여름이면 전 세계에서 온 관광객들과 현지인들도 즐겨 찾는 맛집이다. 스카이섬 주변 해안에서 잡은 신선한 해산물이 주재료다. 유기농 연어, 홍합, 가리비, 굴, 크랩 등으로 만든 해산물 요리가 좋다. 추천 메뉴는 다양한 해산물이 함께 나오는 시푸드 플래터. 식당 내부가 작고 인기가 많아 예약은 필수다.

**Data** 지도 319p-D
가는 법 포트리 소머레드 스퀘어에서 도보 5분
주소 Quay St., Portree, Isle of Skye IV51 9DE
전화 014-7861-2016
운영시간 화~토 17:30~21:00
휴무 일·월요일
가격 메인 20파운드~, 시푸드 플래터 34파운드~
홈페이지 www.seabreezes-skye.co.uk

포트리 항구를 보며 즐기는 고급스러운 코스 요리
# 스코리브랙 레스토랑 Scorrybreac Restaurant

포트리 항구가 내려다보이는 언덕에 위치한 파인 레스토랑이다. 레스토랑 이름인 스코리브랙은 '얼룩덜룩한 바위'라는 뜻. 사슴고기, 해산물 등 신선한 스코틀랜드산 재료를 이용한 프렌치 코스 요리를 맛볼 수 있다. 싱글 몰트 위스키, 와인, 커피 등 식사와 함께 즐길 수 있는 드링크 메뉴도 다양하다. 미슐랭 가이드에도 소개된 적이 있다.

**Data** 지도 319p-B 가는 법 포트리 소머레드 스퀘어에서 도보 5분
주소 7 Bosville Terrace, Portree, Isle of Skye IV51 9DG 전화 014-7861-2069 운영시간 수~토 17:00~22:00
휴무 일~화요일 가격 디너 테이스팅 코스 95파운드 홈페이지 www.scorrybreac.com

**영국 Top10 베지테리언 레스토랑**
### 카페 아리바 Cafe Arriba

부담 없는 가격에 배부르게 한 끼 식사를 하고 싶다면 카페 아리바로 가자. 타임지가 선정한 영국 TOP 10 베지테리언 레스토랑 중 한 곳이라 채식주의자 메뉴도 있다. 홈메이드 빵, 수프, 케이크를 맛볼 수 있으며, 신선한 재료를 공급받아 요리하기 때문에 하루에도 몇 번씩 메인 메뉴가 바뀔 때도 있다.
100% 아라비카 빈을 사용해 풍미가 좋은 그린 마운틴 로스팅 커피도 이곳의 자랑이다. 창문 너머의 아름다운 바다를 보면서 커피 마시는 여유를 즐기는 것도 좋겠다.

**Data** 지도 319p-B
가는 법 포트리 소머레드 스퀘어에서 도보 5분
주소 Quay Brae, Portree, Isle of Skye IV51 9DB
전화 014-7861-1830
운영시간 08:00~16:00
가격 브랙퍼스트메뉴 7.95파운드
홈페이지 www.cafearriba.co.uk

**포트리 마을 중심에 위치한 카페**
### 더 그라나리 The Granary

포트리 마을 중심인 소머레드 스퀘어 바로 옆에 위치한 카페. 코치를 타고 내리는 버스 정류장도 바로 옆에 있어 버스를 기다리면서 편하게 밥을 먹거나 차 한잔 하기 좋은 곳이다. 현지 농산물과 해산물을 사용한 홈메이드 수프를 비롯해 버거, 스테이크, 피쉬앤칩스, 디저트 등 아침부터 저녁까지 다양한 메뉴를 신선하고 맛있게 먹을 수 있다.

**Data** 지도 319p-A
가는 법 포트리 소머레드 스퀘어에서 도보 1분
주소 Somerled Square, Portree IV51 9EH 운영시간 09:00~16:00
휴무 토·일요일
가격 스코티쉬브랙퍼스트 12.95파운드
홈페이지 www.granary-skye.co.uk

**미슐랭, 트립어드바이저로부터 인증받은**
## 로크 베이 레스토랑 Loch Bay Restaurant

한적한 어촌에 자리한 세계적으로 인정받은 셰프가 있는 레스토랑이다. 스코틀랜드 현지 재료를 사용해 정통 프렌치 스타일 요리를 만든다. 스타, 굿 푸드 가이드, 트립어드바이저에서 인증을 받았으며, 영 하일랜드 셰프 컴피티션에서 결선에 올랐던 실력 있는 셰프가 있다. 베이 호수가 있는 아름다운 풍경을 보면서 코스 요리를 즐겨보자. 홈페이지 예약은 필수다.

**Data** 지도 318p-A 가는 법 포트리에서 A850번 도로를 이용해 차로 약 35분
주소 1 Macleods Terrace, Stein, Isle of Skye IV55 8GA
전화 014-7059-2235 운영시간 화~토 18:30~22:30(18:45, 19:15 타임만 운영) 휴무 일·월요일(11, 12월은 목요일도 휴무) 가격 1인 140파운드 홈페이지 www.lochbay-restaurant.co.uk

**스카이섬 맥주의 자부심**
## 더 아일 오브 스카이 브루잉
### The Isle of Skye Brewing Co. Ltd

작은 항구 마을 위그Uig에 위치한 맥주 양조장 겸 숍이다. 1995년에 문을 연 스카이섬 1호 양조장이다. 이후 스코틀랜드 리얼 에일 캠페인CAMRA에서 챔피언 맥주로 우승을 했고, 지금까지 60개가 넘는 상을 수상했다. 맥주에 사용된 원재료와 풍미, 향에 따라 레드, 골드, 블랙 등 다양한 색깔로 맥주 이름을 구분했다.
숍에서는 양조장에서 바로 만든 신선한 맥주와 브랜드 로고가 찍힌 컵, 노트, 티셔츠 등 다양한 기념품을 판매한다. 커피도 마실 수 있다.

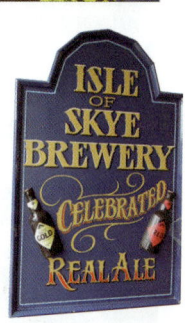

**Data** 지도 318p-A 가는 법 포트리에서 A87번 도로를 이용해 차로 약 25분 / 포트리 소머레드 스퀘어 정류장에서 57C번 버스를 타고 위그 피어Uig Pier 정류장에서 하차. 총 30분 소요 주소 The Pier, Uig, Isle of Skye IV51 9XP
전화 014-7054-2477 운영시간 월~토 10:00~18:00, 일 10:00~17:00
가격 스카이에일 믹스드 케이스 34.99파운드, 텀블러 7.99파운드
홈페이지 skyeale.com

위스키 제작 과정을 둘러보고 시음할 수 있는
## 탈리스커 증류소 Talisker Distillery

스카이섬의 거친 야생 환경을 닮아 거칠고 스모키한 바디감이 특징인 탈리스커 위스키. 위스키에 관심이 있다면 알만한 이곳은 익숙한 탈리스커 위스키 증류 공장이다. 1830년에 세워져 스카이섬에서 가장 오래된 싱글 몰트 위스키 증류소다. 순백의 건물이 주변의 호수 경관과 잘 어우러져 그림 같다.

가이드의 친절한 설명을 들으며 위스키의 모든 생산 과정을 볼 수 있는 투어가 운영된다. 거대한 황동 증류 기계를 비롯해, 위스키가 숙성되는 오크통도 실제로 볼 수 있다. 싱글 몰트 위스키 시음도 포함되어 있다. 투어 시간과 시음하는 위스키 종류에 따라 투어 종류가 다르니 미리 체크해 두자. 탈리스커 양조장 투어는 1시간 정도 걸리고, 더 깊이 있는 투어인 캐스크 드류 앤 테이스팅 투어는 1시간 30분이 걸린다. 캐스크 테이스팅 투어는 캐스크에서 바로 추출한 5가지 독특한 위스키 테이스팅을 해 볼 수 있다.

**Data** **지도** 318p-C **가는 법** 포트리에서 A87, A863번 도로를 이용해 차로 약 30분 / 포트리 소머레드 스퀘어 정류장에서 154 or 608번 버스를 타고 탈리스커 증류소Talisker Distillery 정류장에서 하차. 총 40분 소요 **주소** Carbost, Isle of Skye IV47 8SR **전화** 014-7861-4308
**운영시간** 매일 10:00~17:00 **가격** 탈리스커 양조장 투어 20파운드, 캐스크 드류 앤 테이스팅 투어 150파운드
**홈페이지** www.malts.com

# BUY

**피클로크리**

**헤더 가지로 만든 영롱한 보석**
## 헤더젬스 Heathergems

1950년대에 오픈해 역사가 깊은 주얼리숍이다. 3대째 내려오는 가족 운영 기업으로, 피클로크리 마을에 공장과 갤러리 겸 숍이 있다. 헤더Heather는 스코틀랜드 들판에 피는 보라색 야생화의 일종으로 라벤더와 비슷한 꽃이다. 헤더젬스에서는 헤더 주얼리를 판매한다. 직접 채취한 야생 헤더로 만든 보석을 가공한다. 가지만 따로 여러 색으로 염색, 압축한 뒤 단면을 절단하고, 원하는 모양으로 갈아내는 과정을 거친다. 처음부터 끝까지 수작업으로 진행되며, 목걸이, 반지, 팔찌, 귀걸이, 보로치 등의 제품으로 완성된다. 자연이 만든 선명한 색과 사람의 손기술이 더해진 세상에 하나뿐인 기념품을 만나보자.

**Data 지도** ● 휴대지도-11 **가는 법** 피틀로크리역에서 도보 약 10분
**주소** 22 Atholl Rd., Pitlochry PH16 5BX **전화** 017-9647-4391 **운영시간** 09:00~17:00
**가격** 목걸이 30파운드~, 반지 17파운드~ **홈페이지** www.heathergems.com

**스카이섬**

**인공 색소를 넣지 않은 친환경 비누**
## 아일 오브 스카이 소프 컴퍼니
### Isle of Skye Soap Company

인상적인 빨간 문을 열고 들어가면 기분이 좋아지는 향으로 가득한 공간이 나타난다. 위스키 양조장 증류사였던 남편과 아로마 테라피스트 부인이 함께 운영하는 숍이다.
인공 색소를 사용하지 않고 증류수에서 추출한 에센셜 오일만 사용한 친환경 비누를 판매한다. 라벤더, 레몬그라스, 오렌지, 티트리 등 피부 타입과 향에 따라 선택해 보자. 아로마 오일, 로션, 양초 등의 제품도 판매한다.

**Data 지도** 319p-A
**가는 법** 포트리 소머레드 스퀘어에서 도보 2분
**주소** Somerled Square, Portree, Isle of Skye IV51 9EH
**전화** 014-7861-1350
**운영시간** 월~토 10:00~17:00
**휴무** 일요일
**가격** 비누 5.20파운드~
**홈페이지** www.skye-soap.co.uk

보기만 해도 마음이 트이는 스카이섬의 풍경을 담은
## 캐스 워터스 갤러리&기프트 던베건 Cath Waters Gallery & Gifts Dunvegan

던베건 마을에 위치한 작은 갤러리 겸 선물숍이다. 스카이섬의 자연에서 영감을 받은 예술 작품들을 전시 및 판매한다. 보기만 해도 시원한 스카이섬의 해변, 거칠게 몰아치는 역동적인 파도 등을 담은 사진을 비롯해 스카프, 보석, 머그잔, 액세서리, 가방 등을 판매한다. 아름다운 자연을 품은 스카이섬의 특별한 기념품으로 추천한다.

**Data** 지도 318p-C
**가는법** 포트리에서 A850번 도로를 이용해 차로 약 30분/ 포트리 소머레드 스퀘어에서 56번 버스를 타고 던베건 호텔 정류장에서 하차 후 도보 약 2분 **주소** 5 Lochside, Dunvegan, Isle of Skye IV55 8WB
**전화** 0147-052-1399 **가격** 머그잔 14.99파운드~, 토트백 19.99파운드~
**운영시간** 10:30~17:30(1·2월은 휴무) **홈페이지** cathwaters.com

### 스카이섬의 자연에서 영감을 받은 핸드메이드 실크 제품
## 스카이 실크 Skye Silks

스카이섬의 바다, 하늘, 호수 풍경에서 영감을 얻어 디자인해 한 땀 한 땀 손으로 짠 실크 작품을 판매하는 곳이다. 30년 이상의 경험을 가진 장인이 손으로 직접 염색한 직물을 전통적인 베틀에서 직조한 하이퀄리티 제품이다. 스카프와 타이 제품을 주로 판매한다. 초보자가 직접 베틀로 직조하는 방법을 체험해 볼 수 있는 데이 코스가 있다. 필요한 장비는 다 제공되며, 티와 간단한 간식도 제공된다.

**Data** 지도 318p-C
**주소** The Rowans, 20 Kilmuir Rd, Dunvegan, Isle of Skye IV55 8GT
**전화** 0797-481-0563
**가격** 스카프 47파운드~
**운영시간** 일~금 11:00~17:00
**휴무** 토요일
**홈페이지** www.skyesilks.co.uk

### 스코틀랜드를 품은 도자기
## 더 위그 포터리 The Uig Pottery

위그 해안가에 위치한 작은 도자기 공장 겸 전시장이다. 수공예 전통 방식으로 스코틀랜드 도자기를 제작한다. 스카이섬 주변의 바다와 산, 동식물, 타탄 문양에서 영감을 받은 디자인이 아름답다. 도자기 제작 과정도 간단히 볼 수 있다.

**Data** **지도** 318p-A
**가는 법** 포트리에서 A87번 도로를 이용해 차로 약 25분 / 포트리 소머레드 스퀘어 정류장에서 57C번 버스를 타고 위그 피어 정류장에서 하차. 총 30분 소요 **주소** The Pier, Uig, Isle of Skye IV51 9XX
**전화** 014-7054-2421 **운영시간** 월~토 09:00~17:00 **휴무** 일요일 **가격** 양초 받침 12파운드, 하일랜드 소 인형 15파운드 **홈페이지** www.uigpottery.co.uk

### 전통 방식을 고수하는 포근한 양털
## 스카이스킨스 Skyeskyns

스코틀랜드는 시골 지역 어디에 가든 많은 양들을 볼 수 있다. 특히, 스카이섬은 고급 양털 제품으로도 유명하다. 스카이스킨스는 스코틀랜드에서 유일하게 전통 방식을 고수해 양털 제품을 만들고 있는 곳이다. 가족이 운영하는 작은 무두질 공장으로, 무료 가이드 투어도 진행한다. 전통 도구를 사용해 수공업으로 제작되는 양모, 양가죽 제품의 제작 과정을 볼 수 있다. 2층 쇼룸에서는 이곳에서 만든 부드러운 양털 러그, 스카프 등을 둘러보고 구매할 수 있다. 스카이스킨스 공장 방문이 어렵다면 포트리 마을 내에도 양모 제품과 카페가 있는 매장이 있으니 방문해 보자.

**Data** **지도** 318p-A
**가는 법** 포트리에서 A850번 도로를 이용해 차로 약 30분
**주소** 스카이스킨스 17 Lochbay, Waternish, Isle of Skye IV55 8GD / 포트리 매장 Portree IV51 9BT **전화** 014-7059-2237
**운영시간** 스카이스킨스 09:30~17:30 / 포트리 매장 10:00~16:30 **가격** 양털 모자 45파운드, 장갑 35파운드
**홈페이지** www.skyeskyns.co.uk

# SLEEP

`포트 윌리엄`

**빅토리아 여왕이 손꼽은 최고급 호텔**
## 인버로키 캐슬 호텔 Inverlochy Castle Hotel

벤 네비스산과 호수로 둘러싸인 5성급 럭셔리 호텔이다. 1863년에 지어졌다. 빅토리아 여왕이 일주일간 투숙하면서 로맨틱한 장소로 손꼽았다. 그만큼 주변의 자연환경이 아름답고 평화로운 호텔이다. 요금이 비싸지만 특별한 기억을 선사할 것이다.

17개의 침실을 각각 다른 디자인으로 꾸몄다. 높은 천장에 그려진 그림, 멋스러운 샹들리에 조명, 고급스러운 벽지와 침대 장식, 앤티크 가구, 화려한 대리석 화장실까지, 구석구석 19세기 궁전의 모습을 연상시킨다. 찰리 채플린, 멜 깁슨 등 유명 연예인은 물론 정치인, 왕실 가족들도 방문했다.

**Data** **지도** ● 휴대지도-10 **가는 법** 포트 윌리엄 시내에서 A82번 도로를 이용해 차로 약 10분 / 포트 윌리엄 트래블 센터역과 호텔을 왕복하는 셔틀 버스를 타고 약 10분(사전 예약 필요) **주소** Torlundy, Fort William PH33 6SN **전화** 013-9770-2177 **운영시간** 체크인 14:30, 체크아웃 11:00 **요금** 하절기(4~10월) 더블룸 495파운드~, 동절기(11~3월) 더블룸 365파운드~ **홈페이지** inverlochycastlehotel.com

**벤 네비스산 전망을 바라보며 편안하게 쉴 수 있는**
## 벤 네비스 게스트 하우스 Ben Nevis Guest House

포트 윌리엄 시내에서 도보로 10분 거리에 있다. 가족이 운영하는 B&B로, 아늑한 영국 가정집 같은 분위기다. 총 객실 수는 6개다. 방마다 TV와 개별 화장실이 있으며, 무료 와이파이도 이용 가능하다. 벤 네비스산 전망을 바라보며 아침 식사를 먹을 수 있는 온실 라운지가 자랑이다. 요청 시에는 포장도 해 준다.

**Data** **지도** ● 휴대지도-10 **가는 법** 포트 윌리엄 트래블 센터 기차역에서 도보 약 15분 **주소** Nevis Bridge, Glen Nevis, Fort William PH33 6PF **전화** 013-9770-8817 **운영시간** 체크인 15:00, 체크아웃 10:00 **요금** 더블룸 80파운드~, 패밀리룸 130파운드~ **홈페이지** www.bennevisguesthouse.co.uk

#### 스코틀랜드 올해의 캠핑장으로 선정된
### 글렌 네비스 카라반&캠핑 Glen Nevis Caravan&Camping

벤 네비스산 입구에 위치한 카라반&캠핑장. 텐트, 캠핑카를 설치하고 숙박할 수 있다. 또는, 캠핑장 내에 설치된 오두막집이나 침실이 따로 있는 카라반을 대여해도 된다. 캠핑장 내 레스토랑&바, 푸드 트럭, 화장실, 샤워 시설, 세탁 시설, 싱크대, 피크닉 테이블을 이용할 수 있다. 선착순으로 자리를 잡을 수 있으니 참고할 것. 홈페이지에서 미리 예약도 할 수 있다. 보증금으로 5파운드를 내야 한다. 추가 금액을 내면 전기와 와이파이도 사용할 수 있다.

**Data** 지도 ● 휴대지도-10 **가는 법** 포트 윌리엄 시내에서 글렌 네비스Glen Nevis 도로를 이용해 차로 약 10분 **주소** Glen Nevis Holidays, Glen Nevis, Fort Wiliam PH33 6SX **전화** 013-9770-2191
**운영시간** 08:00~23:00(3월 15일~11월 5일까지만 운영) **요금** 1박당 12파운드~, 2인용 오두막 1박당 85파운드~ **홈페이지** www.glen-nevis.co.uk

**포트 아우구스투스**
#### 네스호를 바라보는 세련된 호텔
### 더 러뱃 The Lovat

포트 아우구스투스 시내에 위치한 빅토리안 하우스풍의 4성급 호텔. 깔끔하고 콤팩트한 디럭스룸, 개별 미니 가든과 테라스가 있는 가든 베드룸 등 다양한 형태의 객실이 있다. 넓은 창으로 네스호가 보인다. 또한, 난방과 온수를 사용할 때 이산화탄소를 절약하는 보일러 시스템을 도입해 환경을 생각하는 에코 호텔이라는 자부심이 있다.

호텔 내에 있는 브래서리 레스토랑은 투숙 시 꼭 이용해 보자. 스타 셰프가 요리하는 브랙퍼스트, 런치, 디너 3코스 메뉴가 있다.

**Data** 지도 ● 휴대지도-10
**가는 법** 포트 아우구스투스 스윙 브리지에서 도보 5분
**주소** The Lovat Loch Ness, Fort Augustus, Inverness-shire PH32 4DU
**전화** 014-5649-0000
**운영시간** 체크인 15:00, 체크아웃 11:00
**요금** 더블룸 119파운드~, 마스터 더블룸 181파운드~
**홈페이지** www.thelovat.com

**스카이섬**

**포트리 마을 중심에 위치한**
# 더 포트리 호텔 The Portree Hotel

포트리 메인 광장인 소머레드 스퀘어Somerled Square 바로 옆에 위치해 찾기 쉽다. 택시, 버스 정류장도 바로 앞에 있다. 총 24개 객실. 객실 타입으로 싱글룸, 더블룸, 패밀리룸 등이 있다. 엘리베이터는 없지만 직원에게 요청하면 객실까지 짐을 들어다 주니 참고하자.
1층에 위치한 바에서 다양한 스코틀랜드 음식과 위스키를 비롯한 음료를 마실 수 있다. 주말에는 라이브 뮤직 공연도 열린다.

**Data** 지도 319p-A
가는 법 포트리 소머레드 스퀘어에서 도보 1분
주소 Somerled Square, Portree, Isle of Skye IV51 9EH
전화 014-7861-2511
운영시간 체크인 15:00, 체크아웃 11:00
요금 더블룸 100파운드~
홈페이지 theportreehotel.com

**우체국을 개조한 밝은 노란색 건물의**
# 포트리 인디펜던트 호스텔 Portree Independent Hostel

우체국 건물을 개조한 호스텔이다. 그 당시 우체국에서 사용한 금고, 시계 등 과거의 흔적을 호스텔 곳곳에서 볼 수 있다. 객실 타입으로 싱글룸과 2인, 4인, 6인, 10인, 12인실 도미토리가 있다. 공용 주방과 다이닝룸이 있어 취사가 가능하며, 코인 세탁실, 샤워실, 화장실, 라운지 시설 등도 있다. 언덕에 위치해 바다 뷰를 즐길 수 있다.

**Data** 지도 319p-A
가는 법 포트리 소머레드 스퀘어에서 도보 1분 주소 Old Post Office, The Green, Portree IV51 9BT
전화 014-7861-3737 운영시간 체크인 16:00, 체크아웃 10:00
요금 도미토리 6인실 25파운드~ 홈페이지 www.hostelskye.co.uk

#### 포트리 바다가 보이는 아늑한 분위기의
## 포트리 게스트 하우스 Portree Guest House

포트리 마을 중심에서 도보 10분 거리인 뷰필드 로드Viewfield Road를 따라서 마을 주민이 운영하는 B&B가 모여 있다. 여름에는 만실이 될 확률이 높아 미리 예약을 해야 한다.
총 객실 수 7개로, 개별 화장실이 포함된 더블룸, 트윈룸, 패밀리룸 등이 있다. 정원, 라운지가 있으며, 유리 온실 타입의 다이닝룸에서 스코틀랜드 스타일의 조식을 즐길 수 있다.

**Data** 지도 319p-C
가는 법 포트리 소머레드 스퀘어에서 도보 10분
주소 Viewfield Rd., Portree, Isle of Skye IV51 9ES
전화 014-7861-2093
운영시간 체크인 16:00, 체크아웃 10:00 요금 더블룸 80파운드~
홈페이지 portree-guest-house.com

#### 산과 호수로 둘러싸인 캠핑장에서 하룻밤
## 글렌브리틀 캠프사이트&카페 Glenbrittle Campsite&Café

페어리 풀에서 차로 약 10분 거리에 있는 캠핑장이자 카페다. 뒤에는 웅장한 쿨린산이, 앞에는 브리틀 호수 해변Loch Brittle beach이 있어 멋진 전망을 즐길 수 있다. 영국 일간지 〈데일리 텔레그래프〉에서 No.1 캠핑장으로 선정되었다.
샤워실, 세탁기, 건조기, 화장실 등을 사용할 수 있다. 약 120여 개의 캠핑 자리가 있으며, 선착순으로 이용 가능하다. 4~9월까지만 오픈하니 특별한 추억을 쌓고 싶다면 날짜에 유의하자.

**Data** 지도 318p-F
가는 법 포트리에서 A87번 도로를 이용해 차로 약 45분 주소 Glenbrittle, Isle of Skye IV47 8TA
전화 014-7864-0404 운영시간 캠핑장 하절기(4~9월)만 오픈 / 기념품숍&카페 08:00~18:00
요금 성인 1인 12파운드 홈페이지 www.dunvegancastle.com/glenbrittle/campsite

# Scotland
# By Small Towns

스코틀랜드
# 소도시

01 스털링
02 퍼스
03 던디
04 세인트 앤드루스

05 **애버딘**
06 **인버네스**

Scotland Small Towns

# 01

# 스털링
## Stirling

하일랜드로 가는 관문으로서 한때는 정치적으로 중요한 도시였다. "스털링을 차지하면 스코틀랜드를 차지한 것이다"라는 말이 있을 정도. 언덕 위에 굳건하게 서 있는 스털링성과 독립 영웅 윌리엄 월리스를 기리는 국립 월리스 기념탑을 둘러보면서 치열한 투쟁의 역사를 느껴보자.

## 스털링
# 미리보기

로우랜드와 하일랜드의 중심에 위치한 고풍스러운 소도시. 에든버러, 글래스고에서 기차로 편도 1시간 정도면 갈 수 있어 당일치기 여행도 가능하다. 고즈넉한 스털링 구시가지에서 스코틀랜드 독립 전쟁의 역사를 느껴보자.

### SEE

스털링에서 꼭 봐야 하는 명소는 스털링성이다. 중세 시대 스코틀랜드 왕가의 삶을 상상해 보자. 독립 영웅인 윌리엄 월리스의 인생을 볼 수 있는 국립 월리스 기념탑, 잉글랜드군을 격퇴시켰던 올드 스털링 브리지도 꼭 들르자.

### EAT

스털링에는 스코틀랜드 베스트 인도 레스토랑으로 꼽힌 맛집이 이곳에 있다. 한국인 입맛에 맞는 커리를 비롯해 다양한 메뉴가 준비돼 있다. 매달 둘째 주 토요일에는 스털링 파머스 마켓도 열린다. 농부가 직접 키운 치즈, 잼 등 고품질의 신선한 재료와 다양한 길거리 음식을 맛볼 수 있다.

### ENJOY

스털링에서 가장 큰 쇼핑센터가 스털링 버스 스테이션과 연결돼 있다. 러쉬, 자라, 톱숍 등 의류 매장이 있다. 카페에서 간단하게 식사를 하거나 시간을 보낼 수 있다. 빅토리아 시대에 문을 연 아케이드 쇼핑몰도 있다.

### 어떻게 갈까?

**기차** 에든버러 웨이벌리역에서 스털링 기차역까지 약 1시간 / 글래스고 퀸 스트리트역에서 약 40분 소요된다.
**코치** 스털링 버스 스테이션, 에든버러 버스 스테이션에서 약 1시간 30분, 글래스고 뷰캐넌 버스 스테이션에서 약 40분 소요된다.

### 어떻게 다닐까?

스털링 구시가지는 규모가 작은 편이다. 스털링 기차역, 버스 정류장에서 주요 명소가 가까워 도보로 이동 가능하다. 단, 스털링성으로 가는 길은 평지가 아닌 언덕길이다. 걷기 편한 신발을 신고 스털링 시내 뷰를 감상하면서 천천히 오르자.

# 스털링
## 📍 1일 추천 코스 📍

대부분의 명소와 레스토랑, 카페는 스털링성 언덕 아래 모여 있다. 단, 국립 월리스 기념탑은 버스를 이용해야 한다. 체력과 시간적인 여유가 없다면 스털링성부터 시작해 구시가지만 집중해 둘러보는 것을 추천한다.

국립 월리스 기념탑에 올라 스털링 뷰 감상하기

→ 도보 15분 + 버스 5분

스코틀랜드 승전보가 울렸던 올드 스털링 브리지 건너보기

→ 도보 20분

왕 혹은 왕비가 된 기분으로 스털링성 둘러보기

↓ 도보 5분

더 포트컬리스에서 전통 스코틀랜드 음식 즐기기

← 도보 3분

제임스 6세가 왕위를 받았던 홀리 루드 교회 둘러보기

← 도보 2분

단리 커피 하우스에서 커피 마시며 당 충전하기

↓ 도보 10분

스털링 스미스 아트 갤러리 앤 박물관에서 세계에서 가장 오래된 축구공 구경하기

→ 도보 10분

300년 역사의 펍, 니키탐스 바 앤 보시에서 라이브 공연 즐기기

**TIP** 언덕 위에 높이 서 있는 국립 월리스 기념탑은 스털링 어디에서나 볼 수 있다.

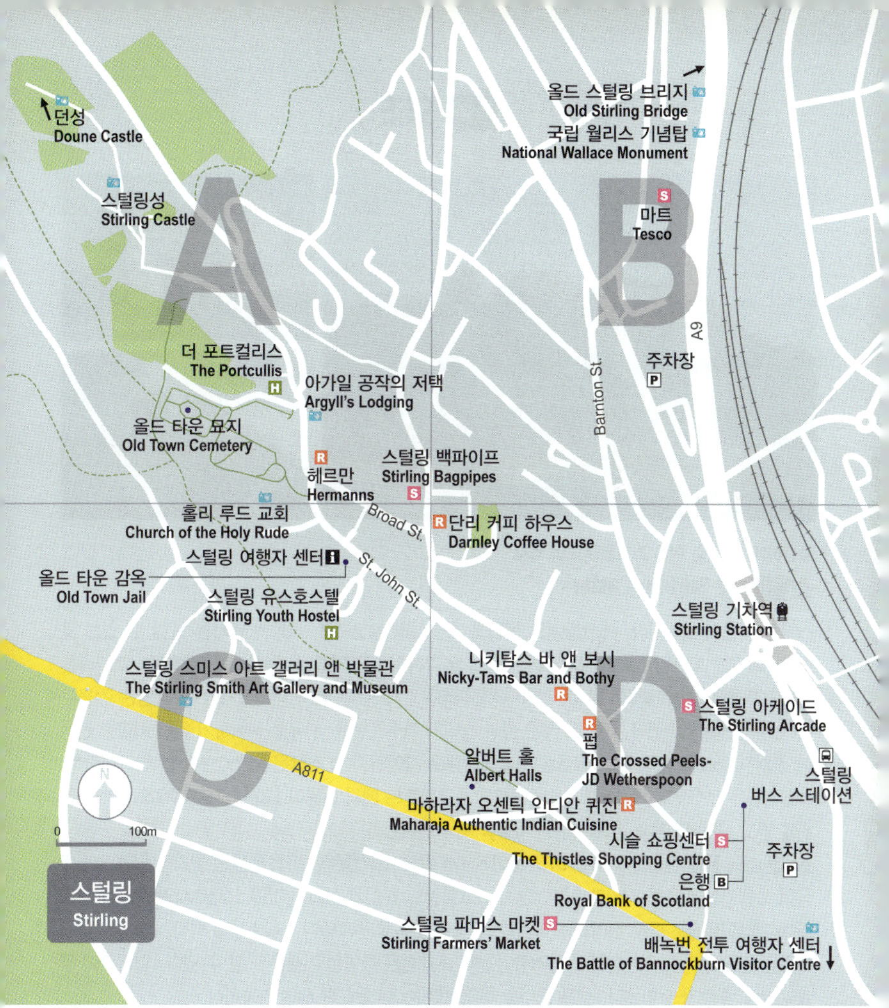
던성
Doune Castle
스털링성
Stirling Castle
A
B
C
D
올드 스털링 브리지
Old Stirling Bridge
국립 월리스 기념탑
National Wallace Monument
마트
Tesco
A9
주차장
Barnton St.
더 포트컬리스
The Portcullis
아가일 공작의 저택
Argyll's Lodging
올드 타운 묘지
Old Town Cemetery
헤르만
Hermanns
스털링 백파이프
Stirling Bagpipes
홀리 루드 교회
Church of the Holy Rude
Broad St.
단리 커피 하우스
Darnley Coffee House
스털링 여행자 센터
올드 타운 감옥
Old Town Jail
St. John St.
스털링 유스호스텔
Stirling Youth Hostel
스털링 기차역
Stirling Station
니키탐스 바 앤 보시
Nicky-Tams Bar and Bothy
스털링 스미스 아트 갤러리 앤 박물관
The Stirling Smith Art Gallery and Museum
스털링 아케이드
The Stirling Arcade
펍
The Crossed Peels-
JD Wetherspoon
알버트 홀
Albert Halls
A811
스털링
버스 스테이션
마하라자 오센틱 인디안 퀴진
Maharaja Authentic Indian Cuisine
0
100m
시슬 쇼핑센터
The Thistles Shopping Centre
주차장
은행
Royal Bank of Scotland
스털링
Stirling
스털링 파머스 마켓
Stirling Farmers' Market
배녹번 전투 여행자 센터
The Battle of Bannockburn Visitor Centre

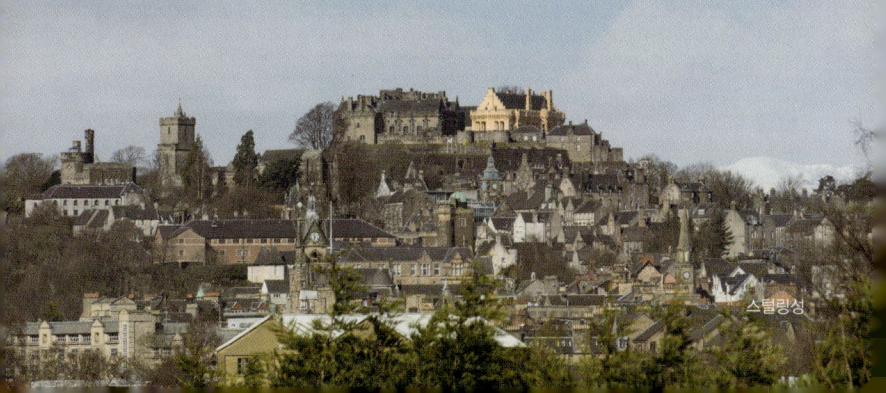

스털링성

# SEE

**굳건하게 살아 숨 쉬는 스코틀랜드의 역사**
## 스털링성 Stirling Castle

스털링 여행의 핵심이다. 스코틀랜드 독립과 자부심의 상징으로, 격동의 역사를 느낄 수 있는 곳이다. 거대한 화산암 언덕에 서 있어 주변을 멀리까지 내려다볼 수 있다. 성 아래로는 까마득한 절벽이라 최적의 요새라고 할 수 있다. 스털링성은 1107년경 처음 언급됐지만 현재 남은 건물은 15~16세기에 지어졌다. 이후로 많은 왕과 왕비가 거주했으며, 자유를 쟁취하기 위한 치열한 전쟁이 펼쳐지기도 한 성이다. 스코틀랜드와 잉글랜드 사이의 독립 전쟁은 약 50년 동안 이어졌으며, 스털링성은 8번이나 소유 권리가 바뀌었다. 스코틀랜드 메리 여왕이 태어난 지 일주일도 안 돼 왕위를 받고, 혼란의 정세 속에서 어린 시절을 지낸 곳이었다.

스코틀랜드 독립 전쟁을 승리로 이끈 로버트 1세 왕과 스코틀랜드 독립 영웅인 윌리엄 윌리스의 동상이 스털링성 입구를 지키고 있다. 당시 스코틀랜드 왕실의 삶과 강력한 요새로서의 면모를 보여주는 그레이트 홀, 로열 팰리스 등 다양한 건축물과 박물관이 있다. 중세 시대 백작, 경비원, 하녀 의상을 입은 가이드가 친절하게 맞아주어 성에 초대받은 특별한 기분을 느낄 수 있다. 입장료에 무료 가이드 투어가 포함된다. 셀프 오디오 투어 기계는 3파운드에 대여 가능하다.

**Data** 지도 371p-A
가는 법 스털링역에서 도보 약 20분 주소 Castle Esplanade, Stirling FK8 1EJ 전화 017-8645-0000
운영시간 하절기(4~9월) 09:30~18:00 / 동절기(10~3월) 09:30~17:00 요금 19.50파운드(온라인 예매 시 17.50파운드) 홈페이지 www.stirlingcastle.scot

---

**TIP 아가일 공작의 저택 Argyll's Lodging**

분홍색 외관이 멋스러운 17세기 저택이다. 당시 건축에 도입된 르네상스 스타일을 엿볼 수 있다. 스털링성 아래 위치한다. 스털링성 입장권으로 무료입장이 가능하지만, 현재 내부는 보수 공사로 휴관 중이다.

# 스털링성 둘러보기

## 그레이트 홀 The Great Hall

1503년에 완공된 스코틀랜드에서 가장 큰 규모의 연회장이다. 약 500명을 수용할 수 있었고, 왕실 행사, 파티 등이 열렸다.

## 그레이트 키친 Great Kitchens

왕족의 식사를 책임졌던 부엌을 생생하게 재현했다. 당시 사용했던 식기와 음식, 일하는 하인들의 모습을 볼 수 있다.

## 로얄 팰리스 The Royal Palace

16세기 스코틀랜드 왕족의 화려한 삶을 보여주는 곳이다. 전통 의상을 입은 가이드가 궁전에 대한 이야기를 들려준다. 왕가의 얼굴로 꾸며진 천장과 태피스트리 작품이 특히 볼거리.

## 팰리스 볼츠 The Palace Vaults

당시 사람들의 삶을 엿볼 수 있는 전시관이다. 퍼즐, 전통 의상 체험, 게임, 악기 연주 등을 해 볼 수 있다. 특히 가족 여행자라면 아이들을 위한 곳으로 추천한다.

## 채플 로얄 The Chapel Royal

스코틀랜드 최초의 개신교 교회 중 하나. 스털링성에서 마지막으로 사용한 왕실 건물이기도 하다. 벽 위쪽에는 17세기 프레스코화가 그려져 있다.

## 퀸 앤 가든스 Queen Anne Gardens

성 남쪽에 자리한 평화롭고 아름다운 정원. 200년이 넘은 큰 너도밤나무가 긴 세월을 말해 주는 듯하다.

## 캐슬 전시관 The Castle Exhibition

스털링성의 역사를 보여주는 전시관이다. 성과 관련된 왕과 왕비의 삶, 주요 사건들을 영화, 터치 스크린, 오디오 등 다양한 시청각 자료로 전시했다. 스털링성을 더 알고 싶다면 들러보자.

스코틀랜드의 독립 영웅 윌리엄 월리스를 기리며
# 국립 월리스 기념탑 National Wallace Monument

스털링성과 함께 스털링을 대표하는 거대한 석조 탑이다. 스코틀랜드의 독립 영웅 윌리엄 월리스를 기리기 위해 지어졌다. 1869년 화산 바위 언덕 애비 크레이그Abbey Craig 위에 세워졌으며, 높이는 약 67m다. 윌리엄 월리스는 잉글랜드 왕 에드워드 1세의 강압적 통치로 고통받는 스코틀랜드 국민을 위해 싸우고, 스털링 브리지 전투에서 승리를 거둬 스코틀랜드 독립 영웅으로 여겨진다. 영화 〈브레이브 하트〉의 모델이기도 하다. 최후에는 런던으로 끌려가 처참한 죽음을 맞았지만, 그의 용기와 애국심에 감명받은 스코틀랜드 사람들은 이후 잉글랜드와의 전쟁에서 승리했다.

국립 월리스 기념탑에는 그가 전쟁 당시 사용한 무기를 전시한 3개의 전시실이 있다. 246개의 좁은 나선형 계단을 따라 왕관 모양의 전망대에 오르면 스털링 브리지 전투지와 스털링의 전망을 볼 수 있다. 기념비 입구까지 도보로는 15~20분 정도 소요된다. 무료 셔틀버스도 운행한다.

**Data** **지도** 371p-B 지도 밖
**가는 법** 스털링역 맞은편 스탠스 비Stance B 정류장에서 52번 버스를 타고 월리스 기념탑 주차장Wallace Monument Car Park 정류장에서 하차 후 도보로 언덕을 오르거나(약 15~20분 소요), 무료 셔틀버스 탑승(약 10분 소요)
**주소** Abbey Craig, Hillfoots Rd., Causewayhead, Stirling FK9 5LF
**전화** 017-8647-2140
**운영시간** 1~3월 10:00~17:00, 4~6·9·10월 09:30~17:00, 7·8월 09:30~18:00, 11·12월 10:00~16:00
**요금** 11.30파운드
**홈페이지** www.nationalwallacemonument.com

스테인드글라스 창문

### 900년 역사를 자랑하는
## 홀리 루드 교회 Church of the Holy Rude

스털링성 아래 자리한 교회다. 스털링에서 두 번째로 오래된 건물이다. 1129년에 세워졌지만, 1405년에 발생한 스털링 화재로 대부분이 소실되었다. 현재 남은 건물은 15세기 재건 공사로 복구된 건물이다. 화려한 스테인드글라스 창문과 거대한 돌기둥, 높은 목재 천장이 인상적이다. 지금까지도 웨스트민스터 사원과 함께 왕실 대관식 장소로 사용된다.
건물 외관에는 1651년 크롬웰 부대가 스털링성을 포위하고 공격했던 탄알 흔적이 남아 있다. 매주 일요일 예배가 있으니 확인 후 방문하자.

**Data 지도** 371p-A
**가는 법** 스털링역에서 도보 약 15분
**주소** St. John St., Stirling FK8 1ED
**전화** 017-8647-5275
**운영시간** 하절기(5~9월) 11:00~16:00 / 예배 1~6월 11:30, 7~10월 10:00
**요금** 2파운드 기부금
**홈페이지** www.holyrude.org

### 세계에서 가장 오래된 축구공은 어떤 모습일까
## 스털링 스미스 아트 갤러리 앤 박물관
### The Stirling Smith Art Gallery and Museum

스털링의 풍부한 역사와 사람들의 삶을 보여주는 박물관이자 예술 작품을 전시한 아트 갤러리다. 빅토리아 시대 예술가인 토마스 스튜어트 스미스Thomas Stuart Smith의 이름을 따서 1874년 설립되었다. 찰스 에드워드 스튜어트, 윌리엄 월리스를 비롯한 스코틀랜드 역사 인물들의 초상화를 비롯해 40,000여 점의 회화, 공예품, 유물들을 전시하고 있다.
그중에서도 1540년대에 돼지 방광으로 만든 세계에서 가장 오래된 축구공과 중세 시대부터 시작된 세계에서 가장 오래된 컬링스톤이 흥미로운 전시품이다.

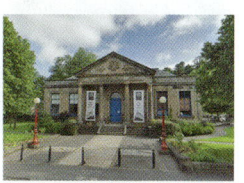

가장 오래된 축구공

**Data 지도** 371p-C **가는 법** 스털링역에서 도보 약 15분
**주소** Dumbarton Rd., Stirling FK8 2RQ **전화** 017-8647-1917 **운영시간** 수~일 10:00~17:00
**휴무** 월·화요일 **요금** 무료 **홈페이지** www.smithartgalleryandmuseum.co.uk

**치열했던 스털링 브리지 전투의 현장**
## 올드 스털링 브리지 Old Stirling Bridge

포스강 위에 세워진 올드 스털링 브리지는 스코틀랜드 역사에서 가장 중요한 다리 중 하나다. 스코틀랜드 독립을 위한 첫 번째 전투인 스털링 브리지 전투에서 승전보가 올려진 다리였다. 1297년 9월 11일 윌리엄 월리스와 앤드루 머리가 이끄는 스코틀랜드 군대는 잉글랜드 왕 에드워드 1세 군대를 상대로 대승을 거뒀다.

경미한 피해만 입은 스코틀랜드 군과 달리 잉글랜드군은 약 6,000명이 사망했다. 올드 스털링 브리지는 이전에는 목재 교량이었지만, 1400년대 후반에서 1500년대 초 사이에 중세 시대 석조 교량으로 재건되어 지금의 모습이 되었다.

**Data** 지도 371p-B 지도 밖 가는 법 스털링역에서 도보 약 15분
주소 On the River Forth, Stirling FK9 홈페이지 www.historicenvironment.scot

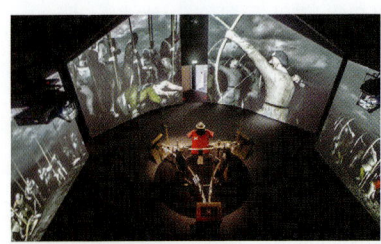 

**가상 전투를 체험할 수 있는**
## 배녹번 전투 여행자 센터 The Battle of Bannockburn Visitor Centre

1314년 6월 23~24일 이틀에 걸쳐 스코틀랜드 왕 로버트 1세가 에드워드 2세가 이끄는 잉글랜드 군을 격파하며 스코틀랜드의 독립을 이루었다. 그 전투를 배녹번 전투라고 부른다. 당시 치열한 전투를 벌였던 배녹번 전투지에 여행자 센터, 기념비, 동상이 있다.

여행자 센터에는 3D 기술을 사용한 전시물이 있다. 700년 전 생생한 전투 한가운데 있는 것처럼 듣고, 보고, 체험할 수 있다. 또, 배녹번 전투에 참여할 수 있는 가상 체험 프로그램도 있다.

**Data** 지도 371p-D 지도 밖 가는 법 스털링 버스 스테이션에서 글래스고행 X36번 버스를 타고 약 10분 / 밀턴 브래Milton Brae 정류장에서 하차 후 도보 약 5분 주소 Glasgow Rd., Whins of Milton, Stirling FK7 0LJ
전화 017-8681-2664 운영시간 매일 10:00~17:00(크리스마스 및 신정 연휴 휴무)
요금 7.50파운드 홈페이지 battleofbannockburn.com

## 여기도 가 보자! 스털링 근교에 위치한 던성

**드라마 〈왕좌의 게임〉, 〈아웃랜더〉의 배경**
# 던성 Doune Castle

중세 시대 고성이다. 14세기 알바니 공작이 세웠으나 15세기에 왕실 소유가 되었다. 이후 왕실 휴양지이자 사냥터로 사용된 성이다. 스코틀랜드 독립 전쟁과 재커바이트 혁명을 거치면서 성의 많은 부분이 손실되었다. 현재는 성의 절반만 남아 있다.
관리가 잘 되고 있는 에든버러성이나 스털링성에 비하면 실망할 수도 있지만, 스털링까지 왔다면 한 번 들러볼 만하다. 영화 〈몬티 파이튼의 성배〉, 드라마 〈왕좌의 게임〉, 〈아웃랜더〉를 촬영한 장소로서 팬들의 성지 순례 장소로 유명세를 타기 시작했다.

**Data 지도** ● 휴대지도-15, 371p-A 지도 밖
**가는 법** 스털링역 맞은편 스탠스 디Stance D 정류장에서 1번 버스를 타고 스파르Spar 정류장에서 하차 후 도보 약 10분 / 스탠스 디 정류장에서 59번 버스를 타고 뱅크 스트리트Bank Street 정류장에서 하차 후 도보 약 10분 **주소** Castle Hill, Doune FK16 6EA **전화** 017-8684-1742 **운영시간** 하절기(4~9월) 09:30~17:30 / 동절기(10~3월) 10:00~16:00 **요금** 10파운드 **홈페이지** www.historicenvironment.scot

**셰프의 이름을 건 고급스러운 레스토랑**
# 헤르만 Hermanns

스털링성으로 올라가는 길에 있다. 우아하고 깔끔한 분위기의 레스토랑이다. 레스토랑의 이름은 셰프의 이름을 따서 지었다. 오스트리아와 스코틀랜드 퓨전 요리를 선보인다.
스코틀랜드에서 생산한 양질의 식재료로 요리한 해기스, 연어 스테이크 등이 메인 요리. 메뉴와 잘 어울리는 와인을 추천받아 식사에 곁들여 먹어도 좋다.

**Data 지도** 371p-A
**가는 법** 스털링역에서 도보 약 15분
**주소** 58 Broad St., Stirling FK8 1EF
**전화** 017-8645-0632
**운영시간** 런치 12:00~14:00 / 디너 18:00~21:00
**가격** 런치 2코스 18.50파운드, 3코스 21.50파운드
디너 2코스 26.90파운드, 3코스 29.90파운드
**홈페이지** hermanns-restaurant.co.uk

**스코틀랜드에서 손꼽히는 인도 레스토랑**
# 마하라자 오센틱 인디안 퀴진 Maharaja Authentic Indian Cuisine

스털링 시내 중심에 위치한 인도 레스토랑이다. 트립어드바이저 스코틀랜드 베스트 인도 레스토랑에 선정되었다. 식당 외관과 내부 인테리어가 세련되고 깔끔하다. 런치 타임에는 1인당 8.95파운드에 스타터, 메인, 디저트까지 3코스 메뉴를 즐길 수 있다. 채식주의자를 위한 메뉴, 커리, 탄두리 치킨, 셰프 추천 메뉴 등 맵기와 재료, 요리 방법에 따라 다양한 메뉴가 준비돼 있다.

**Data** 지도 371p-D 가는 법 스털링역에서 도보 약 7분
주소 39 King St., Stirling FK8 1DN 전화 017-8645-0966 운영시간 월~토 12:00~14:30, 17:00~22:30,
일요일 16:50~21:50 가격 런치 메뉴 A 8.95파운드, 메뉴 B 10.95파운드
홈페이지 www.maharajastirling.com

**16세기 건물의 분위기를 느껴보자**
# 단리 커피 하우스 Darnley Coffee House

16세기 건물 안에 있는 카페로, 독특하면서도 고풍스러운 분위기를 풍긴다. 가게 이름은 한때 이 건물에서 지냈던 스코틀랜드 메리 여왕의 두 번째 남편 단리 경이라고 불리는 헨리 스튜어트Henry Stuart, Lord Darnley의 이름에서 따왔다. 홈메이드 수프, 간단한 식사 메뉴를 비롯해 베이커리, 케이크, 스페셜 커피를 즐길 수 있다.

**Data** 지도 371p-D 가는 법 스털링역에서 도보 약 10분 주소 18 Bow St., Stirling FK8 1BS
전화 017-8647-4468 운영시간 월~토 11:00~16:00 휴무 일요일 가격 샌드위치 6.70파운드~, 베이크드
포테이토 5.20파운드~ 홈페이지 www.facebook.com/DarnleyCoffeeHouse

### 300년이 넘은 전통 펍&라이브 공연 바
## 니키탐스 바 앤 보시
**Nicky-Tams Bar and Bothy**

1718년부터 시작해 300년이 넘는 역사를 자랑하는 펍이다. 스코틀랜드 올해의 펍 상을 받은 적이 있는 스털링 대표 펍이다.

현지 양조장에서 생산한 에일 맥주는 물론, 스코틀랜드 전통 음식인 스테이크 파이, 해기스, 스코티시 비프 버거, 로스트 터키 등의 식사 메뉴를 맛볼 수 있다. 또한, 저녁시간에는 라이브 공연, 오픈 마이크, 펍 퀴즈 쇼가 열린다.

**Data** 지도 371p-D
**가는 법** 스털링역에서 도보 약 7분 **주소** 29 Baker St., Stirling FK8 1BJ
**전화** 017-8647-2194 **운영시간** 월~목 12:00~24:00, 금·토 12:00~01:00, 일 13:00~24:00
**가격** 버거 11파운드, 스테이크 파이 11파운드 **홈페이지** www.Nickytams.com

BUY

### 브랜드 쇼핑은 여기서
## 시슬 쇼핑센터
**The Thistles Shopping Centre**

스털링 기차역 가까이에 위치한다. 스털링 버스 스테이션과 쇼핑센터가 연결되어 있어 버스를 기다리면서 잠시 시간을 보내거나 간식을 먹을 수도 있다. 부츠, 데번햄 백화점, 러쉬, 자라, 톱숍 등 80여 개가 넘는 패션, 뷰티, 모바일 브랜드가 입점해 있는 스털링에서 가장 큰 쇼핑센터다. 코스타 커피, 피자 익스프레스, 서브웨이를 비롯한 카페, 레스토랑, 마트, 패스트푸드점 등이 있어 간단하게 식사도 할 수 있다.

**Data** 지도 371p-D
**가는 법** 스털링에서 도보 약 3분
**주소** Goosecroft Rd., Stirling FK8 2EA
**전화** 017-8647-0055
**운영시간** 월~금 09:00~17:30, 토 09:00~18:00, 일 10:00~17:00
**홈페이지** www.thethistles.com

**올해의 파머스 마켓 상에 빛나는**
## 스털링 파머스 마켓 Stirling Farmers' Market

시슬 쇼핑센터가 있는 머리 플레이스Murray Place와 포트 스트리트Port Street를 따라서 카페와 상점들이 있다. 매달 둘째 주와 넷째 주 토요일에는 스털링 파머스 마켓이 열린다. 보통 20여 개의 매대가 길을 따라 펼쳐진다. 농부와 소비자가 직접 만나는 마켓이기 때문에 제품의 품질도 좋고 가격도 저렴하다. 맛있는 길거리 음식을 맛보고 치즈, 잼, 소시지 등 유기농 식재료를 비롯한 다양한 수공예품, 기념품을 구경해 보자.

**Data** 지도 371p-D
**가는 법** 스털링역에서 도보 약 5분
**주소** Port St., Stirling City Centre
**운영시간** 매달 둘째 주, 넷째 주 토요일 10:00~16:00
**홈페이지** www.stirlingfarmersmarket.co.uk

**구시가지 중심에 위치한 고풍스러운 상점 거리**
## 스털링 아케이드 The Stirling Arcade

1881년, 빅토리아 시대에 문을 연 아케이드 쇼핑몰이다. 최근 새로 보수 공사를 거쳐 화이트 톤의 깔끔하고 고급스러운 분위기가 눈에 띈다. 통유리로 된 천장과 곳곳에 달린 빈티지한 조명이 멋있다. 규모는 작은 편이지만, 의류 매장, 액세서리, 기념품숍, 인테리어 소품숍 등이 있다.

**Data** 지도 371p-D
**가는 법** 스털링역에서 도보 약 3분 **주소** King St., Stirling FK8 1AX **전화** 017-8645-0719
**운영시간** 08:00~18:00(상점마다 상이) **홈페이지** www.stirlingarcade.com

# SLEEP

### 스털링성 아래 멋진 뷰와 맛있는 음식까지
## 더 포트컬리스 The Portcullis

1787년에 지어진 학교 건물을 개조해 숙소와 펍으로 운영하고 있다. 객실은 심플하고 분위기는 아늑하다. 조식도 숙박 금액에 포함돼 있다. 더 포트컬리스의 자랑은 스털링에서 맛있기로 유명한 펍 음식이다. 스테이크, 피시 앤 칩스, 버거 등이 있다. 에일 맥주, 위스키, 와인 등의 주류와 함께 즐겨보자.

**Data** 지도 371p-A 가는 법 스털링역에서 도보 약 15분
주소 Castle Wynd, Stirling FK8 1EG 전화 017-8647-2290
운영시간 체크인 16:00, 체크아웃 10:00 요금 싱글룸 100파운드~,
더블룸 120파운드~ 홈페이지 www.theportcullishotel.com

### 200년 역사의 고풍스러운 건물
## 스털링 유스호스텔 Stirling Youth Hostel

약 200년 역사의 교회 건물을 개조한 유스호스텔이다. 입구에 있는 돔 형태의 탑과 주변 정원이 고풍스러운 분위기를 자아낸다. 도미토리, 2인, 3인, 4인실 등 다양한 타입의 룸이 있다. 넓은 공용 주방과 다이닝룸, 세탁실, 라운지, 회의실 등을 갖추고 있어 편리하다.
무료 와이파이를 제공하고, 개인 라커, USB 플러그 소켓이 구비되어 있다. 6.50파운드를 내면 유럽식 아침 식사를 먹을 수 있으며, 리셉션에서 간단한 스낵과 음료를 판매한다.

**Data** 지도 371p-C 가는 법 스털링역에서 도보 약 15분 주소 St. John St., Stirling FK8 1EA
전화 017-8647-3442 운영시간 체크인 16:00, 체크아웃 10:00 요금 도미토리 19파운드~, 2인실 48파운드~
홈페이지 www.hostellingscotland.org.uk/hostels/stirling

©Stirling Youth Hostel

©Stirling Youth Hostel

> **TIP** 스털링 숙소는 대부분 언덕에 있다
>
> 스털링은 에든버러, 글래스고에서 가까워 당일치기 여행이 가능한 근교 소도시다. 하지만, 스털링을 좀 더 여유롭게 둘러보려면 하룻밤 숙박하는 것을 추천한다. 다만 대부분의 숙소가 스털링성으로 향하는 언덕 위에 위치한다. 도시가 내려다보이는 아름다운 전망을 자랑하지만, 오르막길이라 체력을 필요로 한다. 짐이 많거나 걷기 어렵다면 택시를 이용하자.

Scotland Small Towns

# 02

# 퍼스
## Perth

중세 시대 스코틀랜드의 수도였다. 왕들의 대관식이 열렸던 곳이자, 스코틀랜드 종교 개혁의 시작이 된 곳이다. 풍부한 역사 유산이 있다. 테이강을 중심으로 조지안 타운 하우스 건물과 아름다운 자연 풍경이 조화롭게 어우러진 도시다.

## 퍼스
# 미리보기

에든버러와 글래스고의 문화를 하일랜드로 연결하는 관문이 되는 도시다. 또, 무역업을 통해 상업적으로 부유한 도시로 발전했다. 지금도 퍼스에는 다양한 문화, 스포츠 행사가 열린다. 도시 곳곳의 박물관, 미술관, 공연장, 공원 등에서 여유를 느낄 수 있다.

### SEE
스코틀랜드 왕들의 즉위식을 했던 스쿤성과 왕들이 앉아 왕위를 받았던 운명의 돌의자는 퍼스에서 꼭 봐야 한다. 스코틀랜드 종교 개혁의 핵심 인물 존 녹스가 열정적인 설교를 했던 세인트 존 교회도 빼놓을 수 없다.

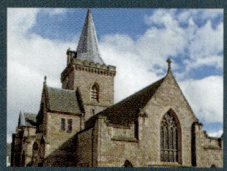

### BUY
하이 스트리트를 중심으로 주요 쇼핑센터와 브랜드숍이 모여 있다. 사이사이 작은 골목에는 작지만 개성 있는 로컬숍이 숨어 있다. 매달 첫째 주 토요일에는 파머스 마켓도 열린다.

### EAT
퍼스 박물관&아트 갤러리, 퍼스 콘서트홀 주변으로 레스토랑이 있다. 영국 음식부터 이탈리아 음식까지, 유럽 음식이 주메뉴다. 세인트 존 교회 주변으로는 캐주얼한 레스토랑이나 카페가 많다. 커피 한 잔이 간절할 때 들러보자.

### ENJOY

퍼스의 아름다운 자연 풍경을 만끽하자. 킨눌 힐 우드랜드 파크에 올라 테이강과 산으로 둘러싸인 퍼스의 숨 막히는 장관을 볼 수 있다. 골프, 승마, 트레킹, 자전거, 낚시 등 다양한 액티비티를 즐기기도 좋은 곳이다.

### 어떻게 갈까?

**기차** 에든버러 웨이벌리역에서 퍼스 기차역까지 약 1시간 30분 / 글래스고 퀸 스트리트역에서 퍼스 기차역까지 약 1시간이 소요된다.

**코치** 에든버러 버스 스테이션에서 퍼스 버스 스테이션까지 약 1시간 30분 / 글래스고 뷰캐넌 버스 스테이션에서 퍼스 버스 스테이션까지 약 1시간이 소요된다.

### 어떻게 다닐까?

퍼스 중심가는 도보로 충분히 이동할 수 있다. 단, 스쿤성과 킨눌 힐 우드랜드 파크는 퍼스 시내버스를 이용해야 한다. 테이강을 따라 걷는 노리에 밀러 워크Norie Miller Walk에는 곳곳에 퍼스나 테이강과 관련된 야생 동물, 역사, 인물 조각이 세워져 있다. 1월 말~2월 중순까지는 테이 강변을 따라 조명 축제도 열린다.

# 퍼스
## 📍 1일 추천 코스 📍

퍼스는 에든버러, 글래스고에서 편도 한 시간 정도 거리에 있어 당일치기로도 다녀올 수 있다. 대부분의 관광 명소는 시내에 모여 있다. 스쿤성과 킨나울 힐 우드랜드 파크만 외곽에 있다.

왕이 된 기분으로 스쿤성에서 운명의 돌 둘러보기

또는

킨나울 힐 우드랜드 파크에 올라 퍼스 풍경 감상하기

또는

블랙 워치 캐슬&박물관에서 치열했던 전쟁의 역사 보기

도보 약 15분 ↓

퍼스 박물관&아트 갤러리에서 퍼스의 역사 한눈에 보기

← 도보 2분

노스 포트 스코티시 레스토랑에서 런치 코스 즐기기

← 도보 3분

퍼스 브리지와 테이강을 따라 주변 산책하기

↓ 도보 5분

스코틀랜드 종교 개혁의 시작, 세인트 존 교회 둘러보기

→ 도보 1분

힌터랜드 야외 테이블에 앉아 커피 한 잔 즐기기

또는

에피스 오브 퍼스에서 애프터눈 티 즐기기

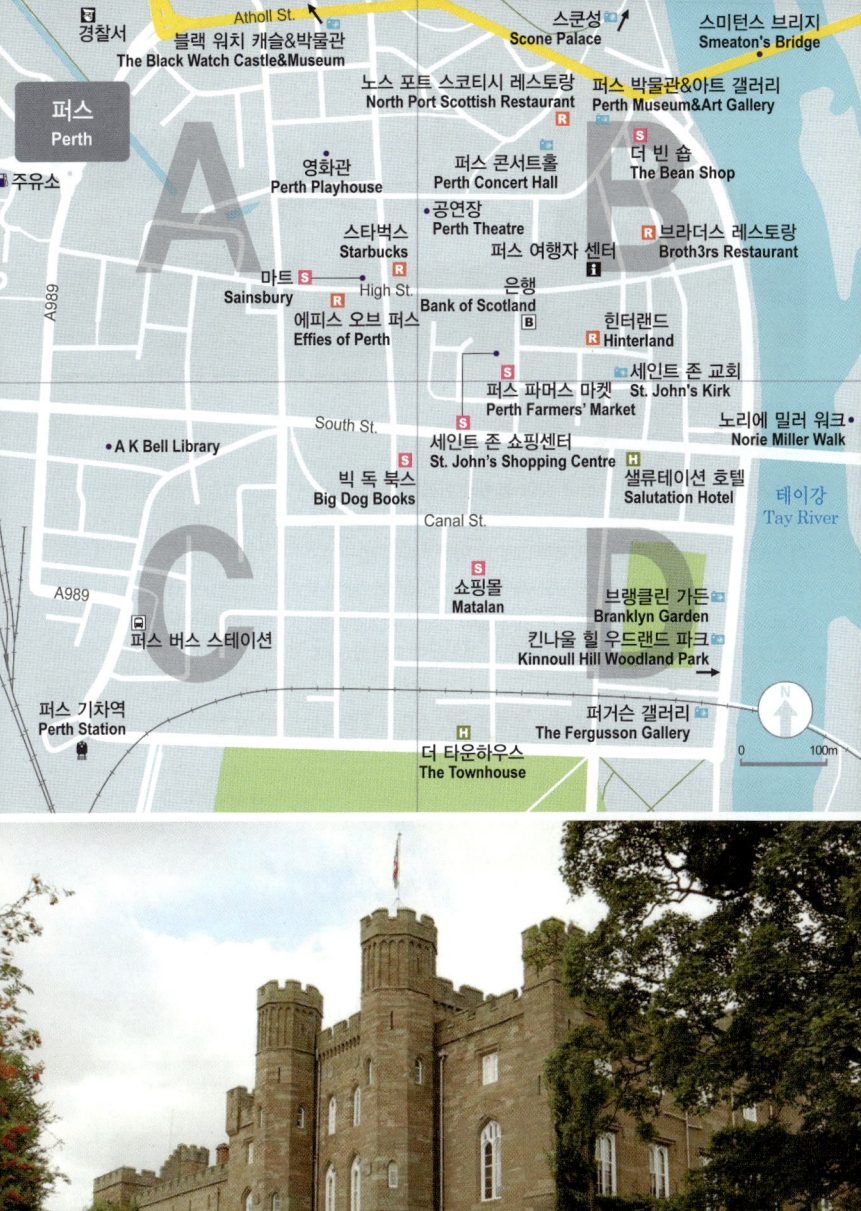

스쿤성

# SEE

별 모양 미로

**스코틀랜드 왕들의 대관식이 열렸던**
## 스쿤성 Scone Palace

스코틀랜드 왕들이 운명의 돌에 앉아 왕위를 받은 곳으로, 퍼스에서 꼭 봐야 할 명소다. 숲으로 둘러싸인 고딕 양식의 궁전이다. 스쿤성의 역사는 6세기 켈트족 교회가 있을 때로 거슬러 올라간다. 12세기에 수도원으로 개조되었다가, 16세기에 일어난 종교 개혁 때 건물이 파괴되었다. 현재 남아 있는 궁전 건물은 1808년에 확장 보수한 것으로, 지금까지 맨스필드 가문의 저택으로 사용되고 있다.

건물 한쪽 벽의 담쟁이넝쿨과 넓게 펼쳐진 푸른 잔디밭 위를 다니는 화려한 공작새가 시선을 사로잡는다. 궁전 내부에는 맨스필드 백작이 유럽 전역에서 수집한 회화, 가구, 침대, 전통 의상, 도자기 등 훌륭한 보물이 전시되어 있다. 아름다운 정원과 산책로를 걸으며 자연을 즐길 수도 있다. 또, 별 모양 미로 Murray Star Maze도 놓칠 수 없다. 퍼스 필수 관광 명소 스쿤성의 구석구석을 둘러보며 여유를 만끽하자.

**Data** 지도 ● 휴대지도-15, 385p-B 지도 밖
**가는 법** 퍼스 시내에서 3 or 58번 버스를 타고 팰리스Palace 정류장에서 하차 후 도보 15분
**주소** Perth PH2 6BD
**전화** 017-3855-2300
**운영시간** 하절기(4~10월) 10:00~17:30, 동절기 11~3월 휴관 / 정원만 동절기 동안 금~일 10:00~15:00 오픈 (정원 휴관 12월 중순~1월)
**요금** 17.50파운드
**홈페이지** scone-palace.co.uk

## 스코틀랜드 왕국의 상징, 운명의 돌

스쿤성 정원에 있는 아담한 사원 앞에는 성인 무릎 높이의 작은 돌의자가 놓여 있다. 대관석 혹은 운명의 돌이라고 불린다. 구약 성서의 야곱이 베고 잔 돌이라고도 하며, 신성한 돌로 여겨져 고대 스코틀랜드 왕들이 왕위를 받을 때 사용되었다.
1296년 잉글랜드 왕 에드워드 1세가 약탈해 잉글랜드와 대영제국의 대관식에서 사용했다가, 1996년 영국 정부가 스코틀랜드로 공식 반환했다. 현재는 에든버러성에 보관 중이며, 스쿤성에 있는 돌은 모형이다.

**스코틀랜드 종교 개혁의 중심이 된**

# 세인트 존 교회 St. John's Kirk

퍼스에서 가장 오래되고 중요한 건물이다. 15~16세기에 지어졌다. 특히, 독특한 모양의 교회 첨탑은 500년 넘게 퍼스의 랜드마크 역할을 하고 있다. 세인트 존 교회의 역사에서 가장 큰 사건은 1559년 존 녹스John Knox가 종교 개혁을 주장하며 펼친 설교다. 그의 설교는 스코틀랜드 국민에게 큰 영향을 미쳤다. 존 녹스의 설교를 들은 국민들이 퍼스의 수도원과 당시 부유한 종교 지도자들의 집을 훼손하는 등 스코틀랜드 종교 개혁의 신호탄이 되었다.

종교 개혁 이후 세인트 존 교회도 파손되었다. 이후, 몇 세기 동안 3개의 교회로 나뉜 채 방치되고 있다가 20세기 초에 복원 작업을 시작했다. 또, 세인트 존 교회 내부에서는 전 세계 전쟁 역사에서 빼놓을 수 없는 블랙 워치Black Watch 연대가 그려진 멋스러운 스테인드글라스 창문을 볼 수 있다.

**Data** **지도** 385p-B **가는 법** 퍼스역에서 도보 약 13분
**주소** St. John's Pl., Perth PH1 5SZ **전화** 017-3863-3192
**운영시간** 하절기(5~10월) 월~토 10:00~16:00(일요일에는 09:30분에 진행되는 아침 예배만 참여 가능) / 동절기에는 시간 단축될 수 있음
**요금** 무료 **홈페이지** www.st-johns-kirk.co.uk

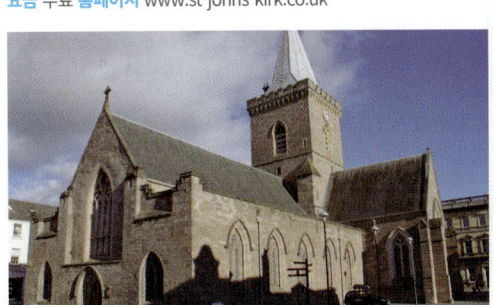

블랙 워치 연대가 그려진 스테인드글라스 창문

#### 아름다운 유리 돔 건물에서 퍼스를 한눈에 볼 수 있는
### 퍼스 박물관&아트 갤러리 | Perth Museum&Art Gallery

퍼스의 역사와 스코틀랜드 작가들의 예술 작품을 전시하고 있는 복합 박물관이자 미술관이다. 1824년에 개장한 이곳은 영국에서 박물관 용도로 지어진 건물 중 손에 꼽히는 오래된 건물 중 하나다. 석기 시대부터 산업 혁명까지 퍼스와 퍼스셔의 역사를 한눈에 볼 수 있다. 퍼스의 유명인사 미스 발렌타인이 작살로 잡은 29kg의 거대 연어를 비롯해, 퍼스셔의 야생 자연을 보여주는 동물, 식물, 곤충 컬렉션, 청동기 시대 검 등 시대와 분야를 뛰어 넘는 다양한 소장품 50만 점을 보유하고 있다. 콘서트와 워크숍도 열린다. 상설 전시도 있으니 홈페이지에서 체크해 보자.

**Data** 지도 385p-B
가는 법 퍼스역에서 도보 약 15분 주소 78 George St., Perth PH1 5LB
전화 017-3863-2488 운영시간 월·금·토 10:00~17:00, 목 10:00~19:00, 일 10:00~16:00 휴무 화·수요일
요금 무료 홈페이지 www.culturepk.org.uk

#### 스코틀랜드 예술을 부흥시킨 부부
### 존 던컨 퍼거슨 & 마가렛 모리스

퍼스 아트 갤러리에서 에든버러 태생의 예술가 존 던컨 퍼거슨John Duncan Fergusson과 그의 아내 마가렛 모리스Margaret Morris의 작품과 전시물을 볼 수 있다. 퍼거슨은 프랑스에서 일어난 인상파 혁명에 참여한 몇 안 되는 영국 예술가 중 한 명으로, 20세기 영국 예술계에서 중요한 인물이다. 그의 60년 예술 인생 동안 창작한 유화, 수채화, 조각 작품들과 그의 흔적이 남아있는 개인 물품, 사진, 편지 등이 전시되어 있다.

퍼거슨의 아내이자 현대 무용의 선구자인 마가렛 모리스의 전시물도 있다. 19세의 나이로 마가렛 모리스 무브먼트라는 자신만의 무용 훈련 시스템을 개발하고, 런던에 무용 학교를 설립한 인물이다.

#### 하일랜드에서 가장 오래된 연대의 전쟁 박물관
# 블랙 워치 캐슬&박물관
The Black Watch Castle&Museum

가장 오래된 하일랜드 연대 블랙 워치는 1881년에 창설되어 스코틀랜드 왕의 보병 대대로 활약했다. 프랑스 전쟁, 제 1차, 2차 세계대전은 물론, 이라크와 아프가니스탄 전쟁과 한국 전쟁에도 참전했다. 박물관에서 블랙 워치의 참전 역사를 볼 수 있다.

연대의 타탄 문양 유니폼, 훈장, 전쟁 무기 등도 전시하고 있으며, 블랙 워치를 소개하는 영화도 상영한다. 그림과 사진 등의 전시물을 보고 있노라면 치열했던 블랙 워치 연대의 역사를 생생하게 느낄 수 있다. 밸하우지성 Balhousie Castle에 있다. 기념품숍, 카페, 아름다운 정원도 있으니 관람 후 잠시 쉬어가도 좋겠다.

**Data** 지도 385p-A 지도 밖
가는 법 퍼스역에서 70번 버스를 타고 밸하우지 애비뉴Balhousie Avenue 정류장에서 하차 후 도보 약 3분 / 퍼스역에서 도보 약 20분 주소 Balhousie Castle, Hay St., Perth PH1 5HR
전화 017-3863-8152 운영시간 하절기(4~10월) 09:30~16:30 / 동절기(11~3월) 10:00~16:00
요금 11파운드, 가이드 투어 19.25파운드 홈페이지 www.theblackwatch.co.uk


#### 여행 중 추억이 될 만한 공연 즐기기
# 퍼스 콘서트홀 Perth Concert Hall

퍼스 시민들의 예술을 책임지고 있는 종합 예술 공간이다. 2005년에 개장했다. 스코틀랜드 베스트 공공건물 디자인 상을 받을 정도로 현대적이고 우아한 건물이 인상적이다. 클래식, 오페라 공연을 비롯해, 패션쇼, 아트 페스티벌 등 다양한 행사가 열린다. 부담 없는 가격으로 수준급의 클래식 공연을 즐길 수 있다. 홈페이지에서 공연 정보를 확인할 수 있다.

**Data** 지도 385p-B
가는 법 퍼스역에서 도보 약 15분 주소 Mill St., Perth PH1 5HZ 전화 017-3862-1031
운영시간 월~토 10:00~18:00(일요일은 공연이 있을 때만 오픈) 홈페이지 www.horsecross.co.uk

킨나울 타워

정상에서 바라보는 아름다운 전원 풍경
## 킨나울 힐 우드랜드 파크 Kinnoull Hill Woodland Park

자연 숲 공원이다. 총 5개의 언덕 지대로 이루어졌으며, 그중 222m 높이의 킨나울 힐Kinnoull Hill 이 가장 높다. 잘 조성된 4개의 산책로가 있다. 퍼스 시내에서 출발해 왕복 약 2~3시간 코스다. 미세먼지 없는 신선한 공기를 만끽하며 오르다 보면 다람쥐, 노루사슴 등을 가끔 만날 수 있다. 산책로 중간중간 여우, 올빼미 등 야생 동물 모습을 새겨놓은 나무 조각을 구경하는 것도 재밌다. 정상에 오르면 테이강이 유유히 흐르는 그림 같은 전원 풍경이 펼쳐진다. 정상 위에는 18세기에 지어져 현재는 폐허로 남아 있는 킨나울 타워Kinnoull Tower가 있으나 밑으로는 가파른 절벽이다. 킨나울 타워에 갈 때는 반드시 주의하자.

**Data** 지도 385p-D 지도 밖
가는 법 퍼스 도심 사우스 스트리트South Street 정류장에서 11번 버스를 타고 해턴 뷰Hatton View 정류장에서 하차 후 도보 약 15분 주소 Perth, Perthshire PH2 7LN 홈페이지 www.kinnoull.org.uk

퍼스에서 꽃길을 걸어요
## 브랭클린 가든 Branklyn Garden

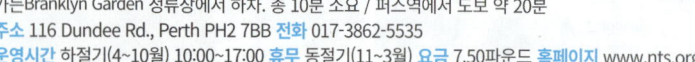

킨나울 힐 측면에 위치한 아름다운 식물 정원이다. 존, 도로시 렌턴 부부가 구입한 부지에 집을 짓고, 정원을 개발해 1920년 개장했다. 부부는 세계 각지의 희귀한 식물과 꽃에 지대한 관심을 가지고, 식물이 서식하기 좋은 최적의 환경을 조성하기 위해 많은 노력을 기울였다.
평소에 보기 어려운 중국, 티베트, 부탄, 히말라야에서 자라는 고산 식물과 야생화를 포함해 3,500여 종의 식물이 자라고 있어 계절마다 다른 분위기를 느낄 수 있다. 숲길을 따라 꽃이 조화롭게 피어 있다. 꽃과 식물을 좋아한다면 추천하는 곳이다. 기념품숍에는 정원, 식물과 관련된 책과 여러 제품을 판매한다.

**Data** 지도 385p-D 지도 밖 가는 법 퍼스 도심 사우스 스트리트 정류장에서 39번 버스를 타고 브랭클린 가든Branklyn Garden 정류장에서 하차. 총 10분 소요 / 퍼스역에서 도보 약 20분
주소 116 Dundee Rd., Perth PH2 7BB 전화 017-3862-5535
운영시간 하절기(4~10월) 10:00~17:00 휴무 동절기(11~3월) 요금 7.50파운드 홈페이지 www.nts.org.uk

## EAT

모던 영국 스타일을 추구하는
# 노스 포트 스코티시 레스토랑
**North Port Scottish Restaurant**

퍼스 박물관&아트 갤러리와 퍼스 콘서트홀 뒤에 위치한다. 1774년에 지어진 아담한 건물을 레스토랑으로 개조했다. 고급스러운 나무 천장과 바닥으로 꾸민 내부 인테리어가 돋보인다. 모던 영국 요리를 추구하며, 신선한 제철 재료와 현지 농산물로 요리한다. 계절마다 메뉴가 바뀐다.

송로버섯, 농어, 북해 대구, 해기스, 로스트 치킨, 립아이 스테이크 등이 메인 메뉴다. 화이트 초콜릿, 스코틀랜드 치즈 등 디저트 메뉴도 있다. 런치 타임에는 합리적인 가격에 코스 요리를 즐길 수 있다.

**Data** 지도 385p-B
**가는 법** 퍼스역에서 도보 약 13분
**주소** 8 North Port, Perth PH1 5LU
**전화** 017-3858-0867
**운영시간** 화~토 런치 12:30~14:30 / 디너 17:00~18:30
**휴무** 일·월요일
**가격** 런치 2코스 18파운드, 립아이 스테이크 29파운드
**홈페이지** www.thenorthport.co.uk

코스로 즐기는 정통 이탈리안 음식
# 브라더스 레스토랑 Broth3rs Restaurant

이탈리아 본연의 맛을 지키며 정통 방식으로 요리하는 이탈리아 레스토랑이다. 이탈리아에서 직접 공수한 현지 식재료와 이탈리아산 천연 유기농 와인이 이곳의 자랑이다. 10가지가 넘는 피자 종류와 파스타를 취향에 따라 골라 먹는 재미가 있다. 얇고 바삭바삭하면서 고소한 피자 도우가 맛있다. 12시부터 5시까지 스타터와 메인 메뉴를 13.95파운드에 먹을 수 있는 런치 코스 메뉴도 있다.

**Data** 지도 385p-B
**가는 법** 퍼스역에서 도보 약 13분
**주소** 24 George street, Perth PH1 5JR
**전화** 0173-844-5544
**운영시간** 월~토 11:00~21:00
**휴무** 일요일
**가격** 런치 2코스 13.95파운드, 브라더스 피자 12.95파운드
**홈페이지** www.broth3rsrestaurant.co.uk

**앤티크한 분위기에서 즐기는 차 한 잔**
# 에피스 오브 퍼스 Effies of Perth

하이 스트리트를 따라 걷다 보면 앤티크한 티 룸을 만나게 된다. 마치 19세기 초에 시간이 멈춘 듯한 곳으로, 화려한 금색 간판이 눈에 띄어 쉽게 찾을 수 있다. 안으로 들어서면 벽에 걸린 오래된 액자들과 곳곳에 장식된 앤티크 소품들이 보인다. 티 룸 겸 레스토랑으로, 티와 함께 즐길 수 있는 다양한 식사 메뉴가 있다.

스페셜 티, 허브티, 과일 티 등 30종류가 넘는 블렌딩 티가 고급스러운 티 팟에 담겨 찻잔과 함께 나온다. 3단 럭셔리 애프터눈 티 세트를 비롯해 홈메이드 수프, 피시 앤 칩스, 파이, 샐러드 등 다양한 메뉴가 있다. 특히, 당근 케이크가 에피스 오브 퍼스의 시그니처 메뉴다.

**Data** 지도 385p-A
가는 법 퍼스역에서 도보 약 10분
주소 202 High St., Perth PH1 5PA
전화 017-3863-4770
운영시간 월~금 09:00~17:00, 토 09:00~18:00
휴무 일요일
가격 티 2.25파운드, 케이크 3.95파운드, 애프터눈 티 14.95파운드
홈페이지 effiesofperth.co.uk

**퍼스의 커피 자부심**
# 힌터랜드 Hinterland

세인트 존 교회 옆으로 퍼스의 레스토랑, 카페가 이어져 있다. 힌터랜드는 그중 단연 인기 있는 카페다. 특별하게 엄선한 두 종류의 아라비카 빈을 블렌딩한 후, 전통적인 방식으로 로스팅한 커피를 맛볼 수 있다. 독특한 풍미와 풍부한 향을 내는 이곳의 스페셜티 커피를 즐겨보자.

커피와 함께 즐기면 좋은 케이크, 홈메이드 수프, 식사 메뉴도 판매한다. 날씨가 좋은 날에는 야외 테이블에 앉아 따뜻한 햇살을 받으며 커피 한 잔 즐기기 좋은 곳이다.

**Data** 지도 385p-B
가는 법 퍼스역에서 도보 약 13분
주소 10 St. John's Pl., Perth PH1 5SZ
운영시간 월~금 09:30~15:30, 토 09:00~16:00, 일 10:00~15:30
가격 플랫 화이트 3.30파운드, 아침 토스트 3.35파운드, 샌드위치 8.25파운드
홈페이지 www.hinterlandcoffee.co.uk

# BUY

**퍼스의 중심에서 편하게 쇼핑할 수 있는**
### 세인트 존 쇼핑센터 St. John's Shopping Centre
퍼스 시내 중심인 하이 스트리트와 킹 에드워드 스트리트에 위치한 쇼핑센터다. 30개의 브랜드숍이 입점해 있다. 프라이마크, 리버 아일랜드 등 의류 브랜드를 비롯해, 디즈니 스토어, 일명 영국의 다이소로 불리는 파운드랜드, 카페, 서점, 환전소 등이 모여 있어 편하다.

**Data** 지도 385p-B 가는 법 퍼스역에서 도보 약 10분 주소 King Edward St., Perth PH1 5UB 전화 017-3862-9380 운영시간 월~토 09:00~17:30, 일 11:00~17:00 홈페이지 www.stjshopping.co.uk

**언제나 즐거운 시장 구경**
### 퍼스 파머스 마켓 Perth Farmers' Market

세인트 존 쇼핑센터 주변 킹 에드워드 스트리트와 하이 스트리트에서 열리는 스트리트 마켓이다. 퍼스 지역 농부, 상인들이 직접 재배하거나 만든 제품을 판매한다. 고기, 해산물, 과일, 꿀, 오일, 음료, 꽃, 홈베이킹 빵, 치즈, 초콜릿, 퍼지, 수제 비누 등 종류도 다양해서 둘러보는 재미가 있다.

**Data** 지도 385p-B 가는 법 퍼스역에서 도보 약 10분 주소 킹 에드워드 스트리트King Edward Street와 하이 스트리트High Street 운영시간 매달 첫째 주 토요일 09:00~14:00 홈페이지 www.perthfarmersmarket.co.uk

**고소한 커피 향으로 가득한**
### 더 빈 숍 The Bean Shop

스코틀랜드에서 최고의 커피를 제공하겠다는 마음으로 2003년 문을 연 곳이다. 콜롬비아, 에티오피아, 코스타리카, 케냐 등 전 세계에서 깐깐하게 고른 빈을 필요한 만큼만 직접 로스팅해서 커피의 신선함을 유지한다. 차도 마실 수 있으며, 커피 드립 장비와 머그 컵 등을 판매한다.

**Data** 지도 385p-B 가는 법 퍼스역에서 도보 약 15분 주소 67 George St., Perth PH1 5LB 전화 017-3844-9955 운영시간 월~토 09:30~17:30 휴무 일요일 가격 더 빈 숍 블렌드 5.25파운드 홈페이지 www.thebeanshop.co.uk

# SLEEP

### 퍼스의 역사 깊은 호텔
## 샐류테이션 호텔 Salutation Hotel

개인 소유의 저택이었다가, 1699년부터 숙소로 사용되고 있는 역사가 깊은 호텔이다. 총 84개의 객실이 있다. 스튜어트룸으로 불리는 호텔 1층의 20호 객실은 찰스 에드워드 스튜어트가 재커바이트와 반란을 계획한 곳이다. 지금도 회의실로 사용된다. 퍼스 중심에 위치해 조금만 걸어 나가면 퍼스 강가를 산책할 수 있다. 주변에 쇼핑센터, 카페, 마트 등 편의 시설도 많다.

호텔 내에 샹들리에가 달린 고급스러운 다이닝룸과 바가 있다. 3코스 저녁 식사, 하우스와인, 주변 도시로 오가는 기차 티켓, 골프 코스 등이 포함된 다양한 호텔 패키지도 있으니, 관심이 있다면 호텔 홈페이지에서 확인해 보자.

**Data** 지도 385p-D
가는 법 퍼스역에서 도보 약 12분
주소 34 South St., Perth PH2 8PH
전화 017-3863-0066
운영시간 체크인 15:00, 체크아웃 11:00
요금 더블룸 120파운드~
홈페이지 www.strathmorehotels-thesalutation.com

### 기차역, 공원 옆에 위치한 깔끔한 B&B
## 더 타운하우스 The Townhouse

조지안 양식의 타운 하우스로, 숙소 바로 앞에 사우스 인치South Inch 공원이 있다. 도보로 퍼스 시내와 테이강을 갈 수 있는 최적의 위치를 자랑한다. 퍼스 기차역도 가깝다.

스코틀랜드 게스트 하우스 5등급이며, 미슐랭 가이드에도 선정될 만큼 인증된 숙소다. 공원을 내려다보는 디럭스 파크뷰룸과 트래디셔널룸, 코지룸 등이 있다. 방마다 개별 욕실이 있으며, 앤티크한 가구가 아늑한 분위기를 자아낸다.

**Data** 지도 385p-D 가는 법 퍼스역에서 도보 약 5분
주소 17 Marshall Pl., Perth PH2 8AG
전화 017-3844-6179 운영시간 체크인 13:00, 체크아웃 11:00
요금 디럭스 파크뷰룸 150파운드~, 트래디셔널룸 120파운드~
홈페이지 thetownhouseperth.co.uk

Scotland Small Towns

# 03

# 던디
## Dundee

던디는 스코틀랜드 동해안과 테이강이 만나는 지점에 위치한다. 이런 지리적 장점 덕분에 18~19세기 선박과 황마 산업으로 번영을 누렸다. 영국에서 첫 번째로 유네스코 세계 문화유산 디자인 도시로 선정되었다. 던디에서 문화 예술을 만끽해 보자.

## 던디
# 미리보기

던디는 작은 도시지만, 〈내셔널 지오그래픽〉에서 선정한 세계 19대 여행지이자, 〈론리 플래닛〉에서 선정한 유럽 베스트 10에 포함된 여행지로 각광받는 곳이다. 던디의 산업 역사를 보여주는 다양한 박물관과 흥미로운 디자인, 예술 유산, 그리고 만화 캐릭터들이 던디를 가득 채우고 있다.

**SEE**
화려한 외관의 디자인 박물관, V&A 던디는 필수 코스다. 그 옆에는 120년 전 최초 남극 탐사호인 RRS 디스커버리가 있다. 던디의 역사를 보여주는 맥마누스 던디 아트 갤러리&박물관, 버든트 웍스도 둘러보자.

**EAT**
던디는 마멀레이드의 고향이다. 달콤하고 과일 향 가득한 던디 케이크는 꼭 먹어보자. 여러 카페와 레스토랑에서 부드럽고 촉촉한 케이크를 즐길 수 있다.

**BUY**
던디 시내 한가운데에 큰 쇼핑센터가 있다. 케어드 홀 던디 등 주요 명소, 광장과도 가깝다. 영국 주요 브랜드는 빠짐없이 입점해 있고, 프랜차이즈 카페, 레스토랑도 있다.

**ENJOY**
던디는 1938년부터 시작한 영국에서 가장 오래된 어린이 만화 잡지 〈비노 Beano〉의 출판사 DC 톰슨의 본사가 있는 곳이다. 도시 곳곳에 만화 캐릭터 조형물이 세워져 있다. 던디의 창의적인 면모를 발견할 수 있다.

### 어떻게 갈까?

**비행기** 런던 스탠스테드 공항에서 던디 공항까지 약 1시간 45분이 소요된다.
**기차** 에든버러 웨이벌리역에서 던디 기차역까지 약 1시간 15분 / 글래스고 퀸 스트리트역에서 던디 기차역까지 약 1시간 30분이 소요된다.
**코치** 에든버러 버스 스테이션에서 던디 버스 스테이션까지 약 1시간 30분 / 글래스고 뷰캐넌 버스 스테이션에서 던디 버스 스테이션까지 약 1시간 45분이 소요된다.

### 어떻게 다닐까?

던디의 중심인 케어드 홀 던디와 오버게이트 쇼핑센터 주변으로 맥마누스 던디 아트 갤러리&박물관, 던디 과학 센터, 던디 현대 미술관 등 주요 볼거리와 레스토랑, 쇼핑 거리가 모여 있다. 편한 신발을 신고 도보로 이동하자. 날씨가 좋다면 V&A 던디와 RRS 디스커버리를 둘러본 후, 테이 강변을 따라 산책을 즐겨보는 것도 좋겠다. 던디의 전망을 볼 수 있는 던디 로, 던디 교통 박물관에 갈 때는 시내버스를 이용하는 것이 좋다.

# 던디
## ♀ 1일 추천 코스 ♀

던디에는 역사, 디자인, 교통, 선박, 과학, 산업 등 다양한 주제의 박물관과 미술관이 많다. 그 중 취향에 맞는 한두 곳을 둘러보자. 혹은, 던디 근교의 글래미스성을 다녀오는 것도 좋다.

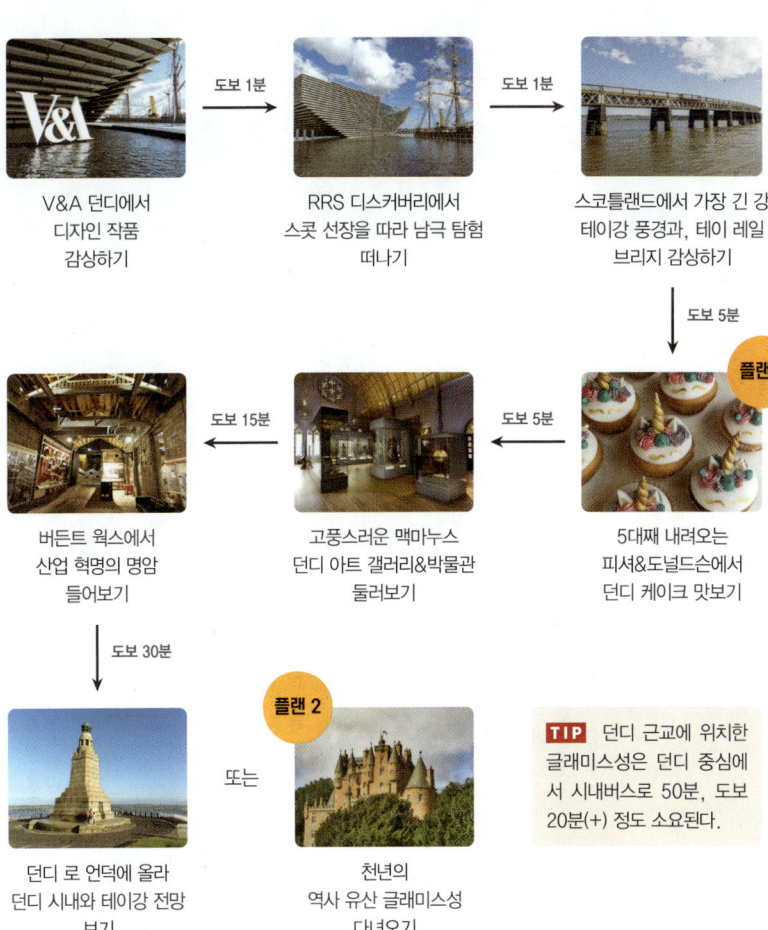

V&A 던디에서 디자인 작품 감상하기

도보 1분 →

RRS 디스커버리에서 스콧 선장을 따라 남극 탐험 떠나기

도보 1분 →

스코틀랜드에서 가장 긴 강 테이강 풍경과, 테이 레일 브리지 감상하기

↓ 도보 5분

**플랜 1**

5대째 내려오는 피셔&도널드슨에서 던디 케이크 맛보기

← 도보 5분

고풍스러운 맥마누스 던디 아트 갤러리&박물관 둘러보기

← 도보 15분

버든트 웍스에서 산업 혁명의 명암 들여다보기

↓ 도보 30분

던디 로 언덕에 올라 던디 시내와 테이강 전망 보기

또는

**플랜 2**

천년의 역사 유산 글래미스성 다녀오기

**TIP** 던디 근교에 위치한 글래미스성은 던디 중심에서 시내버스로 50분, 도보 20분(+) 정도 소요된다.

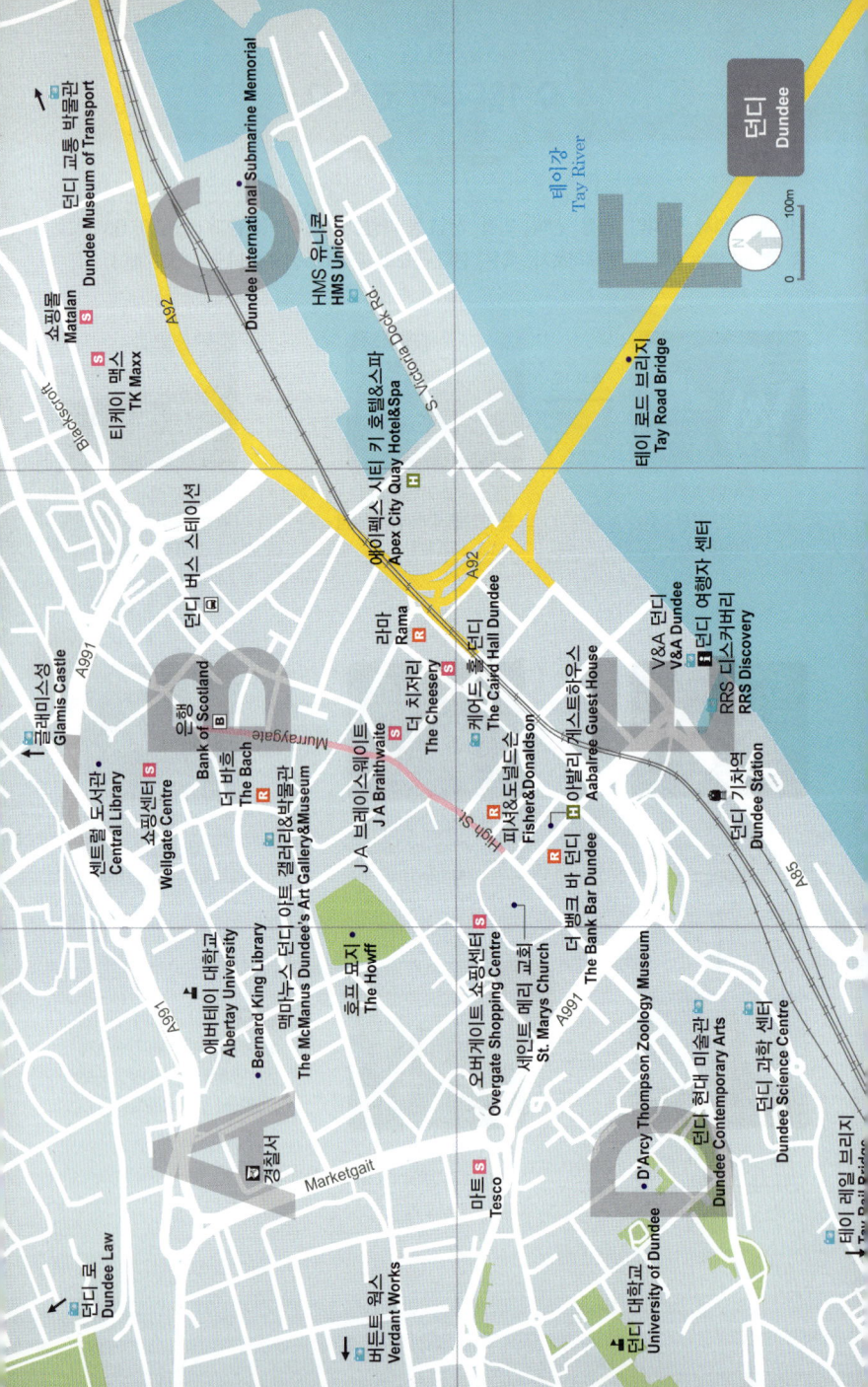

# SEE

**스코틀랜드 디자인을 제대로 보여주는 건축물**

## V&A 던디 V&A Dundee

유네스코 세계 문화유산 디자인 도시로 선정된 던디의 새로운 랜드마크. 2018년 9월 문을 연 디자인 박물관이다. 런던 외곽에 세워진 스코틀랜드 첫 번째 디자인 박물관으로 의미가 있다. 일본의 저명한 건축가 쿠마 켄고 Kuma Kengo가 스코틀랜드 동부 해안의 가파른 절벽에서 영감을 받아 기하학적으로 설계했다. 곡선으로 층층이 쌓인 2,429개의 콘크리트 판넬이 부드러운 물결을 연상시킨다. 수많은 나무 조각들이 중앙 홀을 향해 사선으로 내려오는 건물 내부 디자인도 독특하다. 조각들 사이로 던디 시내와 테이강의 아름다운 전망이 보인다.

전시관에는 스코틀랜드의 독창적이고 훌륭한 디자인 유산을 전시했다. 찰스 레니 매킨토시의 작품을 비롯해, 도자기, 가구, 직물, 비디오 게임까지 스코틀랜드와 전 세계 디자인 트렌드를 한 곳에서 볼 수 있다. 테이강의 전망을 즐길 수 있는 레스토랑과 야외 테라스도 있다.

**Data** **지도** 398p-E **가는 법** 던디역에서 도보 약 2분
**주소** 1 Riverside Esplanade, Dundee DD1 4EZ **전화** 013-8241-1611 **운영시간** 10:00~17:00 **요금** 무료
**홈페이지** www.vam.ac.uk/dundee

### 최초 남극 탐험 원정대의 발자취를 따라서
# RRS 디스커버리 RRS Discovery

120년 역사의 왕실 연구선이다. 뛰어난 선박 산업 기술을 보유한 던디는 당시 미지의 대자연이었던 남극 대륙을 연구하기 위한 목적으로 1901년에 견고한 선박을 특별 제작했다. 역경의 세월을 견딘 디스커버리 호는 1986년에 고향으로 돌아왔다. 현재는 시청각 디스플레이, 모형, 체험, 퀴즈 등을 통해 당시 파란만장했던 남극 모험의 이야기를 방문객들에게 들려주고 있다. 스콧 선장과 그가 직접 선발한 48명의 젊은 승무원들의 남극 탐험 발자취를 사진 등의 전시물로 볼 수 있다.

**Data** 지도 398p-E
가는 법 던디역에서 도보 약 2분
주소 Discovery Point, Discovery Quay, Dundee DD1 4XA
전화 013-8230-9060
운영시간 하절기(4~10월) 월~토 10:00~18:00, 일 11:00~18:00 / 동절기(11~3월) 월~토 10:00~17:00, 일 11:00~17:00
요금 17파운드, 버든트 웍스 조인트 티켓 24.50파운드
홈페이지 www.rrsdiscovery.com

### 던디를 보여주는 고풍스러운 고딕 건물
# 맥마누스 던디 아트 갤러리&박물관
## The McManus Dundee's Art Gallery&Museum

고풍스러운 빅토리안 고딕 양식이 특징이다. 150년이 넘는 긴 역사가 있는 곳으로, 1959년에 던디 지방 영주 모리스 맥마누스Maurice McManus의 이름을 따서 맥마누스 던디 아트 갤러리&박물관으로 이름을 변경했다. 총 2층으로, 던디의 시작을 보여주는 역사 유적부터 던디 사람들의 삶을 그릴 수 있는 전시물이 있다. 1883년 테이만을 헤엄치던 거대한 향유 고래 테이 고래의 뼈도 천장에 걸려 있다. 던디의 역사, 자연, 예술을 총망라하고 있어, 던디에 왔다면 한 번쯤 가 볼 만한 곳이다.

**Data** 지도 398p-B 가는 법 던디역에서 도보 약 10분
주소 Albert Square, Meadowside, Dundee DD1 1DA 전화 013-8230-7200
운영시간 월~토 10:00~17:00, 일 12:30~16:30 요금 무료 홈페이지 www.mcmanus.co.uk

**화려한 황마 산업 뒤에 가려진 어두운 노동자들의 삶**
## 버든트 웍스 Verdant Works

19세기 후반에 발전한 조선 산업, 항구, 강에서 물을 풍부하게 조달할 수 있는 조건 덕분에 황마 가공은 던디의 주요 산업이 되었다. 무려 60개가 넘는 황마 공장이 지어졌으며, 5만 명이 넘는 사람들이 일했다. 버든트 웍스는 황마 가공 작업장을 재현해 놓은 곳으로, 산업 혁명의 어두운 단면을 엿볼 수 있다.
황마 산업의 부흥은 소수의 공장 소유주와 특권층에게는 부와 기회를 가져다 주었지만, 대부분의 빈곤층 노동자들은 전염병, 저임금, 긴 노동 시간 등 열악한 근로 및 주거 환경에 시달리며 비참한 삶을 살아야 했다. 산업 혁명 시기의 화려한 이면 뒤에 감춰진 노동자들의 슬프고 어두운 역사를 살펴보자.

**Data** 지도 398p-A 지도 밖
**가는 법** 던디역에서 도보 약 20분
**주소** West Henderson's Wynd, Dundee DD1 5BT
**전화** 013-8230-9060
**운영시간** 하절기(4~10월) 월~토 10:00~18:00, 일 11:00~18:00 / 동절기(11~3월) 수~토 10:00~17:00, 일 11:00~17:00
**휴무** 동절기 (11~3월) 월·화요일
**요금** 14파운드, 디스커버리 조인트 티켓 24.50파운드
**홈페이지** www.verdantworks.com

**던디의 멋진 장관을 볼 수 있는**
## 던디 로 Dundee Law

던디의 아름다운 풍경을 내려다볼 수 있는 최고의 장소다. 화산 작용으로 발생한 해발 약 175m 높이의 언덕이다. 철기 시대와 중세 시대에는 도시의 요새 역할을 해 오다, 지금은 아름다운 전망을 즐기려는 여행자들과 지역 주민들에게 사랑받는 명소가 되었다.

전쟁 기념탑이 서 있는 정상 전망대에서는 던디 시내와 테이강을 볼 수 있다. 던디 도심에서 떨어진 외곽에 위치해 있지만, 시간과 체력이 허락한다면 자연의 정취를 느끼며 산책로를 따라 언덕에 올라보자.

**Data** 지도 398p-A 지도 밖
**가는 법** 포럼 센터Forum Centre 버스 정류장에서 23번 버스 탑승 후 모티머 스트리트 Mortimer Street 정류장에서 하차 후 도보 약 10분. 총 20분 소요
**주소** 15G Baldovan Terrace, Dundee DD4 6NG
**홈페이지** www.dundeelaw.info

전쟁 기념탑

### 다양한 예술 프로그램이 열리는 종합 공간
## 던디 현대 미술관 Dundee Contemporary Arts

스코틀랜드 작가의 작품을 전시하는 현대 미술관이다. 2개의 대규모 미술 전시관과 영화 상영관, 프린트 스튜디오, 다양한 예술 프로그램을 진행하는 종합 예술 단체로, 줄여서 DCA라고도 부른다. 오래된 창고 건물을 개조해 쾌적하고 따뜻한 예술 공간으로 사용 중이다.
건물 자체는 자정까지 문이 열려 있어, 영화를 관람하거나 바에서 간단한 스낵을 먹으며 저녁 시간을 보낼 수도 있다. 독특한 디자인 작품, 보석, 수공예품, 디자인 서적을 판매하는 기념품숍도 둘러보자.

**Data** 지도 398p-D
가는 법 던디역에서 도보 약 10분
주소 152 Nethergate, Dundee DD1 4DY
전화 013-8243-2444
운영시간 매일 10:00~24:00/
갤러리 화~일 11:00~18:00,
목 19:00까지 오픈, 월 휴관
요금 무료
홈페이지 www.dca.org.uk

### 호기심을 불러일으키는 즐거운 과학 세상
## 던디 과학 센터 Dundee Science Centre

과학의 원리와 인체의 신비를 볼 수 있는 체험형 전시관이다. 거대 인체 모형 전시뿐 아니라 과학 실험 등도 할 수 있어 오감을 통해 재미있게 과학을 배운다. 과학자와의 만남을 비롯한 다양한 과학 쇼 프로그램, 워크숍 등도 열린다. 학생들과 성인의 과학 흥미를 유도하고, 평생 학습을 진흥하기 위함이 목적이다. 음료와 간단한 스낵이 있는 카페와 과학 관련 용품을 판매하는 기념품숍이 있다.

**Data** 지도 398p-D 가는 법 던디역에서 도보 약 10분 주소 Greenmarket, Dundee DD1 4QB
전화 013-8222-8800 운영시간 카페, 기념품숍 09:00-16:00 / 전시회는 홈페이지에서 미리 예약 필요
요금 성인 6파운드, 아동(3~15세) 4.50파운드 홈페이지 www.dundeesciencecentre.org.uk

**던디 제일의 공연장이자, 넓은 광장이 있는**
# 케어드 홀 던디 The Caird Hall Dundee

던디 시내 중심에 위치한 주요 공연, 행사가 열리는 장소다. 2,300명까지 수용 가능한 규모로, 웅장한 대리석 기둥과 거대한 파이프 오르간이 자랑거리다. 황마 산업으로 부를 축적한 제임스 케어드가 10만 파운드를 도시에 기부해 1923년 건설됐다. 왕립 스코틀랜드 오케스트라, 발레, 오페라 등 다양한 예술 공연도 볼 수 있다.

공연장 앞에는 넓은 시민 광장이 있다. 매달 셋째 주 토요일(1월 제외)에는 던디 파머스 마켓을 비롯해, 스코틀랜드 파이프 밴드 연주, 야외 공연, 정치 집회 등이 열린다. 여행 중 잠시 쉬면서 던디의 분위기를 느껴보자. 던디 사람들의 삶을 보기에 더할 나위 없는 장소다.

**Data** 지도 398p-E 가는 법 던디역에서 도보 약 7분
주소 City Square, Dundee DD1 3BB 전화 013-8243-4451 홈페이지 www.leisureandculturedundee.com

**100년 넘은 클래식 자동차 구경하기**
# 던디 교통 박물관 Dundee Museum of Transport

던디 교통의 역사를 보여주는 박물관이다. 자동차, 버스, 택시, 오토바이 등 운송 수단을 전시하고 있다. 신호등, 도로 표지판을 비롯해, 모형으로 만든 선박, 기차역 등도 있다. 1915년 초창기 포드 자동차부터 60년대 재규어, 80년대 아우디 콰트로 모델 등 관리가 잘 된 클래식, 빈티지 자동차를 실제로 볼 수 있다.

**Data** 지도 398p-C 지도 밖 가는 법 케어드 홀 정류장에서 5 or 10번 버스를 타고 손뱅크 테라스Thornbank Terrace 정류장에서 하차. 총 5분 소요 주소 Unit 10 Market Mews, Market St., Dundee DD1 3LA
전화 013-8245-5196 운영시간 하절기(3~10월) 월·수~일 10:00~16:30, 화 휴관 /동절기(11~2월) 휴관
요금 8.50파운드 홈페이지 www.dmoft.co.uk

**130년이 된 영국에서 가장 긴 철도**
## 테이 레일 브리지 Tay Rail Bridge

테이강을 건너는 철도다. 던디와 워밋Wormit 지방을 연결한다. 테이 레일 브리지 이전에 건설된 첫 번째 다리가 있었으나, 1879년에 강풍에 다리가 붕괴되었다. 이 사고로 기차에 타고 있던 약 60명의 탑승자 모두가 사망한 슬픈 일이 있었다. 그 후, 1887년에 현재의 다리가 건설되었다.
테이 레일 브리지는 130년이 넘는 오랜 역사를 자랑한다. 또한, 총길이 3.2km로 영국에서 가장 긴 철교이기도 하다. 지금도 에든버러와 스코틀랜드 동북부 도시를 연결하는 기차들이 오간다.
**Data** 지도 398p-D 지도 밖 가는 법 던디역에서 도보 약 5분 주소 Tay Rail Bridge, Dundee

**세계에서 여섯 번째로 오래된 배**
## HMS 유니콘 HMS Unicorn

던디 부두에 정박한 검은색 군함이다. 1824년 왕립 해군을 위해 제작됐다. 전 세계에서 여섯 번째로 오래된 배이자, 스코틀랜드에서 마지막으로 살아남은 목조 군함이다. 46개의 대포가 장착되어 만들어진 당시에는 강력하게 무장한 엘리트 군함이었다. 뱃머리에 장식한 유니콘이 시선을 끈다. 1960년대에 던디 부두에 정착한 뒤 박물관이 되었다. 지금까지도 잘 보존되고 있다. 내부에는 작은 배 모형과 대포들을 볼 수 있지만, 그 외에 볼거리는 없다.

**Data** 지도 398p-C 가는 법 던디역에서 도보 약 15분 주소 South Victoria Dock Rd., Victoria Dock, Dundee DD1 3BP 전화 013-8220-0900 운영시간 하절기(4~10월) 10:00~17:00 / 동절기(11~3월) 수~토 10:00~16:00, 일 12:00~16:00 휴무 동절기(11~3월) 월·화요일 요금 7.80파운드 홈페이지 www.frigateunicorn.org

# 여기도 가 보자! 던디 근교에 위치한 글래미스성

**천 년의 역사 속에 수많은 이야기가 숨어 있는**
## 글래미스성 Glamis Castle

스코틀랜드의 중요한 역사 유산이자, 윌리엄 셰익스피어의 4대 비극 중 하나 〈맥베스〉에 영감을 준 중세 시대 성이다. 화려한 외관과 달리 이곳에는 슬픈 이야기가 숨어 있다.

글래미스 성터는 과거 왕실의 사냥용 별장이 있었던 곳으로, 1034년에 말콤 2세 왕Malcolm II이 이곳에서 피살당했다. 이후 손자인 덩컨 1세가 왕위를 물려받았지만, 1040년 맥베스가 덩컨을 살해하고 왕위에 올랐다. 이것이 셰익스피어의 희곡 〈맥베스〉에 영향을 준 비극적인 사건이다. 16세기에는 글래미스 성주의 아내 재닛 더글라스Janet Douglas가 마녀로 몰려 화형을 당하기도 했다. 17세기에 비로소 현재의 화려한 저택의 모습을 갖추었다. 엘리자베스 2세 여왕의 어머니가 어린 시절을 보냈으며, 두 번째 딸인 마가렛 공주를 낳은 곳으로 영국 왕실 역사에서 중요한 장소다.

스코틀랜드의 여러 성 중에서도 화려하고 고급스러운 내부를 자랑한다. 성 주변으로 4개의 다른 테마를 가진 드넓은 정원과 산책로가 있다. 단, 대중교통으로 가려면 버스를 2번 갈아탄 후, 넓은 성 정원을 가로 질러 20분 정도 걸어가야 하는 번거로움이 있다.

**Data** 지도 398p-B 지도 밖
가는 법 차 던디 시내에서 A90, A928번 도로를 따라 약 25분 / 버스 던디 포럼 센터 버스 정류장에서 포파Forfar행 20 or 21번 버스 탑승 후 폴리스 스테이션 정류장에서 하차 후 길 건너 뉴틸Newtyle행 125번 버스 탑승 후 프라이머리 스쿨Primary School 정류장에서 하차 후 약 도보 20분. 총 1시간 30분 소요(시내 버스 탑승 시 기사님께 미리 목적지를 말하고 확인을 받자) 주소 Angus DD8 1RJ 전화 013-0784-0393
운영시간 10:00~17:00 요금 성&정원 16파운드 홈페이지 www.glamis-castle.co.uk

# EAT

### 밥 생각이 날 때면 태국식 레스토랑
## 라마 Rama

뜨끈하고 얼큰한 국물이 그리울 때, 빵에 질렸을 때 찾으면 좋다. 무려 120개가 넘는 메뉴가 있는 정통 태국식 레스토랑이다. 한국인에게 익숙한 팟타이부터 똠양꿍, 커리, 쏨땀 등 다양한 식사 메뉴와 디저트를 맛볼 수 있다.

**Data** **지도** 398p-B **가는 법** 던디역에서 도보 약 10분 **주소** 32-34 Dock St., Dundee DD1 3DR **전화** 013-8222-3366 **운영시간** 월~토 12:00~14:30, 17:00~22:00, 일 17:00~22:00 **가격** 팟타이 8.95파운드~, 똠얌 4.95파운드~ **홈페이지** www.rama-thai.co.uk

### 현지인이 추천하는 레스토랑&펍
## 더 뱅크 바 던디 The Bank Bar Dundee

스코틀랜드 정통 에일 맥주와 피시 앤 칩스, 버거 등 맛있는 펍 음식을 즐길 수 있다. 수요일 저녁에는 누구나 참여 가능한 오픈 마이크 행사가, 금요일과 토요일 저녁에는 라이브 공연이 열린다.

**Data** **지도** 398p-E **가는 법** 던디역에서 도보 약 5분 **주소** 7/9 Union St., Dundee DD1 4BN **전화** 013-8220-5037 **운영시간** 월~토 11:00~00:00, 일 12:30~00:00 **가격** 피쉬 앤 칩스 10파운드, 버거 9.25파운드 **홈페이지** www.thebankbardundee.com

### 아늑하고 편안한 뉴질랜드 스타일 카페
## 더 바흐 The Bach

뉴질랜드 출신 사장님이 오픈한 캐쥬얼 카페다. 뉴질랜드 사람들을 'Kiwi'라고도 부르는데, 그래서인지 카페 전체적인 분위기가 키위색처럼 밝은 느낌이다. 토스트, 베이글, 버거, 타코 등 간단한 식사 메뉴도 판매한다. 오후 12시 이후부터는 맥주, 와인 등 술도 즐길 수 있다.

**Data** **지도** 398p-B **가는 법** 던디역에서 도보 약 12분 **주소** 31 Meadowside, Dundee DD1 1DJ **전화** 0793-422-1060 **운영시간** 매일 09:00~16:30 **가격** 플랫 화이트 2.8파운드, 라테 2.9파운드 **홈페이지** www.the-bach.com

### 달콤한 빵과 도넛 월드
## 피셔&도널드슨 Fisher&Donaldson

1919년부터 시작한 제과점 겸 카페다. 5대째 가족이 운영하고 있다. 던디 케이크를 비롯해 비스킷, 퍼지 도넛, 컵케이크, 스카치 파이, 타르트 등 다양한 빵과 디저트를 맛볼 수 있다.

**Data** **지도** 398p-E **가는 법** 던디역에서 도보 약 5분 **주소** 12 Whitehall St., Dundee DD1 4AF **전화** 013-8222-3488 **운영시간** 월~토 09:00~17:00 **휴무** 일요일 **가격** 빵 1~3파운드 **홈페이지** fisheranddonaldson.com

# BUY

**던디 쇼핑은 이곳에서 한 번에**
## 오버게이트 쇼핑센터 Overgate Shopping Centre

던디 시내 중심에 위치한 실내 쇼핑센터. 케어드 홀 던디 건물과 광장 바로 옆에 위치하고, 던디 주요 관광 명소, 쇼핑 거리도 가깝다. 데번햄 백화점과 뉴룩, 부츠, 러쉬, H&M, 프라이마크, 톱숍 등 의류 브랜드 매장부터 코스메틱 매장까지 입점해 있어 여행 중 필요한 것이 생겼을 때 들르면 좋다.
스타벅스를 비롯해 서브웨이, 파이브 가이즈 등 카페, 간단한 패스트푸드점, 레스토랑도 있어 식사를 하거나, 잠시 앉아 커피나 차를 마시며 쉬어가기도 좋다.

**Data** 지도 398p-E 가는 법 던디역에서 도보 약 7분
주소 Dundee DD1 1UQ 전화 013-8231-4210
운영시간 월~수·금·토 09:00~18:00, 목 09:00~19:30, 일 11:00~17:00 홈페이지 www.overgate.co.uk

**던디에서 가장 오래된 상점**
## J A 브레이스웨이트
J A Braithwaite

1868년에 개장한 던디에서 가장 오래된 커피 관련 숍이다. 차와 커피 제품을 판매한다. 한쪽 벽면을 가득 채운 오래된 차 상자와 지금은 보기 힘든 양팔 저울까지, 매장 곳곳에 150년의 역사를 보여주는 빈티지 물건이 가득하다. 100종류가 넘는 차와 매일 직접 로스팅한 30종류의 원두를 판매한다.

**Data** 지도 398p-B 가는 법 던디역에서 도보 약 10분 주소 6 Castle St., Dundee DD1 3AF
전화 013-8232-2693 운영시간 화~토 10:00~16:00
휴무 일·월요일 가격 100g당 1파운드~
홈페이지 www.facebook.com/J.A.Braithwaite

**풍미 가득한 치즈의 맛을 느껴보자**
## 더 치저리
The Cheesery

스코틀랜드 탑 20 로컬 푸드숍과 던디 리테일 어워드를 수상한 치즈 전문 매장이다. 제대로 된 치즈를 맛보고 싶다면 들러보자. 스코틀랜드와 아일랜드에서 직접 생산, 유럽 전역에서 공수한 풍미 가득한 다양한 치즈가 있다. 고품질의 스페인 올리브 오일과 치즈 관련 용품도 판매한다.

**Data** 지도 398p-B 가는 법 던디역에서 도보 약 10분 주소 9 Exchange St., Dundee DD1 3DJ
전화 013-8220-2160 운영시간 화~토 09:30~17:00
휴무 일·월요일 가격 치즈 100g당 2파운드~
홈페이지 www.thecheesery.co.uk

# 🛎 SLEEP

**던디 항구 옆에 위치한 깔끔한 체인 호텔**
## 에이펙스 시티 키 호텔&스파 Apex City Quay Hotel&Spa

던디만의 아름다운 바다 뷰를 감상할 수 있는 현대식 체인 호텔이다. 총 151개의 객실을 보유한 대규모 호텔이다. 마스터 스위트룸, 주니어 스위트룸, 패밀리룸, 시티룸 등 다양한 객실이 있다. 전 객실은 통유리창으로 따스한 햇빛이 들어오며, 객실 내 TV, 개별 욕실 시설이 있다. 스파, 수영장, 레스토랑, 바, 회의실 등의 시설을 갖추었다. 호텔 주변에 HMS 유니콘이 있다. V&A 던디, 케어드 홀 던디, RRS 디스커버리 등 던디의 주요 볼거리가 도보 5~10분 거리에 있고, 던디 시내도 가까워 뛰어난 접근성을 자랑한다.

**Data** 지도 398p-B 가는 법 던디역에서 도보 약 15분
주소 1 West Victoria Dock Rd., Dundee DD1 3JP 전화 013-8220-2404 운영시간 체크인 14:30, 체크아웃 11:00 요금 더블룸 100파운드~, 슈피리어룸 130파운드~ 홈페이지 www.apexhotels.co.uk

**위치 좋고 아늑한 B&B**
## 아발리 게스트 하우스 Aabalree Guest House

던디 중심에 있는 아늑한 게스트 하우스. 도보로 쉽게 이동할 수 있는 위치에 있다. 3층 건물에 4인실 도미토리, 싱글룸, 더블룸, 패밀리룸 등 총 14개의 룸이 있다. 부담 없는 가격에 프라이버시가 보장되는 싱글룸이 있어 1인 여행자에게 특히 좋다. 100년이 넘은 건물이라 엘리베이터는 없지만, 요청 시 짐을 옮기는 것도 도와준다. 층마다 공용 샤워실과 공용 화장실이 있다. 객실 내 세면대와 TV가 있으며, 5파운드의 추가 비용을 지불하면 아침 식사로 전통 스코티시 브랙퍼스트 메뉴, 홈메이드 와플, 팬케이크 등을 제공한다.

**Data** 지도 398p-E 가는 법 던디역에서 도보 약 5분
주소 20 Union St., Dundee DD1 4BH 전화 013-8222-3867
운영시간 체크인 14:00, 체크아웃 10:30 요금 싱글룸 55파운드~, 더블룸 70파운드~ 홈페이지 aabalree.com

Scotland Small Towns

# 04

# 세인트 앤드루스
## St. Andrews

스코틀랜드 동부 해안에 위치한 작은 마을이지만 매년 수많은 관광객이 방문하는 유명 도시다. 골프의 고향으로 전 세계 골퍼들의 성지이기도 하다. 스코틀랜드에서 가장 오래된 대학이 있고, 스코틀랜드 종교의 중심지로 유서 깊은 역사도 자랑한다.

### 세인트 앤드루스
# 미리보기

세계에서 가장 오래된 골프 코스인 올드 코스를 포함한 11개의 다양한 골프 코스가 있다. 또, 골프 박물관과 왕립 골프 협회까지, 골프를 위한 모든 것이 있다. 아름다운 바다 풍경도 볼 수 있다. 버스 정류장에서 시작해 마을의 중세 시대 분위기를 만끽해 보자.

**SEE**
한때 스코틀랜드 종교의 중심지였던 세인트 앤드루스 성당과 세인트 앤드루스성을 둘러보자. 스코틀랜드에서 가장 오랜 역사를 자랑하는 세인트 앤드루스 대학교도 있다. 골프 팬이라면 영국 골프 박물관과 올드 코스도 필수 코스.

**EAT**
마켓 스트리트와 사우스 스트리트를 따라서 작지만 오래된 펍과 음식점들이 줄지어 있다. 그중 더 시푸드 리스토란테에서 멋진 바다와 올드 코스를 바라보며 랍스터, 굴 등 신선한 해산물 요리를 맛보자.

**BUY**
골프의 고향에서 골프 기념품을 사보자. 고품질의 골프 의류, 골프 용품이 있다. 기념품으로 좋은 골프공과 골프 액세서리 등 다양한 종류가 있다.

#### 어떻게 갈까?

**기차+버스** 세인트 앤드루스에는 기차역이 없으므로, 타 도시 기차역에서 내린 후 버스를 타야 한다. 에든버러 웨이벌리역에서 루카스 Leuchars역까지 간 후, 루카스역 앞 버스 정류장에서 92번 또는 99번 버스를 타고 세인트 앤드루스 버스 정류장에서 하차한다.
에든버러 웨이벌리역에서 루카스역까지는 약 1시간, 루카스역 앞 버스 정류장에서 세인트 앤드루스 버스 정류장까지는 약 10분이 소요된다.

**코치** 에든버러 버스 스테이션이나 프린스 스트리트에서 세인트 앤드루스행 X59번 버스 탑승 후, 세인트 앤드루스 버스 스테이션에서 하차한다. 약 2시간이 소요된다.

#### 어떻게 다닐까?

마을 입구의 버스 정류장에서 마을 끝에 위치한 세인트 앤드루스 성당까지 직선으로 도보 15분이면 갈 수 있다. 곳곳에 숨어 있는 작은 펍이나 카페에 앉아 여유롭게 마을을 즐겨보자.

## 세인트 앤드루스
# 📍 1일 추천 코스 📍

작은 마을이라 반나절이면 충분히 둘러볼 수 있다. 세인트 앤드루스 성당을 본 후, 성 방향으로 내려가다 보면 양쪽으로 아름다운 해안과 세인트 앤드루스 대학교 건물을 구경할 수 있다. 길 끝에 위치한 골프 박물관, 올드 코스, 세인트 앤드루스 웨스트 샌즈를 산책하면 세인트 앤드루스를 한 바퀴 돌게 된다.

마켓 스트리트, 사우스 스트리트를 거닐며 세인트 앤드루스 분위기 만끽하기

→ 도보 약 3분

더 코티지 키친에서 커피와 브런치 즐기기

→ 도보 8분

웅장한 고딕 양식의 세인트 앤드루스 성당 둘러보기

↓ 도보 5분

해안 도로를 따라 걸으며 세인트 앤드루스성 둘러보기

← 도보 2분

스코틀랜드에서 가장 오래된 역사의 세인트 앤드루스 대학교 감상하기

← 도보 8분

영국 골프 박물관에서 재미있는 골프의 역사 알아보기

↓ 도보 2분

전망이 멋진 더 시푸드 리스토란테에서 식사하기

→ 도보 5분

올드 코스와 골프 영웅들의 명예의 전당 스윌컨 브리지 보기

→ 도보 10분

시원한 바닷바람을 느끼며 세인트 앤드루스 웨스트 샌즈 산책하기

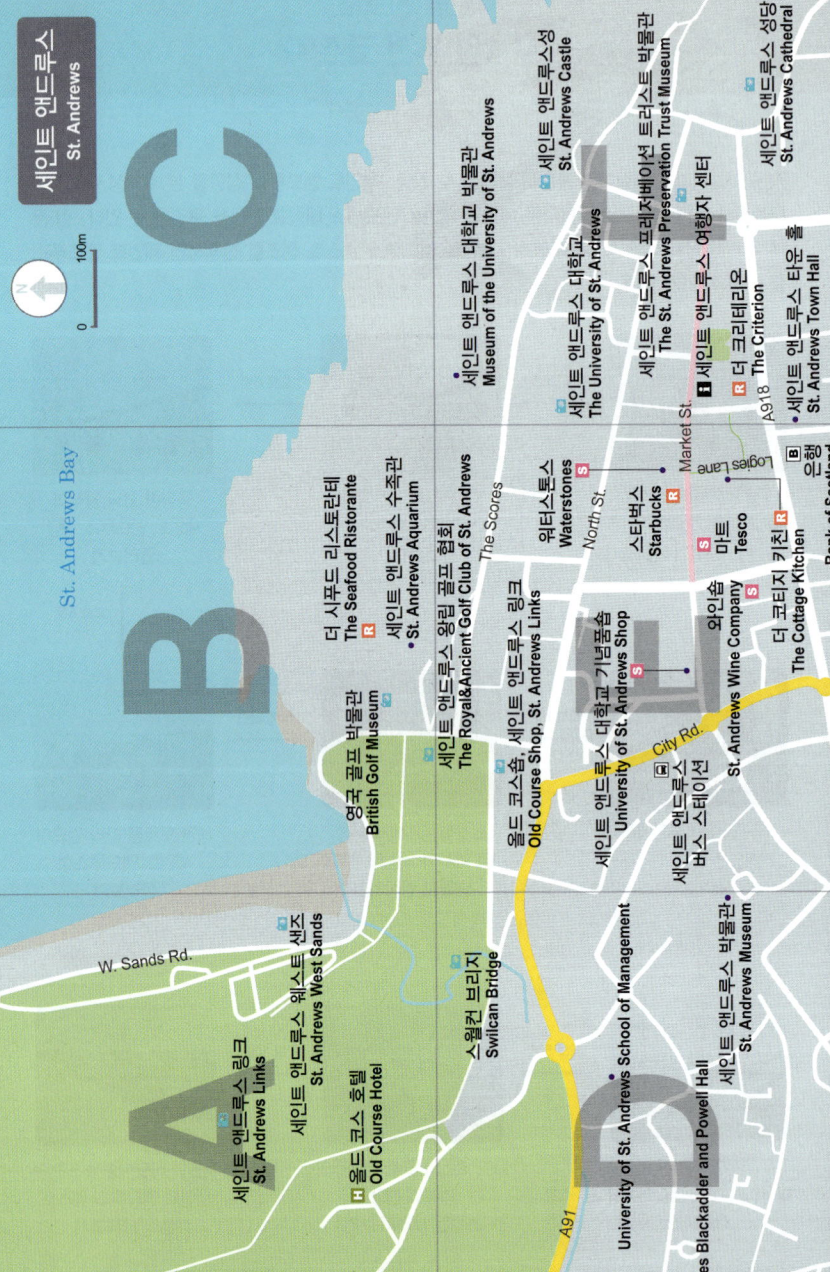

 **SEE**

스코틀랜드에서 가장 큰 규모를 자랑하던
## 세인트 앤드루스 성당 St. Andrews Cathedral

지금은 폐허가 되었지만, 중세 시대에는 가장 크고 훌륭한 가톨릭 건물을 자랑했다. 1158년에 시작해 무려 150년간의 공사를 거쳐 로버트 더 부르스 왕 시대에 완공됐다. 웅장한 고딕 양식이 인상적이다. 당시 스코틀랜드에서 가장 큰 규모의 성당이자, 스코틀랜드 종교의 중심으로 여겨졌다. 세월이 흐르면서 강풍, 전쟁, 화재 등을 겪다가, 스코틀랜드 종교 개혁 때 치명적인 손상을 입었다. 1559년 세인트 앤드루스 교회에서 존 녹스의 설교에 영향을 받은 사람들이 세인트 앤드루스 성당으로 가 가구와 집기를 훼손한 이후 성당으로서의 모든 기능을 상실하게 되었다.

비록 지금은 성당 아치 벽과 타워만 남아 있지만, 천천히 부지를 거닐다 보면 당시의 찬란하고 화려한 역사와 위엄을 짐작할 수 있다. 성당 부지 한쪽에 위치한 여행자 센터 및 박물관에는 성당 조각품과 유물들을 전시하고 있다. 33m 높이의 세인트 룰스 타워에 오르면 아름다운 세인트 앤드루스 시내와 바다를 조망할 수 있다. 17~18세기 세인트 앤드루스의 저명인사들이 묻혀 있는 공동묘지도 있다.

**Data** 지도 412p-F
가는 법 세인트 앤드루스 버스 스테이션에서 도보 약 15분
주소 The Pends, St. Andrews KY16 9QL
전화 013-3447-2563
운영시간 하절기(4~9월) 09:30~17:30 / 동절기(10~3월) 10:00~16:00 요금 박물관 및 타워 입장료 7.50파운드
홈페이지 www.historicenvironment.scot

공동묘지

**Data** 지도 412p-F
**가는 법** 세인트 앤드루스 버스 스테이션에서 도보 약 12분
**주소** The Scores, St. Andrews KY16 9AR
**전화** 013-3447-7196
**운영시간** 하절기(4~9월) 09:30~17:30 / 동절기(10~3월) 10:00~16:00
**요금** 10파운드
**홈페이지** www.historic environment.scot

#### 악명 높은 지하 감옥이 있는 주교의 성
## 세인트 앤드루스성 St. Andrews Castle

1100년대에 지어져 오랜 역사를 지닌 세인트 앤드루스성은 잉글랜드와 독립 전쟁을 겪으며 대부분 파괴되었다. 현재 볼 수 있는 건물은 1400년대에 지어진 것이다. 성의 긴 역사 중에서도 스코틀랜드 종교 개혁은 가장 치열한 역사로 남아 있다. 종교 개혁자를 위험하게 여겼던 추기경 데이비드 비튼은 개신교 설교자 조지 위샤트George Wishart를 성벽 앞에서 화형시켰다. 이에 격분한 조지 위샤트의 동료들은 추기경이 머물고 있던 성 안으로 몰래 잠입해 추기경을 살해한 후, 시체를 탑에 매달았다. 긴 역사뿐 아니라 지하 감옥Bottle Dungeon으로도 유명하다. 병 모양을 닮은 감옥은 축축하고 공기가 잘 통하지 않아 죄수들이 고통을 겪었다. 성은 1547년 프랑스 함대의 공격으로 손실되었다. 여행자 센터에서 성의 숨은 이야기를 볼 수 있으니 성의 역사가 궁금하다면 들러보자.

#### 윌리엄, 케이트 왕세손 부부가 만나 사랑을 키운
## 세인트 앤드루스 대학교 The University of St. Andrews

1413년에 설립된 대학교다. 스코틀랜드에서 가장 오래됐고, 영국에서는 옥스포드와 케임브리지 대학교에 이어 3번째로 오래되었다. 저명한 수학자, 과학자, 철학자, 정치인뿐 아니라 6명의 노벨상 수상자를 배출했다. 가장 유명한 졸업생은 캠퍼스 커플로 만난 윌리엄 왕세손과 케이트 미들턴 왕세손비 부부다.
세인트 앤드루스 대학교 부속 박물관에서 세인트 앤드루스 마을과 대학교의 역사를 볼 수 있다. 학교의 업적, 연구 등도 전시하고 있다.

**Data** 지도 412p-E
**가는 법** 세인트 앤드루스 버스 스테이션에서 도보 약 8분
**주소** 박물관 University of St Andrews, 87 North Street, St Andrews KY16 9AE / 기념품숍 University of St. Andrews Shop, St. Marys Pl., St. Andrews KY16 9UY
**전화** 013-3447-6161
**운영시간** 박물관 월~금 11:00~19:00, 토·일 10:00~17:00
**가격** 머그 컵 9.95파운드, 티셔츠 15파운드~, 박물관 무료
**홈페이지** www.st-andrews.ac.uk

옛 마을 사람들의 일상을 엿볼 수 있는

## 세인트 앤드루스 프레저베이션 트러스트 박물관
The St. Andrews Preservation Trust Museum

17세기 후반에 지어진 집에 옛 물건을 보존, 전시하고 있다. 19~20세기 식료품 상점을 재현했다. 또한, 당시 마을 사람들의 삶을 보여주는 미술품, 의상, 가구, 엽서, 사진을 비롯해 생활 용품 등을 볼 수 있다. 아름다운 정원도 있으니 함께 둘러보자.

**Data** 지도 412p-F 가는 법 세인트 앤드루스 버스 스테이션에서 도보 약 12분 주소 12 North St., St. Andrews KY16 9PW 전화 013-3447-7629 운영시간 수~일 12:00~16:00 휴무 월·화요일 요금 무료 홈페이지 standrewspreservationtrust.com

스코틀랜드의 아름다운 해안 상을 수상한

## 세인트 앤드루스 웨스트 샌즈 St. Andrews West Sands

영화 〈불의 전차〉 오프닝 장면에 나오는 유명한 해안이다. 멋진 바다와 푸른 골프장 사이에 위치한 모래 해변으로, 골프 박물관 옆 입구에서 해변 끝까지 3km가 넘는다. 날씨가 좋은 날에는 수영을 즐기는 사람들로 북적인다. 해안을 따라 부드러운 모래를 밟으며 산책을 즐겨보자.

**Data** 지도 412p-A 가는 법 세인트 앤드루스 버스 스테이션에서 도보 약 10분
주소 West Sands Rd., St. Andrews KY16 9XL

**Special Page**

# 권위와 전통이 있는 골프의 고향, 세인트 앤드루스

세인트 앤드루스는 세계에서 가장 오래된 골프 코스와 골프 협회가 있는 곳이자, 디 오픈 챔피언십The Open Championship이 시작된 곳이기도 하다.

#### 골프 팬이라면 꼭 들러봐야 할
### 영국 골프 박물관 British Golf Museum

1990년에 개장했다. 17,000점이 넘는 다양한 골프 유산을 전시하고 있다. 18세기 골프 경기의 규칙을 손으로 적은 오래된 문서부터, 영국 골프의 아버지라고 불리는 톰 모리스Tom Morris가 사용했던 골프 장비, 초창기 디 오픈 챔피언십 메달과 우승컵 등 골프와 관련된 다채로운 전시물이 있다. 골프와 관련된 상설 행사 및 강의도 열린다.

**Data** 지도 412p-B 가는 법 세인트 앤드루스 버스 스테이션에서 도보 약 6분 주소 Bruce Embankment, St. Andrews KY16 9AB 전화 013-3446-0046 운영시간 하절기(4~10월) 월~토 09:30~17:00, 일 10:00~17:00 / 동절기(11~3월) 10:00~16:00 요금 하절기(4~10월) 15파운드, 동절기(11~3월) 12파운드 홈페이지 www.britishgolfmuseum.co.uk

#### 세계 골프 규칙을 제정하는
### 세인트 앤드루스 왕립 골프 협회
### The Royal&Ancient Golf Club of St. Andrews

올드 코스를 바라보고 서 있는 고풍스러운 건물이 세인트 앤드루스 왕립 골프 협회의 본거지이다. 1754년에 귀족, 교수, 지주 등으로 이뤄진 22명이 모여 세인트 앤드루스 골프 클럽을 만들었다. 이후, 윌리엄 4세가 후원하면서 왕립 골프 협회라는 명칭을 공식적으로 얻게 되었다. 왕립 골프 협회에서는 세계 골프 규칙을 만들거나 개정하고, 디 오픈 챔피언십을 후원하는 등의 일을 한다. 22홀이던 골프 코스를 18홀로 변경하기도 했다. 건물 내부는 골프 협회 회원만 입장 가능하며, 일반인 입장은 제한된다.

**Data** 지도 412p-B 가는 법 세인트 앤드루스 버스 스테이션에서 도보 약 5분 주소 St. Andrews KY16 9JD 전화 013-3446-0000 홈페이지 www.randa.org

---

### # 골프의 역사

골프의 시초는 정확히 알려진 바 없지만, 중세 시대 세인트 앤드루스 주변 해안의 모래 위에서 긴 나무 막대기와 공을 가지고 즐기던 놀이가 현대 골프의 시작이라고 여겨진다. 최초의 골프 기록은 1457년에 등장한다. 제임스 2세는 군인들이 골프에 빠져 궁술 훈련을 게을리 한다는 이유로 골프 경기를 금지했다고 한다. 이후 빅토리아 산업 혁명으로 골프 장비, 골프 공 대량 생산이 가능해지면서 대중적인 인기를 얻게 되었다.

**세계에서 가장 오래된 골프 코스를 보유한**
# 세인트 앤드루스 링크 St. Andrews Links

세인트 앤드루스 링크의 총 7개 골프 코스 중, 1552년에 시작된 올드 코스는 가장 유명한 전통 코스로 여겨진다. 세계 4대 메이저 골프 대회에서 가장 오랜 역사를 자랑하는 디 오픈 챔피언십도 1860년 올드 코스에서 시작했다. 전 세계 골퍼들의 꿈의 그라운드인 올드 코스는 하루 입장 인원이 제한되고, 워낙 인기가 많아 6개월 전에 이미 입장 예약이 마감되기도 한다. 이곳을 꼭 가보고 싶다면 예약을 서두르자. 잘 가꿔진 최신 골프 그라운드에 비하면 규모나 조경은 다소 소박하게 느껴질 수도 있으나 골프 팬들에게는 전설 같은 곳이다. 단기 퍼팅 클래스를 비롯한 여러 골프 레슨도 진행한다.

**Data** 지도 412p-A 가는 법 세인트 앤드루스 버스 스테이션에서 도보 약 5분
주소 St. Andrews KY16 9SF 전화 013-3446-6666 운영시간 월~목·토·일 07:00~19:00, 금 07:00~20:45
요금 135파운드~(코스, 시간, 날짜에 따라 상이) 홈페이지 www.standrews.com

**TIP** 올드 코스 한가운데 있는 돌다리, 스윌컨 브리지 Swilcan Bridge
로마 아치형 구조로 길이 9m, 높이 2m가 채 안 되는 작은 돌다리다. 목동이 양 무리를 돌보는 데 도움을 주기 위해 약 700년 전에 지어졌다. 디 오픈 챔피언십 우승자나 유명 골퍼들이 은퇴할 때 이 다리 위에서 사진을 찍으면서 골프 팬들 사이에서 유명해졌다. 골프장 주변의 올드 스테이션 로드Old Station Road나 더 링크The Links에서 가까이 볼 수 있다.

**골프의 성지에서 사는 골프 기념품**
# 올드 코스숍, 세인트 앤드루스 링크 Old Course Shop, St. Andrews Links

올드 코스 옆에 위치한 세인트 앤드루스 링크의 공식 골프 용품 매장이다. 매장 판매금은 전액 골프 코스를 유지하고 클럽을 유지하는 데 재투자된다. 세인트 앤드루스 링크 고유의 타탄 무늬가 새겨진 다양한 골프 용품과 골프 의류, 액세서리, 기념품 등을 판매한다.

©St. Andrews Links

**Data** 지도 412p-E
가는 법 세인트 앤드루스 버스 스테이션에서 도보 약 5분
주소 8 The Links, St. Andrews KY16 9JB
전화 013-3446-6666
운영시간 09:00~17:00
가격 투어 백 275파운드, 골프 티셔츠 75파운드~
홈페이지 www.standrews.com

# EAT

**시원한 바다 전망이 예술인**
## 더 시푸드 리스토란테 The Seafood Ristorante

신선한 해산물을 사용해 이탈리안 방식으로 요리하는 고급 시푸드 레스토랑이다. 4면이 전부 통유리로 되어 있어 시원한 바다와 올드 코스를 360도 파노라마 뷰로 감상할 수 있다. 오픈 키친이라 요리 과정을 볼 수 있어 안심할 수 있다.

랍스터, 굴, 조개 등 다양한 해산물 요리가 주메뉴다. 메인 메뉴와 잘 어울리는 와인도 구비되어 있다. 해산물 요리에 와인을 곁들여 분위기 있는 한 끼 식사를 해 보자.

**Data 지도** 412p-B **가는 법** 세인트 앤드루스 버스 스테이션에서 도보 약 10분
**주소** Bruce Embankment, St. Andrews KY16 9AB **전화** 013-3447-9475 **운영시간** 화~토 런치 12:00~14:30 / 디너 16:00~21:00 **가격** 런치 2코스 40파운드, 3코스 45파운드, 디너 2코스 78파운드
**홈페이지** www.theseafoodristorante.com

**오래된 세월만큼 맛과 분위기도 좋은 펍**
## 더 크리테리온 The Criterion

가족이 운영하는 작은 펍이지만, 1874년 문을 열어 오래된 역사가 있다. 160종류가 넘는 위스키와 진, 에일 맥주 등의 주류가 구비되어 있다. 위스키 애호가라면 추천한다. 또, 샌드위치, 홈메이드 수프, 버거, 나초 등 다양한 펍 음식도 맛볼 수 있다. 빵 안에 스테이크, 치킨, 해기스, 베이컨, 감자 등을 선택해 가득 넣고 구운 크라이 파이Cri Pies가 이곳의 대표 메뉴.

**Data 지도** 412p-F **가는 법** 세인트 앤드루스 버스 스테이션에서 도보 약 10분 **주소** 99 South St., St. Andrews KY16 9QW
**전화** 013-3447-4543 **운영시간** 매일 12:00~24:00
**가격** 크라이파이 13.50파운드, 버거 13.95파운드
**홈페이지** www.criterionstandrews.co.uk

### 작은 골목길에 숨어 있는 로컬 카페
# 더 코티지 키친 The Cottage Kitchen

마켓 스트리트를 따라 걷다 로기스 레인Logies Lane이라고 쓰여 있는 작은 통로로 들어서면 좁은 골목이 이어진다. 이곳에 위치한 숨어 있는 로컬 카페가 바로 더 코티지 키친이다. 카페에서 판매하는 모든 메뉴는 직접 만들어 신선한 맛을 느낄 수 있다. 풀 스코티시 브랙퍼스트, 에그 베네딕트, 훈제 연어 등 브런치 메뉴는 오후 12시 30분까지 즐길 수 있고, 샐러드, 샌드위치 등 다른 메인 메뉴는 오후 12시 30분부터 3시까지 런치로 즐길 수 있다. 그 외 커피, 티, 케이크는 하루 종일 맛볼 수 있다. 카페 안쪽으로 들어가면 따스한 햇빛을 받으며 티를 즐길 수 있는 작은 야외 카페가 있다.

**Data** 지도 412p-E 가는 법 세인트 앤드루스 버스 스테이션에서 도보 10분 주소 5 Logies Lane, St. Andrews KY16 9NL 전화 013-3447-9901 운영시간 월~토 09:00~17:00, 일 09:30~17:00 가격 에그 베네딕트 8.95파운드, 아메리카노 2.70파운드 홈페이지 www.cottkitch.co.uk

## 🛎 SLEEP

### 세인트 앤드루스의 대규모 럭셔리 호텔
# 올드 코스 호텔 Old Course Hotel

세인트 앤드루스 마을 입구에 위치한 럭셔리 호텔이다. 특히, 녹색의 잔디가 펼쳐진 세인트 앤드루스 링크와 보기만 해도 탁 트인 시원한 세인트 앤드루스 웨스트 샌즈 전망으로 인기가 높다.
총 144개의 객실이 있다. 객실 타입은 퀸룸, 킹룸, 트윈룸, 스위트룸, 디럭스 킹 스위트룸 등이다. 레스토랑, 바, 피트니스 센터, 수영장, 스파 등 고급 부대 시설을 비롯해, 골프 리조트와 골프 기념품숍까지 갖추었다.

**Data** 지도 412p-A 가는 법 세인트 앤드루스 버스 스테이션에서 도보 약 10분 주소 Old Station Rd., St. Andrews KY16 9SP 전화 013-3447-4371 운영시간 체크인 15:00, 체크아웃 12:00 요금 퀸룸 255파운드~ 홈페이지 www.oldcoursehotel.co.uk

Scotland Small Towns

# 05

# 애버딘
## Aberdeen

스코틀랜드에서 세 번째로 큰 도시, 애버딘. 18세기부터 도심 곳곳에 화강암으로 지어진 건축물들이 웅장한 분위기를 풍긴다. '화강암의 도시'라고도 불린다. 햇빛 아래 반짝이는 회색 화강암 건물들과 중세 시대 마을, 공원, 해변, 박물관, 고성 등 애버딘에는 볼거리가 가득하다.

# 애버딘
# 미리보기

돈Don강, 디Dee강 두 개의 강이 북해와 만나는 곳에 위치한 해안 도시. 이러한 지리적 장점 덕분에 애버딘은 과거부터 어업, 조선업, 상업이 발달했고, 1970년대에는 북해에서 석유가 발견되면서 더욱 부유해졌다. 다양한 볼거리와 함께 도시의 풍요로움을 즐겨보자.

**SEE**

역사적인 장소가 많다. 중세 시대 마을을 그대로 느낄 수 있는 올드 애버딘, 애버딘의 화려한 해양 역사를 보여주는 해양 박물관, 17세기 감옥을 재현한 톨부스 박물관 등이 있다. 시간 여유가 있다면 절벽 위 그림 같은 던노타성도 방문해 보자.

**EAT**

애버딘하면 애버딘 지역에서 자란 앵거스 소고기가 유명하다. 육즙 많고 부드러운 식감의 앵거스 스테이크를 꼭 맛보자.

**ENJOY**

애버딘 근교에 위치한 로얄 디사이드Royal Deeside를 추천한다. 퍼스부터 시작해 케언곰스 국립 공원과 디강을 지나 애버딘까지 여행하면서 아름다운 자연 절경을 본다. 고성, 정원, 위스키 증류소 등도 둘러볼 수 있다. 약 174km 길이로, 렌터카를 이용한다면 A93번 국도를 타면 된다. 기차를 타거나 투어를 신청해서 즐길 수도 있다.
**기차** Royal Deeside Railway www.deeside-railway.co.uk
**투어** www.hidden-deeside.com

## 어떻게 갈까?

**비행기** 애버딘 공항에서 하일랜드 일부 섬, 런던 및 유럽 도시로 가는 비행편을 운행한다. 애버딘 공항에서 애버딘 시내까지는 코치로 약 30분이 소요된다.
**기차** 에든버러 웨이벌리역 혹은 글래스고 퀸 스트리트역에서 애버딘 기차역까지 약 2시간 30분이 소요된다.
**코치** 에든버러 버스 스테이션, 글래스고 버스 스테이션에서 애버딘 버스 스테이션까지 약 3시간이 소요된다.

## 어떻게 다닐까?

유니언 스트리트를 중심으로 애버딘 해양 박물관, 유니언 테라스 가든스 등 주요 관광 명소와 쇼핑센터가 모여 있다. 도보로 충분히 이동 가능하다. 올드 애버딘, 해안가, 듀디 파크는 시내버스로 10~20분 정도면 갈 수 있다.

# 애버딘
## 📍 1.5일 추천 코스 📍

대형 유조선과 대형 크레인이 있는 반면 아름다운 공원도 있다. 또, 해변이 있고 다양한 예술 문화 축제도 열린다. 애버딘 시내를 중심으로 올드 애버딘이나 해안가 중 자신의 취향에 따라 둘러보자. 하루 정도 여유가 있다면 애버딘에서 버스로 1시간 거리에 위치한 던노타성도 방문해 보자.

**1일차**

애버딘 역사의 증인, 해양 박물관 관람하기
→ 도보 5분 →
세계에서 두 번째로 큰 화강암 건물 매리셜 칼리지 보기
→ 도보 3분 →
프로보스트 스킨 저택에서 중세 시대 집 구경하기
↓ 도보 10분
유니언 테라스 가든스에 앉아 잠시 쉬어가기
← 도보 5분 ←
벨몬트 스트리트에서 점심 식사하기
← 버스 1시간 ←
절벽 위에 세워진 던노타성 둘러보기
↓ 버스 1시간
애버딘 시내에서 앵거스 스테이크 맛보기

**1.5일차**

중세 시대에 온 듯한 올드 애버딘 둘러보기
또는
애버딘 해안가 풍경을 즐기며 마을 풋디 구경하기

해상 역사의 변천사를 보여주는
## 애버딘 해양 박물관 Aberdeen Maritime Museum

애버딘의 오래되고 화려한 해상 역사를 보여주는 박물관이다. 지금도 분주하게 선박이 오가는 애버딘 항구를 볼 수 있는 위치에 있다. 1593년에 지어진 프로보스트 로스 저택Provost Ross's House 건물을 현대적으로 개조해 1997년에 개관했다. 어업에서 시작해 조선업을 거쳐 오늘날 애버딘을 지탱하고 있는 석유 산업까지, 애버딘의 수 세기에 걸친 해양 산업 변천사를 한눈에 알 수 있다.

역사적인 해양 관련 유물과 다양한 선박 모형 작품, 잠수정 등을 전시하고 있다. 특히, 4층 건물을 통과하는 규모의 해양 석유 플랜트 모형이 압도적이다. 해양 관련 아이템을 파는 기념품숍이 있고, 카페도 있다.

**Data** 지도 423p-D
가는 법 애버딘역에서 도보 약 5분
주소 Shiprow, Aberdeen AB11 5BY
전화 012-2433-7700
운영시간 월~토 10:00~17:00, 일 11:00~16:00
요금 무료
홈페이지 www.aagm.co.uk

석유 플랜트 모형

화강암의 도시를 대표하는 건물
## 매리셜 칼리지 Marischal College

1593년 애버딘에 세워진 두 번째 대학이다. 매리셜 칼리지는 세계에서 두 번째로 큰 화강암 건물로도 유명하다. 대형 화강암으로 지은 고딕 양식의 건축물로 1905년 완공되었다. 화강암의 도시 애버딘의 면모를 가장 잘 보여주는 건축물이라고 할 수 있다.
대학교 건물과 박물관으로 사용되었으나, 현재는 애버딘 시청사 건물로 사용 중이다. 일반인들은 건물 외관만 볼 수 있다. 건물 앞에는 스코틀랜드 독립 전쟁을 승리로 이끈 로버트 더 부르스 Robert the Bruce 왕의 동상이 있다.

로버트 더 부르스 왕 동상

**Data** 지도 423p-B
가는 법 애버딘역에서 도보 약 10분  주소 Broad St., Aberdeen AB10 1AB  홈페이지 www.abdn.ac.uk

아름다운 도심 공원
## 유니언 테라스 가든스 Union Terrace Gardens

애버딘 중심가에 위치한 아름다운 공원으로, 애버딘 사람들의 휴식 공간이 되어주는 곳이다. 빅토리안 스타일의 고가 다리를 따라 1879년에 조성되었다. 공원 주변으로 폐하의 극장, 애버딘 아트 갤러리&박물관, 중앙 도서관 등 애버딘을 대표하는 건물들이 모여 있다.

**Data** 지도 423p-C
가는 법 애버딘역에서 도보 약 10분
주소 Union Terrace, Aberdeen AB10 1NJ

고풍스러운 회화 예술 전시관

# 애버딘 아트 갤러리
## Aberdeen Art Gallery

애버딘을 대표하는 회화 및 시각 예술 전시 공간이다. 1884년 마샬 맥켄지Marshall Mackenzie가 설계했다. 화강암 상인이었던 알렉산더 맥도널드가 기증한 개인 수집품을 비롯해, 18~20세기 회화 작품과 시각 예술 작품 전시를 볼 수 있는 곳이다. 2015~2019년 3천만 파운드를 투자해 개조 프로젝트를 진행한 후에 영국 최고의 컬렉션을 자랑하는 아트 갤러리로 재개관하였다.

**Data** 지도 423p-A
**가는 법** 애버딘역에서 도보 약 10분
**주소** Schoolhill, Aberdeen AB10 1FQ **전화** 030-0020-0293
**운영시간** 월~토 10:00~17:00, 일 11:00~16:00 **요금** 무료
**홈페이지** www.aagm.co.uk

일 년 내내 자연을 즐길 수 있는 윈터 가든

# 듀디 파크 Duthie Park

애버딘 사람들이 사랑하고, 자신 있게 여행자에게 추천하는 공원이다. 도심에서 남쪽으로 떨어져 있어서 버스를 타고 가야 하지만, 이동의 수고스러움을 감안하더라도 방문할 가치가 있는 곳이다. 규모가 넓고 아름다운 자연을 느끼기에 최적의 장소이니 산책을 하거나 피크닉을 즐겨보자. 디강을 끼고 잘 조성된 공원에는 장미 언덕, 호수, 분수, 놀이터, 카페 등이 있다. 공원 내 실내 온실 정원인 윈터 가든에는 선인장, 열대 식물, 화려한 색감의 꽃들이 조화롭게 서식하고 있어, 식물을 사랑하는 사람에게 추천한다. 또, 영국의 가든 문화에 관심이 많다면 들러보면 좋다.

**Data** 지도 423p-E 지도 밖
**가는 법** 유니언 스트리트에서 7 or 17 or 18번 버스를 타고 듀디 파크Duthie Park 정류장에서 하차. 총 10분 소요 / 애버딘역에서 도보 약 30분 **주소** Polmuir Rd., Aberdeen AB11 7WA
**전화** 012-2434-6421 **운영시간** 윈터 가든 하절기(3~10월) 10:30~17:00, 동절기(11~2월) 10:30~16:00
**요금** 무료 **홈페이지** www.aberdeencity.gov.uk/services/leisure-culture-and-parks/parks-and-gardens/duthie-park

**즐겁게 과학을 체험하며 배우는**
# 애버딘 과학 센터 Aberdeen Science Centre

아이들과 함께 즐겁게 과학을 배울 수 있는 과학 박물관이다. 애버딘에서 큰 쇼핑센터인 본 어코드 애버딘Bon Accord Aberdeen 건물 근처에 위치해 있다. 어린아이와 초등학생을 대상으로 한 전시와 체험이 주를 이룬다.

과학 원리 시연, 별자리 투영 쇼를 비롯해 공룡, 로봇 등의 주제로 다양한 프로그램을 진행한다. 매달 새로운 테마의 상설 전시가 열린다.

**Data** 지도 423p-A 가는 법 애버딘역에서 도보 약 10분
주소 107 George St., Aberdeen AB25 1HU
전화 012-2464-0340 운영시간 10:00~16:30
요금 성인 11파운드, 아동(3세~17세) 7파운드
홈페이지 www.aberdeensciencecentre.org

**17세기 감옥은 어떤 모습일까**
# 톨부스 박물관 The Tolbooth Museum

17세기 지어진 감옥으로, 지금은 당시의 도시 범죄, 경찰, 법률, 감옥과 관련된 다양한 전시를 기획하는 박물관으로 운영 중이다. 이곳은 당시 도시 범죄자들에 대한 처벌이 내려진 무시무시한 장소였고, 컬로든 전투에서 패한 수백 명의 재커바이트를 심문한 곳이기도 하다. 그래서인지 낮에도 으스스한 분위기가 느껴진다. 에버딘에서 오래되었지만 잘 보존된 건물 중 하나다. 현재는 건물 내부 공사로 임시 휴관 중이다.

**Data** 지도 423p-B 가는 법 애버딘역에서 도보 약 10분
주소 Castle St., Aberdeen AB11 5BB 전화 012-2462-1167
운영시간 임시 휴관중 요금 무료 홈페이지 www.aagm.co.uk

**약 500년 역사를 자랑하는**
# 프로보스트 스킨 저택 Provost Skene's House

1545년에 지어진 오래된 건물로, 17~19세기 초 사람들의 삶을 보여주는 전시관으로 운영되고 있다. 수 세기 동안 살아남은 건물은 보는 것만으로 감흥을 일으킨다. 천장에 새겨진 종교화와 화려한 드레스 의상, 고급스러운 가구, 유리 샹들리에 등을 볼 수 있다.

**Data** 지도 423p-B 가는 법 애버딘역에서 도보 약 8분
주소 Guestrow, Aberdeen AB10 1AS 전화 012-2464-1086
운영시간 월~토 10:00~17:00, 일 11:00~16:00 요금 무료
홈페이지 www.aagm.co.uk

유니언 스트리트

벨몬트 스트리트

애버딘 여행에서 빼놓을 수 없는
### 유니언 스트리트&벨몬트 스트리트 Union Street&Belmont Street

유니언 스트리트는 애버딘 시내 중심을 가로지르는 대로다. 견고한 화강암 건물들이 약 1.2km 길이로 늘어서 있다. 주변에는 주요 관광 명소를 비롯해, 상점과 레스토랑, 카페, 은행, 마트, 펍, 여행자 센터 등 여행자를 위한 편의 시설이 있다. 버스 정류장도 곳곳에 있어 대중교통을 이용하기도 편하다. 애버딘 여행 시 가장 자주 오가는 도로다.
벨몬트 스트리트는 유니언 스트리트와 맞닿아 있는 작은 골목이다. 이전에는 부유층 저택이 있었지만, 현재는 애버딘에서 유명한 펍, 카페, 레스토랑이 모여 있다. 애버딘에서 가장 핫한 펍에 가고 싶다면 벨몬트 스트리트로 가 보자. 매월 마지막 주 토요일에는 스트리트 마켓도 열린다.

**Data** 지도 423p-D, C 가는 법 애버딘역에서 도보 약 6분
주소 유니언 스트리트 Union St., Aberdeen / 벨몬트 스트리트 Belmont St., Aberdeen


세계에서 가장 훌륭한 연대라고 평가받는
### 고든 하일랜더스 박물관 The Gordon Highlanders Museum

애버딘 시내에서 버스로 약 10분 정도 거리에 있지만, 박물관의 가치를 인정받아 애버딘에서 유일하게 스코틀랜드 관광 명소 5등급을 받은 곳이다. 윈스턴 처칠이 세계에서 가장 훌륭한 연대라고 극찬한 고든 하일랜더스 연대의 200년 격동의 역사를 보여준다.
나폴레옹 전투, 1차, 2차 세계대전과 냉전을 거치면서 인도, 아프가니스탄, 남아프리카 공화국에서 활약한 연대의 모습을 전시하고 있다. 원본 필름 영상, 군인 유니폼, 메달, 무기 등이 있다. 티룸, 기념품숍이 있으니 박물관 관람 후 들러보자. 정원도 있다.

**Data** 지도 423p-C 지도 밖
가는 법 유니언 스트리트에서 11번 버스를 타고 뷰필드 로드Viewfield Road 정류장에서 하차 후 도보 약 3분 주소 St. Luke's, Viewfield Rd., Aberdeen AB15 7XH
전화 012-2431-1200
운영시간 화~토 10:00~16:30
휴무 일·월요일(12·1월은 전체 휴관)
요금 10파운드
홈페이지 www.gordonhighlanders.com

**바다를 바라보며 놀이기구 타는 기분**
# 코도나스 놀이공원 Codonas Amusement Park

애버딘 해변 옆에 위치한 놀이공원이다. 큰 규모는 아니지만, 해변 풍경을 보며 즐기기 좋다. 1969년에 개장해, 코도나 가족이 3대째 운영하고 있다. 롤러코스터, 회전 관람차, 범퍼카, 볼링, 오락실 등 실내와 실외에 놀이기구뿐 아니라 다양한 즐길 거리가 있어 아이와 어른 모두 재미있게 놀 수 있는 곳이다. 카페, 레스토랑도 있으니 놀다가 출출하거나 쉬고 싶을 때도 걱정 없다. 날씨가 좋은 날이면 애버딘 해안가의 고운 백사장에서 일광욕을 즐기는 사람들, 해변을 산책하는 사람들이 가득해 활기찬 분위기를 풍긴다. 가족 단위 티켓도 판매한다. 주로 3~10월까지만 오픈하고 동절기에는 운영하지 않는다. 특정한 날에는 휴관인 경우가 있으니 가기 전에 홈페이지에서 해당일의 오픈 여부와 시간을 먼저 확인해 보자.

**Data** 지도 423p-B 지도 밖
가는 법 유니언 스트리트에서 15번 버스를 타고 비치 불러바드Beach Boulevard 정류장에서 하차. 총 12분 소요
주소 Aberdeen AB24 5DY
전화 012-2459-5910
운영시간 3~9월 12:00~18:00 / 10월 13:00~17:00
휴무 11~2월
요금 게임당 7.5파운드~
홈페이지 www.codonas.com

**작고 아기자기한 어촌**
# 풋디 Footdee

애버딘 해안가를 따라가다 보면 만나는 작고 오래된 어촌이다. 디강의 제일 끝에 있어 풋디Footdee라는 이름이 붙었다. 풋디에 있는 집들은 집의 크기와 문, 창문의 모양이 비슷비슷한데, 다른 색의 문과 소품이 집주인의 취향과 개성을 보여준다. 아기자기하게 꾸며진 집을 둘러보는 재미가 있다. 마을 곳곳에 놓인 벤치와 가로등도 운치 있다. 단, 사람들이 거주하는 곳이니 매너를 지켜 조용히 둘러보도록 하자.

**Data** 지도 423p-D 지도 밖
가는 법 유니언 스트리트에서 15번 버스를 타고 요크 스트리트York Street 정류장에서 하차. 총 15분 소요 / 애버딘 기차역에서 도보 약 30분
주소 North Square, Aberdeen AB11 5DX

**Special Page**

# 올드 애버딘 Old Aberdeen

중세 시대 정치, 경제, 문화의 중심지였던 애버딘의 모습을 느낄 수 있는 곳이다. 반나절이면 충분히 둘러볼 수 있다. 대부분의 건물과 시설은 애버딘 대학 소유지만, 일반인 출입이 가능한 곳이 많다. 중세 시대의 오래된 자갈길을 걸으며 역사의 흔적을 느껴보자.

**Data 가는 법** 유니언 스트리트에서 20번 버스를 타고 메스톤 워크Meston Walk에서 하차. 총 15분 소요 / 유니언 스트리트에서 63 or 67 or 68 or 290 or 291번 버스를 타고 스쿨 드라이브School Drive 혹은 세인트 마카르 드라이브St. Machar Drive 정류장에서 하차 후 도보 약 5분 **주소** Old Aberdeen, Aberdeen AB24

### 올드 애버딘 역사의 상징적인 건물
## 세인트 마카르 성당 St. Machar's Cathedral

성 콜룸바의 동료인 성 마카르가 기원후 580년경에 처음으로 세웠다고 알려져 있다. 성당 건물은 16세기에 지어졌다. 규모가 큰 편은 아니지만, 내부에서 화려한 스테인드글라스 창문과 섬세한 건축 양식을 볼 수 있다. 열린 시간에는 누구나 자유롭게 내부 관람이 가능하며, 주말에는 결혼식도 종종 열린다. 성당 주변의 한적하고 오래된 길을 걸으면서 마을을 둘러보기도 좋다.

**Data 지도** 423p-B 지도 밖 **가는 법** 올드 애버딘 The Chanonry 길 북쪽 끝에 위치 / 킹스 칼리지&킹스 칼리지 예배당에서 북쪽으로 도보 약 10분 **주소** The Chanonry, Aberdeen AB24 1RQ **운영시간** 하절기(4~10월) 09:30~16:30 / 동절기(11~3월) 10:00~16:00 **홈페이지** www.stmachar.com

### 올드 애버딘의 아름다운 공원
## 시튼 파크 Seaton Park

세인트 마카르 성당 뒤에 위치한 공원이다. 구역이 잘 정리되어 있고 깨끗해서 여유롭게 둘러보기 좋다. 봄, 여름에는 다채로운 꽃이 정원을 수놓는다.
돈강을 따라 공원 옆으로 이어진 산책로를 약 10여 분 걷다 보면 고딕 양식의 아치형 다리Brig o' Balgownie를 볼 수 있다. 1320년에 세워진 다리로, 오래된 역사를 자랑한다. 다리에서 바라보는 돈강과 북해가 만나는 경치가 아름답다. 시튼 파크에 간다면 이 풍경을 놓치지 말자.

**Data 지도** 423p-B 지도 밖 **가는 법** 킹스 칼리지&킹스 칼리지 예배당에서 북쪽으로 도보 약 15분 **주소** Don St., Aberdeen AB24 1XS **전화** 030-0020-0292

**500년 역사를 가진 애버딘의 첫 번째 대학**
## 킹스 칼리지&킹스 칼리지 예배당 King's College&King's College Chapel

올드 애버딘 중심에 위치한 웅장한 중세 건물이 킹스 칼리지와 킹스 칼리지 예배당이다. 킹스 칼리지는 애버딘에 세워진 첫 번째 대학이자 애버딘 대학의 전신으로, 1495년에 세워졌다. 애버딘 대학의 주요 예배당인 킹스 칼리지 예배당은 1509년에 세워졌다.

특히, 왕관 모양을 닮은 크라운 타워가 인상적이다. 예배당 내부의 나무로 조각된 천장과 여러 장식품이 중세 시대 교회 양식을 잘 보여준다. 킹스 칼리지 예배당은 오픈 시간에 맞춰 내부를 둘러볼 수 있다. 이곳을 중심으로 올드 애버딘 지역을 천천히 보면 좋다.

**Data** 지도 423p-B 지도 밖 가는 법 유니언 스트리트에서 20번 버스를 타고 메스턴 워크에서 하차. 총 15분 소요 / 유니언 스트리트에서 63 or 67 or 68 or 290 or 291번 버스를 타고 스쿨 드라이브 또는 세인트 마카르 드라이브 정류장에서 하차 후 도보 약 5분 주소 College Bounds, Aberdeen AB24 3FX 전화 012-2427-2137 운영시간 킹스칼리지 예배당 월~금 10:00~15:30 휴무 킹스칼리지 예배당 토·일요일

**과거와 미래가 만나는 아름다운 대학 도서관**
## 서 덩컨 라이스 도서관 The Sir Duncan Rice Library

애버딘 대학교 전 총장인 덩컨 라이스Duncan Rice의 이름을 따서 명명한 도서관이다. 7층 규모로, 흰색과 투명 유리가 교차하며 얼룩말 무늬를 연상시키는 외관이 인상적이다. 살면서 꼭 가봐야 하는 세계 18대 도서관 중 하나로도 선정되었다. 일반인은 일부 층과 카페만 방문할 수 있다.

**Data** 지도 423p-B 지도 밖 가는 법 킹스 칼리지&킹스 칼리지 예배당에서 메스턴 워크를 따라 서쪽으로 도보 약 5분 주소 Bedford Rd., Aberdeen AB24 3AA 전화 012-2427-3330 운영시간 월~목 08:00~00:00, 금 08:00~22:00, 토 09:00~22:00, 일 11:00~00:00(여름 방학 기간에는 운영 시간이 상이하다) 홈페이지 www.abdn.ac.uk

# 여기도 가 보자! 애버딘 근교에 위치한 던노타성

**바다 절벽 위에 우뚝 선 중세 시대 성**
### 던노타성 Dunnottar Castle

애버딘 시내에서 약 30km 남쪽으로 떨어져 있는 중세 시대 요새 역할을 한 성이다. 약 48m 높이의 가파른 바위 절벽 위에 굳건하게 서 있는 성, 그 뒤로 펼쳐진 바다, 주변의 해안선까지 말을 잊게 할 정도로 비현실적인 풍경을 볼 수 있다. 성에서 가까운 곳에 한적하고 평화로운 작은 어촌 스톤헤이븐Stonehaven도 있다. 기원후 5세기에 처음 교회가 세워졌다. 타워 하우스, 교회를 비롯해 현재 남아 있는 건물은 13~17세기에 지어졌다. 수 세기 동안 바이킹, 잉글랜드군의 침략으로 지금은 외관만 남았다. 성 곳곳에서 전쟁과 암울한 역사의 흔적을 느낄 수 있다. 1685년 찰스 2세 왕의 통치 당시, 종교 집회에 참여하고 국가에 대한 충성의 맹세를 거부한 122명의 남자, 45명의 여자를 성의 지하실에 가둔 슬픈 역사도 있다. 좁은 아치형 지하실에 음식과 위생 시설도 없이 약 5주 동안 갇혀 있다가 대부분은 기아와 병으로 죽었다. 일부는 도망치려다 고문을 당하거나 식민지에 노예로 이송되었다. 계단을 따라 절벽 아래로 내려갔다가 약 400m 정도 다시 올라가야 하므로 편한 신발을 신고, 바람에 대비한 옷차림을 준비하는 게 좋다.

**Data 지도** ● 휴대지도-12, 423p-E 지도 밖
**가는 법** 애버딘 버스 스테이션에서 퍼스Perth행 X7 or 107번 버스를 타고 던노타 정션Dunnottar Junction 정류장에서 하차 후 도보 약 15분 **주소** Stonehaven AB39 2TL **전화** 015-6976-6320
**운영시간** 하절기(4~9월) 09:00-18:00 / 동절기(10~3월) 10:00~15:00 or 16:30(기상 상황에 따라 휴무일 수도 있음) **요금** 10.50파운드 **홈페이지** www.dunnottarcastle.co.uk

# EAT

애버딘 블랙 앵거스 스테이크를 맛보자
## 밀러 앤 카터 애버딘 Miller&Carter Aberdeen

스테이크 마스터 'The Masters of Steak'상을 수상한 영국 유명 스테이크 브랜드다. 자체 스테이크 학교를 운영하며, 농장에서부터 숙성과 요리 전 과정에 세세한 관리 규정이 있을 만큼 스테이크에는 자부심이 있는 곳이다. 영국 블랙 앵거스 소고기로 30일, 50일 동안 숙성한 시그니처 스테이크가 이곳의 대표 메뉴다. 방문 시 드레스코드로 스마트 캐주얼 복장을 갖춰 입도록 하자.

**Data** 지도 423p-D 가는 법 애버딘역에서 도보 약 8분 주소 26 Union St, Aberdeen AB10 1BD 전화 0122-453-1074 운영시간 12:00~23:00 가격 50일 숙성 블랙 앵거스 25.50파운드, 블랙 앵거스 립아이 29.95파운드 홈페이지 www.millerandcarter.co.uk

바다 전망과 함께 하는 분위기 있는 한 끼 식사
## 더 실버 달링 The Silver Darling

©The Silver Darling

애버딘을 대표하는 레스토랑으로, 풋디 근처에 위치해 있다. 나선형 계단을 타고 2층으로 가면 아름다운 애버딘 바다를 볼 수 있다. 신선하고 맛있는 굴, 연어, 홍합 등으로 만든 해산물 요리가 주메뉴고, 비프 버거, 스테이크 등 육류 요리도 있다. 해산물과 잘 어울리는 화이트 와인, 샴페인 등 주류도 갖췄다. 인기 있는 곳이니 가고 싶다면 미리 예약하자.

**Data** 지도 423p-D 지도 밖 가는 법 유니언 스트리트에서 15번 버스를 타고 요크 스트리트 정류장에서 하차 후 도보 약 5분 주소 Pocra Quay, Aberdeen AB11 5DQ 전화 012-2457-6229 운영시간 월~목 12:00~14:00, 17:00~21:00, 금 12:00~14:30, 17:00~21:00, 토 12:00~21:00, 일 12:00~20:00 가격 실버 달링 플래터 40파운드 홈페이지 www.thesilverdarling.co.uk

친환경 자연주의 카페
## 푸드스토리 Foodstory

유기농 지역 재료를 사용해 건강한 메뉴를 만들어 판매하는 친환경 카페다. 포리지, 그래놀라, 팬케이크, 토스트, 라자냐, 랩 등 간단한 식사 메뉴, 커피, 티를 제공한다. 유기농 과일, 채소, 식료품도 판매한다.

**Data** 지도 423p-C 지도 밖 가는 법 애버딘역에서 도보 약 15분 / 애버딘 기차역에서 7번 버스를 타고 랭스테인 커크Langstane Kirk 정류장에서 하차 후 도보 약 2분 주소 13-15 Thistle St., Aberdeen AB10 1XZ 운영시간 월 08:30~15:00, 화~토 08:30~20:00, 일 10:00~15:00 가격 플랫화이트 3.30파운드, 샐러드 볼 12파운드 홈페이지 foodstorycafe.co.uk

# BUY

**애버딘 기차역과 이어진**
## 유니언 스퀘어 쇼핑센터 Union Square Shopping Centre

애버딘에서 가장 큰 쇼핑센터다. 애플 스토어, 부츠, 클락스, 판도라 등 전자 제품부터 주얼리까지 50개가 넘는 쇼핑 브랜드가 입점해 있다. 스타벅스, 코스타 등 프랜차이즈 카페와 이탈리안, 멕시칸, 프랜차이즈 레스토랑까지 있으니 쇼핑과 식사를 한 번에 해결할 수 있다. 애버딘에서 유일하게 10개의 상영관을 보유한 영화관도 있다. 애버딘 기차역과 이어져 있어, 기차 시간을 기다리면서 시간을 보내기 좋은 곳이다.

**Data** **지도** 423p-F **가는 법** 애버딘역에서 도보 약 1분
**주소** Union Square, Management Suite, 12 First Level Mall, Guild Square, Aberdeen AB11 5RG **전화** 012-2425-4300
**운영시간** 월~금 09:00~20:00, 토 09:00~19:00, 일 11:00~18:00
**홈페이지** www.unionsquareaberdeen.com

**애버딘 중심에 위치한 규모 있는 실내 쇼핑센터**
## 본 어코드 애버딘
### Bon Accord Aberdeen

매리셜 칼리지와 애버딘 과학 센터 주변에 위치한 큰 실내 쇼핑몰이다. 디즈니 스토어, 톱숍, 조말론, 커트 가이거 등 다양한 패션, 뷰티 매장과 쓰리, EE를 비롯한 핸드폰 모바일숍 등 약 70개의 상점이 입점해 있다. 서점, 카페, 레스토랑도 있으니 여행 중 여유롭게 쇼핑과 식사를 함께 즐길 수도 있다.

**Data** **지도** 423p-A **가는 법** 애버딘역에서 도보 약 6분 **주소** 25 George St., Aberdeen AB25 1HZ **전화** 012-2464-7470 **운영시간** 월~금 09:00~18:00, 토 09:00~16:00, 일 11:00~17:00
**홈페이지** www.bonaccordaberdeen.com

**스코틀랜드 예술가들의 작품이 있는**
## 주니퍼 Juniper

마치 동화 속에 나오는 예쁜 숲속의 집처럼 생겼다. 애버딘에서 1971년부터 시작한 주얼리, 기프트 상점으로 스코틀랜드 디자이너들의 다양한 예술작품을 판매한다. 스코틀랜드 이미지를 담은 목걸이, 등의 주얼리와 양초, 머그컵, 문구류, 사진 등 스코틀랜드 기념품을 구매할 수 있다.

**Data** **지도** 423p-C **가는 법** 애버딘 기차역에서 도보 약 8분 **주소** 35 Belmont St, Aberdeen AB10 1JS **전화** 012-2464-0480 **운영시간** 월~토 10:00~17:00 **휴무** 일요일 **가격** 목걸이 20파운드~, 컵받침 5파운드~ **홈페이지** juniperaberdeen.co.uk

# 🛎 SLEEP

### 주방시설이 갖춰진 편안한 레지던스
## 레지던스 인 바이 메리어트 애버딘
### Residence Inn by Marriott Aberdeen

인덕션, 전자레인지, 싱크대 등 주방 시설이 갖춰진 레지던스 형 숙소이다. 원룸 형태인 스튜디오와 침실 하나가 따로 있는 원베드룸 스위트로 구성되어 있다. 주요 상가와 레스토랑이 밀집한 유니온 스트리트와 가깝다. 피트니스 센터, 세탁 서비스가 있으며, 무료 조식도 제공된다.

**Data** 지도 423p-B
**가는 법** 애버딘 기차역에서 도보 약 10분
**주소** Guestrow, Aberdeen AB10 1AS **전화** 0122-406-1190
**운영시간** 체크인 16:00, 체크아웃 12:00
**요금** 스튜디오 100파운드~, 원베드룸 150파운드~
**홈페이지** www.marriott.com

### 애버딘 여행 최적의 장소
## 트래블롯지 애버딘 센트럴
### Travelodge Aberdeen Central

애버딘 기차역과 유니언 스트리트 모두 가깝다. 체인 호텔이라 큰 규모, 쾌적한 시설을 부담 없는 가격으로 이용할 수 있다. 더블룸, 비즈니스 더블룸, 패밀리룸이 있다.

**Data** 지도 423p-E **가는 법** 애버딘역에서 도보 약 5분 **주소** 9 Bridge St., Aberdeen AB11 6JL **전화** 087-1984-6117 **운영시간** 체크인 15:00, 체크아웃 12:00 **요금** 더블룸 60파운드~
**홈페이지** www.travelodge.co.uk

### 애버딘 기차역 바로 앞 숙소
## 스테이션 호텔 애버딘
### Station Hotel Aberdeen

애버딘 기차역과 코치 스테이션에서 길만 건너면 있는 호텔. 유니온 스퀘어와 유니온 스트리트 모두 도보권이다. 애프터눈 티와 음식을 먹을 수 있는 레스토랑도 있다.

**Data** 지도 423p-F **가는 법** 애버딘 기차역에서 도보 약 1분 **주소** 78 Guild St, Aberdeen AB11 6GN **전화** 0122-458-7214 **운영시간** 체크인 15:00, 체크아웃 11:00 **요금** 더블룸 70파운드~, 패밀리룸 85파운드~
**홈페이지** www.stationhotelaberdeen.com

**TIP** 유니언 스트리트에서 유니언 테라스 가든스를 기준으로 서쪽은 언덕길이고 계단이 많다. 짐이 많은 여행자라면 숙소 위치를 고를 때 참고하자.

Scotland Small Towns

# 06

# 인버네스
## Inverness

광활한 자연의 땅 하일랜드에는 수많은 작은 마을이 있다. 그중 인버네스는 유일한 도시다. 수도라고 불릴 만큼 하일랜드의 경제, 문화, 역사의 중심지가 되는 곳이다. 하일랜드의 섬과 마을로 가는 관문의 역할을 한다. 그렇지만 잠깐 지나치기엔 아쉽다.

### 인버네스
# 미리보기

네스강과 스코틀랜드 북동쪽 바다 머리만이 만나는 곳이다. 이런 지리적 장점 덕분에 역사적으로 하일랜드의 어류, 가죽 제품 등을 스칸디나비아와 유럽 대륙으로 수출하고, 항구 조선술이 발달해 무역과 문화 중심지의 역할을 해왔다. 반면 재커바이트 전쟁을 비롯한 격동의 세월을 보낸 슬픈 역사가 있다.

**SEE**

4천 년 전 선사 시대의 돌무덤 유적부터 컬로든 전투지까지, 역사 유적지가 많다. 또, 영국 군대의 위용을 볼 수 있는 포트 조지도 있다. 하일랜드의 역사를 더 깊이 알고 싶다면 인버네스 박물관&아트 갤러리에 가자.

**EAT**

스코틀랜드 전통 음식, 신선한 해산물 요리를 비롯해 퓨전 스타일, 이탈리안, 인도 요리, 태국 요리, 자메이칸 요리 등 다양한 메뉴를 맛볼 수 있다. 혹 영국의 전통 음식이 입맛에 맞지 않더라도 인버네스에서는 걱정할 필요 없다.

**BUY**
19세기에 시작된 스트리트 마켓인 빅토리안 마켓에서 하일랜드 기념품을 구입해 보자. 하일랜드 하우스 오브 프레이저에서 장인이 제작하는 스코틀랜드 타탄 제품을 골라보는 것도 좋다. 스코틀랜드 국화, 하일랜드 소 등을 이용한 기념품도 있다.

---

### 어떻게 갈까?

**비행기** 인버네스 공항에서 하일랜드 일부 섬과 런던 및 유럽 도시로 갈 수 있다. 인버네스 공항에서 인버네스 시내까지는 버스로 약 30분이 소요된다.
**기차** 에든버러 웨이벌리역, 글래스고 퀸 스트리트역에서 인버네스 기차역까지 약 3시간 30분이 소요된다.
**코치** 에든버러 버스 스테이션, 글래스고 버스 스테이션에서 인버네스 버스 스테이션까지 약 3시간 30분이 소요된다.

### 어떻게 다닐까?

인버네스 시내는 작은 편이다. 또, 주요 관광지가 네스강 주변에 모여 있어 도보로 이동이 가능하다. 강가를 따라 자전거를 타 보는 것도 추천한다. 인버네스 외곽을 갈 때 대중교통 이용이 다소 불편할 수 있다. 택시를 이용하거나, 인버네스에서 출발하는 당일치기 투어를 이용하는 방법도 있다.

**인버네스 투어 회사 홈페이지**
해피 투어 happy-tours.biz
인버네스 투어 www.invernesstours.com

# 인버네스
## 📍 1일 추천 코스 📍

인버네스에서는 도시 가운데를 유유히 흐르는 네스강을 따라서 산책하거나 평화로운 동네 분위기를 만끽해 보자. 시간 여유가 있다면 반나절 일정으로 인버네스 외곽에 있는 컬로든 전투지, 포트 조지, 코더성 중에 한 곳을 다녀오는 것도 추천한다.

인버네스성이 있는 언덕에서 도시 전망 바라보기

→ 도보 5분

인버네스 박물관&아트 갤러리에서 하일랜드 역사 둘러보기

→ 도보 10분

네스강을 따라 걸으면서 인버네스 대성당 관람하기

↓ 인버네스 시내에서 차로 20~40분

윌리엄 셰익스피어의 유명 비극 〈맥베스〉의 배경, 코더성 관람하기

또는

포트 조지에서 굳건한 영국 군대 요새 둘러보기

또는

컬로든 전투지와 선사 시대 유적 클라바 돌무덤 둘러보기

↓ 차로 30분

빅토리안 마켓에서 차 한 잔 즐기기

→ 도보 5분

리키스 서점에서 보물 같은 책 찾아보기

→ 도보 5분

하일랜드 하우스 오브 프레이저에서 킬트 구경하기

**TIP** 컬로든 전투지 등 인버네스의 역사 유적지는 대부분 외곽에 위치해 대중교통으로 가기 어렵다. 렌터카나 투어 상품을 이용하는 것을 추천한다.

**격동의 역사 속에 도시를 지켜왔던**

# 인버네스성 Inverness Castle

1057년 도시를 지키는 요새의 역할을 했으나 수 세기에 걸쳐 크기와 건축 양식이 바뀌었다. 또, 긴 역사 속에서 불에 타고 여러 번 포위 공격을 받다가 1746년 재커바이트 부대에 의해 파괴되었다. 1836년에 재건된 이후 현대적인 네오 노르만식 건축 양식의 인버네스성을 볼 수 있다. 현재까지는 법원 건물로 사용되고 있으나, 스코틀랜드 정부 투자를 받아 새로운 관광명소로 리모델링 공사 예정이다. 인버네스와 네스호의 아름다운 전망을 감상하고, 박물관, 갤러리, 카페, 옥상 정원 등으로 탈바꿈 할 예정이다.

Data 지도 439p-D 가는 법 인버네스역에서 도보 약 10분 주소 Inverness IV2 3EG 전화 013-4978-1700 운영시간 현재 리모델링 공사 중 홈페이지 www.spiritofthehighlands.com

---

### # 하일랜드 역사에 남은 용감한 여성, 플로라 맥도널드 Flora Macdonald

찰스 에드워드 스튜어트Charles Edward Stuart는 프랑스로 망명한 제임스 2세의 손자다. 스코틀랜드 사람들은 '잘생긴, 예쁜'이란 뜻의 보니Bonnie를 붙여 '보니 프린스 찰리'라고 불렀다. 그는 재커바이트의 지지로 왕위를 계승하기 위해 1745년 스코틀랜드로 넘어왔다. 이후 재커바이트의 마지막 봉기인 컬로든 전투를 총지휘했다. 그러나 재커바이트군이 참패하면서 몰래 스코틀랜드를 떠나야 했다.

그의 도망을 도와준 여성이 당시 24세였던 플로라 맥도널드 Flora Macdonald다. 그녀는 찰리가 그녀의 하녀로 위장해서 작

플로라 맥도널드 동상

은 배를 타고 스카이섬을 거쳐 프랑스로 무사히 돌아갈 수 있도록 도왔다. 찰리가 무사히 도망친 후에 플로라 맥도널드는 찰리의 탈출을 도와준 죄로 런던 타워 감옥에 수감됐다가 풀려났다. 인버네스성 앞에 플로라 맥도널드 동상이 있다.

하일랜드의 모든 것이 있는
# 인버네스 박물관&아트 갤러리 Inverness Museum&Art Gallery

1826년에 설립된 후 2007년에 리모델링했다. 고대 하일랜드의 독특한 지형 생성의 역사부터 시작해 치열한 전투가 벌어진 중세 시대를 거쳐 21세기에 이르기까지, 하일랜드의 자연환경과 전통 문화유산 전시물을 통해 하일랜드의 변천사를 한눈에 알 수 있다.

하일랜드에서 서식하는 동물을 비롯해, 하일랜드 사람들의 삶을 엿볼 수 있는 킬트 전통 의상, 식기류, 게일 언어 자료 등을 전시하고 있다. 스코틀랜드 왕실 가계도와 전쟁 무기 등 하일랜드의 역사를 알고 싶다면 이곳을 추천한다. 아트 갤러리에서는 지역 예술가의 미술 작품과 공예품 전시가 상설 전시로 열린다.

**Data** 지도 439p-D 가는 법 인버네스역에서 도보 약 5분 주소 Castle Wynd, Inverness IV2 3EB
전화 013-4978-1730 운영시간 하절기(4~10월) 화~토 10:00~17:00 / 동절기(11~3월) 화~목 12:00~16:00, 금·토 11:00~16:00 휴무 일·월요일 요금 무료 홈페이지 www.highlifehighland.com

네스강 옆 스코틀랜드 성공회
# 인버네스 대성당 Inverness Cathedral

네스강을 사이에 두고 인버네스성과 마주하고 있는 웅장한 건물이다. 세인트 앤드루스 대성당St. Andrew's Cathedral이라고도 불린다. 1866년에 완공되었으며, 붉은 사암의 고딕 양식이 특징이다. 정면에서 보이는 두 개의 탑이 인상적이다. 내부로 들어가면 복도를 따라 견고하게 서 있는 화강암 기둥과 높은 나무 천장, 스테인드글라스 작품, 조각상들이 눈에 띈다. 매일 열려 있으며, 누구나 입장 가능하다. 종종 지역 주민들의 결혼식이나 지역 행사가 열리는 장소다.

**Data** 지도 439p-E 가는 법 인버네스역에서 도보 약 10분
주소 Ardross St., Inverness IV3 5NN
전화 014-6322-5553 운영시간 09:00~16:00 요금 무료
홈페이지 morayepiscopalchurch.scot/inverness-cathedral

다양한 예술 프로그램이 열리는
## 에덴 코트 극장 Eden Court Theatre

인버네스 대성당 옆에 있다. 독특한 지붕이 인상적인 이 건물은 하일랜드에서 가장 큰 종합 예술 공간이다. 한 번에 840명을 수용할 수 있는 대형 극장과 영화관, 공연장, 미술 갤러리, 댄스 스튜디오 등 다양한 예술 시설이 있다. 예술과 관련된 다양한 클래스도 열린다.
극장 안에 있는 레스토랑&바에서는 간단한 식사도 할 수 있고, 커피 한 잔만 마실 수도 있다. 극장 홈페이지에서 진행 중인 공연 정보를 알 수 있고, 예매도 가능하다.

**Data** 지도 439p-E
가는 법 인버네스역에서 도보 약 15분
주소 Bishops Rd., Inverness IV3 5SA
전화 014-6323-4234
운영시간 월·화 16:00~20:00, 수~일 11:00~20:00
홈페이지 eden-court.co.uk

더 그레이트 글렌 웨이의 마지막 여정
## 네스섬 Ness Islands

네스강 위에 떠 있는 작은 섬이다. 도시 한가운데에서 제대로 자연을 느낄 수 있는 장소다. 예쁜 다리를 건너면 강가 옆의 울창한 숲속을 산책할 수 있다. 섬 곳곳에는 독특한 모양의 벤치와 피크닉 테이블이 놓여 있고, 빅토리아 시대 조명이 운치를 더해준다. 종종 박쥐, 수달, 사슴, 꿩 등 야생동물도 볼 수 있다. 낚시를 즐기는 사람들, 가족과 시간을 보내는 사람들도 보인다. 한가롭게 둘러보며 여유를 만끽하기 좋은 곳이다.

**Data** 지도 ●휴대지도-10, 439p-E 지도 밖
가는 법 인버네스역에서 도보 약 25분 주소 Great Glen Way, Inverness IV2 4RT

# 여기도 가 보자! 인버네스 근교에 위치한 역사 유적지

**처참히 짓밟힌 재커바이트의 마지막 희망**
## 컬로든 전투지 | Culloden Battlefield

1746년 4월 16일, 컬로든 전투에서 재커바이트의 마지막 결전지이자 잉글랜드군에 의해 격퇴당한 곳이다. 지금은 넓은 들판 곳곳에 돌무덤과 추모비, 그리고 재커바이트군과 잉글랜드군의 깃발이 남아 있어 당시의 격렬했던 피의 역사를 대신 말해준다. 이 전투에서 천 명이 넘는 전사자가 발생했고, 그들은 이곳의 거대한 돌무덤에 묻혔다.

전사한 재커바이트 군인들을 추모하는 목적으로 설립된 여행자 센터에서 당시 전투 모습을 알 수 있는 영화를 상영해준다. 또, 재커바이트 군인들이 사용했던 무기, 갑옷 등을 전시하고 있다.

**Data** 지도 ● 휴대지도-11, 439p-D 지도 밖
**가는 법** 인버네스 시내에서 5번 버스를 타고 컬로든 전투지 Culloden Battlefield 정류장에서 하차. 총 30분 소요
**주소** Culloden Moor, Inverness IV2 5EU
**전화** 014-6379-6090 **운영시간** 전투지 24시간 개방 / 여행자센터 5~10월 09:00~18:00, 4월 09:00~17:00, 3·11월 09:00~16:00, 12월 수~일 10:00~16:00, 1, 2월 휴관 **요금** 14파운드
**홈페이지** www.nts.org.uk

## # 제임스 2세를 지지했던 하일랜드의 슬픈 역사, 재커바이트 Jacobite

인버네스와 하일랜드에서는 재커바이트와 관련된 흔적을 곳곳에서 볼 수 있다. 재커바이트는 제임스 2세의 라틴식 이름 야코부스 Jacobus에서 유래한 명칭으로, '제임스 2세를 지지하는 사람들'이란 뜻이다. 제임스는 스튜어트 왕조 혈통으로 스코틀랜드와 잉글랜드를 통치했다.
하지만 그의 일방적인 왕권 전제 정치와 가톨릭 종교 부활 정책에 잉글랜드 의회는 반발했고, 결국 제임스 2세는 1688년에 일어난 명예 혁명으로 왕위에서 물러나게 된다. 제임스 2세가 물러난 뒤, 친개신교 성향의 딸 메리와 사위 윌리엄이 공동 왕으로 즉위했으나, 제임스 2세를 따르고 후손을 복위시키려는 재커바이트 세력이 등장했다. 더군다나 가톨릭 신자가 많았던 하일랜드는 친가톨릭 성향의 재커바이트에 가담했다. 1715년과 1745년에 두 차례 대대적인 봉기를 일으켰지만, 결국 1746년 컬로든 전투에서 잉글랜드 정부군에게 패하여 수많은 재커바이트 군인이 죽었다. 이후 잉글랜드 정부는 스코틀랜드의 정체성을 말살시키기 위해 하일랜드의 씨족 제도를 해체하고, 타탄도 금지시켰다고 한다.

### 태양과 조화를 이룬 선사 시대 돌무덤
## 클라바 돌무덤 Clava Cairns

인버네스 주변에 약 50개의 선사 시대 돌무덤이 있다. 특히, 클라바 돌무덤을 대표하는 발누아란 오브 클라바Balnuaran of Clava는 보존도 잘 되어 있고 방문도 가능하다. 네른Nairn강 옆에 있다. 기록이 많이 남아 있지는 않지만, 기원전 2000년경 지도자나 부족장의 무덤으로 추측한다. 3개의 원형 돌무덤이 있고, 주변으로는 우뚝 선 돌이 둘러싼 형태다.
그중 2개는 원 중앙으로 가는 통로가 있고, 가운데에 있는 링 케른Ring Cairn은 입구가 없다. 무덤의 입구와 연결된 통로는 서쪽을 향해 있어 한겨울의 해가 가장 짧은 날에도 통로 안까지 빛이 비친다. 일몰 때는 돌들이 금빛으로 반짝인다. 태양과 계절의 변화는 물론, 돌의 색상과 질감을 고려해 쌓았다는 이야기가 전해진다. 〈아웃랜더〉의 배경으로도 등장했다. 차를 렌트했거나, 인버네스, 하일랜드 투어에 포함된 경우 한 번쯤 들러 볼 만하다. 버스 이용 시 하차 후 도보로 30분간 걸어야 한다.

**Data** 지도 ● 휴대지도-11, 439p-D 지도 밖 가는 법 인버네스 시내에서 차로 약 15분 / 인버네스 시내에서 5번 버스를 타고 컬로든 무어 인Culloden Moor Inn 정류장에서 하차 후 도보 약 30분 주소 Balnuaran of Clava, near Culloden, Inverness-shire IV2 5EU 전화 016-6746-0232 운영시간 24시간 개방 요금 무료 홈페이지 www.historicenvironment.scot

### 바다와 맞닿은 강력한 영국의 요새
## 포트 조지 Fort George

18세기 영국 군대의 기술을 제대로 보여주는 위풍당당한 요새다. 하늘에서 바라본 모습은 마치 전쟁 게임의 배경을 연상시킨다. 1746년 컬로든 전투에서 재커바이트군을 격퇴한 후, 추후 공격에 대비하고 완전히 억제하기 위한 목적으로 조지 2세 왕의 이름을 따서 건설했다.
이후로 영국 군대를 훈련하는 캠프로서 활용되기도 했다. 하일랜드의 젊은 군인들이 대영 제국의 이름으로 참전할 때 거친 곳이었다. 포트 조지에는 강력한 요새의 역사를 보여주는 하일랜더 박물관, 장교와 군인들의 숙소, 예배당 등이 있다. 화약고와 총 등 각종 무기도 볼 수 있다. 하일랜더 박물관은 포트 조지 티켓으로 입장할 수 있다. 또한, 대중교통으로 가기 어려운 위치에 있어 렌터카나 투어 상품을 추천한다.

**Data** 지도 ● 휴대지도-11, 439p-B 지도 밖
가는 법 인버네스 시내에서 차로 약 25분
주소 The Common, Fort George, Inverness IV2 7TD
전화 016-6746-0232
운영시간 포트 조지&하일랜더 박물관
하절기(4~9월) 09:30~17:30 / 동절기(10~3월) 10:00~16:00
요금 10파운드
홈페이지 www.historicenvironment.scot, 하일랜더 박물관 www.thehighlandersmuseum.com

윌리엄 셰익스피어 비극, 〈맥베스〉의 배경이 된
# 코더성 Cawdor Castle

15세기에 지어졌으며, 요새의 역할을 했다. 오늘날까지 코더 가문의 거주지로 사용되고 있다. 성 내부에는 코더 가문의 초상화, 회화 그림이 벽에 가득 걸려 있다. 또한, 타탄 카펫이 깔려 있는 계단, 태피스트리로 장식된 화려한 침실, 우아한 가구 등을 볼 수 있다. 여러 색감이 잘 어우러져 고급스러우면서도 아늑한 분위기를 자아낸다. 성 주변에는 각기 주제가 다른 3개의 아름다운 정원이 있으며, 계절마다 다른 모습을 볼 수 있다. 울창한 숲을 거닐 수 있는 산책로와 골프 코스도 있다.

또한, 이곳은 잉글랜드의 대문호 윌리엄 셰익스피어의 비극 〈맥베스〉의 배경으로 알려져 있다. 작품 속에서 코더성의 영주인 맥베스는 왕위를 향한 욕망에 가득 차서 덩컨 왕을 살해한다. 하지만 〈맥베스〉의 시대적 배경이 11세기라는 점을 감안하면 작품의 내용과 실제 성의 역사와는 전혀 관련이 없다고 봐야 할 것이다.

**Data** **지도** ● 휴대지도-11, 439p-B 지도 밖
**가는 법** 인버네스 버스 스테이션에서 네른Nairn행 113번 버스를 타고 교회Church 정류장에서 하차 후 도보 10분. 총 1시간 소요(단, 버스는 월~목요일만 운행) / 인버네스 버스 스테이션에서 차로 약 25분
**주소** Cawdor Castle Ltd., Cawdor, Nairn IV12 5RD
**전화** 016-6740-4401 **운영시간** 하절기(5~9월) 10:00~17:00
**휴무** 동절기(10월~4월) **요금** 14.50파운드
**홈페이지** www.cawdorcastle.com

## EAT

이탈리아 아이스크림 젤라토 맛집
### 밀레스 젤라테리아 Miele's Gelateria

이탈리아에서 이주한 가족이 4대째 운영 중인 이탈리아 아이스크림 젤라토 맛집이다. 누텔라 소스, 땅콩버터, 킨더 초콜릿 등 다양한 풍미를 내는 재료를 사용해 매일 신선한 젤라토를 만든다. 밀크셰이크, 커피, 차, 샌드위치, 이탈리아 간식 등도 맛볼 수 있다.

**Data** 지도 439p-A 가는 법 인버네스역에서 도보 약 4분 주소 92 Church St., Inverness IV1 1EP 전화 014-6371-7864 운영시간 10:00~22:00 가격 싱글콘 2파운드~ 홈페이지 www.facebook.com/mielesgelato

맛도 좋고 사회 공헌도 하는 착한 카페
### 카페 아티산 Cafe Artysans

인버네스 지역에서 조달한 신선한 재료로 만든 수제 빵, 스콘 등 베이커리류 뿐만 아니라 브랙퍼스트, 런치 메뉴 등을 저렴하게 맛볼 수 있다. 지역 청소년이 장래에 필요한 기술을 배울 수 있도록 카페 일자리를 제공하는 사회 공헌 활동도 하는 착한 카페다.

**Data** 지도 439p-B 가는 법 인버네스역에서 도보 약 2분 주소 7 Strothers Lane, Inverness IV1 1LR 전화 014-6372-9793 운영시간 월~토 09:00~16:30 휴무 일요일 가격 샌드위치 6.50파운드~, 스콘 티 세트 4.75파운드 홈페이지 www.cafeartysans.org.uk

## BUY

오래된 교회를 개조한 중고 서점
### 리키스 서점 Leakey's Bookshop

스코틀랜드에서 가장 큰 규모의 중고 서점이자, 인버네스 관광 명소다. 1979년에 문을 열었고, 1994년에는 현재 리키스 서점 자리에 있던 오래된 교회 건물을 서점으로 개조했다. 건물의 높은 시계탑과 스테인드글라스 창문에서 아직도 교회의 분위기를 느낄 수 있다. 각종 희귀한 고서와 중고 서적, 오래된 지도들이 책장을 빼곡하게 채우고 있다. 곳곳에 편한 소파와 의자가 있어 잠시 들러 책을 읽기도 좋다. 운치를 더하는 나선형 계단과 장작 난로가 리키스 서점의 빈티지한 분위기와 잘 어울린다.

**Data** 지도 439p-A 가는 법 인버네스역에서 도보 약 5분 주소 Church St., Inverness IV1 1EY 전화 014-6323-9947 운영시간 월~토 10:00~17:30 휴무 일요일 홈페이지 www.facebook.com/LeakeysBookshop

킬트 제조 과정과 킬트 변천사를 볼 수 있는
## 하일랜드 하우스 오브 프레이저 Highland House of Fraser

네스 브리지 바로 옆에 위치한 킬트 의류 브랜드숍이다. 킬트 메이커 여행자 센터도 함께 있다. 하일랜드 하우스 오브 프레이저Highland House of Fraser라는 킬트 브랜드다. 50년 역사를 자랑하며, 스코틀랜드 전통 킬트 공예상을 받았다. 매장에서는 킬트 의상과 액세서리 등을 판매하고, 대여도 가능하다. 여행자 센터에서는 의류를 전시해 킬트의 변천사와, 장인의 킬트 제작 과정을 볼 수 있다.

**Data** 지도 439p-C
가는 법 인버네스역에서 도보 약 6분
주소 4-9 Huntly St., Inverness IV3 5PR
전화 014-6322-2781
운영시간 월~토 09:00~17:30
휴무 일요일
가격 타탄 스카프 19.99파운드
홈페이지 www.highlandhouseoffraser.com

브랜드 쇼핑은 여기서
## 이스트게이트 쇼핑센터
### Eastgate Shopping Centre

인버네스에서 가장 큰 규모를 자랑하는 종합 쇼핑센터다. H&M과 같은 스파 브랜드부터 각종 의류 브랜드, 버켄스탁 등 신발 브랜드, 샤넬, 입생로랑과 같은 화장품 브랜드숍과 데번햄 백화점이 입점해 있다. 애플 스토어, 카페, 패스트푸드점, 레스토랑 등도 있다. 인버네스에서 쇼핑을 해야 할 땐 이곳을 찾자.

**Data** 지도 439p-D 가는 법 인버네스역에서 도보 약 2분 주소 11 Eastgate, Inverness IV2 3PP 전화 014-6322-6457 운영시간 월~수·금·토 09:00~17:30, 목 09:00~18:00, 일 11:00~17:00
홈페이지 eastgateshopping.co.uk

오랫동안 사랑받는 아케이드 몰
## 빅토리안 마켓 Victorian Market

인버네스 기차역 앞에 위치한 아케이드 몰이다. 규모는 작지만 개성 있는 가게가 모여 있다. 인버네스 인구 증가에 따라 시장이 필요해졌고, 1870년에 문을 열었다. 1889년 6월에 발생한 화재로 빅토리안 마켓 내 숍 대부분이 소실됐지만, 복구 후 다시 문을 열어 인버네스의 분위기를 느낄 수 있는 명소로 자리 잡았다. 빅토리안 스타일의 하얀색 높은 천장에 빨간색 아치가 인상적이다.

**Data** 지도 439p-B 가는 법 인버네스역에서 도보 약 2분 주소 Academy St., Inverness IV1 1JN
운영시간 일~화 08:00~18:00, 수~토 08:00~19:00
홈페이지 thevictorianmarket.com

# SLEEP

### 인버네스성을 바라보며
## 캐슬 뷰 게스트 하우스 인버네스
### Castle View Guest House Inverness

이름에서 알 수 있듯이 네스강 너머 인버네스성을 바라볼 수 있어 멋진 전망을 자랑하는 숙소다. 네스 강가를 따라 산책하기도 좋고, 시내 주요 관광지를 도보로 다닐 수 있는 위치에 있다. 19세기 빅토리안 스타일로, 분위기가 편안하고 아늑하다. 패밀리룸, 트윈룸, 킹룸, 더블룸 등이 있다. 신선한 과일, 빵이 포함된 스코티시 스타일의 조식을 즐길 수 있다. 홈페이지에서 직접 예약을 해야 한다.

**Data** 지도 439p-C
가는 법 인버네스역에서 도보 약 6분
주소 2A Ness Walk, Inverness IV3 5NE
전화 014-6324-1443
운영시간 체크인 14:00, 체크아웃 10:30
요금 더블룸 140파운드~
홈페이지 www.castleviewguesthouseinverness.com

### 온기를 더할 따뜻한 벽난로가 있는
## 배즈패커스 호스텔 Bazpackers Hostel

인버네스에서 유일한 4성급 호스텔이다. 1826년에 지어진 빅토리안 타운 하우스를 호스텔로 개조했다. 인버네스 시내가 가깝다. 특히, 인버네스 대표 명소 인버네스성과 불과 200m 거리에 있다. 저렴한 가격에 성 근처에서 묵고 싶다면 추천한다. 평화로운 마을 분위기를 느낄 수 있으며, 호스텔에서 보는 네스강과 인버네스 대성당 전망이 아름답다.
호스텔에는 혼성 도미토리, 여성 도미토리, 3인실, 5인실, 트윈룸, 주방, 욕실이 따로 있는 4인용 셀프 케이터링 아파트먼트 등 다양한 객실이 있다. 각 객실에는 개별 온도 조절 장치가 있다. 공용 주방, 라운지도 갖췄다.

**Data** 지도 439p-F
가는 법 인버네스역에서 도보 약 10분
주소 4 Culduthel Rd., Inverness IV2 4AB
전화 014-6371-7663
운영시간 체크인 15:00, 체크아웃 11:00
요금 도미토리 6인실 35파운드~
홈페이지 www.bazpackershostel.co.uk

# 여행 준비 컨설팅

여행을 떠나기 전에는 막막했지만, 여행이 끝나고 돌아와 생각해 보면 여행을 준비하는 하루하루가 제일 즐거운 시간일 것이다. 여행 전의 기분 좋은 설렘을 만끽하며 차근차근, 꼼꼼하고 알뜰하게 스코틀랜드 여행을 준비해 보자. 항공편, 숙소 예약, 필요한 아이템 리스트까지 담았다.

# D-90

## MISSION 1 여행 일정을 계획하자

### 1. 자유 여행&투어 여행

스코틀랜드는 자유 여행과 투어 여행 둘 다 활용해 즐기기 좋은 여행지다. 스코틀랜드 대부분의 도시 내 관광지는 도보로 이동할 수 있다. 대중교통, 쇼핑 시설도 잘 되어 있어 있어서 자유 여행이 쉽다. 또한, 에든버러, 글래스고 등 스코틀랜드 각 도시마다 여행자 센터가 있다. 도시 정보 및 지도를 얻을 수 있고, 여행지 추천도 해 준다. 여행할 도시에 도착하면 여행자 센터를 활용하는 것도 좋은 방법이다. 각 도시 여행자 센터 정보는 456p 참고.

일정을 자유롭게 계획할 수 있는 자유 여행에 전문 가이드의 설명을 들으며 편하게 다닐 수 있는 투어 여행을 더해서 즐겨보자. 다양한 테마의 현지 투어가 많다. 특히 대중교통으로는 둘러보기 어려운 하일랜드는 투어로 핵심만 편하게 여행할 수 있다. 짧게는 당일 투어부터 길게는 일주일까지, 전문 가이드가 동행한다.

### 2. 출발일 정하기

스코틀랜드는 한국과 마찬가지로 사계절이 있다. 단, 북쪽에 위치해 계절별 일조량 차이가 크다. 여름에는 새벽 4시에 해가 뜨기 시작해서 밤 11시경에 어두워질 정도로 낮이 길지만, 겨울에는 오전 9시부터 해가 뜨기 시작해서 오후 3시경에는 해가 진다. 날씨는 일 년 내내 비교적 온화한 기후를 유지하며 연교차가 크지 않은 편이지만, 대신 날씨가 변덕스럽다. 비가 오다가 갑자기 해가 뜰 수도 있으니 유의하자.

스코틀랜드 여행 성수기는 밀리터리 타투와 에든버러 프린지 페스티벌이 열리는 8월이다. 여름 방학도 겹쳐 전 세계에서 몰린 여행자로 스코틀랜드 전역이 축제의 장으로 변하는 시기다. 가장 활기찬 스코틀랜드의 모습을 볼 수 있다. 크리스마스가 있는 12월, 신년을 맞이하는 1월에는 화려한 조명으로 도시가 반짝이며, 가족과 함께 겨울 휴가를 보내기 위해 오는 가족 여행자들이 많다. 야외 활동과 활기찬 분위기의 스코틀랜드를 즐기고 싶다면 여름, 조용하고 평화로운 스코틀랜드를 즐기려면 봄이나 가을, 겨울 스포츠를 즐기고 싶다면 겨울을 추천한다.

### 3. 여행 기간 정하기

스코틀랜드 여행자들은 대부분 런던을 비롯해 다른 영국 도시와 함께 스코틀랜드 여행을 계획할 것이다. 때문에 하루이틀 짧은 일정으로 에든버러만 보고 돌아가는 경우가 많다. 하지만, 스코틀랜드의 진수를 조금이라도 느끼려면 하일랜드까지 다녀오는 3일 일정을 추천한다. 광활한 대자연은 스코틀랜드의 백미다. 스코틀랜드의 진짜 매력에 빠지고 싶다면 최소 7일 이상은 지내면서 스카이섬과 글래스고, 그 외 소도시도 둘러보는 것이 좋다.

> **TIP 스코틀랜드에서 영어 말하기**
>
> 스코틀랜드 영어는 특유의 독특한 억양이 있어 외국 여행자가 알아듣기가 어렵다. 하지만, 미리 걱정할 필요는 없다. 간단한 인사말과 쉬운 단어로도 충분히 의사 표현이 가능하다. 또한, 여행자들에게 친절히 알려주는 스코틀랜드 사람들 덕분에 여행에 필요한 최소의 정보는 무리 없이 얻을 수 있다. 마지막으로, 구글 번역기, 파파고Papago와 같은 똑똑한 번역 애플리케이션이 있으니 너무 걱정하지 말자.

# D-80

## MISSION 2 여행 예산을 짜자

**항공권** 항공권은 80~200만 원선이다(이코노미 석 기준). 성수기 여행자라면 일찍 예약할수록 저렴하게 항공권을 구할 수 있다. 또한, 항공사에서 종종 프로모션 이벤트를 진행하는 경우도 있다. 항공권과 관련한 자세한 사항은 452p를 참고하자.

**숙박비** 숙박은 예산에서 가장 큰 변수 요인이다. 편안하고 쾌적한 호텔을 예약하면 예산을 높게 잡아야겠지만, 저렴한 호스텔을 예약한다면 예산을 많이 아낄 수 있다. 스코틀랜드는 호스텔, B&B, 한인 민박, 호텔 등 다양한 타입의 숙소가 있다.

고풍스러운 분위기에 럭셔리한 시설을 자랑하는 최고급 호텔은 1박 150파운드~, 중저가 체인 호텔은 1박 50파운드~, 호스텔은 1박 15파운드~로 숙박 시설을 어디로 잡느냐에 따라 예산이 달라진다. 하일랜드, 스코틀랜드 외곽 지역에는 시설이 잘 갖춰진 캠프장도 많다. 렌터카 여행자라면 캠프장을 이용해도 좋다.

**식비** 높은 식당 임대료와 인건비가 음식 가격에 반영되어 레스토랑이나 식당에서 먹는 한 끼 식사 비용이 비싼 편이다. 고급 레스토랑의 경우 단품 메뉴가 기본적으로 15파운드~고, 3코스 저녁 식사는 50파운드~ 정도다. 레스토랑에서 식사를 할 때는 맛과 품질이 비슷하지만 좀 더 저렴한 가격에 즐길 수 있는 런치 메뉴를 추천한다. 마트에서 파는 커피, 샌드위치, 맥주를 비롯해 빵, 채소, 고기 등 식재료의 가격은 한국과 비슷하거나 저렴한 편이다.

**교통비** 스코틀랜드 주요 도시 내에서는 도보로 충분히 이동할 수 있다. 단, 에든버러 근교에 있는 고성을 갈 때는 대중교통이나 영국의 택시인 블랙캡, 우버 등을 이용해야 한다. 스코틀랜드는 시내버스를 1일 무제한으로 이용할 수 있는 데이 티켓이 있다(4.50파운드). 에든버러에서 다른 근교 도시를 갈 때 기차를 이용한다면 왕복 10파운드 이상이다. 목적지와 시간에 따라 가격은 상이하며, 기차보다는 코치, 한 명보다는 3명 이상의 단체 예약, 그리고 무조건 일찍 예약해야 저렴한 가격에 티켓을 구할 수 있다. 그 외 공항버스, 트램 등이 있으니 자신의 상황에 맞게 적절한 교통수단을 선택하면 된다. 기차, 공항버스, 코치, 지하철, 블랙캡 등 교통수단에 대한 자세한 정보는 057~063p 참고.

**입장료** 스코틀랜드 주요 박물관과 갤러리, 공원 등은 무료입장이다. 하지만, 에든버러성, 홀리루드하우스 궁전 등 고성과 궁전은 유료 입장이다. 입장료는 10~20파운드 선이다. 할인 패스를 이용하면 개별적으로 티켓을 구매하는 것보다 저렴하다. 할인 패스에 관한 자세한 정보는 078p 참고.

**투어 비용** 하일랜드 투어, 위스키 증류소 투어, 해리 포터 성지 순례 투어 등 다양한 투어가 있다. 투어 기간과 목적지에 따라 비용이 다르다. 하일랜드 1일 투어는 40파운드~, 3일 투어는 120파운드~이다. 가이드의 설명을 들으면서 도시 내 명소를 볼 수 있는 워킹 투어는 소정의 팁 정도만 내고 비용은 무료로 진행하기도 한다. 그 도시를 잘 알 수 있는 방법이니 시간 여유가 된다면 체크해 보자.

2층 버스에 앉아 도시 전체를 훑는 시티 투어 버스도 유용하다. 본격적인 여행 전 시티 투어 버스를 이용하면 그 도시에서 무엇을 하면 좋은지 전체 그림을 그릴 수 있다. 잘 살펴보고 알찬 스코틀랜드 여행을 완성하자.

# D-70

## MISSION 3 항공권을 확보하자

항공권 가격은 성수기, 비성수기, 경유 여부, 항공사 상황에 따라 다르다. 여행 시기를 고려해 항공권 가격 비교 홈페이지, 항공사 홈페이지 등을 꼼꼼히 체크하는 습관을 들이자.

### 1. 항공권 구매 시기

최소 두세 달 전에 구매하는 것을 추천한다. 아무리 훌륭한 여행 계획을 세웠어도 항공권을 구하지 못 하면 헛수고일 뿐. 특히, 여름 성수기에 스코틀랜드 여행을 갈 예정이라면 여러 항공사 홈페이지와 항공권 가격 비교 홈페이지를 체크하고 프로모션 이벤트 여부를 주시하면서 늦어도 3개월 전에는 항공권을 확보하자.

### 2. 항공권 구입하기

아직 인천-스코틀랜드 직항편이 없으므로, 런던이나 다른 유럽 도시를 경유해 입국해야 한다. 에어프랑스, KLM, 터키에어라인은 다른 유럽 도시를 경유해 스코틀랜드에 도착한다. 런던 여행을 같이 계획 중인 여행자라면 저가 항공사의 항공권을 따로 구매하거나(이 경우 런던에 위치한 히드로 공항이 아닌 런던의 지방 공항에서 비행기를 탈 가능성이 높다), 기차, 혹은 야간 침대 기차인 캘리도니언 슬리퍼로 스코틀랜드에 갈 수 있다.

각 항공사의 공식 홈페이지, 할인 항공권 취급 홈페이지, 항공권 가격 비교 홈페이지를 꾸준히 검색해 보자. 항공사의 특가 프로모션이 뜨면 알림을 주는 애플리케이션 플레이윙즈 playwings도 다운로드해 두면 도움이 된다.

**할인 항공권 가격 비교 / 취급 홈페이지**
- 인터파크 투어 fly.interpark.com
- 와이페이모어 www.whypaymore.co.kr
- 스카이스캐너 www.skyscanner.co.kr
- 카약 www.kayak.co.kr

### 3. 항공권 구매 시 주의사항

- 항공권 가격 검색 시 공항세 및 택스가 모두 포함되어 있는지 꼭 확인하자.
- 항공권을 예매할 땐 취소 및 일정 변경 시 환불이 가능한지, 그리고 환불 수수료 등을 반드시 확인하자. 또한, 마일리지 적립 여부, 항공사별로 허용하는 짐의 무게, 스톱오버 여부, 티켓의 유효 기간 등 모든 조건을 꼼꼼하게 확인한 뒤에 결제하자.
- 유럽계 저가 항공사는 대부분은 기내 반입 가능한 짐의 크기와 무게를 엄격하게 확인하니 유의하자.
- 항공권 예약 시 여권 번호와 여권 상 이름을 정확히 기재해야 한다. 여권과 항공권에 쓰인 영문 스펠링 하나, 숫자 하나라도 다르면 탑승이 거절될 수 있다.
- 아무리 예약을 해두었어도 발권하지 않았다면 완전한 내 표가 아니다. 특히, 좌석이 넉넉하지 않은 성수기에는 발권을 미루다가 좌석 예약이 취소될 수도 있으니 주의하자.
- 좌석 확약이 안된 상태로 출국하면 돌아오는 항공편을 구하기가 어려울 수 있다. 항공권의 'Statue'란에 OK라고 적혀 있는지 확인하고, 미심쩍으면 해당 항공사에 직접 전화해 좌석 확약 여부를 확인하자.
- 좌석 확약을 받은 후, 확약이 포함된 E-티켓을 이메일로 받으면 기재된 날짜와 시간 등 모든 사항을 꼼꼼히 살펴보자.

# D-60

## MISSION 4 여권을 확인하자

해외 여행을 떠나기 전 여권 확인은 필수다. 여권 유효 기간이 최소 6개월 이상 남아 있어야 안전하니, 유효 기간이 6개월 미만으로 남아 있으면 꼭 재발급을 받도록 하자.

## 1. 여권 유효 기간 확인하기

영국은 대한민국 여권 소지자라면 무비자로 여행이 가능하다. 여행 목적으로 최대 6개월까지 영국에 머무를 수 있다. 단, 영국 입국일 기준 여권 유효 기간이 6개월 이상 남아 있어야 한다. 항공권을 예매하기 전에 여권 유효 기간을 반드시 확인해 본 후, 유효 기간이 6개월 미만이라면 재발급을 받아야 한다.
절차는 신규 발급과 비슷하지만 재발급 사유를 적어야 하고, 분실 시 분실신고서를 작성해야 한다.

## 2. 여권 만들기

### ■ 어디서 만들까?

여권은 외교통상부에서 주관하는 업무지만 서울에서는 외교통상부를 포함한 대부분의 구청에서, 광역시를 비롯한 지방에서는 도청이나 시구·청에 설치되어 있는 여권과에서 편리하게 발급받을 수 있다.
인터넷 포털 홈페이지에서 '여권 발급 기간'을 검색하면 서울 및 각 지방 여권과를 안내받을 수 있으니 가까운 곳을 선택해 방문하자.

### ■ 어떻게 만들까?

전자 여권은 타인이나 여행사의 발급 대행이 불가능하기 때문에 본인이 신분증을 지참하고 직접 신청해야 한다. 만 18세 미만의 미성년자는 부모의 동의하에 여권을 만들 수 있다. 여권을 신청할 때는 일반인 제출 서류에 가족관계증명서를 지참해 부모나 친권자, 후견인 등이 신청할 수 있다.

### ■ 여권 발급 준비물

- 여권발급신청서
  (해당 기관에 구비)
- 여권용 사진 1매
  (가로 3.5cm×세로 4.5cm)
- 신분증(주민등록증이나 운전면허증)
- 발급수수료 전자 여권(복수, 10년)
  53,000원

### ■ 온라인 여권 재발급 신청

기존에 전자 여권을 한 번이라도 발급받은 대한민국 국민이라면 온라인 정부24 사이트(www.gov.kr)에서 온라인 여권을 신청할 수 있다. 본인 인증 후 여권 규격에 맞는 사진을 업로드하여 신청한 후 여권을 수령하고자 하는 수령 희망 기관을 선택한다. 신분증이나 유효 기간이 남아 있는 기존 여권을 가지고 선택했던 수령 기관에 방문하여 본인이 직접 창구에서 수령하면 된다.

> **TIP 혹시 모를 상황에 대비한 서류들을 챙기자!**
>
> 여권을 분실했을 경우를 대비해 여권 사본을 챙기자. 사용할 신용카드, 체크카드, 휴대폰을 분실했을 때 정지 요청할 전화번호도 따로 적어두자.

# MISSION 5 여행 정보를 수집하자

## 1. 여행 정보 수집의 진짜 목적

관광지와 맛집, 쇼핑 정보만이 여행 정보의 전부는 아니다. 스코틀랜드는 긴 역사와 뚜렷한 문화를 가진 나라로, 대부분의 도시에는 수 세기의 역사적 의미를 지닌 유적지를 품고 있다. 괜히 어렵고 복잡하게 느낄 필요는 없다. 스코틀랜드를 빛낸 유명 인물들(039p), 숙적 잉글랜드와의 관계(036p), 역사적인 전투 등을 담은 영화나 드라마(087p)를 보고 가면 스코틀랜드 여행의 수준이 달라질 것이다.

## 2. 〈스코틀랜드 홀리데이〉 정독하기

스코틀랜드는 아직 한국인에게는 유명한 관광지가 아니다. 국내에 스코틀랜드 여행 정보를 얻을 수 있는 책은 거의 없고, 국내 여행 블로그, 카페에서도 많은 정보를 찾기가 어렵다. 반대로 생각하면 나만의 여행을 만들 수 있는 기회가 될 수도 있다.

미지의 세계를 탐험한다는 도전 정신으로 여행 일정을 꾸려보자. 〈스코틀랜드 홀리데이〉는 좋은 길잡이가 되어줄 것이다. 이 책에는 스코틀랜드에서 놓쳐서는 안될 주요 관광 명소는 물론, 기차역, 버스 등 교통수단에 대한 자세한 소개, 추천 일정을 수록했다. 테마별, 지역별 정보를 따라가면서 취향에 맞게 스코틀랜드 여행을 그려보자.

## 3. 유튜브YouTube와 관광청 홈페이지 참고하기

〈스코틀랜드 홀리데이〉로 여행의 방향을 정했다면 자세한 정보를 알아볼 차례다. 페이지의 한계로 담지 못한 정보는 유튜브를 활용하면 좋다. 이미 스코틀랜드 여행을 마친 전 세계 여행자들의 영상을 보며 자세한 정보 및 팁을 얻을 수 있다. 또한, 스코틀랜드의 풍경을 볼 수 있어 스코틀랜드 여행 계획에 도움이 된다. 유튜브YouTube에 영어로 'Scotland'라고 검색하면 더 많은 영상을 볼 수 있다.

스코틀랜드 관광청 홈페이지도 둘러보자. 해당 홈페이지에 스코틀랜드 여행 정보를 체계적으로 정리해 놓았다. 에든버러, 글래스고, 스털링 등 스코틀랜드 주요 도시마다 관광 홈페이지가 따로 있으니, 각 도시별 숙소, 식당, 대중교통, 관광지 정보를 얻을 때는 도시별 관광 홈페이지를 확인해 보자.

**여행 정보를 볼 수 있는 홈페이지**
- 스코틀랜드 관광청 홈페이지
  www.visitscotland.com
- 역사 환경 스코틀랜드 단체
  www.historicenvironment.scot
- 에든버러 관광 홈페이지
  edinburgh.org
- 글래스고 관광 홈페이지
  peoplemakeglasgow.com

## 4. 구글 검색 적극 이용하기

마지막으로 적극적으로 구글 검색을 하자. 스코틀랜드를 포함한 유럽은 관광지 및 식당, 숍 등의 운영 시간 변동이 잦다. 최신 정보는 각 장소의 공식 홈페이지에서 미리 확인하는 습관을 들이는 게 도움이 된다. 특히, 구글 맵은 스코틀랜드 여행에서 필수 도구다. 길을 찾고, 대중교통을 이용할 때 정확하고 빠른 데이터를 제공한다. 구글 맵Google Map은 여행 전 미리 다운로드하면 현지에서 유용하다.

# MISSION 6 숙소와 투어를 예약하자

## 1. 숙소 위치 정하기

숙소를 예약하기 전 스코틀랜드 지도를 보면서 여행하고자 하는 도시의 위치를 먼저 파악하자. 에든버러는 올드 타운 주변에 주요 관광지가 모여 있어 도보로 이동 가능하지만, 경사가 가파른 언덕 지대에 자갈길이라 체력이 좋고 짐이 무겁지 않은 경우에 추천한다.

노약자가 있는 가족 단위 여행자나 짐이 많다면 기차역 주변이나 프린스 스트리트에 숙소를 잡자. 도시마다 지형과 관광지 위치가 다르므로, 일행과 체력을 고려해 숙소를 정하자. 에든버러 숙소 예약 팁은 230p를 참고하면 된다.

## 2. 스코틀랜드 숙소 종류

스코틀랜드에는 다양한 매력을 가진 숙소들이 많다. 최고급 호텔은 몇 백 년의 역사와 함께 고풍스러운 분위기가 인상적이고, 화려한 시설, 안락한 서비스를 보장한다. 독특하고 스타일리시한 콘셉트와 디자인으로 승부하는 디자인 호텔도 있다. 합리적인 가격에 사생활을 지키고 싶다면, 상대적으로 저렴한 요금에 모던하고 깨끗한 시설, 편리한 서비스를 누릴 수 있는 체인 호텔을 이용하자.

스코틀랜드 가정집에서 묵으며 스코틀랜드식 아침 식사도 맛볼 수 있는 B&B, 전 세계 여행자들과 사귈 수 있는 호스텔도 있다. 취향에 맞게, 예산에 맞게 숙소를 골라보자. 예산 여유가 된다면 호텔과 저렴한 숙박 시설을 섞어서 이용하는 것도 좋은 방법이겠다. 그리고, 쏟아질 듯한 별을 보며 특별한 추억을 쌓을 수 있는 캠핑도 있다. 특히, 캠핑은 스코틀랜드 여행에서 꼭 해 보길 추천한다.

## 3. 숙소 예약하기

호텔이나 호스텔에 묵을 예정이라면 프로모션 정보를 제공하고 가격 비교도 해 주는 예약 홈페이지를 이용하자. 숙소 각각의 홈페이지에 들어가서 예약하는 것보다 시간과 에너지를 절약할 수 있다. 무엇보다 한국어로 전부 번역이 되어 있어 편리하다. 마음에 드는 숙소가 있다면 공식 홈페이지에 들어가 보는 것도 잊지 말 것. 스코틀랜드 일부 호텔, 호스텔, B&B는 공식 홈페이지에서 직접 예약해야 하거나, 연박 할인 이벤트를 진행하기도 한다.

**호텔 예약 홈페이지**
- 부킹 닷컴 www.booking.com
- 트리바고 www.trivago.co.kr
- 익스피디아 www.expedia.co.kr
- 호텔스컴바인 www.hotelscombined.co.kr

**호스텔 예약 홈페이지**
- 호스텔스닷컴 www.hostels.com
- YHA www.yha.org.uk

**B&B 예약 홈페이지**
- 에어비앤비 www.airbnb.co.kr
- 트립어드바이저 www.tripadvisor.co.kr

## 4. 투어 예약하기

성수기에 하일랜드 투어를 비롯해 다양한 테마 투어에 참여할 예정이라면, 투어 마감이 되기 전 미리 예약하는 것이 좋다. 투어 회사, 투어 종류, 기간에 따라 투어 요금이 다양하니 각 투어 홈페이지에 들어가 꼼꼼히 비교해 보고, 이용자들의 후기도 참고하자. 또한, 나의 여행 일정과 스타일에 맞는 투어를 선택하는 것이 중요하다. 투어 예약은 각 투어 홈페이지에서 예약하면 확정 이메일을 받게 된다. 투어 확정 이메일은 잘 보관하자.

## ✦✦✦ Plus Info ✦✦✦

## 스코틀랜드 여행자 센터

스코틀랜드에는 각 도시마다 여행자의 편의를 돕는 여행자 센터가 있다.

### 에든버러 여행자 센터
VisitScotland Edinburgh iCentre
에든버러 여행 정보와 에든버러 시내 지도를 얻을 수 있다.
**지도** ● 휴대지도-M, 156p-F
**가는 법** 웨이벌리 기차역에서 도보 약 10분, 로얄 마일에 위치
**주소** 249 High St., Edinburgh EH1 1YJ
**운영시간** 매일 09:30~17:00
**에든버러 관광 안내 홈페이지**
edinburgh.org

### 글래스고 여행자 센터
VisitScotland Glasgow iCentre
글래스고 도시 여행 정보와 무료 여행 지도를 얻을 수 있고, 다양한 기념품도 구매할 수 있다.
**지도** 264p-F
**가는 법** 글래스고 센트럴 기차역에서 도보 5분 / 퀸 스트리트 기차역에서 도보 1분
**주소** 156A/158 Buchanan St., Glasgow G1 2LL
**전화** 014-1566-4083
**운영시간** 월~토 09:30~17:00, 일 10:00~17:00
**글래스고 관광 홈페이지**
peoplemakeglasgow.com

### 스털링 여행자 센터
VisitScotland Stirling iCentre
스털링 여행 정보와 관광 지도를 얻을 수 있다. 기념품 등도 판매한다.
**지도** 371p-C
**가는 법** 스털링역에서 도보 약 15분
**주소** VisitScotland Stirling iCentre(Old Town Jail), St. John St., Stirling FK8 1EA
**전화** 017-8647-5019
**운영시간** 매일 09:30~17:00
**스털링 관광 안내 홈페이지**
www.yourstirling.com

### 퍼스 여행자 센터
VisitScotland Perth iCentre
퍼스 도시 여행 정보와 무료 지도를 얻을 수 있다. 스쿤성, 블랙 워치 캐슬&박물관 입장권도 판매한다.
**지도** 385p-B
**가는 법** 퍼스 기차역에서 도보 10분
**주소** 45 High St., Perth PH1 5TJ
**전화** 017-3845-0600
**운영시간** 7, 8월 매일 09:30~17:00, 그 외 기간
**휴무** 일요일
**퍼스 관광 홈페이지**
www.perthcity.co.uk

### 던디 여행자 센터
VisitScotland Dundee iCentre
던디 도시 여행, 숙박 정보를 알 수 있고, 무료 지도도 받을 수 있다. 스코틀랜드 기념품도 판매한다.
**지도** 398p-E
**가는 법** 던디 기차역에서 도보 5분, 던디 V&A 내에 위치
**주소** V&A Dundee, 1 Riverside Esplanade, Dundee, DD1 4EZ
**전화** 013-8252-7527
**운영시간** 하절기(4~10월) 매일 10:00~17:00, 동절기 화요일만 휴무
**던디 관광 홈페이지**
www.dundee.com

### 세인트 앤드루스 여행자 센터
VisitScotland St. Andrews iCentre
세인트 앤드루스 여행 정보와 무료 지도를 얻을 수 있다.
**지도** 412p-F
**가는 법** 세인트 앤드루스 버스 스테이션에서 도보 약 8분
**주소** 70 Market St., St. Andrews KY16 9NU
**전화** 013-3447-2021
**운영시간** 하절기(7·8월) 월~토 09:30~18:00, 일 09:30~17:00, 4~6·9·10월 09:30~17:00 / 동절기(11~3월) **휴무** 일요일
**세인트 앤드루스 관광 홈페이지**
www.visitstandrews.com

### 애버딘 여행자 센터
VisitScotland Aberdeen iCentre
애버딘 여행 정보와 무료 지도를 얻을 수 있다. 데이 투어 예약, 무료 와이파이 사용도 가능하다.
**지도** 423p-D
**가는 법** 애버딘역에서 도보 약 8분
**주소** 23 Union St., Aberdeen AB11 5BP
**전화** 012-2426-9180
**운영시간** 7, 8월 09:30~17:00, 일 11:00~16:00, 그 외 기간 09:30~17:00
**휴무** 일요일
**애버딘 관광 홈페이지**
www.visitabdn.com

### 인버네스 여행자 센터
VisitScotland Inverness iCentre
인버네스 무료 지도를 얻을 수 있다. 하일랜드 숙소 및 크루즈 여행 예약도 가능하다.
**지도** 439p-D
**가는 법** 인버네스역에서 도보 약 5분
**주소** 36 High St., Inverness IV1 1JQ
**전화** 014-6325-2401
**운영시간** 매일 09:30~17:00 (동절기는 단축 운영)
**인버네스 관광 홈페이지**
www.visitinvernesslochness.com

### 인버네스 투어 회사
인버네스 외곽에 위치한 대부분의 관광지는 대중교통으로 가기 어렵다. 렌터카나 투어 상품을 이용하는 것이 좋다.
**해피 투어** happy-tours.biz
**인버네스 투어** www.invernesstours.com

# MISSION 7 여행자보험에 가입하자

영국은 먼 나라다. 가까운 나라에 갈 때는 여행자보험의 필요성을 느끼지 못했더라도, 만약에 대비해 여행자보험을 가입하면 추후 도움을 받을 수 있다.

## 1. 여행자보험

### ■ 여행자보험 가입 목적

사건사고 없이 즐겁게 여행을 마무리한다면 가장 좋겠지만, 여행에서 발생할 일은 예측할 수 없다. 혹시 모를 사건사고에 대비해 준비하는 것이 여행자보험이다. 갑자기 몸이 아프거나, 사고를 당하거나, 귀중품을 도난당했을 때 여행자보험에 가입되어 있다면 보상을 받을 수 있다. 회사와 보험 종류마다 가입비와 보상액이 다르다. 단기 여행자라면 비교적 저렴한 금액(5만원 이하)으로 가입할 수 있으니 여행 전 꼭 가입하자.

### ■ 여행자보험 가입하기

여행자보험은 인터넷이나 여행사를 통해 신청할 수도 있고, 출발 직전 공항에서 가입할 수도 있다. 공항에서 드는 보험이 가장 비싸니 여행 전 인터넷을 통해 예약해야 한 푼이라도 아낄 수 있다. 보험사 정책에 따라 보험 혜택이 불가능한 항목들(고위험 액티비티 등)도 있으니 미리 확인하자.

여행자가 겪게 되는 일은 도난이나 상해가 대부분이다. 이 부분에 보장이 얼마나 잘 되어 있는지 꼼꼼히 확인하자. 도난 보상 금액이 올라가면 내야 할 보험비도 비싸진다. 또, 혹시 일어날 수 있는 지진 등 자연재해 등으로 인한 피해도 상해보험으로 보상을 받을 수 있는지 약관을 꼭 확인하는 것이 좋다. 그 외 사망, 질병도 보상 내역에 포함되어 있는지 확인하자.

**여행자보험 가입 홈페이지**
- 삼성화재 direct.samsungfire.com
- 현대해상 direct.hi.co.kr

## 2. 증빙 서류 챙기기

보험증서, 비상연락처, 제휴 병원 등 증빙 서류는 여행 시 여행 가방 안에 꼭 챙기자. 여행 중 도난을 당했을 때는 가장 먼저 현지 경찰서에 가서 도난증명서를 받자. 도난증명서에서 'Stolen' 항목에 체크한 후 잘 보관해야 귀국 후 보상을 받을 수 있다.

현지에서 아파서 병원에 갔다면 병원에서 받은 증명서와 영수증도 반드시 챙길 것. 서류가 미비하면 제대로 보상을 받기가 힘들다. 회사마다 제출해야 하는 증빙 서류 규정이 다르니 가입 시 미리 확인하자.

## 3. 보상금 신청하기

귀국 후에는 보험 회사로 연락해 제반 서류들을 보내고 보상금 신청 절차를 밟는다. 병원 치료를 받은 경우 진단서와 영수증을, 도난을 당했을 때는 도난증명서를 제출해야 한다. 도난 물품의 가격을 증명할 수 있는 쇼핑 영수증도 첨부하면 더 좋다. 보상금을 받으려는 부분에 필요한 관련 서류들을 꼼꼼히 챙겨야 보상금을 잘 받을 수 있다.

# MISSION 8 국제운전면허증&국제학생증

스코틀랜드의 광활한 자연을 즐기는 또 다른 방법, 렌터카 여행을 위해 국제운전면허증을 체크하자. 국제학생증이 있다면 스코틀랜드의 유료 박물관을 저렴하게 즐길 수 있다.

## 국제운전면허증

국제운전면허증은 민원실이 있는 경찰서, 도로교통공단 운전면허 시험장, 인천 공항 제1터미널 국제운전면허 발급센터에서 발급받을 수 있으며, 인터넷 발급은 불가하다. 여권에 기재된 영문명과 국제운전면허증 영문명은 반드시 동일해야 한다. 현지에서 렌터카를 대여할 때는 국제운전면허증, 국내운전면허증, 여권, 귀국여행 증명서 등의 서류가 필요하니 꼭 챙겨가자.

- **국제운전면허증 발급 준비물**
- 국제운전면허증발급신청서
  (해당 기관에 구비)
- 6개월 이내 촬영한 여권용 사진 1매
- 여권(사본 가능)
- 국내운전면허증
- **발급 예상 소요 시간** 10분 내외
- **발급 수수료** 8,500원
- **유효 기간** 발급일로부터 1년

## 국제학생증 ISIC

스코틀랜드의 박물관, 갤러리 대부분은 무료입장이지만, 일부 관광지는 유료 입장이다. 이 경우 학생이라면 20~30% 할인을 받을 수 있다(국제학생증 할인 적용은 관광지마다 다르다). 만 12세 이상, 풀타임 학생이라면 국제학생증을 만들 수 있다. 인터넷에서 신청 및 발급이 가능하니, 필요하다면 미리 만들어서 예산을 절약하자.

- **필요 서류**
- 재학증명서 등의 학생 증명 서류
- 여권
- 신분증
- 증명사진
- **수수료**

유효 기간 1년 17,000원 / 2년 34,000원

- **국제학생증 발급 홈페이지** www.isic.co.kr

> **TIP** 2019년 9월부터 발급하는 영문이 기재된 새로운 국내운전면허증은 영국에서도 통용된다. 유효기간은 10년까지 가능하며, 국제면허증은 유효기간이 1년이다. 따라서, 영문 국내운전면허증이 있다면 별도로 국제운전면허증을 발급받을 필요가 없다.

## MISSION 9 알뜰하게 환전하자

### 현금

영국은 유로€가 아닌 파운드£를 쓴다. 영국에는 한화를 파운드로 바꿀 수 있는 곳이 거의 없으므로 한국에서 미리 파운드로 환전해 가자. 인천 공항에서 환전하는 것보다 주거래 은행에서 환율 우대를 받는 게 이득이다. 최근에는 은행의 모바일 애플리케이션에서 미리 환전을 신청할 수도 있다. 여행지에 따라 최대 90%까지 수수료 우대를 받을 수 있다. 여행 전 환율 추이를 봐서 적절한 시점에 환전하자.

단, 도난, 분실 위험이 있으니 여행 초기에 사용할 비용, 한인 민박이나 게스트 하우스 등 현지에서 지출해야 하는 숙소 비용, 작은 상점에서 쇼핑하는 비용, 식사 비용 등 필요한 만큼 환전해 가자.

### 스코틀랜드 화폐

한국에서 파운드로 환전하면 받게 되는 화폐는 영국 전역에서 사용 가능한 잉글랜드 지폐로, 스코틀랜드에서도 통용된다. 하지만, 스코틀랜드에서 스코틀랜드 지폐로 거스름돈을 주는 경우가 있다. 잉글랜드 지폐는 스코틀랜드에서 자유롭게 사용할 수 있지만, 잉글랜드에서는 스코틀랜드 지폐를 받아주지 않는 경우가 많다. 스코틀랜드 여행 후 런던 여행을 할 예정이라면 남은 스코틀랜드 지폐는 스코틀랜드 은행에서 잉글랜드 지폐로 교환한 후 이동해야 한다.

스코틀랜드 1파운드 지폐는 스코틀랜드에서도 거의 통용되지 않고, 잉글랜드에서는 사용이 불가하다. 스코틀랜드 여행 후 한국으로 바로 돌아오는 경우에도 스코틀랜드에서 잉글랜드 지폐로 먼저 바꿔야 한화로 환전할 수 있다.

### 신용카드&체크카드

관광지 입장료, 쇼핑센터, 큰 상점, 대형 마트, 레스토랑, 기차 티켓 등은 카드 결제가 가능하다. 추가 현금이 필요한 경우에는 ATM 기계에서 인출할 수도 있다. 도난, 분실 위험이 있는 현금과 달리, 카드는 분실 시 정지 신고를 할 수 있어 더욱 안전하고 들고 다니기도 편하다. 단, 카드 앞면에 비자VISA, 마스터MASTER 등의 로고가 있어야 해외 사용이 가능하다. 최근에는 환전 수수료와 해외 인출 수수료 0%에 내가 원하는 시점, 원하는 환율에 외화를 충전하고 환전할 수 있는 '트레블 월렛,' '트레블로그'와 같은 여행 전용 체크카드 및 어플도 인기이다. 컨택리스 결제 기능이 가능하고 해외 가맹점 이용 수수료가 무료이니 알뜰하고 쉽고 편하게 여행하고 싶다면 트레블 카드를 챙겨보자. 여행을 떠나기 전에는 해외에서 사용할 카드 뒷면에 꼭 사인을 하자.

또한, 카드 사용 시 비밀번호를 눌러야 하는 경우도 있으니, 카드 비밀번호도 한 번 더 확인하자. 해외 사용이 가능한 카드(마스터, 비자, 아메리칸 익스프레스)가 연결된 삼성페이, 애플페이도 대부분의 매장에서 사용 가능하다.

# D-7

## MISSION 10 여행 짐을 꾸리자

아무리 완벽하게 짐을 꾸려도 현지에 도착한 후 뒤늦게 생각나거나 아쉬운 물건이 생기기 마련이다. 아래 리스트를 참고해서 짐을 꾸리면 아쉬울 일이 줄어들 것이다. 스코틀랜드 여행은 쇼핑 아이템을 넣을 공간을 감안해 공간을 여유롭게 하는 것이 필수다. 또한, 언덕도 많고 오래된 도시는 울퉁불퉁한 자갈길이 많으니 튼튼한 네 개의 바퀴가 달린 캐리어와, 활동성이 좋은 큰 배낭을 준비하자.

## 꼭 필요한 준비물

**여권** 유효 기간을 다시 한 번 확인하자. 입국하는 시점부터 6개월 이상 남아 있어야 한다.

**항공권** 대부분의 항공사는 스마트폰으로 E-티켓만 보여줘도 발권이 가능하다. 입국 심사 인터뷰를 해야 하는 경우 리턴 티켓을 보여주자.

**여행 경비** 환전한 파운드와 해외에서 사용 가능한 신용카드 혹은 체크카드를 챙기자.

**각종 증명서** 미리 발급받은 국제학생증, 국제운전면허증, 혹시 모를 여권 분실에 대비해 신분증 또는 여권 사본, 여권용 사진 1매도 챙기자.

**옷** 두꺼운 옷 하나를 입는 것보다 얇은 카디건이나 후드 점퍼, 티셔츠 등을 겹쳐 입으면 변화무쌍한 스코틀랜드 날씨에 효율적으로 대처할 수 있다. 한여름이라도 아침저녁에는 제법 쌀쌀하다. 특히 하일랜드 여행자라면 따뜻한 긴 옷을 여분으로 꼭 챙겨 가자.

**스카프** 바닷바람이 자주 불기 때문에 가벼운 스카프를 챙겨 가면 체온을 지켜주고 감기 예방에도 좋다.

**편한 신발** 스코틀랜드는 시내도 돌길인 곳이 많다. 돌길을 오래 걸어도 무리 없는 가볍고 편한 신발을 챙기자. 특히, 하일랜드 하이킹 여행자라면 방수가 되고 미끄러지지 않는 튼튼한 신발이 필요하다.

**보조 가방** 지갑, 핸드폰, 여권 등을 넣을 수 있는 작은 크로스 백 하나 정도 챙겨 가자.

**동전 지갑** 영국은 동전 단위가 크고 종류가 많아 동전 사용 빈도가 높다. 동전 지갑에 동전, 지폐, 꼭 필요한 신용카드 정도만 갖고 다니면 계산할 때도 편하다.

**우산** 비가 자주 오는 스코틀랜드에서 꼭 필요한 준비물. 가볍고 접히는 사이즈로 가져가자.

**세면도구** 호텔에서 기본적인 세안 용품은 제공하지만 본인이 쓰던 칫솔, 치약, 클렌저 등을 챙겨 가도 좋다.

**화장품, 선크림** 화장품 샘플을 가져가거나 평소에 쓰던 제품을 필요한 만큼만 공병에 덜어 가자. 외부 활동 시 사용할 선크림도 꼭 가져가자.

**비상 약품** 감기약, 소화제, 모기약, 반창고, 연고 등의 기본적인 약은 조금씩 챙겨 가자.

**생리 용품** 영국 제품은 한국 제품에 비해 부피도 크고 질도 좋지 않다. 평소에 본인이 쓰던 제품으로 챙겨 가자.

**핸드폰** 시계, 지도, 정보 검색, 한국으로 전화, 카메라 등 모든 기능을 갖춘 필수 아이템이다. 충전기와 보조 배터리도 가져가자.

**카메라** 물론 핸드폰 사진도 좋지만, 고화질의 인생 사진을 남기고 싶다면 카메라도 챙겨 가자.

**멀티 어댑터** 영국은 230V, 3개의 네모난 핀으로 된 콘센트를 사용한다. 220V를 사용하는 한국과 다르므로 핸드폰이나 카메라 충전을 위해 멀티 어댑터가 필요하다.

**가이드북, 종이 지도** 구글 맵이 활용도가 좋긴 하지만, 여행의 큰 그림을 그릴 때 수시로 보며 전체 그림을 그릴 때 종이 지도만큼 가독성이 좋은 것이 없다. 또한, 필요한 정보가 있을 땐 가이드북에서 바로 찾아보자.

> **TIP 항공사 수하물 규정 확인하기**
>
> 짐을 꾸릴 때 의외로 항공사 수하물 규정을 간과하기 쉽다. 예약한 항공사의 수하물 규정을 확인하자. 위탁수하물과 기내수하물로 나뉘는데, 위탁수하물 무게를 확인하면 된다.
>
> **영국의 의류 브랜드 프라이마크PRIMARK**
>
> 영국에는 저렴한 가격에 옷, 속옷, 가방, 신발 등을 구입할 수 있는 의류 브랜드 매장 프라이마크가 있다. 대부분의 도시에 있으니 여행 중 필요할 경우 프라이마크로 가자.

## 가져가면 편리한 준비물

**우비, 후드 방수 점퍼** 우산이 막지 못할 정도로 비바람이 불거나, 맞기도 애매하고 우산을 쓰기에도 애매한 보슬비가 내릴 때는 가벼운 우비나 방수가 되는 패딩 점퍼가 좋다. 스코틀랜드 여행 시 큰 도움이 된다.

**장화** 영국 사람들은 특별히 비가 오지 않아도 패션 아이템으로 장화를 즐겨 신는다. 하지만, 부피가 커서 여행자 입장이라면 한국에서 가져가는 것보다는 오히려 영국에서 사는 것이 디자인이나 가격적인 면에서 좋다.

**선글라스** 햇빛으로부터 눈을 보호하자. 야외 활동이 많은 하일랜드 여행자라면 필수로 챙겨야 할 아이템!

**스마트 캐주얼 복장** 고급 레스토랑, 애프터눈 티 룸, 칵테일 바 등은 입장할 때 깔끔한 스마트 캐주얼 스타일을 요구한다. 청바지, 운동화, 슬리퍼, 샌들, 짧은 바지나 짧은 치마는 입장이 불가한 곳들도 있다. 공식적인 정장이 아니더라도 재킷, 셔츠, 블라우스, 원피스 등으로 갖춰 입고 교양 있고 멋지게 분위기를 즐겨보자.

**지퍼 백** 세탁해야 할 옷을 담거나 작은 물건들을 분류해서 짐 싸기 좋다.

**손톱깎이, 면봉** 가져가면 은근히 유용하다. 부피도 작으니 챙겨 가자.

**반짇고리** 단추나 지퍼가 떨어졌을 때를 대비해 챙기면 좋다.

**핫 팩** 영국 숙소는 한국과 달리 난방이 잘 되지 않는 편이다. 가을, 겨울에는 추울 수 있으니 추위를 많이 탄다면 챙겨 가자.

**컵라면, 컵밥, 블럭 국** 스코틀랜드에는 한인 마트, 한인 식당을 찾기가 힘들다. 빵이 물릴 때, 날씨가 쌀쌀할 때 한국 음식 생각이 간절해진다. 한국에서 컵밥, 컵라면, 블럭으로 된 국 등을 가져가면 좋다.

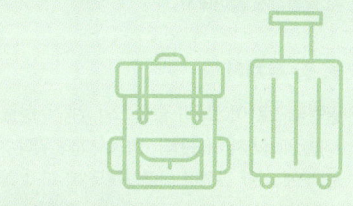

# MISSION 11 스코틀랜드로 입국하자

## 인천 공항에서 출국하기

### 1. 공항 도착
최소 출발 2시간 전까지 공항에 도착해야 한다. 면세품을 인도받아야 한다면 넉넉히 3시간 전에 도착하면 좋다.

### 2. 탑승 수속
해당 항공사 카운터로 가서 여권과 항공권 확약 메일을 보여주고 보딩 패스를 받는다. 티켓에 적힌 탑승 시간과 게이트, 좌석을 자세히 확인한다. 일부 항공사의 경우 출국 24시간 전부터 온라인 체크인이 가능하며, 원하는 좌석 선택 및 탑승권 출력도 할 수 있다.
특히, 인천-에든버러 직항 항공편이 없으므로, 중간 경유 도시에서 환승 시 수하물을 따로 찾아야 하는지, 다시 부쳐야 하는지, 에든버러 공항까지 한 번에 이동해서 마지막에 찾으면 되는지 확실하게 물어보자.

### 3. 짐 부치기
일반적으로 이코노미 클래스의 위탁수하물은 1개/23kg까지 허용된다. 항공사마다 위탁수하물 무게 제한 규정이 다르니 사전에 미리 확인하자. 칼, 송곳, 면도기, 발화성 물질, 100ml가 넘는 액체나 젤 등은 기내에 들고 탈 수 없다.

### 4. 보안 검색
여권과 보딩 패스가 있는 사람만 출국장 안으로 들어갈 수 있다. 기내 휴대용 물품은 엑스레이를, 사람은 금속 탐지기를 통과한다. 보석이나 고가의 물건을 휴대하고 있다면 세관에 미리 신고하자. 태블릿 PC, 노트북, 100ml 미만 액체류는 가방에서 빼서 다른 트레이에 넣는다.

### 5. 출국 수속
만 19세 이상 대한민국 여권을 소지한 국민이라면 별도 등록 없이 자동 출입국 심사를 받을 수 있다. 여권의 인적사항 페이지를 판독기에 스캔한 후, 자동문이 열리면 게이트 안으로 들어간다. 지문 인식과 안면 인식 절차를 거쳐 쉽고 빠르게 출입국이 가능하다.

### 6. 탑승
탑승 마감 20~30분 전까지는 해당 게이트에 도착하자. 외국 항공사의 경우에는 모노레일을 타고 별도의 청사로 이동해야 하므로 더 여유 있게 출발하는 게 좋다.

> **TIP 인천 국제공항 터미널을 확인하자!**
>
> 인천 국제공항의 터미널은 제1 터미널과 제2 터미널로 나뉘어 운영된다. 두 터미널의 거리가 꽤 떨어져 있고, 각각 취항 항공사가 다르므로 출발 전 어느 터미널로 가야 하는지 꼭 확인해야 한다. 자칫 터미널을 잘못 찾을 경우 비행기를 놓칠 수도 있다.
> 대한항공, 델타항공, 에어프랑스, KLM네덜란드항공을 이용하는 경우에는 제2 터미널로, 그 외 항공사를 이용하는 경우에는 제1 터미널로 가야 한다. 터미널 간 이동은 무료 순환버스(5분 간격 운행)를 이용할 수 있다. 제1 터미널 3층 중앙 8번 출구, 제2 터미널 3층 중앙 4~5번 출구 사이에서 출발하며, 15~20분 소요된다.

# 에든버러 공항으로 입국하기

## 1. 중간 경유 공항 도착

인천에서 에든버러로 바로 갈 수 있는 직항 항공편이 없으므로 런던이나 다른 유럽 도시를 거쳐 에든버러로 입국하게 된다. 런던에서 경유하는 경우에는 런던에서 입국 심사를 통과한다. 다른 유럽 공항에서 경유해 에든버러로 입국하는 경우에는 에든버러 공항에서 입국 심사대를 통과한다. 중간 경유 공항에서 수화물을 따로 찾아서 다시 부쳐야 한다면 수화물을 찾아서 다음 비행기 탑승 수속을 해야 한다.

## 2. 전자 여권 게이트 입국

2019년 5월 20일부터 한국, 미국, 캐나다, 호주 등의 국적을 가진 승객의 영국 입국 시 조금 더 편하게 입국할 수 있는 자동 입국 심사 E-passport gate제도가 정식으로 운영되고 있다. 이전처럼 영국 입국 신고서를 작성하거나 심사관 인터뷰 없이 입국장 내 위치한 전자 여권 게이트E-passport gate 부스를 이용해 간단하게 입국이 가능하다.

대상자는 한국 국적의 만 18세 이상의 전자 여권 소지자이며, 만 12~17세의 경우에는 성인 동반 시에만 자동 입국 게이트 이용이 가능하다. 12세 미만 어린이가 있거나, 단기 교육을 위해 방문하거나, 사증 발급이 요구되는 목적의 입국 시 심사관 대면 인터뷰를 거쳐 입국 도장을 받아야 한다.

## 3. 수화물 찾기

이제 여행을 즐길 차례다. 모니터에서 탑승했던 항공편에 해당하는 레일 번호를 확인한 후, 해당 레일로 가서 짐을 찾자. 마지막까지 내 짐이 나오지 않는다면 배기지 클레임 태그 Baggage Claim Tag를 가지고 항공사에 분실 신고를 한다.

# 꼭 알아야 할 스코틀랜드 필수 정보

스코틀랜드에 관한 기본 정보와 위급 및 응급 상황 시 도움을 요청할 수 있는 정보를 모았다.

**지역** 영국을 구성하는 연합왕국(잉글랜드, 스코틀랜드, 웨일스, 북아일랜드)의 하나로 그레이트 브리튼섬의 북부 지역이다. 면적은 약 78,000km²(참고로 남한 면적은 약 100,000km²), 인구는 약 540만 명, 수도는 에든버러이다.

**시차** 한국보다 9시간 느리다. 서머타임 기간(3월 마지막 주 일요일~10월 마지막 주 일요일)에는 8시간 차이가 난다.

**기후** 북대서양에 둘러싸인 섬나라로 계절에 따른 기온 변화는 크지 않다. 하지만, 바람이 습하고 비가 자주 오며 날씨가 변덕스럽다.

**언어** 스코틀랜드 억양이 강한 영어를 사용한다. 일부 지역에서는 스코틀랜드 게일어를 아직도 사용하지만 영어로도 충분히 의사소통이 가능하다.

**전화** 영국의 국가번호는 +44이다. 영국에서 한국으로 전화를 걸 때에는 +82(한국 국가번호)+0을 뺀 전화번호 혹은 핸드폰번호를 누른다.

**통화** 파운드(pound/£)를 사용하며 유로€는 거의 받지 않는다. 잉글랜드 지폐는 스코틀랜드에서 통용되지만 스코틀랜드 지폐는 잉글랜드에서 통용되지 않는다.

**전압** 영국의 전압은 230V/50Hz로 3개의 네모난 핀으로 된 콘센트를 사용한다.

**거리, 속도** 차량 계기판, 킬로미터km기준이 아닌 마일mile을 기준으로 한다.

### 주 영국 대한민국 대사관
영국 한국 대사관은 스코틀랜드에는 없고 런던에 있다.
**가는 법** 세인트 제임스 파크역에서 도보 5분 / 빅토리아역에서 도보 15분
**주소** 60 Buckingham Gate, Westminster, London SW1E 6AJ
**전화** +44-20-7227-5500 / 긴급 연락 전화(사건사고 등 긴급 상황 시) +44-78-7650-6895
**운영시간** 월~금 09:00~12:00, 14:00~16:00
**휴무** 토·일요일, 한국·영국 공휴일
**홈페이지** overseas.mofa.go.kr/gb-ko/index.do

### 영사 콜센터
- 국내 02-3210-0404
- 해외 +82-2-3210-0404
- 외교부 해외안전여행 홈페이지 www.0404.go.kr

### 응급 전화(경찰, 소방서, 구급차 동일)
전화 999

### 응급 상황이 아닌 경찰 신고
전화 101

### 긴급 병원
NHS 서비스 111(긴급 24시간)

### 에든버러 경찰서 Police Scotland
**주소** 14 St. Leonard's St., Edinburgh EH8 9QW / 2 Gayfield Square, Edinburgh EH1 3NW

### 로얄 인퍼머리 에든버러 Royal Infirmary Edinburgh
스코틀랜드 여행 중 병원에 가야 할 때 체크하자.
**주소** 51 Little France Cres, Edinburgh EH16 4SA
**전화** 013-1536-1000
**운영시간** 24시간

### 항공 관련
- 대한항공 020-7851-1557
- 아시아나항공 084-5602-9900
- 영국항공 084-4493-0787

# 이건 꼭 읽자! 스코틀랜드 여행 주의 사항 TOP 6

## 1. 여행 중 분실

### 여행 중 여권을 잃어버렸다면

소매치기를 당하거나 실수로 여권을 분실했다면 현지의 근처 경찰서를 찾아가서 신고 후 정해진 절차에 따라 여권분실증명서Police Report를 발급받아야 한다. 신분증(주민등록증 또는 분실한 여권 사본), 항공권 사본(e-ticket 또는 사본, 한국 입국전까지 방문하게 되는 모든 국가별 이동편), 여권용 컬러 사진 1매, 수수료(단수 여권 45파운드)를 지참하여 재외 공관(대사관)을 방문한다. 여권발급신청서, 여권분실신고서 등을 작성한 후 여권 담당자에게 제출하고 전자 여권 혹은 긴급 여권을 발급받는다.

### 신용카드를 분실했다면

신용카드, 체크카드를 분실했다면 카드사에 전화해 재빨리 분실, 정지 신고를 해야 한다. 본인이 사용하는 카드사의 분실/정지 전화번호를 미리 확인하자.

#### 카드 분실/정지 전화번호
- 비자카드 0800-89-1725
- 마스터카드 0800-96-4767

### 모든 여행 경비를 분실했다면

외교부의 '신속 해외 송금 지원 제도'가 있다. 해외에서 돈을 빠르게 송금받는 제도로 최대 3,000달러까지 도움을 받을 수 있다. 대한민국 재외 공관을 찾아가 긴급 경비 지원을 신청한 후 국내에 있는 가족이나 지인에게 연락해 상황을 설명하고, 여행자의 연락을 받은 국내인이 영사 콜센터로 돈을 입금하면 재외 공관에서 현지 화폐를 여행자에게 지급하는 제도이다.

## 2. 해외안전여행 애플리케이션

앱스토어에서 '해외안전여행'을 검색해 다운로드를 받자. 위기 상황별 대처 매뉴얼, 국가별 여행 경보 단계, 공관 위치 찾기, 영사 콜센터 번호, 대사관&총영사관 연락처 및 현지 긴급 구조 연락처 등 안전한 해외여행을 위한 다양한 정보를 알려주는 애플리케이션이다. 한 번 다운로드를 받은 후에는 데이터나 와이파이가 없는 오프라인 환경에서도 사용 가능하다.

## 3. 소지품은 항상 잘 챙기자

다른 유럽 도시들에 비해 영국은 치안이 좋은 편이지만, 관광지에는 소매치기가 많으니 귀중품, 휴대폰, 카메라 등 도난에 주의하자. 공공장소에서 휴대폰이나 가방을 테이블이나 의자에 놓는 일은 절대 하지 말자. 사람이 많은 출퇴근 시간의 기차나 버스 안에서 가방이나 지갑을 조심하자. 모르는 사람이 시간이나 길을 묻거나 불우 이웃 기금 모금이라는 등의 말을 걸어오면서 귀중품을 가져가는 경우도 종종 있다.

## 4. 안전 그리고 또 안전

영국은 우리와 교통 체계 방향이 반대다. 차가 오른쪽에서 오니 항상 양쪽을 잘 보고 길을 건너자. 스코틀랜드에는 가파른 절벽, 높은 언덕이 많은 지형이고, 비가 자주 와서 길이 미끄럽다. 미끄러지지 않는 신발을 신고, 언덕에 오를 때는 항상 주의하도록 하자.

## 5. 화장실 이용하기

복잡한 시내의 공용 화장실의 경우 대부분이 유료고, 찾기도 어렵다. 갤러리, 박물관 내 화장실은 무료이니 기회가 있을 때 화장실을 이용하자.

## 6. 비상약은 미리 챙기자

부츠Boots에서 약을 구입할 수 있지만 증상을 제대로 영어로 전달하는 것이 어려울 수 있으니, 간단한 비상약은 미리 한국에서 준비해 가자. 여행 전에 여행자보험을 가입하는 것이 현명하다.

# 여행에 필요한 기본 영국 영어 단어

영국에서 일부 단어는 우리에게 익숙한 미국식 표현과 다르다. 자주 쓰이는 표현이나 미국 영어와 헷갈릴 수 있는 단어를 정리했다. 특히 스코틀랜드에서는 일부 지역 명칭은 게일어로 표기해, 간단한 게일어 단어를 알아두면 유용하다.

## 쇼핑할 때

| 뜻 | 영국 영어 | 미국 영어 |
|---|---|---|
| 바지 | Trousers | Pants |
| 속옷 | Pants / Underwear | Underwear / Panties |
| 장화 | Wellington Boots / Wellies | Rain Boots |
| 운동화 | Trainers | Sneakers |

## 식당에서

| 뜻 | 영국 영어 | 미국 영어 |
|---|---|---|
| 쿠키 | Biscuit | Cookie |
| 사탕, 군것질거리 | Sweets | Candy |
| 바삭한 감자칩 | Crisps | Potato Chips |
| 두툼한 감자튀김 | Chips | French Fries |
| 애피타이저 | Starter | Appetizer |
| 디저트 | Puddings / Afters | Dessert |
| 계산서 | Bill | Check |
| 포장 | Take-away | Take Out |

## 길에서

| 뜻 | 영국 영어 | 미국 영어 |
|---|---|---|
| 주차장 | Car Park | Parking Lot |
| 횡단보도 | Pedestrian Crossing | Cross Walk |
| 주유소 | Petrol Station | Gas Station |
| 전화박스 | Phone Box | Telephone Booth |
| 화장실 | Toilet | Bathroom / Restroom |
| 쓰레기통 | Bin / Rubbish Bin | Trash Can |

## 기타 단어

| 뜻 | 영국 영어 | 미국 영어 |
|---|---|---|
| 가을 | Autumn | Fall |
| 공휴일 | Bank Holiday | National Holiday |
| 엘리베이터 | Lift | Elevator |
| 줄서기 | Queue | Stand in a Line |
| 병원 / 의원 | Surgery | Clinic |
| 차 트렁크 | Boot | Trunk |
| 축구 | Football | Soccer |
| 아파트의 한 집 | Flat Apartment | Apartment |

## 스코틀랜드 게일Gaelic 단어

| 뜻 | 영어 | 게일어 |
|---|---|---|
| 산 | Mountain | Ben |
| 돌이나 바위가 많은 산, 사람이 돌을 쌓아 만든 기둥 | Rocky Mountains, Man-made pile (or stack) of Stones | Cairn |
| 바위 언덕, 절벽 | Cliff | Crag |
| 섬 | Island | Eilean |
| 협곡, 계곡 | Valley | Glen |
| 호수 | Lake | Loch |

# INDEX

## 📷 SEE

| | |
|---|---|
| HMS 유니콘 | 404 |
| RRS 디스커버리 | 400 |
| V&A 던디 | 399 |
| 고든 하일랜더스 박물관 | 428 |
| 국립 스코틀랜드 미술관 | 184 |
| 국립 월리스 기념탑 | 374 |
| 글래스고 과학 센터 | 282 |
| 글래스고 네크로폴리스 | 272 |
| 글래스고 대성당 | 271 |
| 글래스고 대학교 | 277 |
| 글래스고 시청사 | 268 |
| 글래스고 현대 미술관 | 269 |
| 글렌코 | 324 |
| 네스섬 | 442 |
| 네스호 | 329 |
| 더 테너먼트 하우스 | 276 |
| 던디 과학 센터 | 402 |
| 던디 교통 박물관 | 403 |
| 던디 로 | 401 |
| 던디 현대 미술관 | 402 |
| 듀디 파크 | 426 |
| 딘 빌리지 | 240 |
| 래녹 무어 | 323 |
| 로몬드 호수&트로서크스 국립 공원 | 322 |
| 로얄 요트 브리타니아 | 244 |
| 리버사이드 박물관 | 280 |
| 매리셜 칼리지 | 425 |
| 맥마누스 던디 아트 갤러리&박물관 | 400 |
| 미첼 도서관 | 276 |
| 배녹번 전투 여행자 센터 | 376 |
| 버든트 웍스 | 401 |
| 브랭클린 가든 | 390 |
| 블랙 워치 캐슬&박물관 | 389 |
| 세인트 뭉고 종교 박물관 | 270 |
| 세인트 앤드루스 대학교 | 414 |
| 세인트 앤드루스 성당 | 413 |
| 세인트 앤드루스 웨스트 샌즈 | 415 |
| 세인트 앤드루스 프레저베이션 트러스트 박물관 | 415 |
| 세인트 앤드루스성 | 414 |
| 세인트 존 교회 | 387 |
| 스카이 브리지 | 340 |
| 스카이섬 | 339 |
| 스코틀랜드 국립 박물관 | 185 |
| 스코틀랜드 축구 박물관 | 283 |
| 스콧 기념탑 | 183 |
| 스쿤성 | 386 |
| 스털링 스미스 아트 갤러리 앤 박물관 | 375 |
| 스털링성 | 372 |
| 아서스 싯 | 238 |
| 애버딘 과학 센터 | 427 |
| 애버딘 아트 갤러리 | 426 |
| 애버딘 해양 박물관 | 424 |
| 에덴 코트 극장 | 442 |
| 에든버러 동물원 | 241 |
| 에든버러 왕립 식물원 | 242 |
| 에든버러성 | 162 |
| 에일린 도난성 | 338 |
| 올드 스털링 브리지 | 376 |
| 유니언 스트리트&벨몬트 스트리트 | 428 |
| 유니언 테라스 가든스 | 425 |
| 인버네스 대성당 | 441 |
| 인버네스 박물관&아트 갤러리 | 441 |
| 인버네스성 | 440 |
| 조지 스퀘어 | 267 |
| 칼튼 힐 | 180 |
| 케어드 홀 던디 | 403 |
| 케언곰스 국립 공원 | 333 |
| 켈빈그로브 미술관 및 박물관 | 274 |
| 코더성 | 445 |
| 코도나스 놀이공원 | 429 |
| 킨나울 힐 우드랜드 파크 | 390 |
| 테이 레일 브리지 | 404 |
| 톨부스 박물관 | 427 |
| 퍼거슨 갤러리 | 389 |
| 퍼스 박물관&아트 갤러리 | 388 |
| 퍼스 콘서트홀 | 389 |
| 포스교 | 245 |
| 포토벨로 해변 | 245 |
| 포트 아우구스투스 | 328 |
| 포트 윌리엄 | 326 |
| 포트리 | 340 |
| 풋디 | 429 |
| 프로밴드 로드십 | 270 |
| 프로보스트 스킨 저택 | 427 |
| 프린스 스트리트 가든스 | 183 |
| 피틀로크리 | 337 |
| 피플스 팰리스 | 273 |
| 홀리 루드 교회 | 375 |
| 홀리루드하우스 궁전 | 173 |

## 🍴 EAT

| | |
|---|---|
| 개리슨 웨스트 | 350 |
| 노스 포트 스코티시 레스토랑 | 391 |

| 니키탐스 바 앤 보시 | 379 |
| --- | --- |
| 단리 커피 하우스 | 378 |
| 더 그라나리 | 356 |
| 더 돔 | 194 |
| 더 락 인 | 353 |
| 더 바흐 | 406 |
| 더 뱅크 바 던디 | 406 |
| 더 보트하우스 레스토랑 | 353 |
| 더 부킹 오피스 JD 웨더스푼 | 206 |
| 더 비치 하우스 | 252 |
| 더 스테이블스 레스토랑&그릴 | 351 |
| 더 시푸드 리스토란테 | 418 |
| 더 실버 달링 | 433 |
| 더 아일 오브 스카이 브루잉 | 357 |
| 더 와일드캣 | 352 |
| 더 윌슨 스트리트 팬트리 | 297 |
| 더 위 레스토랑 | 252 |
| 더 윌로우 티 룸 | 296 |
| 더 재즈 바 | 207 |
| 더 코난 도일 | 206 |
| 더 코티지 키친 | 419 |
| 더 크로프터 바 | 351 |
| 더 크리테리온 | 418 |
| 더 팟 스틸 | 298 |
| 더 패스트리 섹션 | 249 |
| 디슘 | 196 |
| 라마 | 406 |
| 란저우 누들 | 294 |
| 로즈 스트리트 | 208 |
| 로칸다 데 구스티 | 198 |
| 로크 베이 레스토랑 | 357 |
| 마하라자 오센틱 인디안 퀴진 | 378 |
| 밀러&카터 글래스고 | 294 |
| 밀러&카터 애버딘 | 433 |

| 밀레스 젤라테리아 | 446 |
| --- | --- |
| 벤 네비스 인 | 352 |
| 브라더스 레스토랑 | 391 |
| 브레드 미츠 브레드 | 292 |
| 브로스 베이글 | 249 |
| 비빔밥 | 295 |
| 샌디 벨즈 | 206 |
| 스코리브랙 레스토랑 | 355 |
| 스트래베이긴 | 291 |
| 시 브리즈 | 355 |
| 시그닛 도서관 콜로네이드 | 202 |
| 신라 한식당 | 295 |
| 에든버러 파머스 마켓&그라스마켓 마켓 | 208 |
| 에티켓 티 룸 | 203 |
| 에피스 오브 퍼스 | 392 |
| 오잉크 | 201 |
| 오차드 | 248 |
| 옹기 | 200 |
| 웨지우드 더 레스토랑 | 194 |
| 위스키 바&레스토랑 | 207 |
| 윈도우 레스토랑 | 290 |
| 이스케이프 루트 카페 | 354 |
| 차오프라야 타이 레스토랑 | 197 |
| 차쿠 봄베이 카페 | 293 |
| 카페 아리바 | 356 |
| 카페 아티산 | 446 |
| 카페 안달루스 | 198 |
| 카페 원더 | 297 |
| 코리안 비비큐 | 199 |
| 코스모 월드 뷔페 레스토랑 | 196 |
| 크랜녹 시푸드 레스토랑 | 350 |
| 크랩섀크 | 292 |
| 클라린다스 티 룸 | 203 |
| 킴스 미니 밀 | 199 |
| 탈리스커 증류소 | 358 |

| 투 팻 레이디스 앳 더 버터리 | 291 |
| --- | --- |
| 투피니킴 브라질 크레이프 | 200 |
| 팅 타이 카라반 | 197 |
| 파젠다 로디지오 바&그릴 에든버러 | 195 |
| 패사노 피자 | 293 |
| 폴렌토니 | 248 |
| 푸드스토리 | 433 |
| 피셔&도널드슨 | 406 |
| 피크닉 | 298 |
| 헤르만 | 377 |
| 헤스 티 룸 | 354 |
| 힌터랜드 | 392 |

### 🛒 BUY

| J A 브레이스웨이트 | 407 |
| --- | --- |
| W. 암스트롱&손 | 213 |
| 고든 니콜슨 킬트 하이어 | 212 |
| 더 빈 숍 | 393 |
| 더 위그 포터리 | 361 |
| 더 치저리 | 407 |
| 더 퍼지 하우스 오브 에든버러 | 215 |
| 레고 스토어 글래스고 | 305 |
| 로얄 마일 위스키 | 214 |
| 리키스 서점 | 446 |
| 본 어코드 애버딘 | 434 |
| 뷰캐넌 갤러리 | 301 |
| 뷰캐넌 쿼터 | 301 |
| 브로라 | 212 |
| 빅토리안 마켓 | 447 |
| 빌드 어 베어 | 306 |
| 세인트 에녹 센터 | 302 |
| 세인트 존 쇼핑센터 | 393 |
| 스카이스킨스 | 361 |

| | | |
|---|---|---|
| 스카이 실크 360 | 53번 프레데릭 스트리트 227 | 에든버러 센트럴 |
| 스털링 아케이드 380 | 그라스마켓 호텔 225 | 유스호스텔 253 |
| 스털링 파머스 마켓 380 | 그래스하퍼스 호텔 310 | 에이펙스 시티 오브 글래스고 |
| 시슬 쇼핑센터 379 | 글래스고 유스호스텔 313 | 호텔 309 |
| 아가일 아케이드 303 | 글렌 네비스 카라반&캠핑 363 | 에이펙스 시티 키 |
| 아일 오브 스카이 소프 컴퍼니 | 글렌브리틀 캠프사이트&카페 | 호텔&스파 408 |
| 359 | 365 | 올드 웨이벌리 호텔 225 |
| 암체어 북스 215 | 넘버 11 브래서리&부티크 호텔 | 올드 코스 호텔 419 |
| 오버게이트 쇼핑센터 407 | 253 | 올드 타운 체임버스 226 |
| 워터스톤스 215 | 다코타 글래스고 308 | 유로 호스텔 글래스고 313 |
| 웨이벌리 마켓 209 | 더 글래스하우스, 오토그래프 | 이비스 스타일 에든버러 센터 |
| 유니언 스퀘어 쇼핑센터 434 | 컬렉션 223 | 세인트 앤드루 스퀘어 호텔 224 |
| 이스트게이트 쇼핑센터 447 | 더 러벳 363 | 인버로키 캐슬 호텔 362 |
| 존 루이스&파트너스 209 | 더 백스터 호스텔 229 | 인터콘티넨털 에든버러 더 조지 |
| 주니퍼 434 | 더 위처리 바이 더 캐슬 222 | 221 |
| 찰스 티릿 213 | 더 제트 호텔 글래스고 311 | 주리스 인 에든버러 225 |
| 캐스 워터스 갤러리&기프트 | 더 타운하우스 394 | 캐슬 락 호스텔 228 |
| 던베건 360 | 더 파빌리온 앳 램스 하우스 254 | 캐슬 뷰 게스트 하우스 인버네스 |
| 케이드헤즈 위스키숍 214 | 더 포트리 호텔 364 | 448 |
| 타탄 위빙 밀 앤 익스피어리언스 | 더 포트컬리스 381 | 퀸스 게스트 하우스 227 |
| 211 | 디 에든버러 그랜드 226 | 킥 애스 호스텔 228 |
| 티케이 맥스 210 | 레지던스 인 바이 메리어트 | 킴튼 블라이스우드 스퀘어 308 |
| 퍼스 파머스 마켓 393 | 애버딘 435 | 킴튼 샬럿 스퀘어 221 |
| 포비든 플래닛 인터내셔널 305 | 모텔 원 310 | 타이거릴리 223 |
| 프린스 스퀘어 쇼핑센터 302 | 배즈패커스 호스텔 448 | 트래블롯지 애버딘 센트럴 435 |
| 하비 니콜스 210 | 밸모럴 호텔 220 | 포트리 게스트 하우스 365 |
| 하우스 오브 프레이저 303 | 벤 네비스 게스트 하우스 362 | 포트리 인디펜던트 호스텔 364 |
| 하일랜드 하우스 오브 프레이저 | 샐류테이션 호텔 394 | 프레스턴필드 하우스 254 |
| 447 | 스털링 유스호스텔 381 | 프리미어 스위트 플러스 글래스고 |
| 햄리스 306 | 스테이 센트럴 호텔 226 | 바스 스트리트 311 |
| 헤더젬스 359 | 스테이션 호텔 애버딘 435 | 하이 스트리트 호스텔 229 |
| | 시티즌엠 글래스고 호텔 309 | 헤이스택 호스텔 229 |
| ⛺ SLEEP | 아발리 게스트 하우스 408 | 호텔 인디고 에든버러 224 |
| 15글래스고 312 | 알라모 게스트 하우스 312 | |
| 24 로얄 테라스 호텔 253 | 애버콘 게스트 하우스 254 | |
| | 에덴 로크 227 | |